Emil Dagobert Schoenfeld
Der isländische Bauernhof und sein Betrieb zur Sagazeit

Schoenfeld, Emil Dagobert: Der isländische Bauernhof und sein Betrieb zur Sagazeit
Hamburg, SEVERUS Verlag 2011.
Nachdruck der Originalausgabe von 1902.

ISBN: 978-3-86347-141-5
Druck: SEVERUS Verlag, Hamburg 2011

Umschlaggestaltung: Anna Felmy, SEVERUS Verlag
Umschlagmotiv: © suze – Photocase.de

Der SEVERUS Verlag ist ein Imprint der Diplomica Verlag GmbH.

Bibliografische Information der Deutschen Nationalbibliothek:
Die Deutsche Nationalbibliothek verzeichnet diese Publikation in der Deutschen Nationalbibliografie; detaillierte bibliografische Daten sind im Internet über http://dnb.d-nb.de abrufbar.

© SEVERUS Verlag
http://www.severus-verlag.de, Hamburg 2011
Printed in Germany
Alle Rechte vorbehalten.

Der SEVERUS Verlag übernimmt keine juristische Verantwortung oder irgendeine Haftung für evtl. fehlerhafte Angaben und deren Folgen.

DER PHILOSOPHISCHEN FACULTÄT

DER

UNIVERSITÄT ROSTOCK

IN

DANKBARER VEREHRUNG

GEWIDMET.

JENA 1902.   DER VERFASSER.

VORWORT.

In einer Zeit, wo der Streit in unserm Vaterlande hin und herwogt um die Frage, ob dasselbe aus einem Agrikultur-Staat in einen Industrie-Staat sich umzugestalten habe; zu einer Zeit, wo das Schicksal Englands die Welt belehrt, wie misslich es sei, die Interessen der Landwirtschaft den Forderungen der Industrie rücksichtslos aufzuopfern: da ist es gewiss lehrreich, aus grauer Vorzeit das in sich geschlossene Bild eines Staates auftauchen zu sehen, dessen Bürger, germanischer Abkunft, und von edlem Blute, als die Söhne zum Teil von Jarlen und von Hersen, auf ihren stattlichen Bauernhöfen, selbst zugreifend, ausschliesslich der Landwirtschaft lebten, und der Industrie nur die Hinterthüre öffneten, um, als ein häuslich betriebenes Nebengewerbe, sie für die langen winterlichen Stunden einzulassen.

Land war das Kostbarste, was man in jenen alten Zeiten besass. Eine eigene, wohlgepflegte Scholle unter den Füssen! — Ohne dieses konnte man das Leben einer vornehmen Familie sich damals gar nicht vorstellen. Alle beweglichen Werte, wie Goldringe, Lederstrümpfe mit Silberstücken angefüllt, Kleinodien, kostbares Gewand, selbst Hausrat, Wirtschafts-Inventar, Sklaven und Vieh, alle diese Dinge waren doch eben nur ein Accidens, eine Ergänzung zu jenem Grund- und Hauptwerte: „Land!" —

Im Jahre 1100 lebten auf Island 4560 wohlhabende Bauern, welche zu einem blühenden Staatswesen vereinigt, und im Besitz uneingeschränkter Selbstverwaltung, ihr landwirtschaftliches Gewerbe durch eine Reihe weiser Gesetze zu schützen verstanden.

Wohlhabend waren diese Bauern, im Gegensatz zu der heutigen Bevölkerung. Denn Island war damals, nach Aussage der Quellen, mit Wald überwachsen vom Fels bis zum Meer (Í þann tíþ vas Ísland viþi vaxit á miþli fjalls oc fjöro). Wo aber Wälder stehen, da hat man, nach allen bisherigen Erfahrungen, die Vorbedingung für eine lohnende Kolonisation, nämlich die erforderlichen Regenmengen und günstige Bodenverhältnisse.

Und so begegnen wir in der alten Saga-Litteratur auch Sprichwörtern, welche die Fruchtbarkeit des Landes malen; wenn es heisst:

„*Drjupa smjör af hverju strái á landinu*". D. h. „Es tropft Butter von jedem Halme dort zu Lande".

Und andere Worte wieder, welche die reichen Erträge der Viehwirtschaft rühmen; wenn es heisst:

„*Nálega vaeri tvau höfuð á hverju kykvendi*". D. h. „Nahezu zwei Köpfe auf jedem lebenden Stück Vieh".

Zur Darstellung dieses kulturhistorischen Bildes, welches wir hier anstreben, besitzen wir ausgiebiges Quellenmaterial.

Eine von mir im Jahre 1900 geschriebene Dissertation:

„Das Pferd im Dienste des Isländers zur Saga-Zeit",

welche, auch im Buchhandel erschienen, beifällige Aufnahme fand, führte mich, auf dem eingeschlagenen Wege, zu weiteren Forschungen.

In Bezug auch auf die übrigen Haustiere wurden die Quellen befragt und Auszüge zusammengestellt. Diese ergaben ein nicht minder klares Bild über die Anzucht und Pflege der verschiedenen, auf den Islandshöfen gehaltenen Tiergattungen, sowie über den, aus solcher Arbeit dem Züchter zufliessenden Gewinn.

Daran knüpfte sich dann die Frage nach dem Guts-Areal, Grösse, Qualität und Preis, sowie nach den Gutsleuten des Besitzers, nach seinen Leibeigenen, wie auch den freien Lohnknechten.

Auf diesem Wege entstand das vorliegende Buch, und zwar in Kopenhagen, am Sitze der Quellen für Islands Litteratur und Geschichte, und unter freundlichen Fingerzeigen dortiger, so überaus sachkundiger, Gelehrter. Bei diesen Untersuchungen unterstützten mich, ausser der Quellenkunde, in der Sache selbst, auch meine, auf eigenem Grund und Boden, im landwirtschaftlichen Betriebe gesammelten Erfahrungen.

Die wirtschaftliche Seite von dem Leben des Isländers zur Saga-Zeit, in grösserem Umfange darzustellen, ist hier zum erstenmale versucht worden[1]).

Und das hat, wie jedes erste Bemühen in einer Sache, seine Lücken.

Dennoch wird diese Arbeit nicht ohne Interesse sein zunächst für den National-Ökonomen, zumal die Nachrichten auf dem engeren deutschen Boden, aus jener frühen Zeit, (Wir setzen uns für unsere Untersuchung das Jahr 1000 christl. Zeitr.) über das Arbeiten und Gewinnen im Bauernstande so überaus spärlich fliessen.

Und es liegt der Schluss doch nahe, dass die Germanen, diesseits wie jenseits des Nordmeeres, eine verhältnismässige Übereinstimmung im Leben und Schaffen verknüpft habe.

Wenn den Lehrer der Volkswirtschaft die hier mitgeteilten, nahezu lückenlosen, Preistabellen landwirtschaftlicher Erzeugnisse besonders beschäftigen werden, so mag der Kulturhistoriker seine Freude finden an den sich hier dar-

---

[1]) Der so verdienstvolle und kenntnisreiche Forscher Dr. Konrad Maurer, in seinem Buche: „Die Entstehung des Isländischen Staates und seiner Verfassung", München 1852, äussert sich auf pag. 61 über solch ein Unternehmen noch in folgender Weise:

„Von Einrichtung und Umzäumung der Wohn- und Wirtschafts-Gebäude, sowie von der Einteilung und Benutzung der Feld-, Wies- und Waldgründe, dann von dem Betriebe der Jagd, Fischerei u. dgl. ist hier um so weniger zu reden, als uns über alle diese Punkte die ältesten Nachrichten fast ohne Aufschluss lassen, und demnach nur Rückschlüsse aus den uns bezeugten späteren Zuständen die Lücken zu füllen vermöchten".

Die in den folgenden Kapiteln angeführten zahlreichen Quellencitate werden ja das Gegenteil erweisen.

bietenden grossen, wie kleinen Zügen aus dem Leben des Hauses, wie der Öffentlichkeit, in jenen fernen Zeiten.

Endlich aber wird jeder Freund der klassischen Saga-Litteratur Islands dieser meiner Untersuchung gerne folgen, nicht bloss wegen der vielen Quellencitate, welche schon ein sprachliches Interesse wecken, und zur Bequemlichkeit auch für den Nichteingeweihten jedesmal von einer wortgetreuen Übersetzung gefolgt sind, sondern auch um deswegen, weil die herrlichen Geschlechts-Sögur, welche den Kern der klassischen Litteratur Islands bilden, gar nicht recht verstanden werden können, wenn man das tägliche Leben und Wirken der darin zur Darstellung gebrachten Personen in seiner Grundlage nicht erkannt hat.

Diese Grundlage war aber das landwirtschaftliche Gewerbe, und zwar in der Gestalt der Viehzucht. Denn Handel wurde von den Isländern nur ganz nebensächlich betrieben.

Die Lage des Landwirtes aus jener Zeit stellt sich nun nach dem Bilde, welches die nächstfolgenden Kapitel aufrollen werden, im ganzen als eine günstige dar.

Das zu verzinsende Anlagekapital, welches in seinem Bodenwerte sich darstellte, war kein grosses.

Die Sitte, das Vieh der Mehrzahl nach, Winter wie Sommer, im Freien weiden zu lassen, sowie das geerntete Heu stets in Diemen zu setzen, vereinfachte sehr die Anlage der Wirtschaftsgebäude, und verringerte die Unkosten.

Die Kräfte, mit denen der Bauer arbeitete, waren willige und billige, zumal die erkauften, oder ererbten Sklaven; dann aber auch die freien Lohnarbeiter.

Als diese Letzteren sich nach und nach, mit dem Vordringen des Christentums, in den Wirtschaftsbetrieb einführten, erreichte doch ihr Lohn, weil durch das Gesetz beaufsichtigt, niemals jene Höhe, welche es verhindern konnte, dass beim Verkauf der gewonnenen Produkte noch eine Rente heraussprang.

Auch die Marktpreise der einzelnen landwirtschaftlichen Erzeugnisse waren, wie gezeigt werden soll, durch das Gesetz geregelt, und nicht gering.

Für sie war im Inlande gemeinhin ein ausreichender Absatz. Kam es aber auf den Export an, dann lag Island nicht so marktferne, dass die Transportkosten den Wert des auf den Auslandsmarkt geworfenen Produktes aufgezehrt hätten. Diesen Einnahmen standen gegenüber eine billige Lebensführung, sowie sehr geringe Steuern. Die Abgabe des Bürgers an das Gemeinwesen bestand in der heidnischen Zeit nur in der Tempelsteuer (hof-tollr), welche etwa 100 Jahre nach Einführung des Christentums in den „decem" umgewandelt wurde.

Besonders aber waren die damaligen Münzverhältnisse für den Landwirt überaus günstige. Indem Geld durch „vaðmál" dargestellt wurde, einen Stoff, der aus dem Eigenprodukt „Wolle" auf den Webstühlen der Bauernhöfe herstellbar war, so hatte jeder Landwirt die Münze, sozusagen, im eigenen Hause. Denn er war in der Lage, die Wolle, dieses, in beliebiger Quantität, von ihm zu gewinnende Rohprodukt, ohne mit demselben einen Markt aufsuchen zu müssen, durch das Mittel der eigenen Hausindustrie in gangbare Münze umzuwandeln, welche in allen damaligen Nordreichen anerkannten Kurs besass.

So tritt uns denn aus den Sagas ein frohbewegtes Leben entgegen, welches durch Wohlhabenheit getragen wird.

Und, wenn gewiss wertvoller Hausrat, als Gold- und Silberringe, kostbare Waffen und Gewand, Wandteppiche und Trinkhörner, immerhin Erbstücke aus dem Besitz der Väter sein mochten, herstammend aus jener bewegten, und an Beutezügen reichen, Wikinger-Zeit; so flossen doch die Einnahmen aus der damals betriebenen Gutswirtschaft nebenbei reichlich genug, um das Leben des Landwirtes auf eine breitere Grundlage zu stellen, und dasselbe mit jenen Festen, verbunden mit vornehmen Gastgeschenken, zu durchziehen, an welchen der stolze Sinn der Islandsrecken, nach fleissigen Arbeitswochen, seine besondere Freude hatte.

Jena, Januar 1902.   Der Verfasser.

INHALTS-VERZEICHNIS.

	Seite
Vorwort	I—VI
Kap. I. DAS GUTS-AREAL	1—46

Lage des Wirtschaftshofes. — Das tún. — Die Eng und deren Bodenklassen. — Die Bergweiden und deren Nutzung. — Der Sommerhof und sein Betrieb. — Die Inseln der Fjørde als Weideflächen. — Die Pflanzendecke. — Der Waldbestand und seine Nutzung. — Grösse der Güter zur Sagazeit. — Wirtschaftsweise. — Versuche im Getreidebau. — Ackerinstrumente. — Die Weidewirtschaft und Viehzucht bilden den Schwerpunkt der Isländischen Gutsverwaltung. — Bildung von Stammheerden. — Die Heuernte. — Lexikalisches. — Ihr Ertrag. — Notjahre. — Myrrwiesen als frühe Futterspender. — Garten und Gartenpflege. — Wildwachsende, essbare Pflanzen. — Kauf und Verkauf von Gütern. — Dabei geltende Rechtsformen. — Bodenwert und Güterpreis.

Kap. II. DIE GUTSLEUTE .... 47—96

Einleitendes: Körperliche Eigenschaften. — 47
Kräftig, aber nicht gewandt. — Aussehen. — Geistige Befähigung. — Anstelligkeit. — Kopflosigkeit. — Zuverlässigkeit und Treue. — Beispiele.

1. Die ökonomischen Verhältnisse 55

Krieg als Ursprung der Knechtschaft. — Sklavenmärkte. — Freihändiger Verkauf. — Schuldknechtschaft. — Unfreie Geburt. — Ehen zwischen Unfreien. — Ihre Anzahl auf den Höfen. — Kaufpreis der männlichen und weiblichen Sklaven. — Geldwert der von ihnen geleisteten Arbeit. — Ihre Bekleidung und Ernährung. — Arbeitsverteilung auf dem Hofe. — Haus- und Felddienste. — Aufseher. — Selbstthätigkeit der Herrschaft. — Anzahl der täglichen Arbeitsstunden. — Die freien Dienstleute. — Festes Hausgesinde. — Mietverträge. — Höhe des Lohnes. — Kontraktbruch. — Geldwert der von ihnen geleisteten Arbeit. — Loses Arbeitsvolk.

	Seite
2. Die sittlichen Verhältnisse	82

Rechtlosigkeit der Leibeigenen. — Behandlung des unfreien Gesindes. — Demokratischer Geist der Landesverfassung. — Herzliches Verhältniss zwischen Herrschaft und Gesinde. — Tüchtigkeit der Knechte. — Knechte hineingezogen in die Streitigkeiten der Edelinge. — Beispiele für Lockerung der alten Zucht.

Die Guts-Tiere.

Kap. III. DAS PFERD IM DIENSTE DES ISLÄNDERS . .	97—170
1. Technische Ausdrücke über Pferd und Pferdepflege.	97

Fütterungsweise und Futtermittel. — Pferdefarben.

2. Des Pferdes Einführung, Anzucht und Bewertung	101

Das neuentdeckte Island ist leer an Menschen, wie an Vieh. — Ergänzung des geringen Pferdebestandes. — Import. — Verbesserung des Pferdematerials durch sorgfältige Kreuzung. — Beschränkte Stallfütterung. — Winterweide im Freien. — Liebe zu den Pferden. — Der gesetzliche Schutz des Pferdes.

3. Das Pferd als Wirtschaftstier	114

Pferdebestand auf den Gütern. — Das Zugpferd. — Wagen und Schlitten. — Das Packpferd. — Heu-, Gepäck- und Waren-Transport durch Pferde. — Das Pferd als Schlachttier und als Handelsware. — Pferdepreise. — Edle Pferde als vornehme Geschenke.

4. Das Pferd als Luxustier	129

Dressur und Putzen des Reitpferdes. — Sattelzeug. — Hufbeschlag. — Ausrüstung des Reiters. — Wettrennen und Pferdekämpfe. — Zwei charakteristische Beispiele für dieselben.

5. Das Pferd im Dienste der Religion	147

Eine Mitgabe an die Toten. — Eine Opfergabe an die Götter. — Namen der Pferde von Göttern und Helden. — Körperliche und geistige Vorzüge des Pferdes. — Pferde-Orakel. — Pferde-Opfer. — Bericht des Adam von Bremen. — Hergang beim Opfer. — Lebende Pferde als Weihegeschenke für die Götter. — Das Pferd als ein Medium für dämonische Wirkungen. — Pferdehaupt auf einer Fluchstange.

Kap. IV. DAS RIND IM DIENSTE DES ISLÄNDERS . . .	171—200
1. Einführung, Pflege, Anzahl und Beschaffenheit	171

Rindviehzucht, die Arbeit des freien Bauern. — Einführung in Island. — Freier Weidegang und

Einstallung. — Stalleinrichtung. — Lexikalisches. — Kreuzung und Stückzahl. — Körperbeschaffenheit.
2. Nutzung des Rindviehbestandes 180
Technische Ausdrücke. — Die Milch und deren Produkte: Skyr, Butter, Käse. — Die Ochsen als Zug- und als Schlacht-Tiere. — Schlachtscene auf einem Gute. — Das Rindsleder und dessen Verwertung. — Die Hörner.
3. Die Bewertung................. 193
Gesetzliche Preistabelle. — Höhere Preise für Elitetiere. — Wohlgefallen an denselben. — Stiere als Ehrengabe für Götter und Menschen. — Stierblut zu Zauberzwecken verwendet.

Kap. V. DAS SCHAF IM DIENSTE DES ISLÄNDERS ... 201—241
1. Einleitendes 201
Technische Ausdrücke. — Das Lammen. — Sauglämmer und deren Behandlung. — Winter- und Sommerställe. — Der freie Weidegang. — Arbeit in der Sortierungshürde. — Lexikalisches.
2. Die Heerde 210
Schafzucht, der Kern der gesamten Viehwirtschaft auf den Gütern. — Grösse des Schafbestandes auf den Gütern. — Entwöhnung der Sauglämmer. — Das Hinaustreiben der entwöhnten Lämmer im Frühjahr auf die „afrettir". — Das Heimtreiben derselben im Herbst. — Nutzen der Tiere. — Schafmilch, nur ein Nebenprodukt. — Wolle, das Hauptprodukt. — Herstellung von Wollenstoffen im Hause. — vaðmál = Geld. — Schlacht- und Marktwert der Schafe. — Gesetzliche Preistabelle. — Schafe als Geschenke an Freunde. — Schafe als Opfertiere. — Die staatsbürgerlichen Rechte wurzeln in einem gewissen Besitzstande an Vieh.
3. Der Hirte 229
Der Schafhirte nimmt eine Sonderstellung unter den Dienstleuten ein. — Besondere Tüchtigkeit wurde von ihm verlangt. — Der Sommer- und der Winterschäfer. — Des Letzteren harte Arbeit. — Der Schafhirte als Kundschafter und Vertrauensmann seines Herrn. — Dieser Leute Beobachtungsgabe und ihre Anhänglichkeit.

Kap. VI. DAS KLEINVIEH IM DIENSTE DES ISLÄNDERS 242—268
1. Ziegen 242
Die Ziege in der Mythe. — Haustier der Germanen seit grauer Zeit. — Einführung in Island. — Obwohl des kleinen Mannes Tier, findet sie sich doch im

Inhalts-Verzeichnis.

Seite

Besitzstande der Grossbauern. — Preistabelle. — Lexikalisches. — Ziegenleder und dessen Verarbeitung. — Das Tier, verwandt zu Zwecken der Zauberei.
2. Schweine 251
Der Eber in der Mythe. — Einführung der Schweine in Island. — Starke Vermehrung. — Nützliches Wirtschaftstier. — Lexikalisches. — Marktpreis. — Sprichwörtliche Redensarten. — Arbeit im Schweinestall ziemt sich nicht für einen Edeling. — Verwendung des Tieres, nicht zum Opfer, aber zur Zauberei.
3. Geflügel .... 260—268
   a) Hühner 260
   Hausierhandel mit denselben. — Hahn und Henne haben Hausrecht auf den Islandshöfen. — Lexikalisches.
   b) Gänse 262
   Gänsezucht auf den Gütern. — Angaben über die Stückzahl. — Verwandt zu Werken der Zauberei. — Lexikalisches.
   c) Enten 267
   Enteneier als Skalden-Lohn.

Kap. VII. GESELLSCHAFTSTIERE IM BESITZE DES ISLÄNDERS .... 269—286
1. Der Hund 269
Seine Einführung in Island. — Zumeist aus Norwegen, wo Hunde hochgeschätzt waren. — Edelknaben als Hundejungen. — Ursprung und Eigenschaften der Isländischen Hunde. — Dahlborasse. — Gesetzliche Bestimmungen gegen bissige Hunde. — Bericht über einzelne Hunde in den Sagas. — Lexikalisches. — Der Ausgezeichnetste unter den dort genannten Hunden ist „Sámr".
2. Die Katze 276
Die Katze in der Mythe. — Einführung in Island. — Zwei Stellen über Katzen in den Sagas.
3. Der Hausbär 278
Der Bär das königliche Tier des Nordens. — Sein Vorkommen in den alten Liedern. — Lexikalisches. — Der gezähmte weisse Eisbär, neben dem Hunde, als Haustier gehalten. — Gesetzliche Bestimmungen. — Bären als Geschenke an Fürsten. — Beispiel. — Dagegen die Einführung des dunklen Waldbären in Island wird unter schwere Strafen gestellt. — Beispiele seiner Gefährlichkeit.

I.

DAS GUTS-AREAL.

Der isländische Bauernhof zur Sagazeit schied sich in einen Winterhof (vetrhús) und in einen Sommerhof (sel). Beide verhielten sich zu einander wie das Hauptgut zu seinem Vorwerk. Jenes lag in der Regel unten im Thale, dieses oben in den Bergen.

Uns beschäftigen hier zunächst nicht die Baulichkeiten dieser Gutsanlage. Es gab dort ein bequemes Wohnhaus, eingerichtet für das Alltagsleben, wie für Feste, umgeben von Wirtschaftsgebäuden mancherlei Art, und, hier und dort, von bedeutender Anzahl.

Diese Baulichkeiten, in ihrer Konstruktion, wie in ihrer Ausstattung, haben bereits eine eingehende Beschreibung gefunden durch Valtýr Guðmundsson[1]. Und da von diesem Werke in Kurzem eine Übersetzung ins Deutsche erscheinen wird[2], so liegt um so weniger ein Grund vor, hier darauf einzugehen.

Wir fassen vielmehr an dieser Stelle ins Auge das zu diesen Baulichkeiten gehörende Guts-Areal und fragen zunächst nach dessen Zusammensetzung.

Das Bild bequemen Wohllebens, welches wir, namentlich an der Hand der Familien-Sögur, auf den grossen Bauernhöfen Islands, rund gerechnet, um das Jahr 1000 unserer Zeitrechnung vorfinden, regt uns ja zu der Frage an: „Aus welchen Quellen floss dieser Wohlstand?" War er das Erbe der Väter, gewonnen aus den, an Beute so reichen, Vikinger-Zügen? — Oder war er der freigebige Lohn der Könige für

---

[1] Valtýr Guðmundsson, Privatboligen paa Island i Sagatiden, samt delvis i det øvrige Norden. København 1889.

[2] J. C. Poestion, Wien. Die Bogen der Übersetzung lagen im Sommer 1900, in Kopenhagen, bereits dem Herrn Autor zur Durchsicht vor.

geleistete Schwerthilfe an den Helden[1]), und für ein dargebrachtes Lied an den Skalden[2])? — Oder war er die Frucht des von den Isländern stets lebhaft mit betriebenen Handels? — Oder, endlich, lagen die Quellen dieses Wohlstandes in der Landwirtschaft?

Wir eignen uns diese letzten Gedanken an und umgrenzen ihn dahin: „Was brachte, um das Jahr 1000 unserer Zeitrechnung, nach der damaligen Betriebsweise, ein rationell bewirtschafteter Bauernhof seinem Besitzer ein?"

Diese Frage steigert sich in ihrem Interesse, weil deren Beantwortung dahin führen wird, den einzelnen Zweigen des landwirtschaftlichen Betriebes zu jener Zeit nachzugehen und auf diesem Wege ein nicht unwichtiges Stück des Kulturlebens aus jenen fernen Tagen aufzurollen.

Es dürfte sich jedoch empfehlen, einige hierhergehörende, technische Ausdrücke der Sögur voraufzuschicken:

„búa" heisst: „Eine Bauernwirtschaft betreiben".

„búandi", gen. a. ⎰ heisst: „Derjenige, welcher diesen Be-
„bóndi", gen. a. ⎱ trieb als Besitzer leitet; der Bauer".

„baer", gen. baejar heissen: „Die Gutsgebäude".

„bú", gen. s. heisst: „Das Inventar des Gutes, sowie auch dessen Betrieb".

„byggð", gen. ar ist: „Das angebaute Land; die ausgenutzte Guts-Fläche".

Wie überall, so war auch auf Island der Wirtschaftswert der einzelnen Bodenflächen ein sehr ungleicher, und das umsomehr, als wir es hier mit einem Gebirgslande unter dem 64—66. Grade, nördlicher Breite, zu thun haben.

Als Boden erster Klasse galt zur Sagazeit, nicht minder wie noch heute, ganz allgemein der

Grasgarten (tún).

Er umgab den Winterhof (vetrhús) von allen Seiten. In seiner Mitte haben wir uns, der Regel nach, als liegend zu denken das Haupt-Wohnhaus des Gutsbesitzers, und dieses wiederum umgrenzt von den erforderlichen Wirtschafts-

---

[1]) þáttr af þorsteini austfirðing. Kap. III.
[2]) Gunnlaugs saga ormstungu, Kap. VIII; þáttr af Sneglu-Halla, Kap. IV, Kap. IX. u. a.

gebäuden. Für das Wohnhaus selbst wählte man, auch dann, wenn sein Platz ein Fluss-Ufer oder ein Fjord-Rand war, gerne einen aus der Ebene hervorspringenden Hügel, von dem nach allen Seiten Umschau gehalten werden konnte. In den Anfangszeiten der Ansiedelung gebot sich dieses schon durch den Umstand, dass die Landflächen zum grösseren Teil waldbedeckt waren. „*Í þann tíð vas Ísland vidi vaxit á miðli fiallz ok fiðro*"[1]) d. h. „Um jene Zeit war Island mit Wald überwachsen vom Fels bis zum Meer". — Über diese Waldwipfel hinweg wollte man doch, vor seinem Wohnhause stehend, schauen können. Und später, als der Wald schnell genug gefallen war, blieb der Wunsch lebendig, zumal in der wachsend unruhigen Zeit, weithin sicheren Ausblick zu halten über die Umgegend, um zeitig zu erfahren, ob Freund oder Feind dem Hofe sich nahe?

Ein klassisches Beispiel hierfür ist folgende Stelle der Fljótsdaela Saga. Es wird hier erzählt, dass Helgi Ásbjarnarson seinen Hof „Mjóvanes", im oberen Fljótsdalr gelegen, verkauft habe, um zwei Meilen flussabwärts einen anderen Hof „Eiðar" sich aufzubauen. Sein Weib Þórdís erhebt gegen die von ihm gewählte Baustelle Einwendungen, weil das neue Haus waldumwachsen sein werde, und man dort nicht Ausschau halten könne über der Männer Fahrten, ob sie die Richtung hin zum Hofe einschlagen oder nicht?

„*Þórdís kona hans spurði, hví hann vildi þar heldr land eiga, er allt var skógi vaxit at húsum heim ok mátti hvergi sjá manna ferðir, þótt at garði faeri*"[2]).

Also, in thunlichst freier Lage, auf einer Bodenerhebung, denken wir uns das Wohnhaus des Islands-bóndi, zur Sagazeit aufgestellt, umgeben von den Wirtschaftsgebäuden und nach allen Seiten hin sichtbar.

Dieses Gehöft umzog nun der Grasgarten (tún). Fleissig gedüngt (teðja), lieferte diese Bodenfläche das Trockenfutter erster Qualität (taða, gen. töðu), welches nur den bevorzugten Tieren als Kraftfutter verabreicht wurde. Ob indessen von

---

[1]) Ari hinn fróði: Íslendingabók, Kap. 1.
[2]) Fljótsdaela saga, Kap. 31.

Anbeginn der Besiedelung diese Pflege des túns durch regelmässige Überführung mit Stalldünger der Brauch bei Allen gewesen ist, das darf bezweifelt werden. Wir stützen diesen Zweifel auf eine Stelle der Njála[1]).

Zwei Bettelfrauen kommen von Bergþórshváll, dem Gute des Njáll, hinüber nach Hlíðarendi, dem Gute der Hallgerðr. Diese, jenen ihren Nachbaren feind, forscht die Weiber darüber aus, was Njáll und seine Söhne treiben? Es kommt zu einem sehr witzigen Zwiegespräch voller Stacheln. Aus diesem interessiert uns hier nur die eine Stelle, wo jene Weiber über einen der Knechte Njáls berichten: „Enn einn ók skarni á hóla" d. h. „Aber Einer fuhr Mist über das tún". Eigentlich die „Erdhügel" auf dem tún. „Hví mundi þat saeta?" d. h. „Warum denn das"? fragte darauf Hallgerðr. Worauf dann jene Weiber, erklärend, berichten: „þat sagði hann, at þar yrði taða betri enn annars staðar!" D. h. „Dann, sagte er, geriete das Kraftheu dort besser, als anderwärts!" — Worauf Hallgerðr erwidert: „Njáll ist ein Querkopf! Er sollte Mist in seinen Bart fahren lassen, damit die Leute ihm nicht den Spottnamen geben: „Karl hinn skegglausi" d. h. „Der Bartlose"! — Und sie bestellt sofort bei dem dabeisitzenden Skalden, Sigmundr, über diesen pikanten Vergleich einen Spottvers.

Offenbar könnte Hallgerðr, welche selbst einem grossen Gute entstammte, nicht in dem Grade erstaunt sich äussern über diese Kulturart des túns, wäre die Überfahrung desselben mit Mist damals schon eine allgemeine Sitte gewesen. Und die Bettelweiber hatten nicht nötig, ihren erklärenden Bericht darüber einzuleiten mit der entschuldigenden Redewendung: „Ja, er sagte das etc.!"

Die Sachlage war also wohl diese. Intelligente Landwirte wie Njáll, führten diese sorgfältigere Kulturart ein. Nach und nach fand dieselbe Nachahmer; bis zuletzt sie dann allgemeine Sitte wurde.

Um diese sorgfältig bearbeitete Kulturfläche zu schützen, war das tún von einem aus Steinen und Erde zusammen-

---

[1]) Njála, Kap. 44.

gesetzten Walle (túngarðr, gen. s.) rings eingeschlossen. Dieser hatte den Zweck, Schafe, Rinder, Pferde abzuhalten, in diesen Grasgarten einzubrechen, und seine fettere Grasnarbe abzuweiden, welche vielmehr stets zur Bereitung des oben erwähnten „Kraftheues" (taða) aufgespart wurde.

Um dieser Bestimmung zu genügen, musste der Wall eine entsprechende Höhe besitzen. Und eine Vorstellung von seiner Höhe gewinnen wir aus einer Stelle des þáttr af Sneglu-Halla

Sneglu-Halli, der Skalde, sucht seinen Wettbewerber um des Königs Haraldr Gunst, den prahlenden Skalden þjóðólfr vor versammeltem Hofe in Norwegen lächerlich zu machen, indem er einen Zug aus dessen häuslichem Leben auf Island preisgiebt. Er erzählt Folgendes. Des hochmütigen Skalden völlig verarmter Vater þorljótr hat von einem mitleidigen Nachbarn ein Kalb geschenkt bekommen und führt dieses an einem Stricke heimwärts. Bei seinem Gehöfte angelangt, will þorljótr jenes Kalb über den túngarðr hinwegheben. Bei diesem Bemühen verfangen sich jedoch beide, Mann wie Kalb, in der Strangschlinge der Art, dass sie, zu beiden Seiten des Walles hinabhängend, mit ihren Füssen den Erdboden nicht mehr finden können. Dies wird die Ursache, dass beide sich gegenseitig erdrosseln.

„*Ok er hann kom heim at túngarði sínum, hefr hann kálfinn upp á garðinn, ok var furðanliga hár garðrinn; þó var haerra fyrir innan, því at þar hafði verit grafit torf til garðsins*"[1]). D. h. „Und als er heimkommt an seinen Tun-Wall, da hebt er das Kalb auf den Wall. Dieser war aber sehr hoch, und zwar war seine Innen-Wand die höhere, weil auf dieser Seite die Erde ausgestochen war für den Aufbau des Walles."

Daraus ergiebt sich, dass dieser túngarðr in der Regel mehr als Manneshöhe hatte und auf seiner Innenseite, längs der Wand, ein Graben lief.

Beides aber, Wall wie Graben, dienten weniger der Verteidigung als, wie bereits gesagt, dem Schutz gegen draussen weidende Tiere.

---

[1]) þáttr af Sneglu-eðr Grautar-Halla, Kap. 6.

Ein Eintrittsthor, dem Wohnhause gegenüber, öffnete den Zugang zu diesem Grasgarten. Von diesem Thore aus führten zwei parallel laufende Wälle in gerader Richtung auf die Hausthüre zu. Der Weg, welchen sie einfassten, war mindestens so breit, dass zwei beladene Pack-Pferde einander ausweichen konnten. Er hiess „tröð", gen. „traðar", und von ihm fand, durch seitlich angebrachte Thore, die Verbindung mit der Fläche des túns statt. Wir finden diesen Weg erwähnt bei der Gelegenheit, als Gunnars Feinde, vor dem Gutshause auf Hlíðarendi aufgestellt, den treuen Hund Sámr, welcher auf dem Dache liegend, Wache hält, auf diesen Weg herablocken. „*Teygir hann rakkann á braut í traðirnar með sér*"[1]).

Dasjenige Ende dieses Weges, welches an die Hausthüre stiess, war in der Regel gepflastert und hiess „hlað", gen. s. Es war der Platz, wo die Reitpferde vorgeführt wurden; auf dem man in und aus dem Sattel stieg.

Eine andere Frage ist diese. Wie gross war gemeinhin die Grundfläche dieses tún? Die Sagas geben darüber keinen Bericht. Wir müssen uns also helfen mit einem Rückschluss aus der Gegenwart auf die Vergangenheit, wenn es erlaubt ist anzunehmen, dass die Grenzen der in Rede stehenden Fläche von heute annähernd denen aus dem Jahre 1000 gleich kommen. Nach einer amtlichen Zählung aus dem Jahre 1861 — (Ný Jarðabók fyrir Ísland) — befinden sich gegenwärtig auf der Insel 4356 Bauerngüter. Und nach einer Landvermessung aus dem Jahre 1876 gab es im Ganzen dort c. 2 ☐ Meilen tún[2]). Dieses würde ergeben auf jeden Bauernhof im Durchschnitt eine tún-Fläche von rundgerechnet 2—3 Hectaren. Indessen mag zur Saga-Zeit das Verhältnis wohl ein etwas günstigeres gewesen sein, weil damals die Kultur, gegenüber dem Heute, eine vorgeschrittenere war.

Hinter dem Erdwall, welcher das tún umschloss, breiteten sich aus, in weiter Fläche, die Wiesen („eng", gen. „engjar").

---

[1]) Nj. Kap. 76.
[2]) þorvaldur Thoroddsen: Lýsing Íslands. Kaupmannahöfn. 1900. pag. 81/82.

Diese erfreuten sich nicht einer regelmässigen Düngung, sondern man erntete von ihnen an Futterkräutern, was die eigene Kraft des Bodens hergab.

Hier weideten in des Hauses Nachbarschaft namentlich die Reit- und die Pack-Pferde, welche man schnell unter den Sattel nehmen wollte. Ebenso das Milch gebende Vieh, soweit dieses nicht dem in den Bergen gelegenen Sommerhofe (sel gen. s.) zugeteilt war.

Diese weite Fläche der „eng" zerlegt sich nun wieder in drei Bodenklassen, welche zugleich in absteigender Linie den Grad ihres Nutzungswertes ausdrücken.

1. Valllendi gen. s., wofür auch vorkommt der Name völlr, gen. vallar (pl. vellir).
2. Mýrr (od. mýri) gen. mýrar.
3. Flói, gen. flóa.

Das „valllendi" ist eine Wiese mit fest zusammenhängender Pflanzendecke. Das Grundwasser bleibt stets unterhalb der Grundfläche zurück, und diese fühlt sich trocken an für die Hand, welche daraufgelegt wird.

Die „mýrr" ist ein Moorgrund, überzogen mit einer ganz zusammenhängenden Pflanzendecke, deren Wurzeln ein festes Geflecht bilden. Auch übersteigt das Grundwasser die Oberfläche nicht, doch fühlt sich die Grasdecke stets feucht an für die Hand, welche darauf gelegt wird. Menschen wie Pferde können diese mýrr mit voller Sicherheit überschreiten.

Der „flói" ist ein Sumpf überzogen ebenfalls noch mit einer Pflanzendecke, indessen hängt diese Pflanzendecke in ihrem Wurzelgeflecht nicht mehr fest zusammen. Das Grundwasser übersteigt meistens die Oberfläche, und diese ist durchschnitten von oft recht breiten Erdfurchen, in welchen das Grundwasser zusammenfliesst. Menschen können mit Vorsicht den flói noch überschreiten, Pferde dagegen nicht mehr, teils wegen ihres grösseren Gewichtes, teils wegen der Art ihres Auftretens.

Der flói wird nicht mehr abgeweidet, doch wird auf demselben noch Heu gemacht, welches indessen die Güte des auf der mýrr geernteten bei weitem nicht erreicht.

Ebenso steht das Heu, von der „mýrr" gewonnen, unter dem Werte dessen, welches das „valllendi" darbietet.

Diese drei Bodenarten, welche unter dem Sammelbegriff „eng" sich zusammenfassen, haben wir uns zu denken als liegend an den Rändern der in die Insel tief einschneidenden Fjorde, sowie in den oft recht breiten Flussthälern; Plätze, deren Fruchtbarkeit die ersten Ansiedler bewog, vor allem hier sich anzubauen. Von ihnen gilt der sprichwörtlich gewordene Bericht des Þórólfr[1], welcher sagte:

„*drjúpa smjör af hverju strái á landinu*"[2]!

Und wenn dieses auch eine rhetorische Übertreibung war, so haben die seinem Winke folgenden Kolonisten ihre Übersiedelung aus dem Mutterlande Norwegen nach Island doch niemals bedauert. Im Gegenteil, die Sagas berichten, wie die ersten Ankömmlinge neue Nachzügler veranlassten, ihnen zu folgen, bis in etwa 50 Jahren die ursprünglich menschenleere Insel dicht besetzt war.

Aus den Breiten dieser Thäler und von den Fjorð-Rändern zog sich dann das Gutsareal die Berge hinauf. Schräggeneigte Flächen, welche von dem Isländer mit dem allgemeinen Worte „hlíð", gen. hlíðar, bezeichnet wurden. Auch diese entblössten sich in den fortschreitenden Sommermonaten nach und nach von der winterlichen Schneedecke, bis zur Höhe von 600 bis 1000 Metern. Jenseits dieser Grenze wich allerdings der Schnee auch im Sommer nicht. Und es legten sich dann dort frei jene mit saftigen Kräutern besetzten Sommerweiden, welche in dem Sommerhofe oder Guts-Vorwerke (sel gen. s.) ihren wirtschaftlichen Mittelpunkt fanden. Alle diese in den Bergen gelegenen Weideflächen fasste der Isländer zusammen unter dem Gemeinbegriff „búfjárhagi", gen. a., während dagegen die unten um den Winterhof gelegenen Flächen der „eng", also vallendi, mýrr und flói, unter das Sammelwort „heimaland" fielen.

Doch, man würde irren, wollte man diese „hlíð" bis zur Höhe von 1000 Metern hinauf im Sommer als eine ununterbrochene Weidefläche sich vorstellen. Das ist nicht der Fall. Vielmehr nur der an das Thal anstossende Fuss dieser „hlíð"

---

[1]) Als eigentlicher Entdecker der Insel gilt „Hrafna-Flóki".
[2]) Lndm I. Kap. 2. Von diesem Bericht bekam er den Spitznamen: „Þórólfr smjör, der „Butter = Þórólfr".

trägt bis zur Höhe von 2—300 Metern hinauf einen geschlossenen Vegetations-Gürtel. Darüber hinaus findet sich Geröll, welches den Namen „skriða", gen. u. führt. Wird diese Geröllschicht von Bächen durchzogen, welche von den Firnen der Bergkämme zur Tiefe hinabsteigen, so besetzen sich selbstverständlich deren Ränder mit einem durch die Feuchtigkeit hervorgelockten Vegetations-Streifen (geiri, gen. ra) von unterschiedlicher Breite. Auch dieser wird abgeweidet.

Ebenso bilden sich in der genannten Schicht der „skriða" oftmals Bodensenkungen. Sie füllen sich aus mit herabgeschwemmtem Lehmboden. Düngersubstanz von oben nistenden Vögeln gesellt sich dazu. Diese Senkungen, welche oft recht gross sein können, überziehen sich dann nach und nach mit einer üppigen Pflanzendecke und werden gesuchte Weideplätze. Doch eine Sonderbezeichnung findet sich für diese Formation in den Sagas nicht.

Neben dieser schräggeneigten Fläche der „hlíð" finden sich in den Bergen auch Weideflächen in wagrechter Lage; Hochplateaus, welche der Isländer mit dem Namen „heiðr, gen. ðar" bezeichnet. Sie tragen stets eine Pflanzendecke, wenn auch nicht eine so dichte und üppige, wie unten im Thale die „eng"; doch wird die fehlende Masse reichlich hier ersetzt durch den gesteigerten Futterwert der vorhandenen Kräuter. Denn in dieser Höhenlage, dem Erdreiche zwar später entsprossen, sind die hier wachsenden Pflanzen doch um so frischer, um so saftiger, und um so gewürzreicher.

Auf diesen Hochplateaus der „heiðr" finden sich auch oftmals ausgetrocknete Seen, welche sich mit der Zeit zu einem flói ausbilden.

Von der „heiðr" ist zu unterscheiden „klettr, gen. s", eine in jenen Höhen sich findende, senkrecht abfallende Felswand, welche aber stets vegetationslos, also ohne wirtschaftlichen Nutzungswert, ist.

Über diese Bergterrassen zogen sich auch hin diejenigen Weidenflächen, welche in den Sagas unter dem Namen „afrétt, gen. tar.", — (plur. „afréttir", am gebräuchlichsten) — so sehr oft angeführt werden. Sie waren ausgesondert, der Regel nach als Gemeindewiesen, auf welchen gleiches Weiderecht besassen die Glieder der nächstgelegenen Genossenschaft „hreppr, gen. s.", ein Distrikt, bebaut mit wenigstens 20 Höfen. — Als Gemein-Besitz führten sie auch den Namen „allmenningr, gen. s.", und bildeten als solche den rechtlichen Gegensatz zu „óðal, gen. s., dem durch Erbe oder Kauf erworbenen Eigenbesitz an Grund und Boden.

Auf diese afréttir hinauf trieben die Bonden, in Ausnutzung ihres gemeinsamen Weiderechtes, im Frühjahre, sobald die Schneeschmelze eingetreten war, das nicht Milch gebende Vieh, welches untermischt, aber doch an den gesetzlich vorgeschriebenen, und in den Ohrmuscheln angebrachten Marken erkenntlich, hier oben ohne Hirten die Sommermonate hindurch sich selber weidete. Man nannte dieses Hinauftreiben im Frühjahre „reka á fjall"; das Zusammensuchen des durch die Berge oft weithin zerstreuten Viehes im Herbste aber „fjallleitir". Und hatte man bei der Aufzählung Verluste an der Stückzahl, was oft genug vorkam, so nannte man dieses „vanta af fjalli".

Den Eigenbesitz von Bergwiesen nutzte der Bonde im Sommer aus auf zweierlei Weise. Gleichfalls als Weideland; doch weidete hier stets nur das milchgebende Vieh, Rinder wie Schafe, und zwar unter der Aufsicht von Hirten. Dann aber auch nutzte er ihn durch das Abmähen des Grases und das Trocknen desselben zu Heu.

Dieser Betrieb wurde geleitet von dem Sommerhofe aus, der hier oben in den Bergen stand, und wie gesagt, zu dem Winterhofe wie ein Vorwerk sich verhielt. Die Räumlichkeiten waren hier nicht gross; enthielten aber Arbeitsräume zur Herstellung von Butter, Käse und „skyr"[1]) sowie Knechtsgelass und Herrschaftszimmer. Denn Guts-Herr und Guts-Frau waren hier oft, besonders in der so wichtigen Zeit der Heuernte, persönlich zur Stelle, um antreibend zu wirken. Denn es galt die schnell entfliehende Gunst der kurzen Sommer-Zeit energisch auszukaufen. Und auch blutige Dramen spielen sich hier oben auf dem „sel" ab, wie z. B. Bollis Tötung in der Laxdaela-saga.

---

[1]) Von der „skyr"-Bereitung wird in dem später folgenden Abschnitt über Rindviehzucht ausführlich die Rede sein.

Ausser dem „búfjárhagi" und dem „heimaland" fanden sich noch andere Strecken des Guts-Areals von hohem wirtschaftlichem Werte. Es waren die den Küstenrändern vorgelagerten Inseln („ey", gen. „eyjar"). Und manche Fjorde, so besonders der Breiðifjörðr, waren überreich an denselben. Zwei Umstände machten sie zu besonders geschätzten Weideplätzen: ihre fette Grasnarbe, sowie ihre gesicherten Grenzen. Dorthin brachte man im Herbste noch einmal das Schlachtvieh, welches von den afréttir geholt war, und liess es bis in den Dezember hinein grasen, wollte man zum Jólfeste (jóla-boð) einen besonders fetten Braten auf dem Herrschaftstische haben. Oft entstand über das Nutzungs-Recht an diesen Inseln ein erbitterter Streit unter den Anwohnern der Fjorde. Ein solcher verknüpft sich mit dem tragischen Untergange des Grettir auf der Drangey im Skagafjörðr.

Nach Besprechung dieser Bodenformationen wäre es nun von sehr grossem Interesse, die Zusammensetzung der Pflanzendecke kennen zu lernen, welche diese, hier getrennt aufgeführten- Flächen überzog. Denn, von ihrer Beschaffenheit hängt ab der Futterwert, welchen solche Feldstücke dem Besitzer zu seiner Viehhaltung darboten.

Selbstredend sprechen die Sagas darüber sich nicht aus. Dem Zweck ihrer geschichtlich-dichterischen Darstellung liegt eine solche Betrachtungsweise sehr ferne.

Indessen, es haben heute Untersuchungen dieser Art auf Island stattgefunden. Ein Botaniker und Isländer von Geburt, Helgi Jónsson, hat in den Jahren 1894, 97 und 98 jene unterschiedlichen Pflanzendecken durchforscht und seine gewonnenen Resultate bereits veröffentlicht in den Mitteilungen der naturhistorischen Vereinigung in Kopenhagen[1]).

Kaum sind nun wohl Gründe vorhanden für die Annahme, dass seit dem Jahre 1000 unserer Zeitrechnung bis heute wesentliche Veränderungen in der Zusammensetzung der dortigen Wiesenteppiche geschehen seien. Vielmehr halten wir uns zu dem Schlusse berechtigt, dass gramina derselben Art, über welche heute der Fuss des Isländers hinschreitet,

---

[1]) Meddel. fra den naturh. Foren. i. Kbhvn. 1900, pag. 15 ff.

auch zur Zeit eines Ólafr pái und eines Snorri goði dort wuchsen.

Wir folgen demnach der Untersuchung von Helgi Jónsson und gewinnen dabei folgendes Resultat.

Die Pflanzendecke des „tún", welche dem Isländer die „taða", Heu erster Qualität, als Kraftfutter in die Winterställe lieferte, setzte sich zusammen in der Hauptsache aus 3 Nähr- und 2 Schmuck-Pflanzen.

Jene waren:
1. Aira caespitosa, rasenförmige Schmiele [1]).
2. Poa pratensis, Wiesenrispengras.
3. Trifolium repens, Weissklee.

Diese waren:
1. Taraxacum vulgare, gemeine Kuhblume.
2. Ranunculus acer, scharfer Hahnenfuss.

Alle diese Pflanzen zeigen sich auf Island sehr blattreich und in starker Bestockung [2]).

Auf „vallendi" wuchsen, ausser den tún-Gräsern und Kräutern, die jedoch in geringerer Menge hier stehen,
1. Nardus stricta, steifes Borstengras.
2. Anthoxatum odoratum, gemeines Ruchgras.

Auch diese Pflanzen zeigen sich sehr blattreich und von äusserst gedrungenem Bau.

Auf der „mýrr" wuchsen ausser einer Untervegetation feiner Moose namentlich Cyperaceen, d. h. Halbgräser, als:
Carex, Sègge, und zwar,
1. cryptocarpa.
2. vulgaris.

Auf dem „flói" finden wir:
1. Carex chordorrhiza, fadenwurzelige Sègge.

---

[1]) In der Bestimmung der deutschen Benennung dieser Pflanzen folgen wir den Angaben des Dr. August Garcke: „Illustrierte Flora" 18. Auflage, Berlin 1898.

[2]) Alle diese von mir hier und im Folgenden zu nennenden Pflanzen befinden sich in sehr sorgfältig präparierten Exemplaren in dem Botanischen Museum zu Kopenhagen, unter der Rubrik: „Arktische Abteilung"; und werden dort demjenigen, welcher Island selbst aufzusuchen verhindert ist, von sachkundiger Hand gerne vorgezeigt und auch erklärt.

2. Eriophorum angustifolium, schmalblätteriges Wollgras.
3. Scirpus caespitosus, Rasensimse.
4. Menyanthes, dreiblätteriger Bitterklee.

Und endlich einige Carex-Arten. Der Bitterklee hat sehr breite Blätter und eine lange, tief in den Boden hinabreichende Wurzel mit starken Seitenverzweigungen, so dass dieses Kraut ganz besonders zur fortschreitenden Befestigung des flói beiträgt.

Die geneigten Flächen der „hlíð" bieten dar die Vegetations-Formen des „valllendi" unter dem Fehlen der tún-Gräser, jedoch verstärkt durch:

1. Vaccinium myrtillus, Heidelbeere.
2. Empetrum nigrum, schwarze Krähen-Beere, welche ihre Blätter auch im Winter behält, und zu dieser Zeit als Futter dient.

Der „hlíð" nahe verwandt ist auch die Vegetations-Form der „heiðr", also auch die der „afréttir".

Beide zeigen ein Gemisch aller der, auf jenen unteren Bergabhängen vorkommenden Futterkräuter, nur alles kürzer und gedrungener gebaut. Und da die Pflanzen in diesen Höhenanlagen nicht mehr zum Blühen kommen, so bieten sie in ihren Blättern, welche Saft und Aroma nicht mehr zur Blüten- und Frucht-Bildung herzugeben brauchen, sondern voll für sich behalten, ein besonders gehaltvolles Futter. Schon die ersten Ansiedler machten die Beobachtung, dass hier oben das Vieh auf dem Sommer- und Herbstgrasgange besonders gut gedieh.

Diese verschiedenen Gräser und Kräuter, ausgebreitet über die Thal- und Berg-Wiesen Islands boten in ihrer hier nachgewiesenen Mischung ein sehr nahrhaftes Futter dar. Ausserdem verbürgte auch die Mannigfaltigkeit dieser Pflanzenzusammensetzung dem Nutzniesser in allen Fällen einen Ertrag auch zu solchen Zeiten, wo einzelne dieser Arten, durch die Ungunst der Witterung gehemmt, ihre volle Entwickelung nicht finden konnten.

Und da Gräser ein feuchtes und kühles Klima besonders lieben, und am besten in Gebirgsländern wie an Meeresküsten gedeihen, so waren ja auf Island eben darum alle die Bedingungen vorhanden, welche das Wort Þórólfs wahr machen konnten:

„*drjúpa smjör af hverju strái á landinu, því er þeir höfðu fundit*".

An diese Gräser schliessen sich an als deren Verwandte, die Bäume. Und so mag denn hier folgen ein kurzer Bericht über des alten Islands:

„Waelder" (skógr, gen. gar; auch viðr, gen. ðar.) Die Sagas erwähnen überaus häufig die, um jene Zeit, von 874—1000 auf der Insel noch vorhandenen Waldungen. Ausser der bereits angeführten Stelle der Fljótsdaela saga, bezeugt es ausdrücklich auch Ari hinn fróði in seiner Íslendingabók, dass grosse Wadlflächen zur Zeit der Besiedelung dort gestanden haben:

„*Í þann tíð vas Ísland viði vaxit á miðli fiallz ok fiöro*"[1].
D. h. „Zu jener Zeit war Island mit Wald überwachsen vom Fels bis zum Meer."

Diese Stelle ist wohl so zu deuten, dass Basalt-Hügel, welche aus den Thalflächen dort zahlreich aufsteigen, und welche heute naktes Gestein sind, zu jenen Zeiten waldüberdeckt waren.

Die Waldreste, welche heute noch auf der Insel sich finden, setzen aus folgenden drei Baumarten sich zusammen, nämlich:

1. betula odorata, Birke.
2. sorbus aucuparia, Eberesche.
3. salix phylicifolia, zweifarbige Weide; sogenannt, weil die oberen Blattflächen an derselben dunkel, die unteren hell gefärbt sind. Und der Schluss ist wohl berechtigt, dass diese Baumformen auch in der Sagazeit dort gestanden haben, weil die Natur in ihren Hervorbringungen sich doch meistens gleich bleibt.

Betula entwickelt sich von diesen Bäumen noch heute am kräftigsten. Sie erreicht, nach etwa 50 Jahren, einen Stammumfang von circa 80 Centimetern, und eine Höhe von circa 10 Metern.

---

[1] Íslendingabók, Kap. 1.

Diese Hölzer waren für den Grundbesitzer sehr wertvoll, zunächst zu Bauzwecken. Deckten sie immerhin neben dem fleissig aufgefischten Treibholze auch nicht den Bedarf, so dass namentlich längere Bauhölzer stets wieder aus Norwegen eingeführt werden mussten, so waren sie doch, namentlich zur Aufführung von Wirtschaftsgebäuden, kleineren Umfangs, eine sehr schätzbare Beihilfe.

In der Eyrb. Saga heisst es:

„*Snorri sendi þraela sina at vinna skóginn ok hjoggu þeir timbr mart*"[1]). D. h. „Snorri sandte seine Knechte hinaus zur Waldarbeit, und sie schlugen vieles Bauholz."

Zu zweit gab der Wald dem Besitzer sein Brennmaterial her, um seine Küche zu speisen und die Langfeuer, in seiner Halle, während des Winters zu unterhalten.

In der Njála lesen wir: „Der Knecht Svartr war in Rauðaskriðum „ok hjó skóg"[2]), auf Befehl seiner Herrin. Ebenso ist von dem Bereiten der Holzkohlen durch die Knechte, im Walde, oft in den Sagas die Rede.

Indessen weit höher schlagen wir an den indirekten Nutzen, welchen sein Waldbestand dem Bonden zur Saga-Zeit brachte.

Unter den Bäumen nämlich, sowie geschützt durch dieselben, befand sich eine Vegetation, welche der Pflanzendecke der „heiðr" gleichkam. Im Winter legte sich über diese Pfanzen eine schützende Schneedecke, welche von den Winterstürmen hier nicht, wie an vielen anderen Stellen, verweht werden konnte, weil die Baumstämme den Schnee zwischen sich festhielten. So blieben denn die Gräser und Kräuter hier unter dem schützenden Schnee lebendig, während anderswo der Frost sie oft genug tötete. Und im Frühjahre, bei der Schnee-Schmelze blosgelegt, boten solche Waldgründe dem Besitzer für sein Vieh das erste frische Grünfutter in zusammenhängender Fläche.

Die spätere Ausrodung der Wälder bedeutet daher für Island einen sehr grossen, auch die Weidewirtschaft treffenden Schaden.

---

[1]) Eyrb. s. Kap. 35.
[2]) Nj. s. Kap. 36.

I. Das Guts-Areal.

Nachdem die Qualität des Guts-Areals besprochen ist, käme nun sein Umfang zur Erörterung. Auch hier ist das Ziel unserer Betrachtung das Jahr circa 1000 unserer Zeitrechnung.

Die ersten Ansiedler, welche, gedrängt durch die sich verfinsternde politische Lage in ihrem Mutterlande Norwegen, und gelockt, auf der anderen Seite, durch die Lobsprüche von Islands Entdeckern, im Jahre 874, und später, die Insel ansegelten und von ihren mit Gefolgsleuten, Leibeigenen, Vieh und Hausrat vollbefrachteten Vikingerschiffen die Anker in den breiten Fjorðen dort fallen liessen, sie griffen, ans Land gestiegen, mit vollen Händen zu, da weder früher erworbene Rechte Dritter, noch hemmende Gesetzes-Paragraphen, auf dieser völlig menschenleeren Insel, ein solches Sichzueignen von Landflächen im beliebigen Umfange hinderten.

Die „Landnámabók", ein Werk, wie es, ihm gleich, schwerlich die Literatur irgend eines anderen Volkes besitzt, schreibt die Geschichte der Besiedelung Islands, unter Aufstellung eines vollständigen Verzeichnisses der Namen jener ersten Ansiedler, wie auch deren Nachkommen; eine Liste von gegen 3000 Personen- und 1400 Orts-Namen, mit eingeflochtenen Begebenheiten, in fesselndster Darstellung. Diese „Landnámabók" erzählt mit grössester Unbefangenheit, wie jene Männer und Frauen sich Landstrecken von der Grösse eines kleinen Fürstentumes angeeignet haben.

Aus dem Vielen hier ein Beispiel.

Unnr en djúpúðga — (die Kluge), nachgelassene Wittwe Ólafs ens hvíta, eines Heer-Königs auf Irland, kommt nach dem Tode ihres Gatten mit einem Gefolge von 20 freigeborenen Männern, nicht gezählt ihre Freigelassenen und die Knechte, nach Island, um sich hier anzubauen.

Sie erklärt zu ihrem Eigen den Küstenstrich am Hvammsfjörðr, zwischen den 2 Flüssen der Dögurðará und der Skraumuhlaupsá. Das beträgt eine Küstenstrecke von 5 geographischen Meilen, und dazu das gesamte Hinterland bis in die Berge hinauf.

Dieses verzweigt sich durch zehn fruchtbare Fluss-Thäler tief in das Innere hinein, und wir können seine Breite ansetzen, im Durchschnitt wohl auf zwei geographische Meilen. Somit erhalten wir hier ein Guts-Areal von zehn Quadrat-Meilen fruchtbaren, noch durchaus jungfräulichen, Landes. Dieses eignet sich Unnr an, kraft: „Eigenen Rechtes!" Es geschah solche „Aneignung" durch Land-Umgehung zu Pferde, oder zu Fuss, zwischen 6 Uhr Morgens und 6 Uhr Abends, unter Anzündung von Feuern, am Anfang, wie am Ende dieser Fahrt, und unter Abgabe einer der Absicht entsprechenden mündlichen Erklärung.

Solches war altgermanischer Brauch! Denn die Anzündung, wie die Unterhaltung von Feuer auf einem Grundstücke war das Zeichen rechtlicher Besitzergreifung und Innehabung. Daher wurde dem Rechtlosen das Feuer gelöscht und das Wasser gestopft — (aqua et igni interdictio)[1]. —

Freilich behielt Unnr nicht all dieses Land für sich selbst. Sie versammelte ihre Männer um sich und sprach zu ihnen:

„Nú skulu þér taka ömbun verka yðvarra; skortir oss nú ok eigi föng til at gjalda yðr starf yðvart ok góðvilja!" — D. h. „ Nun sollt ihr empfangen den Lohn eurer Werke! Es mangeln uns jetzt auch nicht die Mittel zu vergelten eure Mühe, wie euren guten Willen!"

Sieben ihrer Gefolgsleute: Ketill, Hörðr, Vífill, Hundi, Sökkólfr, Erpr und Þorbjörn stattet sie aus mit Landflächen, welche sämtlich in der südöstlichen Eche des Hvammsfjörðr, im Flussgebiete der Miðá und der Haukadalsá lagen. Dazu kommt noch die Abtretung des gesamten Laxárdalr von circa 1½ Quadratmeilen Flächeninhalt, als Mitgift für ihre Enkelin Þorgerðr, welche den Kollr ehelichte.

Demnach bleibt für Unnr, welche im Norden des Fjords an der Mündung eines Flusses, der Örriðaá, sich ihren stattlichen Hof „Hvammr" aufbaute, noch übrig gut die Hälfte ihres ursprünglichen Okkupations-Gebietes, circa fünf Quadratmeilen, welche dann auf dem Erbwege an ihren Enkel Ólafr feilan gelangen[2].

---

[1] Jacob Grimm: Deutsche Rechtsaltertümer. Göttingen, 1828. pag. 86 u. 194.
[2] Landn. II, 16; Laxd. Kap. 6; Kr. Kaalund: Topographie, I. pag. 484 ff.

Ein sehr ansehnlicher Besitz!

Aber selbst Flächen von solcher Grösse, wie bald zerlegen sie sich auf dem Wege der Erbteilung, welche auf Island durch das Gesetz keine Beschränkung fand, zumal bei so kinderreichen Familien, wie sie jene Kraftnaturen besassen. So hatte Þórðr mit seiner Frau Þorgerðr 19 Kinder (þau áttu nítján börn)[1]. — Brynjólfr hatte bereits aus erster Ehe 10 Kinder; dann heiratete er Helga und zeugte mit dieser noch 3 Kinder[2]. — (hann átti þá tíu börn, en síðan fekk han Helgu, ok áttu þau þrjú börn). — Þorsteinn Egilsson auf Borg hatte, ausser 2 unehelichen Söhnen, in der Ehe mit Jófríðr noch 10 Kinder. (hann átti tvá laungetna sonu, enn síðan hann kvángaðist áttu þau Jófríðr tíu börn[3]) Hrútr Herjólfsson hatte aus der Ehe mit zwei Frauen 16 Knaben und 10 Mädchen (sextán sonu átti Hrútr ok tíu daetr við þessum tveim konum[4]).

Dazu hatten die Kinder mit der Erbteilung des väterlichen Landbesitzes es oft gar eilig. So heisst es von den beiden, kaum volljährig gewordenen Brüdern Ketill und Þorvaldr, als ihr Vater Þiðrandi auf Arneiðarstaðir plötzlich erkrankt und gestorben war:

„þeir tóku fé eftir föður sinn, ok máttu öngva stund saman eiga"[5]. D. h. „Sie übernahmen das Gut nach ihrem Vater und mochten auch nicht eine Stunde es gemeinschaftlich besitzen."

Es versagen die Quellen für einen Versuch, an einem bestimmten Gute diese aufeinanderfolgende Zerlegung in Erbstücke, durch die kommenden Geschlechter hindurch, vom Jahre der Besitzergreifung 874, bis zum Jahre 1000 mit einiger Sicherheit zu verfolgen und nachzuweisen. Wir müssen uns daher helfen mit einer allgemeinen Betrachtung.

Setzen wir als Ziel unserer Betrachtung das Jahr 1000, welches Jahr durch Einführung des Christentums als Staatsreligion ja die religiöse und nicht minder auch die politische

---

[1]) Landn. III, 9. — [2]) Landn. IV, 3.
[3]) Egla. Kap. 79. — [4]) Laxdael. Kap. 19.
[5]) Fljótsd. S. Viðbaetir, Kap. 2.

und sociale Wetterscheide in der Geschichte des Freistaates Island bildet, so haben bis zu diesem Zeitpunkte, seit dem Jahre der Besiedelung, 874, vier Generationen auf der Insel gewohnt. Dreimal hat also eine Teilung des Grundbesitzes bereits stattgefunden. Angenommen nun, dass ein Familienhaupt im Durchschnitt nur drei versorgungsberechtigte Söhne unter seinen Kindern hatte, zwischen welchen die Gutsscholle sich teilte, die Töchter aber bei ihrer Verheiratung nur mit beweglichem Gute (lausafé) abgefunden wurden[1]: so ist doch der ursprüngliche Besitz bereits in 27 Stücke zerlegt worden.

Hätte nun ein Landnahmsmann von mässiger Begehrlichkeit im Jahre 874 rund eine Fläche von 10000 Hektaren belegt[2], und sein Gut wäre in der oben angedeuteten Weise dreimal, unter je drei männliche Nachkommen, zu gleichen Teilen, zerlegt worden: so besass im Jahre 1000 jeder seiner Urenkel nur noch 370 Hektar, also selbst nach unseren derzeitigen Begriffen kein grosses Gut mehr.

Gewiss haben nicht alle Familien bloss geteilt und abgegeben, sondern auch durch günstige Verheiratung — (worauf der Isländer ja einen grossen Wert legte) — und durch Ankauf[3] dazu erworben; sodass auch hier auf Island, wie an anderen Orten, der Besitzstand im Laufe der Zeiten sich verschob, und neben verarmenden Häusern von altem Adel andere standen, deren Grund- wie Kapitalbesitz sich vermehrte.

Solch ein vornehmer und reicher Hausstand, um jene Zeit, war der Haushalt der Guðrún, Ósvífrsdóttir, auf Helgafell, einer Nichte der uns bekannten Unnr, im vierten

---

[1] Das war indessen nicht immer der Fall. Ingibjörg, die Tochter Egils, des roten, bekommt bei ihrer Verheiratung mit Bersi als Ausstattung mit das Gut „Nessland". — (henni fylgdi heiman Nessland) — Fljótsd. s. Við., Kap. 2.

[2] Unnr behielt, nach der Abfindung ihrer Schiffsgenossen, für sich übrig, allerdings fast das Dreifache, circa 27500 Hektar.

[3] Verkauf und Kauf von Gütern wird in den Sagas oft erwähnt. So verkauft Helgi sein Gut „Ormsstaðr" und erwirbt dafür „Mjóvanes". Ein gleiches Geschäft wird berichtet von Ingjaldr. Flj. Við., Kap. 3 und 4.

Gliede[1]). Im Jahre 1006 hatte sie dieses Gut, durch Tausch, aus den Händen des Snorri goði erworben [2]).

Helgafell liegt auf einer Halbinsel in Gestalt eines verschobenen Vierecks, welches sich in den Breiðifjörðr hineinerstreckt. Dieses Viereck hängt nur an seiner Südspitze mit dem Festlande zusammen. Wir haben also vor uns ein Gelände von scharf umrissenen, natürlichen Grenzen.

Nehmen wir nun an, das Guts-Areal von Helgafell habe diese ganze Halbinsel überdeckt, und die Quellen, obwohl sie nicht direkt darüber sich aussprechen, verbieten doch solche Annahme nicht: so haben wir vor uns ein Gebiet von circa $3/4$ einer deutschen Quadratmeile $= 42,5$ Quadrat-Kilometer $= 4250$ Hektaren. Das wäre also eines der grössten Güter, welches wir auf Island aus dem Zeitabschnitte der Jahre von 1008 bis 1030 kennen lernen.

Bedenkt man nun, dass der Schwerpunkt einer isländischen Gutswirtschaft, wie später nachgewiesen werden soll, in der Viehzucht lag, welcher Betrieb ein viel grösseres Gelände verlangt, als eine Wirtschaft, die mit dem Pfluge arbeitet; so findet man selbst jenen stattlichen Grundbesitz von Helgafell nicht mehr übermässig. Ich habe auf meinen Reisen durch Südamerika, im Flussgebiete des Rio de la Plata Estancias gefunden, deren Wirtschaft ebenfalls auf Rindvieh- und Schafzucht beruhte, von dem Flächeninhalte einer deutschen Quadratmeile. Und selbst diese Grösse hatte nach den dort geltenden Vorstellungen nichts Überraschendes.

---

[1]) Björn buna.
  Ketill flatnefr.
Björn, enn austraeni   Unnr djúpúðga.
  Óttarr
  Helgi
  Ósvífr
  Guðrún.

[2]) Laxd. s. Kap. 56 und Guðbr. Vigfússon: Um tímatal í Íslendinga sögum. Kaupm. 1855. pag. 498.

Neben diesen grösseren Gütern gab es auf Island zur Sagazeit aber auch sehr viel kleinere, wo der Besitzer nur mit einer geringen Anzahl von Knechten arbeitete, mit 8, mit 4, mit 1. Ja, es werden Bonden aus jener Zeit in den Sagas geradezu als „einvirki" bezeichnet, d. h. als solche Leute, die, ohne alles Dienstgesinde, in ihrem Wirtschaftsbetriebe nur von ihren Familiengenossen unterstützt, arbeiteten.

Das kommende Kapitel: „Über die Dienstleute" wird dieses näher erörtern.

Das gewonnene Resultat wäre also dieses: Um das Jahr 1000 unserer Zeitrechnung ist das Durchschnittsmass für die Grösse der Landgüter auf Island, rücksichtlich der dort geltenden Wirtschaftsbedürfnisse, nicht mehr ein übermässiges, wie zur Landnahmszeit, sondern nur noch ein mässiges.

Nachdem die Bodenbeschaffenheit und die Pflanzendecke, sowie die Grösse der Güter zur Sagazeit ihre Besprechung gefunden haben, kommen wir jetzt zur Darstellung der Wirtschaftsweise.

Diese kann auf Gütern eine Dreifache sein. Entweder man treibt nur Akerbau, oder nur Viehzucht, oder man vereinigt Beides.

Die Einwanderer auf Island fanden, wie wir sehen, dort für den Betrieb der Viehzucht alles auf das Beste vorbereitet. Sie fanden Naturwiesen, welche sich selbst besamt hatten, und ohne menschliche Zuthat ihren Ertrag anboten. Sie fanden auf denselben eine Pflanzendecke von sehr mannigfaltiger und sehr nützlicher Zusammensetzung. Und in dem durchaus jungfräulichen, noch nicht ausgebeuteten, Erdboden lagen augenscheinlich alle zur Grasbildung erforderlichen Nährstoffe in richtiger Form und Mischung aufgespeichert.

Auch die Sitten ihres Ursprungslandes Norwegen wiesen sie vor allem zur Viehzucht hin. Denn der Getreidebau hatte sich um jene Zeit (874) noch wenig über den skandinavischen Norden ausgebreitet. Selbst in dem durch Bodenbeschaffenheit, wie durch Klima, viel günstiger gestellten südlichen Schweden war um vieles später, zu Beginn des 12. Jahrhunderts, der Getreidebau noch geringfügig, und der Reichtum des Volkes stützte sich auch dort zumeist auf den Heerdenbesitz. So wenigstens bezeugt es Adam von Bremen:

In multis Nordmanniae locis vel Suediae pastores pecudum sunt etiam nobilissimi homines, ritu patriarcharum et labore manuum viventes"[1]).

Weiter verbreitet scheint indessen, um jene Zeit, der Ackerbau in Dänemark gewesen zu sein. Die Wissenschaft des Spatens hat hier in neuster Zeit ein günstigeres Resultat für denselben aufgedeckt. Man hat aus der jüngeren Steinzeit Topfscherben aufgefunden, enthaltend theils eingeklebte Getreidekörner in ganzer Gestalt, theils Abdrücke von solchen. Und die Untersuchenden wollen es als Ergebnis festgestellt wissen, dass zur Zeit der grossen Steingräber an vielen Stellen Dänemarks Weizen, sechszeilige Gerste und Hirse gebaut worden sein[2]).

Dennoch sehen wir von den ersten festen Ansiedlern auf Island, nämlich den beiden Pflegebrüdern Ingólfr und Hjörleifr, den Letzteren sogleich, beim ersten anbrechenden Frühling, einen Versuch in der Pflugarbeit unternehmen.

„Hjörleifr sat þar um vetrinn. Enn um várit vildi hann sá; hann átti einn uxa, ok lét hann þraelana draga arðrinn"[3]). D. h. Hjörleifr sass dort über Winter. Doch beim anbrechenden Frühling wollte er säen. Er führte einen Ochsen, und die Knechte liess er treiben den Pflug."

Diese Versuche werden von Späteren fortgesetzt.

Skallagrímr, dem der Ehrenname eines „iðjumaðr" d. h. eines sehr betriebsamen Mannes gegeben wird, siedelte sich an im Norden des Borgarfjörðr. Er gründet das Hauptgut „Borg" und 2 Vorwerke: „Álftanes" und „Akrar". Dieses Letztere war, wie schon der Name sagt (akr pl. akrar = Akker) zu Ackerbau-Versuchen von ihm bestimmt worden.

„Et þriðja bú átti hann við sjóinn á vestanverðum Mýrum. Var þar enn betr komit at sitja fyrir rekum, ok þar lét

---

[1]) Adami gesta etc. Editio altera, Hannov. 1876; pag. 179.
[2]) Sophus Müller: Nordische Altertumskunde, Übersetzung von Jiriczek: Strassb. 1897. Band I, pag. 206.
[3]) Landn. I, 6.

hann hafa saeði ok kalla at Ökrum" [1]). D. h. „Einen dritten Hof hatte er am Meere, im westlichem Teile der Myrarharde. Dieser hatte eine günstige Lage, um abzufangen was das Meer auswirft (besonders Treibholz, zuweilen auch Walfische). Dort liess er auch Saatfelder anlegen und nannte das Gut „Akrar".

Ein anderes Feldstück, durch den Pflug bearbeitet, wird in der Víga Glúms saga erwähnt. Es bildet das Streitobjekt zwischen zwei verfeindeten Guts-Nachbaren, nämlich der nachgelassenen Wittwe Eyjólfs und dem Bonden Sigmundr Þorkelsson. Da dieser Akker niemals seine Ernte schuldig blieb, so wollte keiner von den beiden Adjacenten sein vermeintliches Besitzrecht an demselben aufgeben, und es wird schliesslich ein Abkommen dahin getroffen, dass jeder von beiden Streitenden abwechselnd, einen Sommer lang, dieses wertvolle Feldstück bewirtschaften und abernten sollte.

„*Enn þau gaeði fylgdu mest þverárlandi: þat var akr, er kallaðr var Vitazgjafi, því at hann varð aldri ófraer; enn honum hafði svá skift verit með landinu, at sitt sumar höfðu hvárir*" [2]). D. h. Zu den besten Landstücken, welche zu dem þverárlande gehörten, zählte ein Stück Ackerland, welches den Namen „Vitazgjafi" führte, weil es niemals seine Ernte schuldig blieb. Man entschied über seine Nutzung in der Weise, dass jeder (der beiden Streitenden) es seinen Sommer haben und abernten sollte"; (während alle anderen Felder, zum þverárlande gehörend, zwischen beiden geteilt wurden).

Die Njálssaga spricht sogar von Feldern, gelb zur Ernte.

Von Gunnarr Hámundarson auf Hlíðarendi wird dort erzählt, wie er persönlich sein Getreide ausgesät habe:

„*hann hafði kornkippu í annari hendi, enn handöxi í annari. Hann gengr á sáðland sitt ok sár þar niðr korninu um hríð*" [3]). D. h. „Er trug den Korb mit Saatgetreide in der einen Hand, die Streit-Axt in der anderen, ging auf sein Saatland und säete ein das Korn eine Zeit lang."

---

[1]) Egl. Kap. 29.
[2]) Víga—Glúms saga, Kap. 7.
[3]) Nj. Kap. 53.

Dann später, geächtet, soll er ins Ausland ziehen und Island verlassen. Begleitet von seinem Bruder Kolskeggr, reitet er gen Süden, zum Hafen, um das Auslandsschiff zu besteigen. Über den Bergrücken des „Markarfljót" reiten beide dem Meere zu. Da stürzt Gunnar's Pferd, und er springt ab. So dastehend, wirft er noch einmal seinen Blick hinüber über die „þverá" hin nach seinem Hofe und nach seinen Feldern. Dann bricht er, bewegt in diese Worte aus:

„*Fögr er hlíðin, svá at mér hefir hon aldri jafnfögr sýnzt — bleikir akrar, en slegin tún — ok mun ek ríða heim aftr ok fara hvergi*"[1]). D. h. „Schön ist das Gelände, so dass es mir niemals gleich schön erschienen ist — gelbreif die Ackerfelder, schon abgemäht das „tún". Ich will heimwärts und nicht abreisen!"

Noch ein fünfter Bauer in dem alten Island wird uns bei diesem Säegeschäft gezeigt, und wir sehen ihn sogar bei dieser Arbeit auf seinem Acker sterben. Es ist Höskuldr auf Vörsabaer.

„*Hann fór í klaeði sín ok tók yfir sik skikkjuna Flosanaut. Hann tók kornkippu ok sverð í aðra hönd ok ferr til gerðisins ok sár niðr korninu. — — Skarpheðinn spratt upp undan garðinum, höggr til hans, ok kom í höfuðit, ok fell Höskuldr á knéin. Hann maelti þetta við, er hann fell: „Guð hjálpi mér, enn fyrirgefi yðr"*[2]). D. h. „Er kleidete sich rasch an und warf über sich den Mantel, ein Geschenk des Flosi. Er ergriff die Kornkiepe mit der einen, und das Schwert mit der anderen Hand und ging zu dem umwallten Ackerstück und säete ein die Saat. — — Skarpheðinn richtete sich nun hinter dem Walle auf — (sprang hinüber) hieb nach ihm und traf seinen Kopf. Höskuldr sank in die Kniee. Zusammenbrechend sprach er: „Gott helfe mir, aber vergebe Euch!"

Auch ein „Acker-Knecht" wird in den Sagas erwähnt. Als Bergþóra, Njáls Ehefrau, den freien Arbeiter Atli mietet, giebt dieser auf ihre Frage: „*Hvat er þér hentast at vinna*"?

---

[1]) Nj. Kap. 75.
[2]) Eod. loc. Kap. 111.

d. h. „Welche Arbeit geht dir am besten von der Hand"? diesen Bescheid: „Ek em akrgerðarmaðr" d. h. „Ich bin ein Ackerknecht!"[1]) Welch eine Getreideart von diesen alten Recken damals mit so vielem persönlichem Fleiss auf ihre Versuchsfelder ausgesät wurde, das ist nicht ersichtlich. Es wird immer nur das die Gattung bezeichnende Wort „korn", g. s. in den Quellen gebraucht. Vermutlich aber war es Gerste (bygg, gen. s.), welche noch heute dort oben, im Norden,. am meisten angebaut wird, weil sie bei einem zwar kurzen aber heissen Sommer schon in 6 Wochen zur Reife kommt. Ebensowenig kann angegeben werden, ob es die sechszeilige (hordeum hexastichum), oder die zweizeilige Gerste (hordeum distichum gewesen ist. Gerste giebt, enthülst, die Graupe her, welche, mit Milch oder Wasser gekocht, die Lieblingsspeise der Normannen, die Grütze (grautr, gen. ar.) lieferte.

An Ackerinstrumenten werden genannt:

arðr, gen. rs. } der Pflug.
plógr, gen. s. }
herfi, gen. s. = die Egge.
ljár, gen. s. } = Sichel, oder Sense.
lé, gen. s. }
kornkippa, gen. u. = der beim Aussäen des Getreides benutzte Korb.

Aber, was sehr auffällig ist, nirgends in den Sagar wird genannt die Menge des gewonnenen Körner- oder Strohertrages; selbst nicht einmal die Handlung des Getreideaberntens wird erwähnt. Dieses Letztere namentlich fällt um so schwerer ins Gewicht, als von der Heuernte in den Quellen so oft und so lebhaft und so ausführlich erzählt wird. Daraus möchten wir doch den Schluss ziehen, dass von den vier Grundbedingungen eines erfolgreichen Getreidebaues, einem humusreichen Acker, einer ausreichenden Bodenwärme, geschützer Lage und ausreichender Sonnenkraft, nicht jede in einem so ausreichenden Masse auf Island vorhanden war, dass ein nennenswertes Resultat mit diesem Getreidebau, trotz allem aufgewandten Fleisse, dort erzielt werden konnte.

---

[1]) Nj. Kap. 36.

Es blieb vielmehr bei Versuchen, deren Ertrag in der Wirtschaft eben nicht ins Gewicht fiel, und darum auch nirgends in den Sagas erwähnt wird.

Der Schwerpunkt der Isländischen Gutsverwaltung lag unbestritten in der Weidewirtschaft, wozu der Reichtum des Landes an natürlichen Wiesen ja auch aufforderte. Auch hat solche Weidewirtschaft vor dem Ackerbetriebe zwei grosse Vorteile voraus. Sie bringt Arbeits-, und sie bringt auch Kapitalersparnis. Jene fällt ins Gewicht bei der Frage der Dienstleute, über welche das nächstfolgende Kapitel handeln wird. Diese soll sofort besprochen werden; denn sie machte sich gleich nach der Niederlassung der ersten Kolonisten fühlbar. Das von jenen aufzuwendende Anlagekapital war doch im Ganzen gering. Es bedurfte, nach der Aufrichtung einiger Notgebäude für Herren und für Knechte, nur der Beschaffung eines ersten Heerdenstammes an Pferden, Rindern Schafen, Schweinen, Ziegen. Diese Tiere brachten, da die Insel leer an Menschen, wie auch an Vieh war, die Einwanderer sich in einigen ausgesuchten Zuchtexemplaren aus ihrer Heimat mit und vermehrten dann diesen Bestand nach und nach durch eigene fleissige Anzucht, sowie durch Ankauf von Händlern, welche den Import solcher lebenden Waare aus dem Auslande her auf ihren Schiffen vermittelten. Die nächstfolgenden Kapitel werden bei jeder der einzelnen Tiergattung dieses nachweisen. Das importierte Vieh wurde aus den Schiffen ausgeladen und sofort auf die bereitliegenden fetten Weiden getrieben, um zunächst sich selbst hier überlassen zu bleiben. Gerade bei solch freiem Weidegange, selbst zur Winterszeit, so fand man, blieben die Tiere vollkommen gesund, wurden dabei robust und vermehrten sich sehr stark. Dieses Letztere musste man ja ganz besonders wünschen.

Auf diese Weise sparten auch die ersten Kolonisten die Anlage von Viehställen, welches den Anfang der Wirtschaft sehr vereinfachte.

Erst viel später wurden solche Viehställe auf den Höfen angelegt, und auch dann durchaus nicht für alle, sondern nur zu Gunsten einer Auswahl der besonders gepflegten Haustiere.

Da es zunächst auf die Bildung grösserer Stammheerden ankam, waren die ersten Ansiedler auch mit dem Schlachten der Tiere für den Hausbedarf äusserst sparsam. Sie beschafften die erforderliche Fleischnahrung für ihre Häuser durch Fischfang und durch Jagd.

Bezeichnend dafür ist eine Stelle, welche das Verfahren des alten Landnahms-Mannes Skallagrímr auf Borg anschaulich macht.

„*Skallagrímr var iðjumaðr mikill. Hann hafði með sér jafnan mart manna; lét saekja mjök föng þau er fyrir vóru ok til atvinnu mönnum vóru, þvíat þá fyrst höfðu þeir fátt kvikfjár hjá því sem þurfti til fjölmennis þess sem var. Enn þat sem var kvikfjárins, þá gekk öllum vetrum sjálfala í skógum*"[1]).
D. h. „Skallagrímr war ein fleissiger Wirt. Er hatte bei sich stets viele Leute. Für den Unterhalt dieser Leute liess er fangen (fischen und jagen), beides (dem Hause) nahe. Denn in der ersten Zeit besass man wenig lebendes Vieh, im Verhältnis zu dem, was das anwesende (grosse) Gefolge zu seiner Ernährung gebrauchte. Doch so viel es an Vieh gab, das ging alle Winter, sich selbst weidend, in den Wäldern."

Indessen, dieses Aufkratzen der oft recht tiefen Schneedecke mit den Vorderfüssen, welches für die Tiere erforderlich war, um zu den darunter stehenden lebendigen Futterkräutern zu gelangen, war doch ein zu mühevolles Werk, um auf die Dauer einer solchen Art von Selbsternährung die Tiere, den Winter hindurch, ausschliesslich zu überlassen.

Es musste für Heu als Winterfutter gesorgt werden. Und der Reichtum der im Sommer nicht abgeweideten Wiesen forderte geradezu zu solcher Heugewinnung auf. Sehr bald gestaltete sich dann auch die Heuernte zum Hauptgeschäfte des Sommers; so dass das Wort „andvirki" = Arbeit, in den Sagas, gleichbedeutend mit „heybjörg" = Heuernte, gebraucht wird.

Einen zweimaligen Schnitt gab es wohl nur auf dem tún; dagegen eng, mýrr, flói und hlíð gaben nur einen einmaligen Schnitt her. Die Gräser müssen ja, um von der Sense gefasst zu werden, eine bestimmte Länge erreicht haben,

---

[1]) Egla. Kap. 29.

und die Futterkräuter besitzen, getrocknet, ihren grössesten Nährwert eben dann, wenn sie kurz vor dem vollen Aufbrechen ihrer Knospen geschnitten worden sind. Der Sommer auf Island ist kurz, bringt aber das Geschenk seiner langen Tagesstunden. Immerhin müssen in ihre kurze Gunst zwei Dinge sich teilen, das Ausreifen der Futterkräuter und sodann ihr Abernten samt dem Trockenmachen und Einbringen. Da gilt es denn ein rasches Werk. Die Heuernte, deren Anfang in die zweite Hälfte des Juli fällt, nimmt noch den ganzen August in Anspruch. Da heisst es, fleissig nach dem Wetter ausgeschaut und alles, was Hände hat, herbei, Männer, Frauen, Kinder! —

Die bei der Heuarbeit gebrauchten technischen Ausdrücke sind folgende:

heyja	= Heu machen, allgem. Begriff.
bera ljá út	= mit der Heuernte beginnen.
slá hey undir	= Heu abmähen.
þurka hey	= Heu trocknen.
raka	= harken.
rifja	= wenden.
hvirfla	= Auseinanderwerfen der Haufen, nach Regentagen, zum abermaligen Trocknen.
hlaða	= aufstacken.
saeta	= in Haufen setzen.
faera í stórsaeti	= in grosse Haufen bringen.
aka heyi	= Heu zusammenfahren.
hirða hey	= Heu einbringen.
engiverk, gen. s.	= Wiesen-Arbeit.
heyverk, gen. s.	= Heu-Arbeit.
verkshátt, gen. ar.	= Die Disposition über die einzelnen Vorrichtungen der Heuernte.
ljá, gen. r.	= der Schwaden abgemähten Heues.
flekkr, gen. jar.	= Die aufgeworfenen kleinen Haufen, die Wische.
sáta, gen. u.	= Sowohl der Heuhaufen, wie auch die von ihm gegriffenen Heubündel, zusammengeschnürt zum Transport auf dem Packpferde.

Die Heuernte.

heygarðr, gen. s. \
stakkgarðr, gen. s. } = Der Heu-Diemen.
heyhjálmr, gen. s. /
þerrir, gen. s. = Das Trockenwetter.

Instrumente,
bei der Heu-Arbeit gebraucht.

lé, gen. s. \
ljár, gen. s. } = Die Sichel oder Sense.
orf, gen. s. = Der hölzerne Stiel an derselben.
hrífa, gen. u. = Die Harke.
tindr, gen. s. = Die Holzzinken, in jene eingesetzt.
reip, gen. s. = Das Seil, zum Einschnüren der Heubündel, gedreht meist aus Pferdehaaren.

Wir haben ein vortreffliches Beispiel, in der Eyrbyggja saga, für den Betrieb solch einer Heuernte.

Zwei Gutsnachbarn: Þórólfr auf Hvammr im Þórsárdalr und Úlfarr auf Úlfarsfell, treffen zusammen, um mit einander über die vorteilhafteste Einrichtung der bevorstehenden Heuarbeit, sowie über die möglichen Witterungsaussichten für dieselbe ihre Ansichten auszutauschen.

„*Þat var einn dag, at Þórólfr reið inn til Úlfarsfells at finna Úlfar bónda; hann var forverksmaðr góðr, ok tekinn til þess, at honum hirðiz skjótar hey en öðrum mönnum; hann var ok svá fésaell, at fé hans dó aldri af megri eða drephríðum. En er þeir Þórólfr funduz, spurði Þórólfr, hvert ráð Úlfarr gaefi honum, hversu hann skyldi haga verksháttum sínum, eða hversu honum segði hugr um sumar, hversu þerrisamt vera mundi.*

Úlfarr svarar: „Eigi kann ek þér annat ráð at kenna en sjálfum mér: ek mun láta bera út ljá í dag, ok slá undir sem mest má þessa viku alla, þvíat ek hygg, at hon muni verða regnsöm, en ek get, at eptir þat mun verða gott til þerra enn naesta hálfan mánuð.“

Fór þetta svá sem hann sagði, þvíat þat fannz opt á, at hann kunni görr veðr at sjá, en aðrir menn. Síðan fór Þórólfr heim; hann hafði með sér mart verkmanna; lét hann nú ok þegar taka til engiverka.

Veðr fór þannig, sem Úlfarr hafði sagt. þeir þórólfr ok Úlfarr áttu engi saman upp á hálsinn; þeir slógu fyrst hey mikit hvárir tveggju, síðan þurkuðu þeir ok faerðu í stórsaeti. þat var einn morgun snemma, at þórólfr stóð upp; sá hann þá út. Var veðr þykt ok hugði hann, at glepaz mundi þerririnn; bað hann þraela sína upp standa ok aka saman heyi, ok bað þá at vinna sem mest um daginn — því at mér sýniz veðr eigi trúligt.

þraelarnir klaedduz ok fóru til heyverks, en þórólfr hlóð heyinu ok eggjaði á fast um verkit, at sem mest gengi fram.

þenna morgun sá Úlfarr út snemma, ok er hann kom inn, spurðu verkmenn at veðri. Hann bað þá sofa í náðum; — „veðr er gott", sagði hann, „ok mun skína af í dag; skulu þér slá í töðu í dag, en vér munum annan dag hirða hey várt, þat er vér eigum upp á hálsinn."

Fór svá um veðrit sem hann sagði. Ok er á leið kveld, sendi Úlfarr mann upp á hálsinn, at sjá um andvirki sitt, þat er þar stóð. þórólfr lét aka þrennum eykjum um daginn, ok höfðu þeir hirt heyit at nóni, þat er hann átti" [1]). D. h. „Eines Tags ritt þórólfr thaleinwärts nach Úlfarsfell, um den Bauer Úlfarr aufzusuchen. Dieser war ein tüchtiger und selbstthätiger Landwirt, und es glückte ihm stets, sein Heu schneller zusammenzubringen, denn den Anderen. Er war auch ein vom Glück begünstigter Viehzüchter, so dass ihm wenig Vieh krepierte, weder durch Futtermangel, noch durch Unwetter. Nach geschehener Begrüssung fragte þórólfr, welch einen Rat Úlfarr ihm geben könne in Bezug auf die bevorstehende Heuernte. Und was er über den Sommer dächte, ob derselbe gut zum Trocknen ausfallen werde.

Úlfarr erwidert: „Ich kann keinen anderen Rat dir geben, als mir selber. Heute noch will ich die Sense hinausschicken und abmähen lassen soviel als möglich diese ganze Woche hindurch. Sie wird regnerisch werden, denke ich; doch der nächste halbe Monat bringt, nach meiner Meinung, gutes Trockenwetter."

---

[1]) Eyrb. Kap. 30.

Wie er gesagt, so traf es ein; denn er bewährte sich oftmals, vor anderen, als wetterkundig.

Heimgekehrt schickte Þórólfr sofort seine vielen Leute, die er hatte, auf die Wiesenarbeit.

Das Wetter machte sich so, wie Þórólfr prophezeit. Þórólfr und Úlfarr hatten den Gemeinbesitz an einer Wiese, die thalaufwärts im Gebirge lag. Hier zuerst liess jeder von ihnen beiden das ihm zustehende Gras abmähen. Der Ertrag war reichlich. Dann trockneten sie es und setzten es in grosse Haufen.

Da, eines Morgens früh, stand Þórólfr auf und schaute nach dem Wetter. Es war umwölkt, und er meinte: „Heute trügt das Trockenwetter!" Seinen Knechten befiehlt er nun aufzustehen und Heu zusammenzufahren und schärft ihnen ein, zu arbeiten, mit aller Kraft, den ganzen Tag hindurch. Denn mir erscheint das Wetter keineswegs zuverlässig.

Die Knechte fahren in die Kleider und zum Heuwerk; aber Þórólfr lud auf und trieb scharf, dass die Arbeit fleckte!

An demselben Morgen früh besah sich auch Úlfarr draussen die Witterung. Als er (in das Schlafhaus) wieder eintrat, fragten die Arbeiter: „Wie macht sich das Wetter?" — Er befahl ihnen ruhig weiterzuschlafen. „Das Wetter ist gut," sagte er, „der Tag wird sich aufhellen!" „Heute könnt ihr im tún mähen, und morgen wollen wir unser Heu auf den Bergwiesen einfahren!"

Das Wetter wurde, wie er vorausgesagt. Und als es Abend ward, da sandte Úlfarr einen Mann ins Gebirge, um nach seinem Heu zu sehen. Þórólfr liess fahren mit 3 Wagen den Tag über und hatte all sein Heu bis 3 Uhr Nachmittags eingebracht.

So weit der sehr anschauliche Bericht!

Waren die Schwaden des abgemähten Grases hinreichend gewendet, auf diese Weise der Sonne und der Luft allseitig ausgesetzt und so getrocknet; dann wurde das Heu auf Wische geharkt, zusammengetragen und in die Haufen gesetzt. Hier blieb es noch eine Zeit lang stehen, wurde dann aber in grossen Diemen zusammengebracht, und zwar geschah dieses, sobald auf der abgemähten Wiese selbst der Diemen zu stehen kam, mittelst Heuschlitten. Dagegen, wenn in der Nähe des Winterhofes dieser Diemen aufgesetzt werden sollte und es sich also um einen weiteren Weg des Transportes handelte, dann wurde das Heu durch Packpferde dorthin überführt. Die zu diesem Zweck geschnürten Heubindel wogen, wenn sie als Handelswaare bestimmt waren, nach gesetzlicher Vorschrift 80 ℔, für den Hausbedarf gegriffen, dagegen eher mehr, als weniger. Zwei Bündel trägt jedes Pferd, seitlich aufgehängt an dem Packsattel. Wohl 10—15 Pferde werden zu einem Zuge vereinigt. Das Vorderste wird geführt von einem Mann am langen Zügel; das Zweite ist mit dem Ende seines Zaumes an den Packsattel seines Vordermannes gebunden; das Dritte an das Zweite, und so geht es hinab bis zum Letzten. Alle schreiten, unter ihrer Last fast verschwindend, hinter einander her, und ein Mann lenkt die ganze Karavane. Da heisst es dann:

„*var veðrit gott ok heitt ok maedduzt hestarnir undir börunum*"[1]). D. h. „Das Wetter war gut und heiss, und die Pferde wurden müde unter ihrer Last!"

Daniel Brunn giebt zu der Beschreibung solch einer Heukaravane ein gutgezeichnetes Bild[2]).

Nur das beste Heu kam unter Dach; in die Scheune (hlaða); das andere wurde sämtlich in freistehende Diemen aufgeschichtet. Wir sehen solche, in grosser Anzahl, rings um den Winterhof aufgestellt[3]).

Den grösseren Diemen gab man in der Regel die viereckige Form (stakkgarðr, oder heygarðr); während bei den kleineren Diemen, welche als Reserven, oben neben dem Sommerhofe (sel) aufgebaut wurden, die konische Form beliebt war. Diese hiessen darum „Heuhelm" (heyhjálmr). Beide aber empfingen gegen die eindringende Winterfeuchtigkeit einen ausreichenden Schutz. Dieser bestand in dicken Torfsoden, welche man rings um den Diemen, wie eine Mauer, auf-

---

[1]) Finnb. s. Kap. 36.
[2]) D. Brunn: Fortidsminder og Nutidshjem paa Island. Københ. 1897. pag. 36.
[3]) Haensa þ. s. 6.

schichtete. Die seitlichen Soden wurden würfelförmig, die oberen in Scheiben geschnitten.

Eine gute Beschreibung des Baues eines solchen Heudiemens bringt die Darstellung der Kampfesscene zwischen Arnkell und Snorri goði zu Örlygsstaðir, welcher Kampf am Fusse, und auf der Krone eines solchen Diemens sich abspielt. Gefrorene Stücke der schützenden Torfwand spalten hier ab unter den ausgleitenden Hieben der Kämpfer[1]).

Stand das Heu in den Diemen, so hiess es „geborgen" (hirt).

Ob ausser der bereits oben besprochenen regelmässigen Überdüngung des „túns" mit Stallmist noch andere Feldarbeiten, als z. B. die „Verjüngung" der Wiesen durch „Aufeggen" und durch „Walzen", sowie eine künstliche Bewässerung derselben stattgefunden haben, das ist aus den Quellen nicht bekannt. Ebensowenig erfahren wir etwas über das Quantum des Heuertrages.

Nach unseren hiesigen landwirtschaftlichen Voraussetzungen kann man von einem Hektar guter natürlicher Wiesen im Durchschnitt 100—120 Zentner Trockenfutter erwarten.

Der gegenwärtige Ertrag auf Island kommt dem so ziemlich gleich, wenigstens auf den besseren Wiesen. In dem Jahre 1896 hat eine Abschätzung des Ernteertrages dort stattgefunden[2]). Sie ergab an töðu-Heu, von den tún-Flächen gewonnen, 499000 Pferdelasten. Da nun zur Zeit auf Island circa zwei Quadratmeilen tún sich befinden, so ergiebt das, die Pferdelast zu 200 ℔ gerechnet, auf den Hektar einen Durchschnittsertrag von 96 Zentnern Trockenfutter. Dagegen wurden an úthey, d. h. Heu ausserhalb des túns, gewonnen auf 16 Quadratmeilen Wiesen, nur eine Million und 92 tausend Pferdelasten. Das ergiebt von dem obigen Ertrage kaum ein Dritteil. Indessen, setzt der Berichterstatter hinzu:

„*en heyfallið mun í raun og veru vera töluvert meira.*"
D. h. „Es muss die Heuernte, diesen statistischen Angaben gegenüber, in Wirklichkeit höher abgeschätzt werden."

---

[1]) Eb. Kap. 37.
[2]) Þorvaldur Thoroddsen: Lýsing Íslands, Kaupmannahöfn 1900, pag. 81 u. 82.

Vielleicht ist es nun gestattet, von dem heutigen Ernteertrage rückwärts auf die Sagazeit zu schliessen. Trifft das zu, dann musste allerdings der Landwirt damals genau rechnen, wie er mit seinen Wintervorräten auskommen sollte, zumal wenn sein Viehstand sich stark vermehrt hatte, und die Tiere, im Laufe der Zeiten bereits verwöhnt, jetzt viel unwilliger, als früher, daran gingen, sich selbst im Winter das Futter unter dem Schnee, wie in alter Zeit, hervorzukratzen; vielmehr, sie liefen zu den heygarðar hinab und umstanden dieselben lauernd, um hier über die ihnen zugeworfenen Heubündel gierig herzufallen.

Die Stute Keingála auf Bjarg kommt, sammt ihrer Koppel, stets zum Stalle herabgelaufen, sobald sie nur das Nahen eines Schnee-Sturmes wittert[1]).

Zumal, wenn der Sommer schlecht ausfiel; wenn im Erntemonat August statt der ersehnten Sonnenstrahlen Regenwolken am Himmel standen, das in Schwaden liegende Gras zu faulen, statt zu trocknen, anfing, und schliesslich die Heudiemen klein und schwach an der Zahl wurden: dann konnte in den darauf folgenden langen Wintermonaten oft ein grosser Notstand auf den Gütern ausbrechen, und viel Vieh musste im Herbst, weit über den Hausbedarf hinaus, eingeschlachtet werden, um nur seinem Eingehen, aus Futtermangel, vorzubeugen.

Dass aber in so futterarmen Jahren die Menschen nicht weniger litten, als das Vieh, ist wohl begreiflich; insonderheit die kleineren Leute, deren Ernährung zumeist in Milchprodukten bestand. Man nannte solch eine Zeit mit ihren schweren Folgen „hallaeri", gen. is. d. h. Missernte, schlimme Zeit und Drangsal.

Solch eine Winternot konnte, abgesehen von der nassen Witterung während der Erntezeit, auch darin ihren Grund finden, dass die Kraft der Sonne gefehlt hatte, um in den Monaten des Wachsens, Juni und Juli, den saftigen aber kurzen Gräsern und Futterkräutern die erforderliche Länge des Halmes zu geben. In diesem Falle vermochte die Sense sie nicht zu fassen und der Schnitt fiel ganz aus. Denn eine

---

[1]) Grettis s. Cap. 14 — (edit. Boer, Halle 1900). —

Wiese kann ja eine ganz vorzügliche Sommerweide darbieten, versagt aber bei zu kurz gebliebener Pflanzendecke den Heuschnitt und somit das Winterfutter.

Die Sagas wissen viel von solchen Notjahren auf Island zu erzählen.

In dem þáttr af Sneglu-Halla wird Folgendes berichtet: *„Haraldr konungr elskaði mjök Íslendinga; gaf hann til Íslands marga góða gripi, klukku góða til þingvalla, ok þá er hallaeri þat hit mikla kom á Ísland, er ekki hefir slíkt komit annat, þá sendi hann út til Íslands fjóra knörru hlaðna af mjöli, sinn í hvern fjórðung, ok lét flytja burt fátoeka menn sem flesta af landinu"* [1]). D. h.

„König Harald liebte sehr die Isländer. Er gab an Island viele wertvolle Geschenke, z. B. herrliche Glocken (für die Kirche) zu þingvellir. Und als die grosse Missernte über Island kam, dergleichen noch keine andere gewesen war, da sandte er hinaus nach Island 4 Kaufmannsschiffe, befrachtet mit Mehl, eins in jedes Landesviertel, und liess als Rückfracht auf ihnen herüberbringen an verarmten Leuten von dort so viele, als (die Fahrzeuge) nur fassen konnten."

Die zu einem so tragischen Schicksal für den hilfbereiten Blund-Ketill sich zuspitzende Verwickelung in der Hoensaþóris saga baut sich ganz auf auf dem historischen Hintergrunde solch eines Notjahres.

Die Heuernte des Sommers 963 war auf Island völlig missraten. Die 30 Pächter des vornehmen Blund-Ketill auf Örnólfsdalr, eines Mannes von hochadliger Gesinnung, haben trotz mehrfacher Hilfe ihres gütigen Patrons, ihr Heu bis auf den letzten Halm aufgezehrt. Es ist bereits April, aber noch immer will die dicke Schneedecke nicht schmelzen. Da geht Blund-Ketill, ausser Stande, selbst weiter zu helfen, seinen geizigen Gutsnachbarn, den Haensa-þórir auf Helgavatn, welcher noch volle Heudiemen an seinem Hause stehen hat, mit dringenden Worten an um einen Verkauf zu Gunsten seiner Pächter. Aus blosser Laune, und dazu barsch abgewiesen, entschliesst er sich nun, da alle Mittel der Überredung ver-

---

[1]) þáttr af Sneglu-eðr Grautar-Halla: Kap. 1. in Sex sögu-þaettir, sem Jón þorkelsson hefir gefið út, Kaupmannahöfn 1895.

sagen, um der beissenden Not seiner Leute zu steuern, zu einem Eingriff in des Nachbars Rechte. Er schätzt dessen überschüssigen Heuvorrat ab, nimmt für die Ware den höchsten Preis an, hinterlegt das Geld und führt mit Gewalt so viel Heu von dem Hofe des Haensa-þórir fort, als ausreicht, um das Vieh seiner Pächter bis zur Sommerweide zu ernähren. Die Folge davon ist, dass der rachsüchtige þórir ihn mit Waffengewalt überfällt, den Hof ihm niederbrennt und ihn selber tötet.

Auch der Winter des Jahres 1005 muss solch eine allgemeine Notzeit gewesen sein. Denn es heisst von ihm:

„*Eftir um vetrinn gerði hallaeri mikit ok fjárfelli*[1]."

D. h. „Um die Winterzeit brach grosser Futtermangel aus und ein Viehsterben."

Zu solchen Zeiten, man kann es sich vorstellen, wie sehnsüchtig da der Frühling erwartet wurde, und wie im Werte diejenigen Ackerstücke stiegen, auf welchen aus Gründen der Sonnenlage, wie der Bodengestaltung, die darüber lagernde Schneedecke so dünn sich hielt, dass die Kreaturen zu den darunter stehenden Kräutern ohne zu grosse Mühe gelangen konnten. Man nannte solche bevorzugten Plätze „jörð", gen. ar; plur. jarðir. Dieser Ausdruck begegnet uns in der Haensaþóris saga, wo þórkell auf Svignaskarð von seinem Gute rühmt:

„*eru hér ok nógar jarðir útifé*"[2]). D. h. „Es sind hier auch genug Winterfutterplätze für nicht eingestalltes Vieh."

Dem gegenüber hiessen diejenigen Erdstriche, auf denen der Schnee so dick lagerte, dass die Kreaturen zu den darunter stehenden grünen Futterpflanzen schlechterdings nicht gelangen könnten: „jarðbönn", neutr. plur.

Als frühe Futterspender standen in sehr hoher Schätzung auch die Mýrrwiesen, weil deren Grundwasser im Winter die Grassnarbe überstieg und dann, in eine Eisdecke verwandelt, schützend über die Pflanzen sich legte, welche auf diese Weise unter ihr den Winter hindurch lebend erhalten wurden. Löste sich dann, etwa im April, die Eisdecke auf, und das Grundwasser senkte sich, so bot dem Landwirte in

---

[1]) Flj. s. Við. Kap. 5. — [2]) Haensa-þ. s. Kap. 11.

dieser frühen Jahreszeit hier eine Futterfläche sich dar, welche besonders für das Rindvieh sehr wertvoll wurde. Um den Besitz solcher Wiesen entbrannte oftmals unter den Gutsnachbarn ein erbitterter Kampf.

Wir finden einen solchen dargestellt in der Egla. Die Wiese „Staksmýrr" gehört zum Hofe Borg und eignet dem Besitzer Þorsteinn Egilsson. Sein Nachbar ist Steinarr Önundarson auf Ánabrekka. Steinarr versucht es nun widerrechtlich, diese kostbare Frühlingswiese durch sein Vieh abweiden zu lassen.

„Standa þar yfir rötn á vetrinn, enn á várit, er ísa leysir, þá er þar útbeit svá góð nautum, at þat var kallat jafnt ok stakkr töðu"[1]. D. h. „Es stand dort über der Wiese Wasser den Winter hindurch. Aber im Frühjahre, sobald das Eis schmolz, dann bietet sich dort dar ein so ausgezeichnetes Futter für Rindvieh, dass dieses als gleichwertig galt einem Diemen voll Kraftheu." Steinarr, der zur Zeit Stärkere, bemächtigt sich dieser Wiese mit Gewalt; kauft eigens zu diesem Zweck sich den robusten Knecht Þrándr — (hann var allra manna mestr ok sterkastr) — treibt sein Rindvieh auf diese Wiese des Þorsteinn hinaus und liess diesen seinen Knecht dabei, wachend, sitzen Tag und Nacht. — (enn Þrándr tók þá at sitja at nautum naetr ok daga). —

Noch erübrigt die Beantwortung der Frage: „Ob auf den Gutshöfen Islands zur Sagazeit es einen Garten und Gartenpflege gegeben habe?"

Wir besitzen eine Stelle in den Sagas, welche diese Frage zu bejahen scheint.

Von Guðrún, der Herrin auf Helgafell, heisst es: *„heimti hon sonu sína til máls við sik í laukagarð sinn"*[2]. D. h. Sie lud ihre (zwei) Söhne zum Zwiegespräch mit sich ein in ihren „laukagarðr". „Garðr" ist ein eingehegter Erdfleck. Was aber unter „laukr" damals verstanden wurde, ist heute ungewiss. Vielleicht Gemüse! — Das ausdrücklich an dieser Stelle hinzugesetzte „sinn" scheint darauf hinzudeuten, dass dieser „garðr" ein eingehegter Platz am Hause war, der unter

---

[1] Egla. Kap. 80. — [2] Laxd. Kap. 60.

der besonderen Pflege seiner Herrin stand; eine Vorstellung, die für einen Garten gut zu passen scheint.

Guðrún war eine sehr intelligente Frau, welche ihre Umgebung in vielen Stücken überragte. Warum sollte sie nicht auch in Anlage und Pflege eines Gartens Anderen voraus gewesen sein? Zudem machte ja die Gewohnheit weiter Reisen isländische Recken hinreichend genug mit den Einrichtungen anderer Kulturländer bekannt[1]). Wie sie von dorther vieles einführten, z. B. den südlichen Wein; warum denn auch nicht Sämereien zu Versuchen für die Anzucht von Gewächsen, deren Kultur und Nährwert sie draussen hatten kennen lernen, soweit das Klima ihrer nordischen Heimat solche Versuche gestattete? Kohlarten, besonders der Braunkohl, gedeihen heute auf Island sehr gut und ebenso die verschiedenen Arten essbarer Rüben.

Zudem bedurfte eine so stickstoffhaltige Ernährung, wie sie dem Isländer in seinen reichen Fisch- und Fleischvorräten sich darbot, durchaus, aus sanitären Rücksichten, eines Gegengewichtes in passender Pflanzennahrung. Und man sollte denken, dass die Sorge um Einführung und Anzucht geeigneter Gemüsearten eine für die dortigen Bewohner sogar dringende Sache war.

Freilich hatte die Ökonomie des göttlichen Haushaltes auch hier im Norden, durch die selbstschaffende Kraft der Natur, für die Befriedigung solch eines menschlichen Bedürfnisses gesorgt.

Es giebt auf Island wildwachsende, essbare Pflanzen in ziemlicher Anzahl. Der Meeresboden liefert sie so gut, wie das Festland.

Nennen wir zunächst die dort wachsenden, essbaren Wasserpflanzen:

1. Söl, gen. sölva[2]). — (Rhodymenia palmata). —

---

[1]) Gunnlaugs saga ormstungu. Kap. 5. „fara utan ok skapa sik eptir góðra manna siðum." D. h. „Reisen ins Ausland und sich bilden nach dem Muster geförderter Leute."

[2]) Auch diese Pflanzen befinden sich in sehr sorgfältig präparierten Exemplaren in der „Arktischen Abteilung" des „Botanischen Museums" zu Kopenhagen, und werden dort, auf Wunsch, gerne vorgelegt und erklärt.

Eine Pflanze mit breiten, keilförmigen Blättern von lebhaft rosenroter Färbung, auf kurzen, fleischigen Stielen, welche weniger intensiv gefärbt sind. Sie wächst auf dem Meeresgrunde, aber benachbart dem Strande, besonders zahlreich an den Rändern, wie auf den Inseln des Breiðifjörðr, und wird durch die zurücktretende Flut blossgelegt.

Bei zunehmendem Monde, im Monat August, wird diese Pflanze geerntet. Man speist sie gerne, sowohl im rohen Zustande, als Salatbeigabe zu Fischen, wie auch besonders „eingelegt". Zum Zweck der Zubereitung als Dauerwaare werden diese Pflanzen 24 Stunden lang eingewässert, auf gesäubertem Erdboden ausgebreitet und getrocknet, in Fässer eingepresst, verschlossen, und erst zu Weihnachten wieder geöffnet. Die Pflanzen haben dann einen Zuckerstoff ausgeschwitzt und erscheinen, als wären sie bereift. Ihr Duft ist dem des chinesischen Thees nicht unähnlich. Sie werden, den Fässern entnommen, mit Butter und Fischen gegessen[1]).

Ein Fass, von 80 ℔ Gewicht hat heute den Wert von 17 Kronen Dänisch. Auch zur Sagazeit war „söl" sehr beliebt, wird z. B. in der „Egla"[2]) erwähnt, und ihr Verbrauch war durch das Landrecht geschützt.

2. Fjörugrös — (Chondrus crispus) — Eine sehr fleischige Pflanze von kurzem, gedrungenem Bau, starker Verästelung und bräunlicher Färbung. Nächst dem „söl" war sie, als Gemüse, am beliebtesten. Sie wird gegessen grün, wie auch getrocknet, roh wie auch gekocht, besonders auch als Beigabe zu dem nordischen Nationalgerichte, der Grütze[3]). Und man rühmt ihre Bekömmlichkeit. Zehn Pfund fjörugrös haben heute den Wert von 1¼ Krone Dänisch.

3. Marinkjarni (Alaria esculenta). Dieses ist die beste aller essbaren Tang-Arten. Sie wurzelt auf dem Meeresgrunde

---

[1]) Dr. J. Hjaltalín: „Ritgjörð um manneldi". Reykjavík 1868. — Dr. Hjaltalín, bereits verstorben, war Land-Physikus auf Island.

[2]) Egla. Kap. 78.

[3]) þáttr af Sneglu-Halla, Kap. 4: „Muntu láta gjöra smjörvan graut. Þat er gjörr matr". D. h. „Buttergeschmelzte Grütze sollst du kochen lassen. Das ist ein delikates Essen!" — Aus der Rede des Skalden Halli an den König Haraldr.

in ziemlicher Tiefe und entwickelt auf einem, circa einen Meter hohen, fleischigen Stengel keilförmige Blätter von brauner Färbung. Gegessen werden von ihr, im rohen Zustande, der Stengel, nachdem seine Deckhaut entfernt ist; und sodann die Blätter. Freilich von diesen nur die unten sitzenden, weil zarten. Man erntet diese Pflanze zur Zeit der Ebbe von dem blossgelegten Strande.

4. Porphyria, in ihren beiden Arten: „umbilicalis" und „miniata".

Beide Arten haben dünne, sehr breite, am Rande stark gekräuselte Blätter, von unregelmässiger Gestalt, und von sehr tiefer violetter Färbung. Sie werden im rohen Zustande, als Salat, gegessen.

Diesen essbaren Wassergewächsen schliessen sich an die wildwachsenden, und für den Menschen geniessbaren, Landpflanzen. Als:

1. Fjallagrös — (cetraria islandica) —. Es ist das bekannte Isländische Moos. Diese Pflanze wird circa 5 Centimeter hoch, ist von gelblich-grüner Färbung und hat eine feine Verästelung. Gewaschen, getrocknet und aufbewahrt, bietet sie im Winter, gekocht in Milch, als Beigabe zu Grütze, wie zu Mehlbrei, eine beliebte und gesunde Speise, von pikantem Geschmack.

2. Skarfakál — (cochlearia officinalis) — „Löffelkraut". Eine Pflanze mit dünnem circa 25 Centimeter hohem Stengel. Ihre Blätter sind klein, herzförmig, saftreich, von lebhaft grüner Färbung und sehr wohlschmeckend. Man speist dieselben, in rohem Zustande, als Salat.

3. Villikorn[1]) — (elymus arenarius) — Strandhafer. Diese Pflanze wächst, gleich der vorher genannten „cochlearia officinalis" am Strande, sowie auch auf einigen Sandflächen landeinwärts, besonders im Süden der Insel. Sie nützt durch ihre Blätter, wie durch ihre Frucht. Die Blätter, im starken Ansatz, dienen als Viehfutter. Die Ähren aber, lang und oft kräftig entwickelt, geben einen Mehlstoff her, welcher im Haushalt der Bewohner verbraucht wird.

Es bleiben zu erwähnen noch übrig die essbaren

---

[1]) Führt, namentlich im Südlande, auch den Namen „Melur".

Schwämme, unter welchen der Champignon — (Psalliota campestris) besonders oft vorkommt. Dieser wird dort auf Island in derselben Weise, wie bei uns, zubereitet und genossen.

Obwohl nun die Oekonomie des göttlichen Haushaltes durch die Darbietung dieser wildwachsenden, wertvollen Pflanzen dem Isländer eine bekömmliche Nahrung reichte, als Gegengewicht zu seinen stickstoffhaltigen Fleisch- und Fischspeisen, so schloss das doch keineswegs aus, dass er selbst, wie heute, so auch in alter Zeit, durch eigenen Fleiss, um die Vermehrung solcher Pflanzennahrung sich bemühte, wozu ihm der lebhafte Verkehr mit dem Auslande Anreizung genug gab. Ja, der Eifer, mit welchem jene wildwachsenden, essbaren Pflanzen von dem Isländer aufgesucht, gesammelt und benutzt worden sind, lässt nur annehmen, dass auch einer künstlichen Anzucht verwandter Gewächse dieser Fleiss nicht gefehlt haben wird, natürlich in denjenigen Grenzen, welche Boden, wie Klima, solchem Bemühen zogen.

Wir dürfen dieses annehmen, wenn wir auch nicht nachweisen können, welche Nutz- oder Schmuckpflanzen der „laukagarðr" der Guðrún auf Helgafell in seinem umhegten Raume enthalten habe. Sie hatte hier ausgebreitet, als sie ihre beiden Söhne zur Zwiesprach dorthin beschied, die alten blutdurchtränkten Wäschestücke ihres einst erschlagenen Gatten Bolli, ein Ausbreiten von Linnen, welches ja ein Vorhandensein von Rasenflächen in diesem „laukagarðr" vorauszusetzen scheint. Der Anblick dieser Gewänder sollte unterstützen die anreizenden Worte der Mutter, mit welchen sie von den Kindern das Unternehmen eines Rachezuges gegen den Todschläger Bollis forderte[1]).

Dass auch andere isländische Frauen das Bedürfnis fühlten, für die Sommermonate einen behaglichen Sitz im Freien, dem Hause nahe, sich zu verschaffen, beweist Jófríðr.

„*Jófríðr, dóttir Gunnars, átti sjer tjald úti, þvíat henni þótti þat óðaufligra*[2])." D. h. „Jófríðr, die Tochter Gunnars, hatte sich ein Zelt vor ihrem Hause aufschlagen lassen; denn ihr erschien dieses angenehmer."

---

[1]) Laxd. s. Kap. 60. — [2]) Haensa-þ. s. Kap. 17.

Sie empfängt in diesem Zelte auch den Besuch Þórodds, ihres künftigen Verlobten.

Und wo erst ein Sommerzelt und das Bedürfnis des Aufenthaltes in demselben, entstanden ist, da finden sich auch bald, rings um dasselbe, einige Schmuckpflanzen zusammen, um diese Umgebung für den Geschmack einer gebildeten Frau anmutiger zu gestalten; also der Anfang eines Gartens.

Es bleibt noch eine wichtige Frage zur Beantwortung übrig, nämlich die Frage nach dem damaligen Bodenwerte. Was war der Kaufpreis eines ertragsfähigen Mittelgutes auf Island zur Sagazeit, etwa um das Jahr 1000?

Kauf und Verkauf von Gütern werden oft in den Quellen erwähnt. So verkauft Helgi sein Gut Ormstaðir und kauft dafür Mjóvanes, um durch solchen Ortswechsel den dort drüben erfolgten gewaltsamen Tod seines Weibes Droplaug leichter in seiner Erinnerung auszulöschen. Sie war nämlich auf einer Winterfahrt mit ihrem Schlitten dort durch das Eis gebrochen und ertrunken[1]).

In sehr ausführlicher Weise aber wird solch ein Gutskauf beschrieben in der Laxdaela[2]). Es handelt sich hier um die Erwerbung des Grundstückes „Tunga", welches, zwischen den beiden Höfen Hjarðarholt und Laugar gelegen, den Wettbewerb beider Adjacenten auf das Lebhafteste erregt. Bolli Þorleiksson auf Laugar verscherzt den bereits verabredeten Ankauf, weil er es unterlässt, zur rechten Zeit durch die Erfüllung der gesetzlichen Formalitäten den Vertrag fest zu machen. Und Kjartan Óláfson auf Hjarðarholt erwirbt das Gut, weil er im Stande ist, schnell zugreifend, diesen Bedingungen eines festen Vertragsabschlusses zu genügen. Wir erfahren diese durch Brauch und Gesetz feststehenden Kaufvertrags-Bedingungen bei solchem Anlass. Jeder Kaufvertrag wurde nur mündlich abgeschlossen, und zwar ohne die Mitwirkung irgend eines Organs der Justiz oder der Verwaltung, aber stets in der Anwesenheit von **12 Männern** als Zeugen, und unter dem Austausch eines Handschlages der Kontrahenten.

---

[1]) Flj. Við. Kap. 3. — [2]) Laxdael. Kap. 47.

„ „*Eigi kalla ek þat landkaup, er eigi er ráttum bundit; ger nú annathvárt, at þú handsalar mér þegar landit at þvílíkum kostum, sem þú hefir ásáttr orðit við aðra, eða bú sjálfr á landi þínu ella*". *Þórarinn kaus at selja honum landit. Váru nú þegar váttar at þessu kaupi (tólf menn)*". — D. h. „Nicht nenne ich das einen Landkauf, der nicht durch Zeugen gebunden ist! — Thue nun eines von diesen 2 Dingen: Übergieb mir entweder dein Land mit Handschlag unter denselben Bedingungen, welche du festgesetzt hast mit meinem Gegner; oder wirtschafte im anderen Falle selber weiter." — Þórarinn entschloss sich, ihm das Land zu verkaufen. Es waren sofort die Zeugen für diesen Kauf zur Stelle, zwölf Mann.

Die hier mitgeteilte Verhandlung lehrt uns auch, dass auf die sofortige Baarzahlung des Kaufgeldes damals Wert gelegt wurde. Denn Þórarinn hebt hervor, Bolli habe versprochen, auch umgehend zu zahlen (ok gjaldast skjótt).

Dennoch, was für uns so wichtig wäre, die Höhe des Kaufpreises erfahren wir bei dieser Gelegenheit, wo alles andere doch so umständlich genannt wird, ebensowenig, wie an anderen Stellen.

Es finden sich ja zwei Stellen in den aetta-sögur, welche eine Preisangabe bringen. Aber nähere Prüfung zeigt, dass die hier genannten Werte uns keinen sicheren Anhalt bieten.

Wenn schon in der Laxdaela mitgeteilt wird, dass Óláfr pái für 3 Mark Silbers eine Landstrecke gekauft habe (at Óláfr skyldi reiða þrjár merkr silfrs fyrir löndin[1]); so handelt es sich hier doch nur um den Ankauf von Oedland.

Und wenn ferner in der Eyrbyggja gesagt wird, Snorri habe seinem Stiefvater Börkr für die Hälfte des Gutes Helgafell — (die andere Hälfte war sein Erbteil) — LX aurar[2]) in reinem Silber ausbezahlt, so handelt es sich an dieser Stelle nicht um einen reellen, sondern nur um einen künstlichen Preis, mit welchem der Eine den Anderen zu überlisten trachtete.

Auch die Stelle der Njála, wo von einer gesetzlichen

---

[1]) Laxd. s. Kap. 24. — [2]) Eyrbyggja s. Kap. 14.

Abschätzung der Landgüter die Rede ist (at löglegri virðingu[1]), hilft uns nicht über die Verlegenheit hinweg, weil wir die dort angedeutete amtliche Werttabelle nicht mehr besitzen.

Eine solche gesetzliche Abschätzung, und zwar im weitesten Umfange, des Bodenwertes, wie auch des mobilen Inventars, über die ganze Insel hin, fand thatsächlich statt, circa 80 Jahre später, im Interesse der neu aufgerichteten christlichen Kirche. Wir lesen davon in der Íslendingabók:

„*Af ástsaelþ hans oc af tölom þeira Saemundar, meþ umbráþi Marcús lögsögomannz, vas þat í lög leitt, at aller menn tölþo oc virþo alt fé sitt, oc sóro at rétt virt vaeri, huárt sem vas í löndom eþa í lausaaurom, oc gørþo tíund af síþan*"[2]). D. h. „Aus Freundschaft gegen ihn (Bischof Gizzor) und auf Antrag Saemundar und seiner Partei, unter Zustimmung des Gesetzessprechers Marcús, wurde folgendes Gesetz beschlossen: Es sollten alle Leute ihr Eigentum zählen und abschätzen und diese Schätzung eidlich bekräftigen, beides, den Wert ihres Grund und Bodens, sowie auch den Wert ihrer beweglichen Habe, zum Zweck der Zehntenzahlung, von jetzt an!"

Da dieses Gesetz vom Alþing beschlossen wurde im Jahre 1097 und die Selbsteinschätzung sodann, in der angezeigten Weise, sofort vor sich ging, so mögen die dadurch entstandenen Werttabellen fertig vorgelegen haben etwa um das Jahr 1100.

Allein auch dieses wertvolle Dokument ist uns nicht erhalten. Zu unserer Kenntnis gekommen ist von der ganzen umfassenden Arbeit nur diese eine Notiz, dass es damals auf Island 4560 geldkräftige Bauern gegeben habe.

Wir müssen daher, um zu einer annähernden Beantwortung unserer Frage zu kommen, zu einem Zeugnis aus noch späterer Zeit greifen.

Die Sturlunga[3]) spricht von einem Gutskaufe aus dem Jahre 1259, und zwar hier mit der Angabe des Kaufpreises.

---

[1]) Nj., Kap. 68. — [2]) Íslendingabók, Kap. 10.
[3]) Sturlunga II, 252.

Einer der vornehmsten und reichsten Männer jener Zeit war auf Island Gissur þorvaldsson. Die Saga bezeichnet ihn als „hinn mesti virðingamaðr". König Hákon von Norwegen, verfolgend den Plan, nach Einverleibung Grönlands und Islands in sein Reich, den nordischen Stamm zu einer politischen Einheit zusammenzufassen, umwirbt diesen Gissur, als den geeignetsten Mittelsmann für seinen Zweck, mit reichen Gunstbezeugungen. Und Gissur ist auch nicht abgeneigt, des Königs Plan, wenigstens für Island, zu fördern[1]).

Dieser Gissur þorvaldsson ist es, welcher im Jahre 1259 das Gut Reynistaðr, heute noch eines der grössten und ertragsfähigsten Güter am Skagafjörðr, käuflich erwirbt.

Die Besitzung ist von erheblichem Umfang. Denn in den Kauf waren eingeschlossen die Kirche zu Reynistaðr mit einer ihr zugehörenden, reichbemessenen Feldflur, sowie die beiden Vorwerke Holtsmúli und Hvammr.

Als Kaufpreis giebt die Saga für das gesamte Territorium an den Betrag von „120 Hunderten".

Nun ist allerdings die Auslegung über die Wertbestimmung des hier gemeinten „Hundert" nicht ganz sicher; weil man in Island zu jener Zeit nach Hunderten von verschiedenartiger Bewertung rechnete.

Aber der Gewährsmann, auf den ich mich stütze, Páll Briem, zur Zeit Amtmann in Akureyri, also erster Verwaltungsbeamter über die nördliche Hälfte der Insel, in welcher das in Frage stehende Gut liegt, demnach eine in diesen Dingen ohne Zweifel sachkundige Instanz; vertritt die Ansicht, dass hier ein „Hundert" gemeint sei, welches gleich zu rechnen ist „Einhundert Kronen Daenisch", und zwar nach heutigem Geldwerte.

Demnach wäre der Kaufpreis, welchen damals Gissur þorvaldsson für den gesamten Güterkomplex von Reynistaðr gezahlt hat, nicht höher gewesen, als 12 tausend Kronen Daenisch = 13 380 Mark Deutsch, nach heutiger Wertbemessung. Und der Amtmann setzt seiner Berechnung hinzu:

---

[1]) Konrad Maurer: Island v. s. erst. Entdeckung bis z. Untergang des Freistaates, pag. 126 ff.

„Das dürfte auch noch, zur Zeit, der Preis sein"! (enda mundi 12 000 Kr. vera talið sennilegt verð nú á tímum[1]).

Wenden wir nun den Blick aus dem Jahre 1259, in welchem dieser Kauf stattgefunden hat, um $2^1/_2$ Jahrhunderte rückwärts, zum Jahre 1000, welches der Ausgang für unsere Betrachtung war; und ziehen wir dabei in Rechnung diesen Umstand, dass sämtliche Werte mit der fortschreitenden Zeit und der zunehmenden Kultur, also besonders auch die Bodenwerte, sich zu steigern pflegen; so kommen wir zu dem Resultate, dass um das Jahr eintausend Güter von erheblichem Umfange, von günstiger Bodenzusammensetzung und von guter Kultur auf Island bereits **unter dem Kaufpreise von 13 380 Mark**, nach heutiger Wertung, käuflich zu erwerben waren.

In der That, nach unseren heutigen Begriffen, keine hohe Summe.

Immerhin aber ein erheblicher Zuwachs an Kapitalvermögen für die angesessenen Familien in jener Zeit, wenn man daran sich erinnert, dass deren Vorväter, jene Landnahmsmänner, einst ohne alle Anzahlung, völlig umsonst, diese Länderstrecken sich zu ihrem Eigentum machten.

Und doch, der in diesem Boden ruhende Wirtschaftswert hatte sich von jenen ersten rohen Anfängen der Landnahmszeit aufwärts gesteigert und bereichert doch nur kraft jener anhaltenden, fleissigen und umsichtigen Kulturarbeit, mit welcher diese, wie wir sehen werden, auf ihren Gütern selbst so thätigen Landwirte, sich mit ganzem Stolze einem Gewerbe hingaben, welches damals, unter allen Berufen der Menschen, noch unbestritten die erste Stelle einnahm.

---

[1] Lögfroeðingur. Timarit um lögfroeði, löggjafarmál og þjóðhagsfroeði (d. h. Zeitschrift für Rechtswissenschaft, Verwaltung und Nationalökonomie) útgefandi Páll Briem. 3. árg. 1900. Akureyri pag. 40 ff.

II.

DIE GUTSLEUTE.

Zur Ausnutzung der vorstehend beschriebenen Gutsfläche gehörten zunächst Menschenkräfte. Die natürlichen Helfer des Besitzers an diesem Werke waren seine Familiengenossen: Weib, Kinder, Anverwandte. Von diesen Familiengenossen eines Grossbauern auf Island zur Sagazeit und deren Lebensweise sprechen wir nicht. Darüber giebt es bereits eingehende Darstellungen [1]). Wir beschäftigen uns hier lediglich mit seinen Dienstleuten! — — Von welchem Gewicht gute Arbeiter und Arbeiterinnen auf einem Gute sind, ist bekannt. Die Leutefrage, heute brennend, war auch in alter Zeit vorhanden. Freilich der Isländische Grossbauer war Viehzüchter. Und ein solcher kommt mit einem viel kleineren Dienstpersonal aus, als ein Ackerbauer. Indessen dieses Arbeitspersonal muss, da seine Gutsfläche eine ausgedehnte ist, die Arbeitsplätze oft weit auseinander liegen, und er selber nicht an allen Orten zu gleicher Zeit leiten und berichtigen kann, ein besonders gut geschultes und zuverlässiges sein.

Stand ein solches um das Jahr 1000 auf Island zur Verfügung des Gutsbesizters und wie geartet waren dessen Kräfte?

---

[1]) a) Kr. Kaalund: „Familielivet paa Island i den første Sagaperiode (indtil 1030) saaledes som det fremtraeder i. de historiske sagaer; pag. 269—381 des Jahrganges 1870 der: „Aarbøger for nordisk oldkyndighed og historie. København.

b) R. Keyser: „Nordmaendenes private Liv i Oldtiden" Efterladte Skrifter, andet Bind, anden Afdeling. Christiania 1867.

c) Verkürzt und in deutscher Sprache der Abschnitt: „Scandin. Verhältnisse" in der 2. Aufl. v. Pauls Grundriss. Strassb. 1898.

Zunächst die Kräfte des Körpers! Die Grossgrundbesitzer jener Zeit waren zugleich Ritter, denen das Schwert nicht von der Seite kam, wenn sie wachten, und stets im Bereich ihres Armes über dem Kopfende des Bettes hing, wenn sie schliefen. Höskuldr auf Vörsabaer ging, so sahen wir, früh Morgens auf sein Feld, die Kornkiepe in der linken Hand, das Schwert in der rechten. Es war ein kampfbereites und kampfgewohntes Geschlecht, dessen Leibeskräfte von Jugend auf sich stählen, so dass selbst 12jährige Knaben kaltblütig, unerschrocken und stark, wie Männer, handeln. Þorkell krafla, der den Silfri mit einem Axthiebe tötet[1]), und die beiden Brüder Helgi und Grímr, welche zur Winterszeit ausziehen, um wegen eines Schimpfwortes, über ihre Mutter gesprochen, den Þorgrímr, tordýfill (Mistkaefer) am Leben zu strafen[2]): sämtlich sind sie 12—13 jährige Jungen. Ein solches Geschlecht konnte keine schwächlichen Diener gebrauchen.

So wird denn der Knecht Beinir, húskarl der Óláfr pái, genannt „enn sterki" d. h. der starke[3]); und der Knecht Þrándr, welchen Steinarr sich kauft, wird genannt „allra manna mestr ok sterkastr" d. h. der grösseste und stärkste von allen Männern[4]) und Glúms Leibeigener „Þjóstólfr" heisst ein „Þraell fastr á fótum" d. h. ein Knecht fest auf seinen Füssen[5]). Ja, vom Knechte Svartr[6]) auf dem Gute Eyrr wird berichtet: „hann hafði fjogurra manna megin" d. h. er hatte die Stärke von 4 Männern.

Nicht minder wird die Þorgerðr, Skallagríms Hausmagd, beschrieben als „sterk sem karlar" d. h. stark wie Männer[7]).

Genug der Beispiele, um zu zeigen, dass dem Gesinde jener Tage an physischer Kraft nichts fehlte.

---

[1]) Vatnsd. s. Kap. 42.
[2]) Fljótsd., Við. Kap. 3. Am Heerdfeuer hatte dieser zu den anderen Dienstleuten, auf Mýnes über deren Mutter Droplaug geäussert: „Sie möchte wohl die vornehmste Frau in der Harde sein „ef hon hefði bónda sinn einhlítan gert" d. h. wenn sie nur mit ihrem einen Hausherrn sich hätte begnügen wollen!
[3]) Laxd. Kap. 75. — [4]) Egla. Kap. 80. — [5]) Nj. Kap. 17.
[6]) Hávarðarsaga, Kap. 17. — [7]) Egla, Kap. 40.

Aber diese Leute werden uns doch zugleich hingestellt als ungewandt. Sie sind robust und eckig.

Eben jener Svartr, bei der Arbeit eine sehr ausgezeichnete Kraft — (vann hann mikit) — von seinem Herrn eines Tages aufgefordert, im Ringspiel der Gäste den fehlenden Mann zu vertreten, wird Partner des Hallgrímr Ásbrandsson. Sie fassen sich, und trotz seiner 4 Männer-Stärke stürzt Svartr jedesmal zu Boden; und nach jedem Sturz fallen dem Riesen die Schuhe von seinen Füssen, an deren Bändern er dann verlegen nestelt, worüber die Helden in ein unbändiges Gelächter ausbrechen.

Der Kraft dieser Knechte fehlte eben die feine Schulung, geübt, wie bei den Helden, durch das von Jugend auf betriebene Waffenwerk.

Das hinderte aber nicht, dass sie dem Hofe in ihrer Arbeit überaus nützlich waren! — (var hann þarfr búi) —.

Ob sie aber auch durchgängig hässlich ausgesehen haben, wie ihre angeblichen poetischen Voreltern „þraell oc þýr", „der Enk und die Dirn", nach der Beschreibung der Edda[1])? Dort heisst es:

„Var þar á höndum	„Rauh an den Händen,
„Hrockit skinn	„War dem Rangen das Fell,
„Kropnir knúar	„Die Gelenke knotig,
„Fingur digrir	„Die Finger feist,
„Fúlligt andlit	„Fratzig das Antlitz,
„Lotr hryggr	„Der Rücken krumm,
„Lángir haelar	„Vorragend die Hacken.
„þadan eru komnar	„Von ihnen entsprang
„þraela aettir	„Der Knechte Geschlecht[2]).

Wie gesagt, dass Knechte und Mägde durchaus hässliche Leute gewesen sind, dieses dürfte aus den Sagas kaum bewiesen werden können. Vielmehr die Mägde finden bei ihren Herren nur zu oft grossen Beifall und werden deren Bettgenossinnen, zum Verdruss der legitimen Hausfrauen. Und

---

[1]) p. 173/75, Pars III, Edda Saemundar hins Fróda, Havniae 1828.
[2]) Nach der Übersetzung von Carl Simrock „Die Edda", Stuttg. 1896, pag. 112.

auch Knechte werden uns genannt, deren körperliche Schönheit dem Sagaschreiber Worte der Anerkennung abgewinnt. So wird von dem Knecht Ásgautr erzählt: *„Hann var mikill maðr ok gervilegr, enn þótt hann vaeri þraell kallaðr, þá máttu fáir taka hann til jafnaðarmanns við sik"* [1]). D. h. „Er war ein grosser und stattlicher Mann. Und, obwohl er ein Knecht war, so mochten doch wenige sich mit ihm messen können an mannhafter Tüchtigkeit." Später empfängt er durch die Gunst einer Frau (Vígdís) Freiheit und Vermögen und Þórólfr auf Sauðafell ladet ihn zu sich, wie einen wohlgeschätzten Gast.

Desgleichen von dem Knechte Kolbakr heisst es: *„hann var mikill ok sterkr ok vaenn yfirlits"*, d. h. „er war stattlich, stark und von gutem Aussehen". Und seine eigene Herrin Gríma spricht es aus, dass ihre Tochter Þórdís an demselben ein mehr als zulässiges Wohlgefallen finde. *„at Kolbakr hafi þózt vera i þingum við Þórdísi"* [2]), d. h. „Kolbakr steht mir im Verdacht, vertrauliche Zusammenkünfte mit Þórdís zu haben".

Und wie stand es nun mit der geistigen Befähigung jenes Dienstpersonals, mit seiner Anstelligkeit?

Da, abgesehen von einzelnen Wertstücken, die aus dem Auslande kamen, der gesamte Bedarf der Hausgenossen an Ernährung, Kleidung und Bewaffnung, auf dem Wege der Hausindustrie gedeckt wurde (denn ein Stand der Handwerker bildete sich erst mit dem Aufblühen der Städte), so gab es, ausser dem fortlaufenden Feld-, Stall- und Küchen-Dienst, im Hause selbst viel zu spinnen, zu färben, zu weben, zu nähen, zu sticken, auch zu schustern für die Frauen; dagegen für die Männer zu gerben, zu sattlern, zu schmieden, zu zimmern, zu schnitzen und zu malen. Wenn der Hausherr und die Hausfrau auch stets persönlich in solchen Dingen mit Hand anlegten, denn alle Handwerksarbeit stand damals hoch in Ehren [3]), so konnten sie doch allein, bei der Fülle des Bedarfes, nicht alles selbst beschicken. Vielmehr in allen diesen Verrichtungen waren Diener und Dienerinnen mit

---

[1]) Laxd. Kap. 11. — [2]) Fóstbr. Kap. 9 und 10.
[3]) „þú þóttir eigi hafa verkmanns vit". D. h. „Du schienst eben nicht zu haben den Verstand eines Handwerkers" gilt für ein Scheltwort. Þáttr af. Sn. Hal. Kap. 6.

thätig. Daraus ergiebt sich, dass mehr Anstelligkeit und Gewandtheit bei solchen Leuten damals erwartet werden musste, als wie wir es unserem Dienstpersonale zumuten heute, wo fast jeder Bedarf des täglichen Lebens von auswärts fertig in das Haus geliefert wird. Es liessen sich eine Menge Beispiele aus den Sagas anführen, wo Knechte und Mägde bei jenen unterschiedlichen Verrichtungen angetroffen werden!

Dennoch finden wir in den Sagas Fälle angeführt, wo Knechte uns in dem Zustande hochgradiger geistiger Stumpfheit und Kopflosigkeit gezeigt werden. Arnkels auf Bólstaðr beide Knechte, in jener Nacht, als Snorri auf Helgafell, geweckt von den Þorbrands-Söhnen, ausrückt, mit 15 Mann, um Arnkel zu fassen, benehmen sich allerdings völlig kopflos. Ihr Herr bleibt stehen oben auf dem Heudiemen, um die anrückenden Feinde zu erwarten. Denn sein tapferer Sinn hält das für besser, als zu fliehen (þat betra en renna). Sie sollen eilends hinablaufen nach Bólstaðr, circa drei Kilometer weit, um alle seine Leute zu wecken, und dann rasch zur Hilfe eilen ihrem Herrn, der sich inzwischen mannhaft wehren will. „Das wird gehen", setzt er hinzu, „wenn ihr beide brav den Auftrag ausrichtet". (ef þit rekið drengliga erendit.)

Sie rennen fort. Doch der Eine, Ófeigr, kommt vor Angst von Sinnen und stürzt in einen Wasserfall. Der Andere, auf Bólstaðr angelangt, trifft auf dem Hofe seinen Kameraden, beschäftigt mit dem Abladen des ersten, vorangegangenen, Heuschlittens, vor der Gutsscheune. Dieser, unkundig des Geschehenen, fordert harmlos ihn auf: „Hilf mir!" Und der kopflose Mensch vergisst völlig seinen Auftrag und die Gefahr seines Herrn, der in höchster Not auf sie alle wartet. Er packt mit an und ladet ab. Als sie zwei dann, in das Schlafhaus getreten, ihre Lederjacken abwerfen, um sich zu Bett zu legen, weckt dieses Geräusch die anderen Männer auf, und sie fragen: „Wo ist Arnkell?" —

Da erst dämmert im Hirne dieses Burschen wieder sein Auftrag auf, und er sagt: „Ja, der wird nun wohl mit Snorri goði fechten!"

Nun fuhren die Männer sämtlich aus den Betten und in ihre Kleider, und hinauf nach Orlygsstaðir; aber es war nun zu spät, inzwischen ist ihr tapferer Herr der Uebermacht erlegen[1]).

Nicht minder gemein und unzuverlässig benimmt sich der Knecht Glaumr des Grettir, auf der Drangey, welcher durch seinen Ungehorsam den Tod seiner Herren Grettir und Illugi verschuldet[2]).

Auf der anderen Seite giebt es wieder unter den Dienstleuten sehr entschlossene und umsichtige Personen.

So þorgerðr, die leibeigene Magd Skallagríms. Auf dem Hofe des Letzteren ist Ballspiel. Seine Gegner sind 2 junge Leute, ein Bauernsohn aus der Nachbarschaft und sein eignes Kind, der 12jährige Egill. Diese jungen Leute sind anfangs im Vorteil, am Abend aber nahe daran, die Partie zu verlieren. Der leidenschaftliche Skallagrímr dringt vor, packt jenen Bauernsohn und wirft ihn zur Erde, dass ihm alle Rippen knacken. Dann packt er sein eigenes Kind an. Nun tritt aber die Magd þorgerðr entschlossen dazwischen. Sie hatte den Knaben gross gezogen (hon hafði fóstrat Egil í barnaesku) und schreit: „Wütest du nun gegen deinen eigenen Sohn?" — „hamast þú nú, Skallagrímr at syni þínum?" — Da lässt Skallagrímr den Egil fahren und packt die Magd. Sie stirbt, den treuen Schutz über ihren Pflegling bezahlend mit dem eigenen Leben[3]).

Nicht minder zuverlässig und mutig zeigt sich Beinir, der Knecht Halldórs. Dieser, der Erbe von Hjarðarholt, ist in seinem Vermögen zurückgegangen — (hann hefir lítit lausafé) —. Diese Verlegenheit gedenkt auszunützen þorsteinn und will das schöne Gut im Laxárdalr kaufen. — Verbunden mit seinem Freunde þorkell reitet er hinüber, um das Geschäft möglichst rasch abzuschliessen. Aber Halldórr ist nicht willig dazu. Denn schon damals galt der Grundsatz, Liegenschaften, soweit möglich, der Familie nicht abhanden kommen zu lassen. Dann fordert er Beinir, den alten Knecht seines Hauses, der von der Dienerschaft seines berühmten und reichen Vaters, Óláfr pái, allein noch übrig ist, auf, ihm beizustehen. „þeir

---

[1]) Eyrb. Kap. 37. — [2]) Grettis Saga Kap. 82.
[3]) Egl. Kap. 40.

munu fala land mitt at mér, ok ef svá er, þá munu þeir heimta mik á tal, þess get ek, at á sína hönd mér setist hvárr þeira, ok ef þeir bjóða mér nökkurn ómaka, þá vertu eigi seinni at ráða til Þorsteins enn ek til Þorkels; hefir þú lengi verit trúr oss fraendum." — D. h. „Sie wollen feilschen um mein Gut. Ist dem so, da werden die zwei mit mir verhandeln wollen. Der Eine wird sich mir zur Rechten setzen, vermute ich, und der andere zur Linken. Werden sie mir beschwerlich, dann sollst du nicht träger sein, als ich, zum Angriff. Fass du den Þorsteinn, ich werfe mich auf den Þorkell. Denn du bist ein altbewährter Diener unseres Hauses."

Unverrichteter Sache müssen die beiden denn auch fort reiten und sprechen auf der Fahrt mit einander über diesen Misserfolg. „*Eða hví varð þér svá bilt?*" D. h. „Aber warum wurdest du denn so verdutzt?" fragte Þorsteinn seinen Genossen. „*Sáttu eigi Beini, er hann stóð yfir þér með reidda öxina?*" D. h. „Sahst du nicht den Beinir hinter dir stehen mit ausgeholter Streitaxt?" erwiderte Þorkell[1]). Diese Aufklärung genügt. Des Knechtes straffe Haltung, an der Seite seines Herrn, hatte die Eindringlinge entfernt.

Nicht minder treu und auf des Hauses Ehre bedacht, ist die Haltung eines Knechtes, zugehörend dem Björn Hítdaelakappi.

Es ist Winter und das Julfest nahe. Eingeladen zu demselben reitet Þorsteinn Kuggason nach Húsafell hinauf zu seinem Freunde Dálkr mit grossem Gefolge. In der Nähe des Gutes Hólmr, gehörend dem Häuptling Björn, mit welchem Þorsteinn auf scharf gespanntem Fusse steht, überrascht die Reisenden der Schneesturm, und es wird Nacht (fok mikit ok náttmyrkr). — Dort am Heudiemen sehen sie einen Mann, Björns Knecht, mit dem Füttern der Pferde beschäftigt, welchen er Heubündel auf den gefrornen Schnee hinwirft.

„*Viltu segja oss leið ofan um hraun?*" D. h. „Willst du uns den Weg zeigen über das Lavafeld?" Worauf der Knecht: „*Ekki aetla ek, at heimamenn Bjarnar eigi þér vingan at launa, ok mun ek eigi þat gera*". D. h. „Nicht meine ich,

---

[1]) Laxd. Kap. 75.

haben Björns Leute dir mit Freundschaft zu lohnen. Ich weigere dein Gesuch." Darauf þorsteinn: „*Hvat mun þá varða, þó at þú farir nauðigr, ef þér þykkir sá betri*". D. h. „Das ist ja völlig gleichgiltig! Dann gehst du eben gezwungen mit, wenn dir das lieber ist!" Der Knecht: „*þat munuð þér mega, ef þér vilið.*" D. h. „Das versuch doch, wenn du es magst!" Und der Knecht entschlüpft; springt hinab zum Gute und meldet seinem Herrn den Vorgang, damit dieser seine Massregeln treffe.

Treu, redegewandt und unerschrocken, nicht anders kann man diesen Mann charakterisieren.

Es liessen sich die Beispiele nach dieser Seite hin leicht vermehren.

Man würde, dünkt mich, jenen schlichten Leuten Unrecht thun, wollte man sie als durchweg beschränkt, dumm und feige hinstellen, wie das zuweilen geschehen ist. Es gab zahlreiche und ehrenwerte Personen genug unter ihnen, welche uns den Anlass geben, ihrem Stande auch die entgegengesetzten Seiten zuzusprechen! — Wir erhalten eben hier, bei der Abwägung der Eigenschaften der isländischen Dienstleute in jenen Tagen, wie bei allen menschlichen Zuständen, ein gemischtes Bild: Böse und Gute, Feige und Beherzte, hässliche wie wohlgestaltete Leute! —

Nach diesen allgemeinen Erörterungen treten wir unserm Gegenstande näher, indem wir ihn zunächst in sich abgrenzen. Nicht die Rechtsverhältnisse dieser Knechte und Mägde im Stande der Unfreien, wie der Freien, sollen uns hier beschäftigen. Das ist sehr eingehend untersucht worden von R. Keyser[1]) und A. Gjessing[2]). Wir fassen diese Leute ins Auge zunächst lediglich als Arbeitsorgane in der Hand ihres Brodherrn, und sodann als Glieder, eingeschlossen in die Hausgemeinschaft ihrer Herrschaft. Wir zerlegen demnach ihre Stellung in ein doppeltes Verhältnis, in ein ökonomisches und ein sittliches.

---

[1]) R. Keyser: Efterladte Skrifter, Bind 2, Bl. 289 ff. Bl. 321 ff.
[2]) A. Gjessing: „Traeldom i Norge", pag. 29—322; Jahrgang 1862 der „Annaler for Nordisk oldkyndighed og historie".

I.
Das ökonomische Verhältnis der Dienstleute.

Aller Knechte Ursprung ist der Krieg. Die Gefangenen konnten nicht mit gleichem Recht unter ihren Überwindern fortleben. Einige wurden den Göttern geopfert, andere blieben in dem Hause des Siegers als Dienende, andere wurden verkauft[1]). Also nicht von þraell und þýr kommen sie her, sondern von dem Gotte im Harnisch, auf dessen Spuren damals viele gingen. Von 800—1100 ergiessen sich die Wikingerzüge aus dem Norden her nach Osten, Süden und Westen. Das „fara í víking ok afla sér fjár" galt für eine Ritterpflicht, für die allein richtige Quelle der Ausbildung eines Jünglings zu Manneskraft und zur Welterfahrung; sowie für die sicherste Gelegenheit, zu klingendem Golde einen klingenden Namen hinzuzufügen[2]). Selbst Könige thaten das in ihrer Jugend, bevor die Pflicht des Thrones sie rief, wie der charaktervolle Óláfr Tryggvason. Und selbst den König Óláfr enn helgi hielt der winkende Heiligenschein nicht ab, alle die grausamen Folgerungen seiner Heerfahrten zu ziehen. Eben er ist es, der seinen Gefolgsmann Egil Hallsson mit voller Ungnade straft, weil dieser, durch die Wehklagen der Kriegsgefangenen gerührt, deren Banden über Nacht löst, so dass sie entschlüpfen können. Wir lesen: Óláfr enn helgi begiebt sich mit 9 Kriegsschiffen nach Dänemark an den Limafjörðr in Jütland, um König Knútr aufzusuchen. Da der König, der Verabredung entgegen, nach England abgereist ist, so wittert Óláfr Verrat, und die beabsichtigte Freundschaftsreise gestaltet sich nun zur Wikingsfahrt. Dann heisst es: *„Konungr maelti svá fyrir, at þeir skyldi taka 15 vetra menn ok þaðan af eldri ok leiða ofan til skipa; ok nú fá þeir mikit fé ok marga menn tekna. Síðan hafa þeir tjöld nokkur á landi, ok váru þar varðveittir i hinir herteknu menn ok var þangat at heyra grát mikinn ok kveinan."*

---

[1]) Jacob Grimm: Deutsche Rechtsaltertümer. Göttingen 1828. I. Teil. —
[2]) Strinnholm. Wikingszüge, übers. v. Frisch., Hamb. 1839. pag. 326.

„*Svá er sagt, at Egill Hallsson raeðir við Tófa félaga sinn. þetta eru ill laeti ok hörmulig, er menn þessir hafa, ok mun ek fara ok leysa þá. Gjör eigi þat, vinr! segir Tófi, því at konungr leggr þar fyrir reiði sína á þik*"[1]). D. h. „Der König befahl alle Männer von 15 Jahren aufwärts abzufangen und zu den Schiffen hinabzuführen. So machten sie grosse Beute und viel der Gefangenen. Dann schlugen sie etliche Zelte am Ufer auf, in welchen bewacht die Gefangenen lagen, und es schallte von dort herüber lautes Weinen und Wehklagen.

Nun erzählt man, dass Egill Hallsson zu seinem Kameraden Tófi sprach: „Das sind Laute, weh und harmvoll, welche jene Menschen ausstossen. Ich will gehen und ihre Fesseln lösen!" —„Thu' das nicht, Freund", spricht Tófi, „denn der König wirft dafür seinen Zorn auf dich."

Und so geschah es. Egill folgt seinem menschlichen Gefühl und löst die Gebundenen. Der König aber, im höchsten Grade ungnädig darüber, legt ihm schwere Busse auf.

Der Geist jener Zeit sah in diesem Menschenraube nichts gegen Recht und Religion Streitendes. Und auch die Einführung des Christentums änderte an dieser Auffassung, wie Óláfs, des Heiligen, Verfahren hier zeigt, zunächst nur wenig.

Wie schmerzvoll die so Geraubten in der Fremde ihr Knechtslos fühlten, das zeigen uns Selbstbekenntnisse, welche wir besitzen.

Ketill aus dem Skriðudalr im Osten Islands fährt, begleitet von seinem Bruder Atli und 12 Mann nach Norwegen zum Besuch seines Freundes Veðormr. In dessen Haushalt sieht er unter der Dienerschaft 2 Frauen von unbekannter Herkunft. Die Ältere sitzt beständig mit Näh- und Stickarbeit beschäftigt, die Jüngere arbeitete was vorkam; aber trotz ihres Fleisses wurden ihre Leistungen wenig anerkannt — (hin yngri konan vann alt vel, enn illa var þegit at henni). — Darum weinte sie viel. Das beobachtete Ketill und machte sich darüber Gedanken.

Nun hören wir den Urtext weiter.

„*þat var einn dag, er Ketill hafði þar litla stund verit,*

---

[1]) þáttr af Egli Síðuhalls syni. Kap. 1 u. 2.

at þessi kona gekk til ár með klaeðin, ok þó, ok síðan þó hon höfuð sitt, ok var hárit mikit ok fagrt ok fór vel. Ketill vissi hvar hon var ok gekk þangat ok maelti til hennar: „Hvat kvenna ertu?" sagði hann. „Arneiðr heiti ek", segir hon. Ketill maelti: „Hvert er kyn þitt?" Hon svarar: „Ek aetla þik þat engu skifta". Hann gróf at vandlega ok bað hana segja sér. Hon maelti þá með gráti: „Ásbjörn hét faðir minn, hann réð fyrir Suðreyjum, ok var jarl yfir eyjunum eftir fall Tryggva. Síðan herjaði Veðormr þangat með öllum broeðrum sínum ok átján skipum. þeir kómu um nótt til baejar föður míns ok brendu hann inni ok alt karlafólk, enn konur gengu út; ok síðan fluttu þeir okkr móður mína hingat, er Sigríðr heitir, enn seldu aðrar konur allar mansali; er Goðormr nú formaðr eyjanna". — D. h. „Da, eines Tags, nachdem Ketill kurze Zeit dort verweilt, begab es sich, dass jenes Mädchen mit Wäsche zum Flusse ging und wusch. Nach gethaner Arbeit wusch sie ihr Angesicht. Ihr Haar war voll, wohl gepflegt und schön aufgebunden. Ketill wollte nun gerne wissen, wer sie wäre, trat hinzu, und fragte: „Wer bist du?" — „Arneiðr ist mein Name", antwortete sie. Darauf Ketill: „Und deine Herkunft?" Sie spricht: „Ich meine, dass dich das wenig kümmre!" Er grub nun tiefer und bat sie, es ihm zu sagen. Da erzählte sie unter Thränen: „Ásbjörn hiess mein Vater. Er herrschte als Jarl über die Hybriden und war Tryggvis Nachfolger. Da kam auf Heerfahrt dorthin Veðormr mit allen seinen Brüdern auf 18 Schiffen. Zur Nacht überfielen sie den Hof meines Vaters, brannten ihn nieder; mein Vater und alle seine Mannen starben. Wir Frauen gingen hinaus, mit ihnen meine Mutter Sigríðr und ich. So kamen wir hierher. Alle übrigen Frauen haben sie verkauft. Goðormr herrscht jetzt über die Inseln."

Ketill, bewegt von dieser Erzählung, kauft die Arneiðr dem Freunde für hohen Preis ab. So wird das Band, welches Mutter und Tochter tröstend in der Knechtschaft umschlang, auch zerrissen. — Nach Island geführt, wird dort Arneiðr Ketills gesetzliche Frau.

Wie lebendig führt uns dieser Bericht ein in das harte Los jener geraubten Menschen und deckt uns auf die ganze

Zerrissenheit ihrer Seelenstimmung. Von Einzelnen, denen die Geschichte ihr Interesse zuwendet, erfahren wir das. Die Klagen Ungezählter aus niederem Stande, denen nicht minder ein Herz in der Brust lebt, verhallen in der Vergessenheit.

Von Edeldenkenden wurde die Härte dieses Schicksals auch damals begriffen, und, wenn es anging, geändert.

Unnr, welche wir bereits kennen, hatte in ihrem Gefolge als Knecht den Erpr, des Jarls Meldun Sohn, welcher als Kriegsgefangener einst die Freiheit verlor. — Auf Island gelandet, schenkt sie diesem die Freiheit unter einer feierlichen Ansprache an ihre Mannen:

„*Enn yðr er þat kunnigt, at ek hefi frelsi gefit þeim manni, er Erpr heitir, syni Melduns jarls; fór þat fjarri um svá stóraettaðan mann, at ek vilda at hann baeri þraelsnafn.*" D. h. „Euch sei kund und zu wissen, dass ich hiermit die Freiheit schenke dem Manne, welcher Erpr heisst, dem Sohne des Jarls Meldun. Denn weit ab sei es von mir, solch einen hochgeborenen Mann den Knechtesnamen tragen zu sehen"[1]. Auch er erhält ein Stück des von ihr eingenommenen Landes.

Die Kriegsgefangenen kamen, falls sie im eigenen Haushalte überzählig waren, an Händler, welche sie auf den, meist an die þing-Versammlungen angeschlossenen, Messen feil boten.

Solch eine Messe finden wir auf den Brenneyjar, einer Inselgruppe am Südausflusse der Götaelf, in centraler Lage zwischen den 3 nordischen Reichen. Hier fanden politische Zusammenkünfte der Machthaber statt, und verbunden mit ihnen eine Kaufmesse nebst allerlei Kurzweil, welche Besucher in grosser Zahl anlockte[2].

„*þangat kómu menn naer af öllum löndum. þar var skemtan mikil, drykkjur ok leikar ok alls kyns gleði*"[2]. D. h. „Dorthin strömten zusammen Leute fast aus allen Ländern. Grosse Kurzweil herrschte dort, Trinkgelage und Spiele, sowie jede Art von Lustbarkeit."

Und in diesem Gewoge frohen Lebens steht ein Zelt.

---

[1] Laxd. Kap. 6. — [2] Ebendort, Kap. 12.

Vor ihm sitzt ein russischer Händler, und im Inneren desselben sind Sklaven feil: zwölf Mädchen. Höskuldr, der Häuptling aus dem Laxárdalr, tritt ein und kauft sich die Melkorka, eine geraubte irische Königstochter, welche Herkunft und jetziges Elend hinter verstellter Stummheit verbirgt.

Solche Sklavenmärkte waren gewiss nicht vereinzelt. Auf ihnen deckte man seinen Bedarf an Dienerschaft.

Neben diesem öffentlichen Angebot lief der freihändige Verkauf, für welchen wir in dem Übergang der Arneiðr aus Veðorms in Ketils Hand bereits ein Beispiel sahen. Stets war jedoch der Verkäufer verpflichtet, von seiner lebenden Ware die Fehler, nicht bloss die körperlichen, sondern auch die moralischen, anzugeben. Dieses unterlässt Otkell auf Kirkjubaer, als er den irischen Sklaven Melkólfr an Gunnarr auf Hlíðarendi verkaufte. Er verschweigt, dass dieser Mann an Kleptomanie leidet. Daher später, als dieser Knecht seinen eigenen früheren Herrn bestiehlt, und dieser Schadenersatz fordert, erklärt Gunnarr: *„Enn fyrir þraelinn vil ek þér ekki boeta, þar er þú leyndir annmarka á honum“*. D. h. „Für den Knecht will ich dir keine Busse zahlen, weil du seinen Fehler verschwiegen hast"[1].

Jemanden als Knecht im öffentlichen, wie privaten Angebot verkaufen, dafür bestand die Formel: „selja einn mansali".

Aber nicht bloss der Krieg führte damals in die Knechtschaft, sondern auch Überschuldung. Bei einer Schuld von 3 Mark Silber — (oder 108 Mark deutscher Währung, heutiger Wert $10 \times 108 = 1080$ Mark) — dem Höchstpreise eines männlichen, besonders leistungsfähigen Sklaven, verfiel der zahlungsunfähige Schuldner seinem Gläubiger, und musste durch Handarbeit die aufgelaufene Schuld abverdienen. Dabei kam in Ansatz der ortsübliche Lohn, welchen freie Dienstboten sich ausbedingen durften. — Es war dieses also ebenfalls ein Zustand der Knechtschaft, welcher den Menschen in eine ganz gleiche Lage, wie die Unfreien, brachte, nur mit dem einen Unterschiede, dass es in der Hand des Schuld-

---

[1] Nj. Kap. 51.

knechtes lag, diesen Zustand zu einem vorübergehenden zu gestalten ¹).

Ein dritter Grund der Knechtschaft ist die unfreie Geburt. Es ist kein Hinderungsgrund anzunehmen, dass die männlichen und weiblichen Sklaven im Haushalte ihres Herrn unter einander einen Ehebund eingehen durften ²). In der Fóstbroeðra Saga wird uns der Knecht Loðinn auf Brattahlíð zu der Magd Sigríðr in einem solchen Verhältnis gezeigt, dass er ein eheliches Besitzrecht an dieser Person beansprucht, in welches einzugreifen, einem Dritten nicht gestattet ist.

„*Loðinn hét verkþraell i Brattahlið. Hann var verkmaðr góðr. Honum fylgdi at lagi kona sú er Sigríðr hét. Hon var fengin til at vinna þormóði. Skemma var í Brattahlíð eigi áföst húsum, er þorkell svaf í einn ok setumenn hans — þar brann ljós í skemmunni hverja nótt eftir aðra enn annat fólk svaf inni. Nú þótti Loðni Sigríðr helzti löngum dveljast í skemmunni á kveldum; þótti honum hon gá sín minna enn verit hafði. Hann raeddi um við Sigríði, at hann vill ekki vistir hennar langar í skemmunni á kveldum. Hon svarar honum sem henni var í skapi til. þat barst at einn aftan, þá er þorkell ok þormóðr vildu ganga út til skemmu ok Sigríðr með þeim, þá tók Loðinn til Sigríðar ok hélt henni, enn hon togast ór höndum honum. Ok er þormóðr sér þetta, þá tekr hann í hönd Sigríði ok vill kippa henni ór höndum Loðni; enn þat gengr eigi skjótt. þorkell sér á þraetu þeira. Hann maelir við Loðin: „Lát Sigríði fara leiðar sinnar; óskuggasamlegt er alt um vistir hennar á kveldunum í skemmunni; mun ek gaeta hennar, svá at þér sé skammlaust, úti þar, ok svá henni; enn þú gaet hennar þess á milli."* — D. h. „Loðinn hiess ein Knecht in Brattahlíð (einer von Island aus gegründeten Nieder-

---

¹) Vergl. Konrad Maurer: „Die Schuldknechtschaft nach altnordischem Rechte". Sitzungsbericht d. kgl. bayr. Akad. d. Wissensch. v. 3. Januar 1874, München.

²) Kr. Kaalund, Familielivet paa Island i den første Sagaperiode, pag. 269—381. Jahrg. 1870. Aarbøger for Nordisk Oldkyndighed og historie, København.

lassung auf Grönland). Er war ein tüchtiger Arbeiter. Seine Bettgenossin war Sigríðr. Dieser war befohlen die Bedienung des þormóðr — (eines Wintergastes des þorkell) —. Das Schlafhaus, in welchem þorkell mit seinem Gaste schlief, lag getrennt vom Wohnhause. In jenem brannte Nacht für Nacht Licht. Die Dienstleute schliefen im Wohnhause. Nun fiel es Loðinn auf, dass Sigríðr zu lange Abends im Schlafhause verweilte; auch fühlte er sich selbst von ihr vernachlässigt.

Darüber sprach er mit Sigríðr, dass er ihr langes Verweilen im Schlafhause am Abende fernerhin nicht wolle. Sie antwortete ausweichend.

Da, eines Abends begab es sich, dass þorkell und þormóðr hinaus zum Schlafhause gehen wollten und Sigríðr mit ihnen. (Auf Island war es Brauch, dass Frauen den Männern die Stiefel und die Strümpfe auszogen). — Da griff Loðinn nach Sigríðr und hielt sie fest; sie aber suchte sich seinen Händen zu entwinden. Als þormóðr das sah, fasst er Sigríðrs Hand und will mit einem Ruck sie dem Loðinn entziehn; doch nicht so schnell geht das.

þorkell bemerkt das Hin und Herzerren zwischen ihnen und spricht zu Loðinn; „Lass Sigríðr gehen. Hell beleuchtet ist am Abend das Schlafhaus, in welchem sie sich aufhält. Ich werde auf sie Acht geben, so dass dir, wie ihr, keine Schande dort draussen geschieht. Aber du hüte sie sonst"[1]).

Aus diesem Vorgange erhellt, dass Loðinn an diese Frau ein Anrecht besass, in welchem sein Herr ihn schützte. Durch welche Rechts- oder Religionshandlung indessen dieser Bund begründet wurde, das bleibt ja dahingestellt. Es genügt, dass diese beiden Dienstleute in den Augen ihres Herrn so zusammengehörten, dass ein Sichvergreifen an ihrem wechselseitigen Anrecht einer Beschimpfung gleich kommt.

Auch das isländische Landrecht erkennt legale Knechtsehen an, wenn es folgende Bestimmung trifft: *„þraell a rigt vm kono sina þott hon se ambött"*. D. h. „Ein unfreier Knecht

---

[1]) Fóstbroeð. Sag. Kap. 21.

darf töten um seiner Ehefrau willen (sc. deren Verführer), obwohl dieselbe eine Unfreie ist"[1]).

Es lag ja auch durchaus im Interesse der Brodherren, zwischen ihrem Gesinde solche ehelichen Verhältnisse zu begünstigen, da die Knechtschaft des Vaters sich auf seine Nachkommen vererbte. Diese Kinder gingen ohne Weiteres in den Besitz des Herrn über und bildeten somit einen Zuwachs zu dem Inventar seines Hauses, wie zu dessen Arbeitsorganen. Ja, als solche waren sie ein noch wertvolleres Material, im Vergleich mit ihren Eltern, da das Hineingeborenwerden in ihr Los, an der mildernden Hand der Gewöhnung, ihnen die Knechtschaft weniger drückend machte.

Die Landnahmsmänner brachten sich unfreie Knechte und Mägde in zum Teil grosser Zahl nach Island mit. Kriegszüge, Ankauf und Geburt vermehrten diese Zahl. — Zu dem kvikfé, dem lebenden Inventar des Hauses gerechnet[2]), gingen sie auf dem Erbwege in die nächsten Generationen über.

Wir können die Zahl derselben auf den Islandshöfen angeben. Guðmundr hinn ríki auf Möðruvellir hält 100 Dienstleute; Geirmundr auf Geirmundarstaðir 80; Þóroddr auf Fróðá 30; Ölvér auf Reykir 18; Þorvaldr auf Meðalfellsströnd 8; Þorkell Þorgeirsson auf Öxará í Ljósavatnsskarði nur 1; und endlich von dem geizigen Atli auf Otradalr wird angegeben: „hann tímdi eigi at halda vinnumenn"[3]). D. h. „Er hielt aus Sparsamkeit sich keinen Dienstboten."

Der in diesen unfreien Dienstleuten liegende Kapitalwert lässt sich ebenfalls ausrechnen.

Weibliche Sklaven kosteten damals im Durchschnitt eine Mark Silber = 36 Mark deutscher Währung. Das spricht Höskuldr aus, als er im Zelte des russischen Sklavenhändlers

---

[1]) Grágás Udg. Finsen. Kjøb. 1850. I, 111. Die Übersetzung dieser Stelle nach Finsen lautet: „Traellen er berettiget til at udøve Drabshaevn for sin Kones Forførelse, uagtet hun er Traelkvinde", pag. 190 der Übersetzung.

[2]) Gjessing pag. 184: Bei der Aufzählung des Vermögens eines Grundbesitzers werden genannt zuerst die Kühe, zu zweit die Pferde, zu dritt erst die „mansmenn", d. h. das männliche, wie das weibliche, unfreie Gesinde.

[3]) Háv. Kap. 15.

mit diesem um den Preis der Melkorka marktet. „*þú skalt reiða fyrir hana þrjár merkr silfrs*"[1]). D. h. „Du sollst für sie 3 Mark Silber zahlen". So fordert der Händler. Worauf er: „*þetta er þriggja verð!*" D. h. „Das ist ja der dreifache Wert".

Männliche Sklaven dagegen kosteten damals im Durchschnitt 1½ Mark Silbers = 54 Mark deutscher Währung. Und mit demselben Betrage 12 Ore (= 1½ Mark) musste auch ein erschlagener männlicher Knecht seinem Herrn gebüsst werden, als Ersatz für den dadurch verursachten Schaden (Nj. Kap. 37 u. v. a). — Diesen Kaufpreis ergiebt die Scene des freihändigen Verkaufes, wo der Knecht þrándr aus dem Besitze eines ungenannten Verkäufers in den des Steinarr auf Ánabrekka, übergeht.

„*Steinarr faladi þrael þann, ok bauð til verð mikit, enn sá er átti þraelinn, mat hann fyrir þrjár merkr silfrs, ok mat hann hálfu dýrra, enn medalþrael, ok var þat kaup þeira*"[2]). D. h. „Steinarr feilschte um diesen Knecht und bot an einen hohen Preis. Aber der Besitzer schätzte den Knecht ab auf 3 Mark Silber. Auf diese Weise bewertete er ihn um die Hälfte teurer, als einen Mittelknecht. Der Kauf wurde dann abgeschlossen."

Die angeführten Beispiele des þrándr und der Melkorka ergeben zugleich, dass dieser Durchschnittspreis bei besonders leistungsfähigen, oder in die Augen fallenden Personen, jedoch nur ausnahmsweise, überschritten wurde. In solchen Fällen wurden auch noch höhere Preise gezahlt, wie z. B. Ketill an Veðormr für die Arneiðr: „*þú skalt fá hana fyrir hálft hundrað silfrs*", und dazu noch mit der Bemerkung: „*sakir okkarrar vináttu*" d. h. „um unserer gegenseitigen Freundschaft willen"[3]). Ein Halbhundert Silbers sind = 240 Kronen dänisch. Ein für jene Zeit ganz enormer Preis.

Setzen wir also den Durchschnittspreis für einen männlichen und für einen weiblichen Sklaven nach der obigen Schätzung an, und vervielfältigen diesen Betrag mit 10, um

---

[1]) Laxd. 12. — [2]) Egl. Kap. 80.
[3]) Flj. Við. Kap. 1.

auf den heutigen Geldwert zu kommen, so bedeutet für seinen Besitzer der männliche Sklave einen Anlagewert von 540, der weibliche Sklave einen solchen von 360 Mark, nach deutscher Wertung[1]). Das ist kein sehr hohes Anlagekapital. Und nehmen wir bei demselben die höchstmögliche Verzinsung an, welche das isländische Landrecht gestattet, nämlich 10 %[2]), und rechnen das Wirtschaftsjahr, unter Abzug von 65 Feiertagen, zu 300 Arbeitstagen, so kostet die Arbeit des weiblichen Dienstboten dem Herrn täglich 12 Pfennige, die des männlichen täglich 18 Pfennige. Und dieses waren Arbeitskräfte, denen der Gebieter uneingeschränkt, quantitativ wie qualitativ, eine solche Arbeitsleistung zumuten konnte, welche ihm nur beliebte. Freilich kam dazu seinerseits die Pflicht, sowie der Kostenaufwand der Bekleidung, wie auch der Ernährung seiner Leibeigenen.

Während die Grossgrundbesitzer und deren Familiengenossen, Frauen wie Männer, sich sehr prächtig zu kleiden liebten, wozu die Thingversammlungen, neben den häuslichen Festen, genug der Gelegenheit darboten, war die Tracht der Unfreien naturgemäss eine einfache. Die Melkorka war sehr ärmlich gekleidet (sú var illa klaedd) als Höskuldr sie zum ersten Male in jenem Zelte des Händlers sieht, und wird erst nach abgeschlossenem Kaufe von ihrem neuen Herrn besser ausgestattet. *„Hann lauk upp kistu eina ok tók upp góð kvenmanns klaeði ok seldi henni".* D. h. „Er schloss eine Kiste auf, nahm ein hübsches Frauengewand heraus und reichte es ihr". Natürlich; denn sie soll auf der viel besuchten Messe an seiner Seite als Gefährtin sich zeigen.

Aber im Hause war das anders. Für die Männer ein Wams und ein Beinkleid, gewebt aus ungefärbter Naturwolle, im Winter dazu eine Lederjacke. An den Füssen derbe Lederschuhe, deren Riemen, kreuzweise um die Wade gewunden, bis zum Knie hinauf reichten. Auf dem Kopfe eine

---

[1]) Diese Berechnung nach Valtýr Guðmundsson in Pauls Grundriss, II. Auflage, Strassb. 1898, § 64 ff. des Abschnittes: Scandinav. Verhältnisse.

[2]) Grágás II, 221 Udg: Finsen. „Maðr scal eigi selia fe sitt dyra aleigo en X avrar se leigðir eyri til iafn lengðar hvatki fe sem er."

Pelzmütze. Alles dunkelfarbig und knapp geschnitten, sowie Haupthaar und Bart kurz; denn nur die Freien trugen lange, weite, farbenleuchtende Kleider und langes, wallendes, äusserst sorgfältig gepflegtes Haupthaar, wie Bart.

Die Tracht der Mägde war ähnlich der der Knechte, schlicht und praktisch, nur das Beinkleid durch einen Rock, die Pelzmütze durch ein Kopftuch ersetzt.

Diese Kleidungsstücke lieferte der Hausherr auf seine Kosten; aber da sie von selbsterzeugten Naturprodukten gewonnen, durch die eigenen Hauskräfte angefertigt wurden, so waren sie billig.

Neben dieser Kleidung reichte der Herr seinen Leuten auch das Essen.

Es bestand aus 2 Mahlzeiten, die erste um 9 Uhr früh genommen, hiess „dagverðr", g. s, und ar; die zweite, nach Arbeitsschluss, etwa um 6 Uhr Abends genommen, war das Hauptessen, und hiess „náttverðr" g. s, und ar. Dieses Letztere namentlich wurde in der „stofa", dem grossen Wohn- und Speisezimmer des Hauses, nach altgermanischer Sitte, von allen Männern des Hauses, Herren wie Knechten, gemeinsam eingenommen, wobei jeder, nach der Bedeutung seiner Person, in der Halle seinen fest geordneten Platz inne hatte.

Die Hausfrau, unterstützt von den Mägden, trug selbst auf, und sorgte dafür, dass jeder satt wurde. Der Arbeiter isst langsam und liebt am wenigsten bei diesem Geschäfte die Übereilung. Man wird nach des Tagewerkes Schluss beim Essen ihn nicht gehastet haben. Man speiste auf den Islandshöfen nicht so schnell wie beim Könige Haraldr harðráði, der immer zu früh mit dem Griff seines Messers auf den Tisch klopft und damit den Dienern das Zeichen zum Abräumen giebt[1]) (hann klappaði knífi á borðit ok bað ryðja. þjónustumenn gjörðu svá), so dass der Skalde Halli bei Hofe auch nicht annähernd satt wird (hvergi naerri mettr), und sich darüber in einem Gedicht, an den König gerichtet, bitter beklagt.

Das Essen bestand, der Hauptsache nach, aus Fleisch

---

[1]) Sex sögu þ. pag. 21.

und Fischen, dann aus Gerstengrütze und Brei, Milchprodukten und jenen Pflanzenstoffen, im ersten Kapitel genannt. Alles kräftig und sorgfältig für alle in gleicher Art zubereitet, da, wie schon gesagt, keine Trennung von Leutetisch und Herrentisch bestand, sondern alle in demselben Raum und von denselben Speisen assen.

Diese Trennung scheint indessen bei den Getränken stattgefunden zu haben. Abgesehen von dem Weine „vín", g. s, dem teuren, nur in reichen Häusern angebotenen Festtrunke, war der vornehmste Trank der Met „mjöðr, g. mjaðar". Und man darf vermuten, dass der Met das Urgetränk der in Europa einwandernden Indogermanen gewesen ist[1]).

Honig in Wasser gekocht, abgeschäumt, unter Zusatz von Hefen und vielleicht noch von Fruchtsaft, auf Fässer gebracht und verspundet, gab nach mehrmonatlichem Lagern den Met, ein Getränk, dem Madeira nicht unähnlich.

Dann gab es Bier „öl, g. s", von importiertem Malz, im eigenen Hause durch Frauenhände in verschiedenen Stärken gebraut.

Aber der gewöhnliche Alltagstrunk war Milch, in der Gestalt von süsser Milch, wie auch als skyr und als Molken; eben so gesund wie wohlschmeckend, namentlich gewonnen von jenen kräuterreichen Wiesen, wo man, wie der Schweizer noch heute sich ausdrückt, jedes „Blümli" durchschmeckt.

Es scheint, dass, während die Getränke eins bis drei den Herren vorbehalten blieben, die Dienstleute an dem letzteren sich hielten; und sie konnten wohl damit zufrieden sein. Denn in Norwegen, am Königshofe, bildete Milch nicht selten auch das Tafelgetränk. So wird von Sigurðr erzählt, dass er seinem Sohne Óláfr, dem künftigen Könige, Óláfr hinn helgi und dessen Gefolge zum öfteren Milch bei Tische vorgesetzt habe: „þat segja menn at um vetrinn lete Sigurðr Óláf oc lið hans oftlega drecka þá mjólc er aðrer drukku mungát". „Mungát", wie öl, ein leichteres Hausbier, im Gegensatz zu bjórr, dem schwereren Importbiere. Ja, nach einer anderen

---

[1]) Victor Hehn: Kulturpflanzen und Haustiere im Übergang aus Asien nach Europa. Berlin 1874, pag. 127.

Stelle wechselte auf der königlichen Tafel den einen Tag Milch, unter der Beigabe von Fischen, und den anderen Tag Bier, unter der Beigabe von Fleisch. „Annan hvern dag at borðhaldi fiska ok mjólk, en annan hvern dag, slátr ok mungát" [1]). Zudem begannen die Haupttrinkgelage der Reichen erst, wenn die Tische abgeräumt waren, und die Knechte sich zurückgezogen hatten.

Alle diese festen wie flüssigen Nahrungsmittel — Luxusgetränke ausgenommen — lieferte die eigene Wirtschaft in Menge; oder, falls der Hof, im Inneren des Landes liegend, selbst Fischerei nicht besass, dann tauschte man seine Wiesenprodukte auf dem Wege des Binnenhandels gegen jene Meeresschätze der Küstenanwohner aus. So zieht Atli von Bjarg im Herbst mit Packpferden hin nach Snaefellsnes, um dort getrocknete Fische für den Winterbedarf einzutauschen. „At áliðnu sumri fór hann út á Snaefellsnes, at fá sér skreið" [2]). Solch einen Binnenhandel betrieb auch der bekannte Hoensaþórir und wurde dabei reich [3]).

Es scheint auf den Höfen die Sitte gewesen zu sein, den Dienstleuten nicht in abgeteilten Portionen das Essen vorzusetzen, sondern ihnen zu gestatten, aus der vollen Schüssel zuzugreifen. Im Hause des þórðr auf Hítarnes entsteht über diese Frage eben ein Streit.

Björn, ein Wintergast des Hauses, bringt seinen Hund mit an den gedeckten Tisch — „hann setr hund sinn jafnauðigan okkr undir borði". D. h. „Er bringt seinen Hund mit, wie einen uns gleichgestellten Tischgast" — und füttert ihn von den aufgetragenen Speisen. Das verdriesst den Hausherrn, und die Tischordnung wird in Folge dessen geändert. In zerschnittenen Portionen, für jeden Mann zugemessen, kommt fortan das Essen auf den Tisch. Björn soll damit gezwungen werden, den Hund wenigstens von dem Seinigen zu füttern. „Nu skal vera brauðhleifr syfldr fyrir manni." D. h. „Brodstücke, mit Fleisch belegt, und portionsweise abgeteilt." Diese Neuerung erzürnt die Leute gewaltig, und sie drohen mit

---

[1]) Óláfs saga helga, 25³ und 33²⁴.
[2]) Grettis s. Kap. 42. — [3]) Hoensa-þóris saga, Kap. 1.

Arbeitseinstellung. „Enn hjónin heituðust við at hlaupa á brott fyrir búnaðar sakir" d. h. „Das Dienstvolk drohte wegen dieser Tischordnung den Hof zu verlassen". Da ward denn die alte Weise der Speisenverteilung wieder angeordnet „varð búnaðr aftr at koma"[1]).

Ein anderes Gut lernen wir kennen, „Ásbjarnarnes", im Norden der Insel, gehörend der Witwe Þuríðr[2]). Hier ist die Einrichtung in der Speisehalle, dass jeder Mann seinen besonderen Tisch vor sich hatte „hann hefir borð fram, borð fyrir mann". Die Tischplatten ersetzen zugleich die Teller. „Þá váru engir diskar." Das bedingt ja eine Sonderung der Speisen in Portionen „at lagðr var matr á borð fyrir menn". Ein Knecht Koll-Gríss hat das Amt, diese Speisetische zu rüsten. Aber die Besitzerin selbst misst ab die Portionen, „deild, gen. ar". Sie fallen so gross aus, dass der Sohn Heingrímr darüber der Mutter Vorstellungen macht. „Þó er nú brytjat stórmannliga, móðir". D. h. „Da hast du ja gewaltige Stücke geschnitten, Mutter!" — Verfolgt die Mutter an diesem Tage, mit ihrer generösen Zumessung auch einen ganz besonderen, symbolischen Zweck, nämlich ihre Söhne damit indirekt zu mahnen an den einst in Norwegen zerstückten Bruder „Hallr", welcher von ihnen noch nicht gerächt war, so zeigt doch die ganze Art und Weise, dass auch bei solcher Zerschneidung der Fleischstücke den Leuten gegenüber nicht gekargt wurde. Es liegt das in der Weise der Viehzüchter. Auf den Estanzias in Südamerika wurde, wie ich selbst dort Augenzeuge war, täglich ein Rind für die Versorgung des Herren- und des Leutetisches geschlachtet. Und Abraham, der Viehzüchter, im Haine Mamre, setzt doch auch ein ganzes Kalb jenen 3 Boten vor, wenn dieses auch vielleicht aus Respekt vor den Himmlischen, welche mit Wanderstäben vor sein Zelt hintraten. Es ist Sitte der Viehzüchter, wie ihre Weideflächen weit ausgreifen, so auch in ihren Speisekammern aus dem Vollen zu leben.

In allen Fällen war die Ernährung der Leibeigenen, wie auch deren Bekleidung, für den Besitzer nicht kostspielig;

---

[1]) Bjarnar s. Kap. 13. — [2]) Heiðarvíga s. Kap. 22.

denn sie wurde, ohne bare Auslagen, bestritten aus den reichlich vorhandenen Erzeugnissen, meist des eigenen Gutes.

Auf jedem Gute ist eine wichtige Sache die Arbeitsverteilung, d. h. das Geschick, die passende Kraft zur rechten Zeit an die richtige Stelle zu bringen. Das besorgte für die Mägde die Hausfrau; für die Knechte der Hausherr. Einen Wirt, der selbst überall zusah und gut zu disponieren verstand, den nannte man einen „búsýslumaðr", wie z. B. Úlfr[1]). Die Dienste schieden sich in Haus- und in Felddienste. Wurden zu den ersteren besonders die Mägde herangezogen, so gab es doch auch männliche Hausdiener, wie der oben genannte Koll-Gríss, welcher den Speisesaal zurüstet. Auch besassen vornehmere Bonden einen Kammerdiener „þjónn", gen. s, oder „skósveinn", gen. s, wie z. B. Eyvindr, Bruder des Sámur, des Bauern auf Aðalból (Hrafnks. Kp. 18). Selbstverständlich die Reitpferde des Herrn und seiner Gäste, welche stets in der Nähe des Wohnhauses gehalten wurden, hatten männliche Wartung. Guðmundr auf Möðruvellir sagt zu seinem Gaste Ófeigr, der etwas besorgt um seine Hengste ist, weil sie gerade rossig sind — „því at þeir eru allir graðir", — seinen Knechten würde es wohl übel ergehen, wenn sie nicht gut auf die Reitpferde achten wollten „at húskörlum mundi eigi vel hlýða at geyma eigi svá hesta, at dygði allvel". Auch könnte, setzt er hinzu, im Notfalle der Kuhstall ausgeräumt werden „leysa út nautin ór fjósinu", um die Pferde weiter auseinander zu stellen[2]).

Immerhin wurde die Verrichtung der Felddienste von den Leuten diesen Hausdiensten vorgezogen, und zwar aus einem doppelten Grunde. Sie konnten bei der persönlichen Bedienung der Herrschaft deren Gunst, aber auch im hohen Grade deren Ungunst erfahren, wie Melkorka, welcher ihre Herrin Jórunn Abends im Schlafgemach die soeben von der Dienerin ihr abgezogenen Strümpfe um die Ohren schlägt. „Jórunn tók sokkana ok keyrði um höfuð henni"[3]). Und sodann der zweite Grund. Es waren die Felddienste gemessene

---

[1]) Egla. Kap. 1. — [2]) Ljósvetninga s. Kap. 7.
[3]) Laxdaela. Kap. 13.

Dienste, weil geregelt durch den Sonnenlauf, sodass Freistunden dem Knechte verblieben[1]), in welchem er durch freiwillig übernommene Leistungen sich die Summe für seinen Loskauf zusammensparen konnte. Diese Summe war der Betrag von durchschnittlich 1½ Mark, für welches Geld der Herr dann einen frischen Knecht sich kaufte. Der so Befreite „leysingi, gen. ja", oder „leysingr, gen. s.", welcher sich dann die Haare wachsen liess und ein farbiges Gewand anlegen durfte, verblieb übrigens auch ferner in einem bestimmten Rechtsverhältnisse zu seinem früheren Herrn[2]). Er wurde „frei" aber noch nicht „vollfrei". Und erst seine Nachkommen im vierten Gliede wurden „árbornir", oder „aettbornir menn", d. h. „Vollfreie Leute"[3]). Dagegen die Hausdienste waren, ihrer Natur nach, ungemessene.

Zur Unterstützung ihrer selbst brauchten der Herr, wie die Frau, in der Wirtschaftsführung Helfer und Aufseher. Dieselben wurden entnommen beiden Geschlechtern der Leibeigenen. Es waren die Günstlinge und die Erprobten. So finden wir einen „verkstjóri", gen. a, oder einen „forstjóri", gen. a, oder einen „bryti", gen. ja, — Aufseher — bei den Männern; eine „matselja", gen. u, oder auch eine „deigja", gen. u[4]), und eine „seta", gen. u[4]), — Beschliesserin — bei den Frauen. Ja, es wurden Leibeigenen ganze Vorwerke zur Verwaltung übergeben. So übergab Geirmundr, aus königlichem Geschlecht, angesiedelt auf Strandir in West-Island, seinem „ármaðr", d. h. dem Inspektor, sowie seinen 3 Leibeigenen Kjaran, Björn und Atli Vorwerke zur selbständigen Verwaltung. Er selbst, obwohl schon alt, reitet, begleitet von 80 freigelassenen Knechten, auf seinen Gütern umher, um alles zu kontrollieren[5]).

Doch nicht bloss die Arbeitsverteilung und Oberaufsicht im Wirtschaftsbetriebe behielten die damaligen Gutsbesitzer

---

[1]) Jac. Grimm, Deutsche Rechtsaltertümer, Götting. 1828. pag. 352.
[2]) Keyser in dem oben cit. Werke pag. 289 ff. giebt das Nähere.
[3]) Konrad Maurer: Die Freigelassenen nach altnorwegischem Rechte. Sitzungsbericht d. Akadem. d. Wissensch., München 1878, pag. 65.
[4]) „Deigja" kommt auch vor in der einfachen Bedeutung von „Magd"; und „seta" in der Bedeutung von „Stubenmädchen". — [5]) Landn. II. 20.

sich vor, nein, es war durchaus die Sitte, dass Herr, wie Frau selbst Hand anlegten. Sehr oft kommen von Grossgrundbesitzern die Ausdrücke vor „starfsmaðr", „forverksmaðr", „iðjumaðr", d. h. „ein selbstzugreifender Mann". Und das Gegenteil wird getadelt. So heisst es in tadelndem Sinne von Helgi: „*Hann vildi ekki um búnað hugsa*". D. h. „Er wollte sich nicht um die Wirtschaft kümmern"[1]. Und über Njáll machen die Bettelweiber gegenüber Hallgerðr die boshafte Bemerkung: „*Stritaðist hann við at sitja!*" D. h. „Er strengt sich wohl an im Sitzen!"[2]

Es liegen Beispiele genug vor, wo Männer wie Frauen, von vornehmem Geschlecht, uns in solch einer Thätigkeit gezeigt werden. Auf dem Gute Baer am Borgarfjörðr kommt Þorsteins Frau, begleitet von ihren beiden jungen Töchtern, am Sonntag Morgen, von dem Sel, wo sie die Woche über geschafft, nach dem Winterhofe hinabgeritten, um dorthin dem Vater und den Brüdern frisch gewaschene Hemden zu bringen. „Kona hans kemr heim ór seli sama drottinsdags morgin ok aetlar at faera þeim feðgum hreinar skyrtur; tvaer doetr hennar ungar eru með henni"[3].

Þorsteinn Egilsson auf Borg mit 2 Standesgenossen (þrír saman ok húskarlar þorsteins) reiten hinauf nach Valfell, der damaligen þingstätte der Borgarfjörðr-Männer, um dort die eingestürzte þing-Bude, unterstützt von den Knechten, aufzurichten und zu erweitern. „þá tóku þeir til starfs allir ok faerðu út veggina"[4]. D. h. „Da griffen sie alle (Herren und Knechte) mit an, und zogen zugleich die Umfassungswände etwas weiter," um den inneren Wohnraum zu vergrössern.

Gunnarr auf Örnólfsdalr, der ein schönes Gut bewohnte, „hann hafði þá húsat vel boeinn" und weit und breit der beste Schütze war, ladet, unterstützt von einem Burschen, ein Fuder auf dem Gutshofe, als þóroddr, sein künftiger Schwiegersohn, diesen betritt. „Ok er þeir koma at garði í Örnólfsdal, er Gunnarr at göra hlass"[5].

Und endlich Björn, der grosse Häuptling auf Hólmr, treibt selbst, vereint mit seinen Knechten, im Frühjahr die

---

[1] Fljótsd. s. Við. Kap. 2. — [2] Nj. Kap. 44.
[3] Víga-Styrs s. Kap. 12. — [4] Gunnlaugs s. Kap. 2.
[5] Hoensa-þóris s. Kap. 19.

Hämmel thalaufwärts nach den Bergweiden. „Um várit fór Björn at reka geldinga sína upp eftir dalnum ok húskarlar hans með honum"[1]).

Gröbere Arbeiten wie das Mahlen des Getreides, das Melken, das Waschen, das Viehhüten und das Ausmisten der Ställe, wurden selbstredend durch Herrschaftshände nicht gethan.

Ist der Hausherr am persönlichen Eingreifen in den Wirtschaftsbetrieb, z. B. durch Krankheit, verhindert, so straft sich das sofort durch einen Rückgang des Ertrages. Das zeigte sich auf dem Gute Krossavík, wo der Besitzer þorkell durch schwere Verwundung und seine Frau durch die Krankenpflege des Gatten, behindert sind, selbst nach allem zu sehen. „*Sumar þetta varð lítið forverk i Krossavík, því at þorkell var lítt faerr til umsýslu með Jórunni húsfreyju sinni, ok horfðist mjök óvaenlega til að skera myndi verða niðr kvikfé.*" D. h. „Diesen Sommer ging die Arbeit (besonders ist die Heuernte gemeint) auf Krossavík schlecht vorwärts, weil þorkell behindert war, seine Hausfrau Jórunn in der Wirtschaftsführung zu unterstützen. Es sah so übel auf dem Hofe aus, dass Vieh abgeschlachtet werden musste"[2]). Nämlich aus Futtermangel. Damit trat eine empfindliche Kapitalverminderung für den Besitzer ein.

Durchaus war es eine Ausnahme, wenn von Guðmundr enn ríki, auf Möðruvellir, der allerdings alle anderen Islands-Bonden an Pracht überragte — „hann var mjök fyrir öðrum mönnum um rausn" — erzählt wird, er habe jungen Leuten aus vornehmem Geschlecht sein Haus gastlich geöffnet und keine Arbeitsleistung von ihnen verlangt, sondern nur ihre tägliche Gesellschaft. „þeir skyldi öngvan hlut eiga at iðja, enn vera ávalt í samsaeti með honum." Und sofort wird berichtigend hinzugesetzt: „Aber das war doch damals ihre Sitte, dass, wenn sie heim waren, sie arbeiteten, obschon sie von adeliger Herkunft waren". „enn þat var þó þá siðr þeira, er þeir váru heima, at þeir unnu, þó at þeir vaeri af göfgum aettum"[3]).

---

[1]) Bjarnar s. Kap. 20. — [2]) Vápnfirðinga s. Kap. 26.
[3]) Ljósvetninga s. Kap. 5.

Die Arbeitsstunden in der Feldwirtschaft wurden begrenzt durch den Sonnenlauf. *„Arnkell var starfsmaðr mikill, ok lét þraela sína vinna alla daga milli sólsetra.“* D. h. „Arnkell (auf Bólstaðr), ein sehr thätiger Mann, liess seine Knechte arbeiten alle Tage von Sonnenaufgang bis Sonnenuntergang"[1]. Und in den kurzen nordischen Wintertagen nahm man selbst die Mondscheinnächte zur Hilfe. Wie das von demselben Arnkell erzählt wird: *„Um vetrinn var þat siðr Arnkels, at flytja heyit um naetr, er nýlýsi váru“* d. h. „Zur Winterzeit war es Arnkels Gewohnheit, Nachts, wenn Mondlicht war, Heu hinabzufahren"[2]. Zwei Schlitten, bespannt mit 4 Ochsen und bedient von 3 Knechten, thun, unter dem persönlichen Kommando des Herrn, diese Nachtarbeit.

Im frühen Aufstehen geben die Herren selbst das Beispiel. So Þórólfr, der schon vor Tagesanbruch das Schlafhaus verlässt, um das Wetter zu prüfen, und, da Regen droht, alle seine Knechte aus den Betten treibt[3].

Solch ein Frühaufsteher war auch Skallagrímr auf Borg, der ausser einem tüchtigen und wohlhabenden Grossgrundbesitzer — (denn er hatte, als Landnahmsmann, die ganze Mýrarhérað sich genommen) — auch ein sehr geschickter Schmied war; wie denn namentlich dieses Handwerk im nordischen Altertume hoch in Ehren stand, und von den Edelingen persönlich gepflegt wurde.

„Skallagrímr sótti fast smiðjuverkit, enn húskarlar hans vönduðu um ok þótti snemma risit“. D. h. „Skallagrímr griff fest die Schmiedearbeit an, aber seine Knechte murrten darüber, weil ihnen das Frühaufstehen missfiel." Da dichtete er ihnen einen Vers; denn er war zugleich ein grosser Skalde:

„Mjök verðr ár sás aura
isarnmeiðr at rísa
. . . .
. . . . *leggja skal* . . ."[4].

D. h. „Früh muss der Schmied aufstehn,
Soll Gold in seine Tasche gehn!" —

Nach der Jahreszeit teilte sich die Gutsarbeit ein in das

---
[1] Eyrb. Kap. 37. — [2] eod. loco.
[3] Eyrb. Kap. 30. — [4] Egla. Kap. 30.

Frühjahrswerk als da war: Ausbessern von Gebäuden, sowie auch der Umzäunungen; das Versehen der neugeborenen Tiere mit den gesetzlichen Marken; das Abnehmen der Winterwolle von den Schafen; das Durcharbeiten der im Herbste über das tún ausgebreiteten Düngerlage; das Austreiben der dazu ausgesuchten Heerden auf die Hochweiden! — Dann kam das **Sommerwerk** mit seiner Hauptverrichtung, der Heuernte! — Dann das **Herbstwerk** mit dem Überfahren des Düngers über die Túnfläche, dem Kohlenbrennen, dem Salzmachen, dem Zurückholen der Viehheerden von den Hochweiden und dem Einschlachten für den Winterbedarf, sowie der Abschluss der Gebäude- und Zaunreparaturen, welche im Frühjahre unerledigt geblieben waren! — Endlich das **Winterwerk** mit seinen verschiedenen Verrichtungen und Handfertigkeiten in Stall, Werkstatt und Haus[1]).

Ziehen wir nun den Schluss aus den gemachten Erörterungen, so müssen wir sagen, dass der isländische Gutsbesitzer zur Sagazeit in seinen Leibeigenen — (denn von diesen allein ist bisher die Rede gewesen) — ebenso billige, wie auch willige Arbeitsorgane besessen habe.

Die **freien Dienstleute**, welche sich aus eigenem Entschluss, und auf bestimmte Zeit auf ein Gut hinverdangen, um gegen Lohn eine im Voraus abgemachte Arbeit auszuführen, sie schieden sich in **zwei Gruppen**, in:

    1. Festes Hausgesinde.
    2. Loses Arbeitsvolk.

Das **feste Hausgesinde** wurde bezeichnet mit dem Namen „griðmenn" und „griðkonur", gemeinsam: „griðfólk", weil es Leute waren, die auf eine bestimmte Zeit in das „grið"[2]) d. h. den Frieden des Hauses aufgenommen waren. Auch nannte man diese Leute „heimamenn", weil sie nach Antritt

---

[1]) Konrad Maurer: Island von seiner ersten Entdeckung bis zum Untergange des Freistaats. München 1874. pag. 438 ff.

[2]) Über die Bedeutung des Wortes „grið", gen. s „Waffenstillstand", in seinem Verhältnis zum Worte „tryggð", gen. ar „Friedensabschluss", vergl. die interessante Abhandlung: „Kauffriede u. Friedensschild" von Carl Lehmann, in den Germanischen Abhandlungen zum 70. Geburtstage von Konr. Maurer, Göttingen 1893, pag. 50 ff.

ihres Dienstes, im Hause des Brodherrn, die gesetzlich geschützte Heimstatt gefunden hatten [1]).

Wir haben zwei gute Beispiele in den Sagas, welche den Abschluss eines Mietsvertrages zwischen dem „skapdróttinn", d. h. Brodherrn und seinem „griðmaðr" darstellen. Hrafnkell auf Aðalból mietet den Knecht Einarr. Dieser Vorgang wird uns so ausführlich mitgeteilt, weil auf diesen Mietsvertrag die tragische Verwickelung der ganzen Saga sich aufbaut.

„*Einarr*[2]) *leitar til vistar við Hrafnkel. Hann svarar*: „*Hví leitar þú þessa svá síð? — því at ek mynda við þér fyrstum tekit hafa. Enn nú hefi ek ráðit öllum hjónum mínum, nema til þeirrar einnar iðju, er þú mant eigi hafa vilja.*" *Einarr spurði, hver sú vaeri. Hrafnkell kvaðst eigi mann hafa ráðit til smalaferðar, enn lézt mikils viðþurfa. Einarr kveðst eigi hirða, hvat hann ynni, hvárt sem þat vaeri eða annat; enn lézt tveggja missera bjargarvist hafa vilja.* „*Ek geri þér skjótan kost*", *segir Hrafnkell*, „*þú skalt reka heim fimmtigi ásauðar í seli ok viða heim öllum sumarviði; þetta skaltu vinna til tveggja missera vistar; enn þó vil ek skilja á við þik einn hlut sem aðra smalamenn mína; Freyfaxi gengr í dalnum fram með liði sínu; honum skaltu umsjá veita vetr ok sumar. Enn varnað býð ek þér á einum hlut: ek vil at þú komir aldri á bak honum, hversu mikil nauðsyn sem þér er á; því at ek hefi hér allmikit ummaelt, at þeim manni skyldi ek at bana verða, sem honum riði. Honum fylgja tólf hross; hvert sem þú vilt hafa þér til þarfa af þeim á nátt eða degi, skulu þau þér til reiðu. Ger nú sem ek maeli fyrir, því at þat er forn orðskviðr, at* „*eigi veldr sá, er varar annan.*" *— Nú veiztu, hvat ek hefi um maelt.*" *— Einarr kvað sér eigi mundu svá meingefit, at ríða þeim hesti, er honum var bannat, ef þó vaeri hross önnur til reiðar.*" D. h. „Einarr sucht einen Dienst bei Hrafnkell. Dieser spricht: „Warum meldest du dich so spät? Dich würde ich zuerst gemietet haben. Aber nun habe ich alle Stellen besetzt, eine ausgenommen, welche du vielleicht nicht haben willst". — Einarr fragt,

---

[1]) R. Keyser, pag. 321. — [2]) Hrafnkels s. Kap. 4.

welche das wäre? — Hrafnkell erwidert: „Den Schäfer habe ich noch nicht gemietet, aber einen tüchtigen Mann brauche ich dazu!" Einarr sagt, er sehe nicht auf die Arbeit, ob es dies wäre, oder etwas anderes, doch die Bedingung stelle er, auf beide Halbjahre gemietet zu werden! — „So entscheide dich schnell," sagt Hrafnkell, du sollst hüten und heimtreiben 50 Mutterschafe zum Sel, und an den Hof bringen alles Brennholz für den Sommer. Darauf hin miete ich dich auf ein volles Jahr. Doch eine Bedingung stelle ich dir, wie auch den früheren Schafhirten. Freyfaxi grast mit seiner Koppel im Thale. Auf den sollst du achtgeben, Winter wie Sommer. Aber die Warnung gebe ich dir ein für allemal mit; ich verbiete dir, jemals dieses Pferd zu besteigen, auch in der grössten Not nicht; denn ich that das Gelübde, den Mann zu töten, der Freyfaxi reitet. Seine Koppel besteht aus 12 Pferden. Von diesen darfst du, wenn erforderlich, jedes reiten, Nacht oder Tag! — Thu' nun nach meinem Befehl; denn ein altes Sprichwort sagt: „Nichts verbricht, wer einen anderen warnt!" Du kennst nun meinen Willen!"

Einarr erwidert, nicht werde er so thöricht sein, dieses verbotene Pferd zu reiten, wenn ihm andere zur Verfügung ständen!"

Der Mietvertrag wird darauf abgeschlossen.

Das zweite Beispiel versetzt uns in Njáls Haus nach Bergþórshváll. In Vertretung ihres abwesenden Eheherrn, mietet hier Bergþóra den Knecht Atli.

Ein unbekannter Mann meldet sich an ihrer Hausthüre. Nach Nennung von Namen und Heimatsort stellt er folgendes Gesuch [1]):

„*Ek em maðr vistlauss ok aetlaða ek at finna Njál ok Skarpheðin ok vita, ef þeir vildi taka við mér.*" D. h. „Ich bin dienstlos, und wollte mich melden bei Njál und Skapheðin, ob sie mich mieten wollten!"

Bergþóra: „*Hvat er þér hentast at vinna?*" D. h. „Was geht dir am besten von der Hand?"

Atli: „*Ek em akrgerðarmaðr, ok mart er mér vel hent at*

---

[1]) Nj. Kap. 36.

gera." D. h. „Ich bin Ackerknecht, doch in mancher anderen Arbeit auch geschickt." Doch, setzt er hinzu: *„Eigi vil ek því leyna, at ek em maðr skapharðr, ok hefir jafnan hlotit um sárt at binda fyrir mér."* D. h. „Nicht will ich verschweigen, dass ich ein Hartkopf bin, und die Leute hielten es stets für schlimm, mit mir anzubinden!"[1])

Bergþóra: *„Ekki gef ek þér þat at sök, þó at þú sér engi bleyðimaðr."* D. h. „Das rechne ich dir nicht zum Fehler an, dass du kein Feigling bist!"

Atli: *„Ert þú nakkvars ráðandi hér?"* D. h. „Bist du hier die Gebieterin?"

Bergþóra: *„Ek em kona Njáls ok raeð ek ekki síðr hjón enn hann!"* D. h. „Ich bin Njáls Ehefrau und miete nicht weniger die Leute, denn er."

Atli: *„Vill þú taka við mér?"* D. h. „Willst du mich mieten?"

Bergþóra: *„Gera mun ek kost á því, ef þú vill vinna alt þat er ek legg fyrir þik, ok svá þó at ek vilja senda þik til mannráða."* D. h. „Ich werde dich mieten unter der Bedingung, dass du übernimmst jede Arbeit, selbst wenn ich dich aussende, um einen Mann zu töten!"

Atli: *„Átt þú svá til varit of menn, at þú munt ekki mín þurfa at því at kosta."* D. h. „Du besitzest zu diesem Zweck doch genug der Helden, als dass du meiner zu so etwas bedürftest!"

Bergþóra: *„þat skil ek, er ek vil."* D. h. „Ich bedinge, was ich will!"

Atli: *„Kaupa munu vit at þessu."* D. h. „Schliessen wir zwei also auf diese Bedingung hin den Mietsvertrag ab!"

„þá tók hon við honum." D. h. „Da nahm sie ihn in den Dienst."

Diese beiden Beispiele ergeben Folgendes: Unter freiem Entschluss auf beiden Seiten wird der Vertrag eingegangen. Die von beiden Seiten zu übernehmenden Pflichten werden klar und bestimmt durchgesprochen. Für die, nach Umfang, Art und Zeitdauer geregelte, Arbeitsleistung empfängt der Knecht von seinem Herrn zweierlei: „vist" gen ar. d. h.

sage des Herrn: „ek tek við þér" macht den, nur mündlich eingegangenen, Vertrag perfekt. Die Höhe des Lohnes (málagjöld[1]) wird in diesen beiden Beispielen nicht genannt. Das war auch nicht erforderlich, denn er stand gesetzlich fest. Bei einer Vermietung auf ein ganzes Jahr, welches die Regel war — (oc scal hon þann stað hafa þa XII manoðr)[2] — betrug der Lohn für das Sommerhalbjahr 4 Öre = 4 Unzen = 8 Loth reinen Silbers = $^1/_2$ Mark = 18 Mark, deutsch — (Ef hann viðr bu verc. oc scal hann eigi taca meira kavp enn halfa mörc) —; dagegen für das Winterhalbjahr nur eine Gratifikation von 2 Ören, zu Allerheiligen (1. November), und dazu das Essen — (þat scal hann vinna til mat lavna. þat er oc vitis lavst at grið menn taci II avra til allra heilagra messo fra vetr nottom at cavpe[2]) —. Diese Lohnsätze waren festgelegt durch das Landrecht der Grágás und durften nur in zu begründenden Ausnahmefällen überschritten werden. Der Zuziehtag „fardagr" war der 1. Juni, also unmittelbar vor Beginn der Hauptarbeit auf den isländischen Gütern, der Heuernte. Ein Sichnichteinstellen büsste der gemietete Knecht mit der hohen Strafe von 3 Mark (þrim morcom verðr maðr secr ef hann ferr eigi til vistar sinnar[2]). Und dieser Betrag fällt dem geschädigten Brodherrn zu.

Da eine weitere Erörterung der rechtlichen Seite dieser Sache ausserhalb des Rahmens der uns gestellten Aufgabe liegt, so müssen wir uns begnügen hier mit der folgenden Bemerkung, dass kaum eine Landesgesetzgebung denkbar ist, welche gleich weise, gleich fördernd, und gleich umsichtig die Interessen der Landwirtschaft vertreten hat, als wie die Gesetzgebung der Grágás auf Island.

Die Leute, welche auf Island in der hier beschriebenen Art Dienste suchten, rekrutierten sich teils aus dem Auslande. So kommt þorgautr (útlendr at kyni) mit einem Schiffe an. *„Hann vildi fá starfa nökkurn, því hann var félauss."* D. h.

---

[1] „Ek á at greiða málagjöld í dag griðkonum várum." D. h. „Ich habe heute den Lohn unseren Arbeitsfrauen auszuzahlen." So spricht die Mutter zu ihrem Sohne Halli. — Valla-Ljóts s. Kap. 1.

[2] Grágás I, 78 „Vm heimilis föng". Udg. Finsen, pag. 128 ff. Kjøbenh. 1870.

„Arm an Gut, wollte er sich Arbeit suchen." — Und der Bauer Þórhallr mietet ihn von Bord weg[1]). Teils kamen dieselben aus dem Inlande. Hier waren es die Kreise der Freigelassenen und deren Nachkommen, sowie Kinder aus Familien kleinerer, in ihrem Vermögen zurückgegangener Besitzer, wie z. B. jener oben uns bekannt gewordene Einarr. In solchen Dienst zu treten, wurden gedrängt auch die Trägen und die Spröden durch die Strenge der isländischen Gesetzgebung, welche schlechterdings ein heimats- und beschäftigungsloses Vagabundieren durch das Land nicht duldete. Vielmehr musste jeder, wollte er nicht der Landesverweisung sich aussetzen, seinen festen Wohnsitz („grið, gen. s") nachweisen.

Wie teuer kam nun dem Herrn die Arbeit solch eines gemieteten freien Knechtes? — Lassen wir den Wert des verabreichten Essens bei Seite, der ja auch bei den Leibeigenen ausser Ansatz geblieben ist, und fassen wir hier zum Vergleich ins Auge nur den baren Lohn! Er betragen 4 Öre Sommerlohn und 2 Öre Winterlohn = 6 Öre = 6 Unzen = 12 Loth reinen Silbers = 27 Mark, deutsch. Dieses mit 10 vervielfältigt, um auf den heutigen Geldwert zu kommen, ergiebt als baren Jahreslohn für einen gemieteten freien Knecht: 270 Mark. Rechnen wir auch hier, wie bei den Leibeigenen, das Wirtschaftsjahr zu 300 Arbeitstagen, so fällt auf jeden Arbeitstag ein Lohnbetrag von 90 Pfennigen. — Erinnern wir uns nun noch der oben angestellten Berechnung, dass die tägliche Arbeitsleistung eines männlichen Leibeigenen seinem Herrn nur 18 Pfennige kostete, wozu allerdings noch die Ausgabe für Bekleidung trat, welche der freie Knecht nicht erhielt, so steht immerhin folgendes Resultat fest: Der freie Arbeiter kommt dem Gutsbesitzer zur Sagazeit etwa dreifach teurer zu stehen, als sein Leibeigener, wobei unberührt bleibt, dass der Brodherr jenem nur gemessene, diesem dagegen ungemessene Dienste aufzulegen, das Recht hatte.

Es lag also im Interesse der isländischen Bauern, soweit sie das konnten, nur mit Leibeigenen zu wirtschaften! — Wann, und wie lange, nun erlaubten dieses die Um-

---

[1]) Grettis s. Kap. 33.

stände? In der ersten Hälfte der Wikingerzeit, welche Periode, im ganzen genommen, etwa von 800—1100 gedauert hat, wurde die Wirtschaft wohl ausschliesslich mit Leibeigenen betrieben. In ihr boten sich, männliche Kräfte wenigstens, kaum zu freien Diensten an. Wer gesunde Hände und Füsse besass, dazu frei und zu Hause abkömmlich war, der schloss sich einem der vielen Heereszüge an, welche aus den Buchten der Nordlande heraus, nach allen Himmelsrichtungen hin auf Gewinn und Abenteuer auszogen. Solch ein Unternehmen versprach ja mehr Abwechselung, Gewinn und Ehre, als bei einem Bauern, gegen noch so hohen Lohn, Mist zu fahren und Heu einzubringen[1]). Dazu führten eben diese Wikingerzüge Kriegsgefangene, oder in der Fremde aufgegriffene Leute, genug den nordischen Bauernhöfen zu, um den Bedarf an Arbeitskräften dort, nicht bloss ausreichend, sondern überschüssig zu decken. Dann, später, trat ja allerdings ein Nachlassen dieser Heereszüge ein, und jener Zufluss von Arbeitskräften verminderte sich. Dafür aber war das vorhandene Material der Unfreien ja ein „zeugendes". Die von ihnen hervorgebrachten Kinder gingen ohne Weiteres in den Besitz des Hausherrn über. Aus diesem Grunde starben, selbst mit dem völligen Aufhören der Wikingerzüge, die Unfreien auf den Islandshöfen noch keineswegs aus. In welchem Umfange übrigens von Island selbst Wikingerzüge unternommen worden sind, ist nicht nachweisbar; hier scheint am ehesten die Lust dazu erstorben zu sein. Doch indirekt, durch Anschluss an die Heerfahrten der norwegischen und dänischen Könige, beteiligten sich isländische Bonden, wie Scalden, oft genug an denselben.

Dazu kam als zweite hemmende Macht das Christentum. Im Princip der Sklaverei feind, wirkte es ein auf deren Zerbröckelung, wenn auch nur ganz nach und nach, so dass erst um das Jahr 1300 wir die Sklaverei im Norden völlig verschwinden sehen.

Je mehr die Leibeigenen sich nun verminderten, um so

---

[1]) A. Gjessing: Traeldom i Norge, pag. 183: „da var vanskeligst at faa frie Leiefolk, da der var saameget lettere og haederligere Erhverv udenlands".

mehr traten, zu ihrer Ergänzung, die frei geworbenen Dienstleute auf den Höfen an deren Stelle. Es war das ein Prozess, der sich, unter Verschiebung des gegenseitigen numerischen Verhältnisses, nach und nach vollzog. Und der Stand der Dinge auf den isländischen Bauernhöfen zur klassischen Sagazeit, von der wir hier sprechen, war wohl dieser, dass damals die unfreien Knechte noch in der Mehrheit standen, die freien dagegen in der Minderheit. Zu einer solchen Abschätzung dieses Verhältnisses, nur in allgemeinen Zügen, nötigt der Umstand, dass die Ausdrücke „þraell", leibeigener Knecht und „griðmaðr, heimamaðr", freier Arbeiter, in den Sagas, ohne scharfe Scheidung, oft durcheinander gehen.

Die zweite Gruppe der freien Dienstleute bildet das lose Arbeitsvolk. Solche Leute führen die Namen „verkmenn", „vinnumenn", „leigumenn". Gegen Bezahlung (leiga, g. u) verrichten sie, nur auf kürzere Zeit sich verdingend, ihre Arbeit, ohne auf dem Gute eine gesetzliche Heimstatt zu gewinnen. Es sind unsere Sachsengänger, die sich nur für die Erntezeit verdingen. Etwa Fischer, deren Gewerbe, den gesetzlichen Bestimmungen nach, gerade in den 3 Monaten des Hochsommers vom 23. Juni bis 29. September ruhte, oder Hausierer, welche den hohen Erntelohn im Sommer mitnahmen, den Winter aber ihren Kleinhandel betrieben.

Für das Letztere haben wir in den Sagas ein Beispiel.

Am Küchenfeuer auf dem Gute Mýnes im Fljótsdalr finden wir einen Mann Namens Þorfinnr unter den Hausknechten sitzend, welche eben im Begriffe stehen, die Familienumstände der umwohnenden Gutsherrschaften durchzuschwatzen, während in der Halle, es ist ein Hausfest, die Bonden beieinander sitzen und zechen. Unter jenen Hausknechten sitzt besonders einer mit einem losen Maul. Er führt den Spitznamen „tordýfill", d. h. „der Mistkäfer". Die hier fallenden, bissigen Bemerkungen greift jener Þorfinnr auf und wird ihr geeigneter Kolporteur, denn sein Gewerbe ist es, im Sommer Ernteknecht, aber im Winter Hausierer zu sein.

„Þorfinnr hét maðr; hann vann til fjár sér á sumrum, enn á vetrum var hann vistlauss ok fór með kaupvarning sinn."

D. h. „Þorfinnr hiess ein Mann. Er war Lohnarbeiter im Sommer, aber den Winter, ohne Dienst, trieb er Hausierhandel"¹).

Je mehr nun aus den beiden, oben angeführten Ursachen die Leibeigenschaft sich abschwächte, um so mehr ergriff auch zu jener Zeit die Leute ein Hang zur Ungebundenheit. Dazu blühten, wenn auch nicht in Island, so doch in Norwegen, um diese Zeit die Städte auf und zogen Arbeitskräfte an sich, so dass man bereits im 13. Jahrhundert beginnt, auf den Gütern des Nordlandes über Arbeitermangel zu klagen. Dieses veranlasste den König Hákon Hákonarson, gamli (von 1217—1263) gesetzlich einzugreifen. Er verbietet den Betrieb des Hausierhandels jedem, der nicht ein Barvermögen nachweisen kann von 3 Mark = 108 Mark deutsch, heutiger Wert, 1080 Mark, und ordnet an, dass dieses Gewerbe überhaupt zu ruhen habe während der Zeit der Hauptarbeit in der Landwirtschaft, zwischen Ostern und Michaelis. Auch wird es den Schiffskapitänen bei einer Strafe von 6 Ören (270 Mark heutigen Werts) untersagt, während dieser Zeit, arbeitsfähige Leute an Bord zu nehmen²), und ausser Landes zu führen.

Nachdem wir nun die ökonomische Seite in dem Dienstverhältnis der unfreien, wie der freien Knechte hier erörtert haben, gehen wir in dem Folgenden ein auf die sittliche Seite dieses Verhältnisses, und fassen die genannten Leute jetzt in das Auge als die eingeordneten Glieder in die Hausgemeinde ihrer Brodherren.

II.
Das sittliche Verhältnis zwischen Herrschaft und Gesinde.

Während es dem Herrn untersagt war, gegen seinen freien Arbeiter ehrenkränkende Scheltworte, oder gar körperliche Züchtigung, zu gebrauchen, und diesem ein Klagerecht beim þing in solchem Falle zustand³), war der Leibeigene,

---

¹) Fljótsdaela s. Við. Kap. 3. — ²) R. Keyser, Bind II, pag. 324.
³) R. Keyser, loc. cit. pag. 323.

völlig rechtlos, nur auf das Wohlwollen seines Herrn angewiesen. Dieser durfte straflos ihn misshandeln, ja töten, falls ein solcher Totschlag nur nicht an einem Feiertage, oder in der 40 tägigen Fastenzeit stattgefunden hatte. Im letzteren Falle war allerdings für den Thäter Landesverweisung die Strafe. — (*Ef drottinn vegr þrael sinn oc varðar honom eigi þat við lög, nema hann vegi hann a loghaelgom tiðom eða vm langa fosto, þa varðar fjorbavgsgarð*)[1].
Kein Wunder, dass Männer von Kraft- und Ehrgefühl in diesem Stande sich sehr unglücklich fühlten. So heisst es von dem Leibeigenen Egill, im Hause þorbrands in Álptafjörðr, *„þótti honum ill aevi sín, er hann var ánauðigr, ok bað oft þorbrand ok sonu hans, at þeir gaefi honum frelsi"*[2]. D. h. „Uebel erschien ihm sein Leben, denn er war ein Sklave, und oft bat er den þorbrandr und seine Söhne, ihm die Freiheit zu schenken." — So kamen denn auch öfters Fluchtversuche dieser männlichen Sklaven vor, namentlich zu Anfang der Besiedelung Islands.

Ingólfr und Hjörleifr, die ersten festen Ansiedler Islands, landen, getrennt durch einen Sturm, im Süden der Insel; jener östlicher, dieser westlicher, und bauen sich Hütten für den Winter, von einander getrennt, durch einen Weg von etwa 30 Meilen. Hjörleifr lässt dann, im anbrechenden Frühjahr, seine Knechte jenen oben beschriebenen Versuch mit dem Pflügen des Ackers machen. Bei dieser Gelegenheit bricht die Verschwörung derselben aus. Sie beschliessen, auf dem Felde den, ihnen zur Pflugarbeit überwiesenen, Ochsen zu töten, dann aber vorzuspiegeln, ein Waldbär habe dies verbrochen. Durch solche falsche Meldung wollen sie ihren Herrn und dessen freie Gefolgsleute hinauslocken, damit diese in dem Walde sich zerstreuen, um den Bären aufzuspüren. Die also Getrennten wollen die rebellierenden Knechte dann einzeln überfallen und töten. Und der Anschlag gelingt: *„þá sóttu þraelarnir at sérhverjum þeirra, ok myrðu þá alla, jafnmarga sér.* D. h. „Da suchten die Knechte jeden einzelnen für sich auf und töteten sie alle, Mann gegen Mann". — Die Frauen der

---

[1] Grágás. Udg. Finsen, Kjøb. 1853 I, 111. — [2] Eyrb. Kap. 43.

Recken, nebst dem beweglichen Gute, entführten diese Sklaven auf einer Barke nach Westen hin, etwa 10 Meilen weit, zu den Vestmannaeyjar. Ihre That wird jedoch von Ingólfr entdeckt, sowie ihr Schlupfwinkel. Dort aufgesucht, werden diese Rebellen getötet und die entführten Frauen befreit[1]).

Selbst noch 80 Jahre später, um das Jahr 953, findet ein ähnlicher Ausbruch isländischer Knechte, verbunden mit Mordbrennerei, statt.

Ketill, von Irland kommend, sucht auf Island Land. — (hann hafði með sér þraela marga írska.) — Vorläufig fasst er Fuss in der Ostecke des Borgarfjörðr, am Ausflusse der Gufá. — Es behagt ihm indess dort nicht, und im Mittsommer reitet er nordwärts nach dem Breiðifjörðr, um hier nach einem Gute sich umzusehen. Die Umgegend ist wegen des tagenden Alþings ziemlich entblösst von Männern. Diesen Umstand, sowie die Abwesenheit ihres Herrn, benutzen die irischen Sklaven zu einem Ausbruch.

„*Þá hljópu þraelar hans á brott. Þeir kómu fram um nótt at Þórðar á Lambastöðum, ok báru þar eld at húsum, ok brendu þar inni Þórð ok hjón hans öll, enn brutu upp búr hans ok báru út gripi ok vöru. Síðan ráku þeir heim hross ok klyfjuðu, ok fóru síðan út til Álftaness*"[2]). D. h. „Da brachen die Knechte aus. Zur Nachtzeit warfen sie sich auf (das benachbarte Gut) Lambastaðir, dessen Besitzer der alternde Þórðr war, — (sein Sohn, der starke Lambi, war eben abwesend auf dem þing) — legten Feuer an den Hof und brannten alles nieder, darinnen Þórðr mit seinem Gesinde. Dann erbrachen sie den Speicher, schleppten hinaus Wertstücke und Waren, trieben die Gutspferde zusammen, bepackten sie und entwichen nach Álftaness". — Verfolgt von Lambi, flüchteten sie, unter Zurücklassung des geraubten Gutes, schwimmend zu den westlich gelegenen Inseln; werden aber dort alle getötet: Kóri, Skorri, Þormóðr und Svartr.

Solche Fluchtversuche erschienen jedoch, je mehr die *Bevölkerung auf der Insel sich verdichtete, immer aussichtsloser.* Zudem knüpfte das Band zwischen Herren und gekauftem

---

[1]) Landnáma, I, 9. — [2]) Egla. Kap. 77.

oder geraubtem Gesinde, anfangs lose, sich in der Folgezeit immer fester, je mehr eben Kinder dieser Leibeigenen, im Herrenhause selbst geboren, mit den Herrschaftskindern zusammen aufwuchsen, und, der Sitte nach, auch gemeinsam mit ihnen erzogen wurden. Grausame Behandlung der Untergebenen lag überhaupt dem isländischen Volkscharakter ferne[1]). Und abgesehen davon, dass der Herr durch eine Kraftentwertung seines Knechtes, infolge schlechter Behandlung, seinen eigenen Wohlstand schädigte, war auch der Islands-Recke eine viel zu ritterliche Natur, um an einem wehrlosen Knecht eine wenig würdige Kraftprobe seiner Überlegenheit zu versuchen.

Diese Milde hinderte nicht, dass der soziale Unterschied zwischen Freien und Unfreien, auf beiden Seiten in voller Schärfe festgehalten, stets ihnen lebendig blieb.

Óláfr pái, eine Siegfriedsnatur, männlich, schön und geistig hoch begabt, wird als Bewerber zunächst von Þorgerðr abgelehnt, weil er ein „ambáttarsonr" ist (sein Vater der Häuptling Höskuldr, und seine Mutter die unfreie Melkorka), und erst ihres Vaters Egill eindringliche Rede muss sie davon überzeugen, dass die Geburt in einer Königswiege den späteren Verkauf in dem Zelte eines Sklavenhändlers, bei Melkorka, reichlich wettmache[2]).

Die Recken Þórkell trefill[3]) zur Nachtzeit vor dem Hause Gunnars, und Þorsteinn Kuggason[4]) zur Nachtzeit vor dem Hause Björns Hítdaelakappi stehend, lehnen es beide ab, aus dem Munde eines vom Herrn an die Hausthüre entsandten Knechtes, die Einladung zum Nachtquartier anzunehmen, weil es Sitte sei, *„at sá laði hann, sem ráðin á"*. D. h. „Dass derjenige einlade, welcher des Hauses Gebieter ist." So, selbst zur Nachtzeit, hielt der Stolz des Islandsrecken an der Etikette fest. Diesen scharfen Gegensatz zwischen Herr und Knecht betont auch Hallbjörn, welcher seinem Bruder, dem Bonden Otkell auf Kirkjuboer, Vorwürfe darüber macht, dass er sich von seinem Diener Skammkell zu sehr beeinflussen

---

[1]) Kr. Kaalund: Familielivet etc. pag. 358. — [2]) Laxd. s. Kap. 23.
[3]) Haensa-Þóris s. Kap. 11. — [4]) Bjarnar s. Kap. 27.

lasse; und er erinnert ihn dabei an das Sprichwort[1]): *„Ilt er at eiga þrael at engavin."* D. h. „Übel ist es, einen Knecht zum Busenfreunde zu haben." Ein Wort, von dem, wie von allen Sprichwörtern, es gilt, dass eine allgemein gebilligte Anschauung darin zum Ausdruck komme. Und der norwegische König Haraldr Sigurðarson trifft gewiss das Richtige, wenn er über die stolz-spröde Art der Islandsrecken das Urteil fällt: *„Erut þér einráðir, íslendingar, ok úsiðblendnir"*. D. h. „Ihr Isländer seid eigenwillige und stolze Menschen"[2]). Dieses Temperament, wenn nach oben hin wirkend, schlug selbstverständlich mehr noch nach unten hin durch, und das unfreie, nur auf die Gnade seiner Herren angewiesene, Gesinde mochte nicht immer gute Tage haben, wie die Strümpfe, welche die strenge Herrin Jórunn ihrer Dienerin Melkorka, Abends im Schlafgemach, um die Ohren schlägt, das hinlänglich beweisen[3]). Dennoch wirkten mancherlei Umstände auch auf dieses Verhältnis mildernd ein. So zunächst der durch die republikanische Verfassung auf Island gepflegte demokratische Geist. Und dem entsprechend in den Häusern die freiere Sitte, welche weniger die Stände absonderte, als in dem monarchisch verfassten Norwegen. Es griffen ja, wie wir sahen, die Herren mit den Knechten, dieselbe Arbeit gemeinsam an. In der Halle ist zur selben Stunde dasselbe Essen, für Herren und Knechte, wenn auch an getrennten Tischen, aufgetragen. So heisst es von dem Hause des Häuptlings Skallagrímr *„hann hafði sezt undir borð ok alþýða manna"*[4]). Dieser Ausdruck hier: „Das Volk der Männer" umfasst die männlichen Insassen des Hauses, ohne Klassenunterschied; also auch die Knechte. In gleicher Weise, ein und dasselbe Schlafhaus, wenn auch in getrennten Kammern, diente der Regel nach für Herrschaft und Dienerschaft gemeinsam. *„Öll hvíldu þau í einu útibúri um vetrinn: Þórðr ok Oddný ok verkkona, er togaði of þeim klaeði"*[5]). D. h. „Alle schliefen des Winters in einem gesonderten Hause gemeinsam: Þórðr

---

[1]) Nj. Kap. 49. — [2]) þáttr af Sneglu-Halla Kap. 3.
[3]) Laxdaela s. Kap. 13. — [4]) Egla, Kap. 40.
[5]) Bjarnar s. Kap. 14.

und Oddný und die Dienerin, welche ihnen beim Auskleiden half."

So schliff dieses Leben ungeteilter Hausgemeinschaft wiederum, an der Hand mildernder Gewöhnung, die scharfen Unterschiede ab, und es bildete sich zwischen Herren und Knechten zuweilen sogar ein Vertrauensverhältnis, welches dahin führte, dass bewährte Knechte und Mägde die Pfleger und auch die Erzieher von Herrschaftskindern, mit erweiterten Vollmachten, wurden. So heisst es von Þórðr, dem Sohne eines freigelassenen Knechts aus dem Haushalte der Ásgerðr, der Mutter Njáls, dass er demselben Njáll später alle seine Söhne zur Erziehung übergeben habe. (Hann hafði fóstrat alla sonu Njáls.)[1]

Und die leibeigene Magd Þorgerðr, in Skallagríms Hause, (hon hafði fóstrat Egil í barnaesku) — hatte es verstanden, so sehr sich die Liebe ihres 12 jährigen Zöglings zu erwerben, dass dieser ihren, durch den Vater verursachten, Tod noch an demselben Abend rächt, indem er vom Tische aufsteht, in die Küche tritt, und dort seines Vaters Lieblingsknecht, den Haushalter, niederstösst. (*Egill hjó hann banahögg ok gekk síðan til saetis síns. Enn Skallagrímr raeddi þá ekki um*)[2]. Er fühlte, der Knabe habe unter der Wirkung eines berechtigten Herzenszuges gehandelt. Es ist dies eine Scene von höchster dramatischer Kraft. Eine solche, das Knechtsverhältnis mildernde Einwirkung, übte auch die zu Recht bestehende Sitte der Hausherren, neben der legalen Ehefrau, aus dem Kreise ihrer unfreien Mägde eine Bettgenossin sich zu wählen, deren Kinder dann zuweilen legitimiert wurden, und zu hoher Machtstellung gelangten, wie der bereits erwähnte Óláfr pái und dann auch Þorkell krafla[3]. Dagegen eheliche Verbindungen zwischen freien Frauen und unfreien Männern sind nicht nachweisbar.

So sind der Generationen vier, seit der Besiedelung, über Island hingezogen, und in wirtschaftlicher, wie in sittlicher Beziehung, hat sich vieles geklärt und ausgeglichen. — Da tritt ein das entscheidende Ereignis der Einführung des

---

[1] Nj. Kap. 39. — [2] Egl. Kap. 40. — [3] Vatnsd. s. Kap. 42.

Christentums, durch einen Staatsakt, als der für alle Landinsassen verbindlichen, neuen Landesreligion, um das Jahr 1000 nach Christi Geburt. Dieses Jahr wirkt wie eine Wetterscheide auf die Geschichte des Landes. Und eben die Sagas sind es, welche solchen Umschwung oft betonen, wenn sie erzählen: *Das geschah „í fornum sið"*, und das *„í nýjum sið"*; womit nicht bloss das Zeitmass, sondern auch der Zeitinhalt in seiner veränderten Sitte betont werden soll. Gerade von der Grenzscheide dieser beiden Epochen besitzen wir charakteristische Beispiele für das wechselseitige, sittliche Verhältnis zwischen Herrschaft und Gesinde, und zwar mit dem Blick, rückwärts, in die alte Zeit. Hallgerðr war vermählt mit Þorvaldr auf Meðalfellsströnd. Ihr Mann wird getötet. Da die Ehe kinderlos geblieben war, so räumt die Witwe den Hof, um zu ihrem Vater, dem Häuptlinge Höskuldr, auf Höskuldsstaðir, zurückzukehren. Zuvor aber versammelt sie noch alle Dienstleute, welche auf Meðalfellsströnd zurückbleiben, um sich, damit sie von ihnen, Männern wie Frauen, Abschied nehme und dabei jedem ein Geschenk, als Andenken, überreiche:

„Hon gekk til kistna sinna ok lauk upp ok lét kalla til sín alla heimamenn sína ok gaf þeim nakkvara gjöf öllum. Enn þeir hörmuðu hana allir"[1]). D. h. „Sie schritt zu ihren Kisten, schloss sie auf, und liess um sich treten alle ihre Dienstleute, und überreichte jedem von ihnen ein Geschenk. Diese aber waren alle betrübt über ihren Fortgang."

Dieser Vorgang trägt sich zu in einem heidnischen Hause, vor Einführung des Christentums. Und dennoch diese gegenseitige Anhänglichkeit, diese warme Anteilnahme auf beiden Seiten.

Noch viel ergreifender wirkt folgende Scene, welche sich im Jahre 1011 zuträgt.

In den Herbsttagen dieses Jahres naht der Untergang dem Hause Njáls auf Bergþórshváll. Flosi Þórðarson mit 100 Schwertgenossen steht auf dem Bergrücken Þríhyrningr, zum Angriff bereit. Bergþóra, die Hausherrin, in der Vorahnung des nahen Endes, beschliesst, ihren Dienstleuten noch einmal einen frohen Abend zu bereiten.

---

[1]) Nj. Kap. 12.

„*þennan aftan hinn sama maelti Bergþóra til hjóna sinna:* „*Nú skuluð þér kjósa yðr mat í kveld — at hverr hafi þat er mest fýsir til; því at þenna aftan mun ek bera síðast mat fyrir hjón mín.*" " D. h. „An diesem selben Abende sprach Bergþóra zu ihren Dienstleuten: „Jetzt sollt ihr auch für diesen Abend die Kost selbst auswählen, jeder sich sein Lieblingsgericht; denn heut Abend werde ich wohl zum letzten Male meinen Leuten auftragen." " — „*„þat skyldi eigi vera", sögðu þeir, er hjá váru."* D. h. „„Das verhüte Gott"! sagten die Umstehenden". — „*þat mun þó vera", segir hon, „ok má ek miklu fleira af segja, ef ek vil"*[1]). D. h. „Doch, doch," sagte sie, „und viel mehr könnte ich sagen, wenn ich wollte."

Welche Zartheit des Gefühls auf Seiten dieser Frau, im Angesicht des nahen Todes, so völlig selbstlos und dienstbereit, nur ihrer Leute zu gedenken, in der Sorge um eine frohe Stunde, die sie ihnen noch einmal gewähren will. Nein, solche Herrin war niemals hart gegen ihre Knechte gewesen, auch nicht in den Tagen, wo Sonnenstrahlen, statt der Todesschatten, auf diese Speisetische fielen.

Und die Leute in Njáls Haus verstehen es auch, solch eine Liebe zu vergelten durch die Treue bis in den Tod.

Als in der anbrechenden Nacht das Haus umstellt ist von einer Übermacht; als vor den Hausthüren die Scheiterhaufen errichtet sind, und die Brandlegung eine beschlossene Sache ist: da giebt der feindliche Anführer die Erlaubnis an die Frauen, an die Kinder und an die Knechte Njáls, dass sie zuvor aus dem, zum Untergange bestimmten, Hause sich entfernen dürften. — *(Enn lofa vil ek útgöngu konum ok börnum ok húskörlum.)* — Doch nicht alle unter den Knechten machten von dieser Erlaubnis einen Gebrauch. Wie viele, sich flüchtend, das Leben der Treue vorgezogen haben, das wissen wir nicht; aber wie viele der Knechte in jener Nacht, heldenmütig und treu, aus freiem Antriebe, mit ihrer Herrschaft gestorben sind, das wissen wir.

Denn, als am Morgen die Asche auf der Brandstätte durchsucht wurde, fanden sich darin die Leichen von elf

---

[1]) Nj. Kap. 127.

Menschen (alls fundu þeir þar bein af ellifu mönnum)[1]). Zu den Familiengenossen Njáls, welche im belagerten Hause anwesend gewesen waren, gehörten aber nur fünf Personen: Njáll, sein Weib Bergþóra, sein jugendlicher Enkel þórðr Kárason, und seine beiden Söhne Skarpheðinn und Grímr. Kári Sölmundarson, sein Schwiegersohn, hatte sich durch einen Sprung aus dem brennenden Hause retten können, um später die Rache für solche Übelthat zu vollstrecken. Also sechs Dienstleute hatten den freiwilligen Tod mit ihrer Herrschaft gewählt. Und unter den verkohlten Resten erkennt man auch noch zwei persönlich, den Freigelassenen þórðr und die alte Dienerin Saeunn.

Und nicht bloss in der entscheidenden letzten Lebensstunde, welche, die künstlich aufgebauten Schranken unserer Gesellschaftsordnung vernichtend, Mensch nahe an Mensch rückt, bricht dieses schöne Verhältnis zwischen Herr und Knecht im Hause Njáls hindurch; nein, schon 30 Jahre früher begegnet uns in dieser Hausgemeinde ein ähnlicher Zug der Diensttreue. Njáll hatte seinem heimamaðr, dem freigemieteten Dienstknechte Atli, den guten Rat gegeben, im Interesse seiner Sicherheit den Dienst in seinem Hause aufzugeben, und sich, weit weg, in den Ostfjorden zu vermieten. *„þat vilda ek, at þú réðist austr í fjörðu, at eigi skapi Hallgerðr þér aldr."* D. h. „Mein Wille ist, dass du nach den Ostfjorden dich vermietest, damit nicht Hallgerðr bestimme dein Alter"! d. h. dir das Leben nehme! — Worauf der Knecht erwidert: *„Betra þykkir mér at látast í þínu húsi, enn skifta um lánardrotna"*[2]). D. h. „Besser dünkt mich in deinem Hause der Tod, als der Wechsel des Brodherrn!" Er stirbt dann auch diesen Tod von der Hand Brynjólfs, eines Verwandten der Hallgerðr.

Wie tüchtig, wenn auch etwas derb zufassend, zeigt sich nicht die Magd in Hrafnkels Hause, und um das Wohl wie die Ehre ihres Herrn eifrig besorgt. Sie kniet am Flussufer und wäscht, sieht dabei von Ferne die Fahrt feindlicher Männer, rafft die Linnen dann zusammen, springt heimwärts, holt ihren

---

[1]) Nj. Kap. 132. — [2]) Nj. Kap. 38.

Herrn aus dem Bette, wobei sie der Scheltworte allerdings nicht spart, und treibt alle an, damit Haus und Mannen in einen verteidigungsfähigen Stand sich setzen [1]).

Ein nicht minder tüchtiger, seinem Herrn treu ergebener Charakter, ist jener Knecht Svartr auf Eyri, dem Gute Steinþórs, welchen wir bereits oben, als einen im Herrenspiel ungeschickten, Partner kennen gelernt haben. Nachdem er in der Saga so charakterisiert ist: *„var hann þarfr búi; vann hann mikit"*. D. h. „Er war eine Stütze des Hofes, denn er arbeitete viel", giebt er in jener bereits genannten Scene, wo der Hausherr ihn auffordert, in eine Spiellücke einzutreten, diese Antwort: *„Eigi þarf at biðja mik til þess, því at ek á mart at vinna; get ek ok, at kappar þinir vili eigi vinna fyrir mik"* [2]). D. h. „Nicht solltest du mich dazu auffordern, denn ich habe viel zu thun. Und deine Helden, meine ich, werden nicht (nachher) für mich die Arbeit schaffen!" — Doch, setzt er gehorsam hinzu, *„enn þó skal ek þetta veita þér ef þú vilt"*. D. h. „Doch stehe ich zu Befehl, wenn du willst!"

Es ist wohl selten, dass ein zu täglicher Arbeit verurteilter Knecht selbst so viel Interesse an seiner Pflicht hat, dass er den Herrn darauf aufmerksam macht, die Erledigung seines Tagespensums gehe der Kurzweil voran.

Fassen wir diese Züge zusammen, so können wir dem Urteile nicht ausweichen, dass der Islandsbonde, in alter Zeit, in seinen Hausleuten, der Mehrzahl nach, fleissige, willige und treue Arbeiter besass, welche er seinerseits wiederum meist freundlich, milde, und unter persönlicher Anteilnahme ihres Wohlergehens, behandelte.

Aber dieses gute Arbeitermaterial der alten Zeit verschlechterte sich nach und nach, und zwar — durch der Herren eigene Schuld! —

Was uns an den Íslendinga sögur, bei all ihrer Schönheit der Darstellung und bei all dem Reichtum ihres in das warme Leben so lebendig einführenden Inhaltes, doch immer wiederum befremdet, ja mitunter abstösst, das ist der nie rastende Streit

---

[1]) Hrafnk. s. Kap. 17. — [2]) Hávarðs saga, Kap. 17.

zwischen den Geschlechtern, welcher bald in spitzfindiger Prozessführung, bald in bluttriefenden Kämpfen die vornehmen Häuser zerstückelt.

Man bietet ganze Heere gegen einander auf; verwehrt einer dem anderen, mit dem Schwert in der Faust, den Zugang zur Rechtsstelle, dem þing; und das Recht wird dem Schwachen oft genug geknickt durch den Beweis der Klinge.

Es ist die „unruhige Zeit"[1]), welche in ihrer Erhitzung sich steigernd, gerade die ersten Decennien nach Einführung des Christentums schwer belastet.

In solche Feden verwickelt, lag nun die Gefahr für den Bonden nahe, seine Knechte als Hilfsmannschaften zu bewaffnen, sie mit in den Streit hinein zu ziehen, und so aus friedlichen Feldarbeitern verrohende, prahlerische und freche Landsknechte zu machen!

Skarpheðinn, mit seiner scharfen Beobachtungsgabe, charakterisiert diesen Umschwung in folgenden Worten: *„Miklu eru þraelar atgerðameiri enn fyrr hafa verit. Þeir flugust þá á — ok þótti þat ekki saka — enn nú vilja þeir vegast"*[2]). D. h. „Die Knechte (von heute) sind um vieles grossartiger, denn früher. — Sonst balgten sie sich unter einander, und das schadete nichts —; aber heutzutage, da wollen sie mit Waffen kämpfen."

Es konnte dieses Hereinziehen der Knechte in den Streit der Edelinge geschehen nur unter dem Bruch einer altüberkommenen Anschauung.

Nach altnordischem Rechte war dem unfreien Knechte gestattet nur das Messer zu führen [3]). Der Knecht ist nicht waffenfähig! — Er darf seinem Herrn die Waffen tragen, aber nicht eigene besitzen [4]).

Nur im höchsten Notfalle, wenn der Landsturm aufgeboten wird, soll auch der Knecht bewaffnet werden [5]). Und es wird als eine Ausnahme hingestellt, dass zu Óláfr Trygg-

---

[1]) Man rechnet sie von 930—1030. Sie giebt den historischen Stoff her für die meisten Sagas; cf. Finnur Jónsson. Litteraturs Historie. Bind I, pag. 29 ff. — [2]) Nj. Kap. 37. — [3]) Gulath. Lov I. 56: þraell má engu kaupi ráða, nema knífi sínum einum. — [4]) J. Grimm: Deutsche Rechtsaltertümer, pag. 340. — [5]) Gulath. Lov. I. 312.

vasons Zeit (996) „þegn" und „þraell", über ganz þrándheimr hin, bewaffnet zusammengestanden hätten ¹).

Auch der Geschichtsschreiber der Wikingerzeit, Johannes Steenstrup, bestätigt dieses, wenn er sagt: *„Det var en almindelig Regel i Norden, at Trael ikke maatte sendes i Leding; Haeren skulde bestaa af Fri"*. D. h. „Das war eine allgemeine Regel im Norden, dass ein Knecht nicht in den Krieg geschickt werden durfte. Die Heere mussten bestehen aus freien Männern" ²).

Diese in Norwegen geltende Rechtsanschauung war verbindlich auch für Island, nach der Art, wie beide Länder, als stammverwandt, zusammengehörten. Die Recken beider Länder hielten sich ja für gleicher Sitte und gleichen Adels.

Daher war es ein Bruch mit einer alterprobten Anschauung, wenn die Islandsbonden, von Rauflust und Rechthaberei getrieben, sich dazu entschlossen, ihre Knechte mit in ihren persönlichen Streit zu ziehen.

Wir begegnen hier hässlichen und unwürdigen Scenen.

Þórólfr auf Hvammr hat einen Anschlag auf das Leben seines Gutsnachbarn, des Úlfarr, auf Úlfarsfell, und zieht nun seine sechs Knechte mit in diesen Plan.

„Þenna vetr um jól hafði Þórólfr drykkju mikla, ok veitti kappsamlega þraelum sínum; en er þeir váru orðnir druknir, eggjar hann þá, at fara inn til Úlfarsfells, ok brenna Úlfar inni, ok hét at gefa þeim þar til frelsi" ³). D. h. „Um Weihnacht hielt Þórólfr ein grosses Zechgelage und war eifrig bemüht, seinen Knechten einzuschenken. Als sie aber trunken waren, stachelte er sie an, zu gehen nach Úlfarsfell, und den Hof des Úlfarr niederzubrennen. Dafür versprach er ihnen das Geschenk der Freilassung."

Wie solche Vorgänge die Knechte ihrem ruhigen Arbeitskreise entrücken, und sie auf abschüssige Bahnen drängen mussten, bedarf keines Beweises.

Es spiegelt sich das deutlich ab in einem hier folgenden Zwiegespräch zwischen Herr und Knecht.

---

¹) G. Gjessing, pag. 29 ff.
²) Johannes Steenstrup, Normannerne, 4 B. pag. 105. Kjøbh. 1882.
³) Eyrb. Kap. 31.

Gunnsteinn auf Ljósavatn bricht auf, um seinem Freunde Þorvarðr in einem Kampfe Beistand zu leisten. Er giebt seinem Knechte den Auftrag, während dessen das Hauswesen zu hüten. Dieser widerspricht indessen, und will mitziehen in den Kampf.

„*Gunnsteinn fór ok til fundar við þorvarð; þá kom at þraell hans, ok bað at hann maetti fara. Gunnsteinn maelti: „þú skalt heima vera, ok halda híbýlum upp". þraellinn svarar: „Hvat sér þú þat á mér, at ek skuli heima vera? nú mun ek þó fara, ok hirða ekki um fé þitt". „Svá skal vera", segir Gunnsteinn"* [1]). D. h. „Gunnsteinn brach auf zur Begegnung mit Þorvarðr. Da trat sein Knecht auf ihn zu, und sprach den Wunsch aus, mitzureiten. Gunnsteinn erwiderte: „Du sollst zu Hause bleiben und das Heimwesen hüten!" „Was," sagt der Knecht, „seh' ich dir so aus, dass ich sollte zu Hause hocken? Nein, ich will mit, und nicht hier dein Gut bewachen!" — „So komme denn mit!" sagt Gunnsteinn."

Die freche Antwort des Burschen, seine Geringschätzung friedlicher Arbeit gegenüber dem Waffenhandwerk, das Durchsetzen seines Willens; alles dieses bezeugt, wie weit bereits die beginnende Zersetzung im Arbeiterstande vorgerückt ist. Jene Aufhetzung seiner Sklaven durch Þórólfr fiel in das Jahr c. 988. Dieses Zwiegespräch hier findet statt um 60 Jahre später, c. 1050. Kein Wunder, wenn dieser dreiste Ton der Knechte gegen ihre Herren sich immer mehr steigert, und sie bald ihre Waffen auch gegen die eigenen Gebieter wenden.

Einen solchen Fall können wir nachweisen aus dem Jahre c. 1060, also um etwa 10 Jahre später.

Þórarinn, der Besitzer auf Stokkahlaðir, wird bei Gelegenheit einer Kriegsfahrt von seinem eigenen Knecht Greipr getötet. Und noch mehr, als die That selbst, ist hier bezeichnend der rohe Ton in dem vorhergehenden Wortwechsel auf beiden Seiten, und die boshafte Überlegung, mit welcher der, von einem Feinde seines Herrn erkaufte, Knecht den ganzen Handel provociert.

„*Þórarinn ofsi reið ok með mikla sveit, ok þraell hans, er Greipr hét, mikill ok sterkr. Menn riðu hart um daginn, ok*

---

[1]) Ljósvetn. s. Kap. 24.

hleypti þraellinn hjá þórarni, svá at klaeði hans verguðust. Þórarinn maelti: „Ver þú, allra þraela armastr, gerandi mér slíkt" — ok lýstr hann á hrygginn með sverðshjöltum; enn þraellinn snýst við, ok spyrr, ef hann vill nökkut leggja til bóta fyrir höggit. Þórarinn brást við reiðr ok maelti: „Heyr hér á endemi; þetta skal skapa þér boetrnar" — ok lýstr hann annat sinn sverðshjöltunum sýnu meira högg enn hit fyrra. Ok er þraellinn kendi höggsins, maelti hann: „Nú áttu at gjalda mér tvennar boetr, enn eigi mun ek beiða hinna þriðju þess kyns". Þórarni þykir þraellinn gerast firna djarfr ok þrálátr á máli sínu; hafði hann þat í hug sér, at leiða honum bótabeiðsluna ok aetlaði at bregða sverðinu; enn er þraellinn sá þat, verðr hann skjótari at bragði, ok hjó þórarin banahögg"[1]).

D. h. „Þórarinn, mit dem Beinamen „der Übermütige" reitet mit grossem Gefolge, darunter sein grosser und starker Knecht Greipr. Scharf ritten die Leute an dem Tage. Da treibt der Knecht sein Pferd an, streift seinen Herrn, und bespritzt mit Kot dessen Kleid. Þórarinn ruft ihm zu: „Wie kannst du, der Elendeste aller Knechte, mir das bieten?" und schlägt ihm mit der Parierstange seines Schwertes auf den Rücken. Der Knecht dreht sich um und spricht: „Womit büssest du mir diesen Schlag?" Þórarinn braust darob zornig auf, und spricht: „Hat man je dergleichen gehört? Dieses soll die Busse dir zahlen!" Und er versetzt ihm mit dem Schwertknaufe einen zweiten Schlag, stärker als den früheren. Der Knecht fühlt den Hieb und schreit: „Nun hast du mir zwei Bussen zu zahlen; aber um die dritte bitt ich dich nicht!"

Dem Þórarinn dünkt das Betragen des Knechtes doch zu frech, und zu unverschämt seine Worte. Er beschloss, ihm dieses Fordern um Schadenersatz etwas zu verleiden, und war im Begriffe, das Schwert aus der Scheide zu reissen. Das bemerkt der Knecht, kommt ihm zuvor, zog blank, und versetzte seinem Herrn den Todesstoss!

Und die Gegner Eyjólfs, des Mitschuldigen an dieser That, sind weitschauend genug, um die verderblichen Folgen solcher Auflösung aller Zucht vorauszusehen.

---

1) Ljósvetn. s. Kap. 32.

„*Enn óvildarmenn Eyjólfs kölluðu þat lýsa ekki allmikilli framsýni, ef höfðingjar, sem þess aettu at geyma, at heraðsstjórn faeri sem bezt fram, gerðust til þess með fégjöfum, at hleypa upp þraelum í höfuð drotna þeira*"[1]). D. h. „Die Feinde Eyjólfs sagten aber, dass es nicht von allzuscharfem Weitblick zeige, wenn Häuptlinge, deren Pflicht es doch ist, auf eine möglichst gute Landesverwaltung zu achten, zu dem Mittel griffen, durch Bestechungen die Knechte anzuhetzen gegen das Haupt ihrer eigenen Herren!"

Gewiss, dieses verhängnisvolle Unternehmen, unter dem Bruch einer altbewährten Anschauung, Knechte waffenfähig zu machen, und sie, als Parteigänger, in den Streit der Edelinge zu ziehen, musste nach allen Seiten hin die verderblichsten Folgen bringen. Es wirkte zersetzend auf den Freistaat, zu dessen Untergang, im Jahre 1264, es ein mitbestimmender Faktor wurde; es wirkte zersetzend auf das Haus, dessen Zucht es lockerte; und ganz besonders nachteilig wirkte es auch auf den Betrieb der Landwirtschaft, dem es die früheren, fleissigen, willigen, stillschaffenden Arbeitskräfte entzog! —

---

[1]) Ljósvetn. s. Kap. 32.

III.

DAS PFERD IM DIENSTE DES ISLÄNDERS.

I.

Technische Ausdrücke über Pferd und Pferdepflege.

Bevor wir an die Darstellung unseres Gegenstandes gehen, dürfte es ratsam erscheinen, die termini technici über Pferd und Pferdepflege, welche in den Sagas der Isländer sich finden, hier zunächst zusammenzustellen [1]).

Das Wort „hestr" (plur. hestar), gen. masc., und ebenso auch das Wort „hross" (plur. hross), gen. neutr., bezeichnen im Allgemeinen die Gattung „Pferd", ohne Rücksicht auf die später anzuführenden Artunterschiede [2]).

In Bezug auf Geschlecht und Alter gelten folgende Bezeichnungen:

„graðhestr" ist der Hengst, oder, in zwei Worte auseinandergezogen, graðr hestr, soviel als geiles Pferd.

„geldhestr" ist der entmannte Hengst (von gelda = schneiden), der Wallach; er wird aber auch an manchen Stellen kurzweg mit hestr bezeichnet.

„merr" (plur. merar), und das synonyme Wort „hryssa" (plur. hryssur) bezeichnen die Stute, für welchen Begriff auch die composita „merhross" und „merhryssi" d. i. das Stutenpferd im Gebrauch sind. In der Dichtersprache „jalda" (plur. jöldur).

In Bezug auf das Alter bezeichnet „folald" (plur. folöld) das Füllen in den ersten Wochen nach seiner Geburt, also das Saugfüllen, und zwar stets ohne Rücksicht auf den Unterschied des Geschlechtes. In den späteren Wochen heisst das junge Tier dann:

---

[1]) Belege bei Johann Fritzner, II. Auflage.
[2]) Das Wort jór, gen jós, wird nur von den Dichtern gebraucht.

„foli" (plr. folar), wenn es ein Hengst ist,
„fylja" und „fyla", auch „unghryssi", wenn es eine Stute ist[1]).
Eine Pferdekoppel „stóð" (plur. stóð), welche stets als im Freien weidend gedacht wird, bezeichnet eine Gesellschaft von Pferden, an deren Spitze ein Zuchthengst steht; ihm zugesellt meist 3—4 Stuten mit ihrem gemeinsamen Nachwuchs, in Summa, der Regel nach, 12 Stück. (Laxd., Kap. 85: „ok eru tólf saman hrossin", und Hrafnk. s., pag. 5: „Freyfaxa fylgja tólf hross".)

In Bezug auf die Verwendbarkeit unterschied man:

„reiðhestar" = Reitpferde.

„víghestar" = Kampfpferde; wofür gelegentlich auch das allgemeine Wort „stóðhestar" = Zuchtpferde gebraucht wird.

„verkhestar" = Arbeitspferde.

Diese letzte Gruppe trennte sich wieder in „klyfjahestar" = Gepäckpferde, von „klyf" (plur. klyfjar), die beiden, dem Pferde über den Rücken geworfenen Bündel, welche dann seitlich herabhingen, also Gepäck;

und

„eykir", oder „eykhestar" = Zugpferde.

von „aka", fahren.

Diese Klassifikation bezeichnet zugleich in absteigender Linie die Wertbestimmung der Tiere, und die nach ihr sich richtende Sorgfalt in Sachen ihrer Pflege und Fütterung.

Während des Sommers, und meist auch während des Winters weideten, nach altgermanischer Sitte, die Pferde des Isländers im Freien, auf grossen, grasreichen Flächen sich selbst ihr Futter suchend, bald unten in der Nähe des Haupthofes, bald oben an den Sennhütten (sel, plur. sel). Als solche führten sie den gemeinsamen Namen „útigangshestar".

Und nur die besseren Klassen, als reiðhestar und víghestar wurden während des Winters in die Ställe aufgenommen und dort gefüttert. Sie hiessen in dieser Beziehung „eldishestar",

von „ala" = nähren, fettmachen; während die verkhestar sich auch im Winter ihr Futter draussen suchen mussten, indem sie mit ihren Vorderhufen den Schnee wegscharrten

---

[1]) „trippi", gen. is, bezeichnet dagegen, ohne Rücksicht auf das Geschlecht, ein junges Pferd, im Alter von $1/2$ Jahr bis hinauf zu 2 Jahren.

(krapsa), um zu der Grasnarbe zu gelangen. Nur bei sehr schlechtem Wetter trieb man sie, wenn sie nicht schon von selber kamen, an das Gehöft, oder an die Heuschober, und wurden ihnen dort Heubündel (heyvöndlar) auf den hartgefrorenen Schnee hingeworfen. „*er váru hjá stakkgarði; því at þeim var gefit um hríðina*" [1]. D. h. „sie (die Pferde) standen am Diemen, weil sie dort gefüttert wurden wegen des Schneesturmes".

Darum nannte man diese Pferde, im Gegensatz zu den eldishestar, die „klakahestar",

von „klaki", gen. klaka = hartgefrorener Schnee; also Eispferde[2]) (Bandamanna, s. pag. 37).

Die Stallfütterung basierte wohl nur in seltenen Fällen auf Körnern. Als eine Merkwürdigkeit wird es in der Gullþórissaga Kap. 10 erzählt, dass der aus Götland stammende wertvolle Renner des Hauknefr „var alinn á korni vetr ok sumar", d. h. „gefüttert wurde mit Getreide im Winter und im Sommer".

Diese sparsame Anwendung der Körner erklärt sich daraus, dass in dem zu nördlich gelegenen Island der schon von den ersten Ansiedlern [3]) versuchte Getreidebau die Arbeit schlechterdings nicht lohnte.

Hafer (hafri) kam fast nie in die Krippen der Isländischen Pferdeställe, dagegen zuweilen Roggen (rúgr).

Für ein ebenso gutes Kraftfutter, wie Getreide, galt dem Isländer das „taða".

Dieses war das beste Heu, gewonnen aus dem mit Dung (tað) besonders gepflegten Grasgarten (tún), der umhegten grossen Wiese, in deren Mitte stets der Hof des Isländers stand.

In den Sagas wird demnach oft gesprochen von „töðualdir hestar".

---

[1]) Bjarnar s. Kap. 27.

[2]) Pag. 456, Abschn. XII, Sitte, 1. scandinavische Verhältnisse (Valtýr Guðmundsson) des Grundrisses v. H. Paul. II. Auflage, Strassburg 1898.

[3]) Landnámabók I., Kap. 6: „Enn um várit vildi hann (Hjörleifr) sá; hann átti einn uxa, ok lét hann þraelana draga arðrinn." cf. auch Nj., Kap. 53 und 110.

Es sind gemeint die im Winterstall mit diesem Kraftheu „taða" ernährten Tiere. Wir werden demnach diese Klasse am besten bezeichnen mit „Pferden unter Kraftfutter stehend".

Der Pferdestall[1]) hiess „hesthús", oder „hrossahús", ein länglich viereckiges Gebäude, durch dessen Mitte der Länge nach die Krippe, verbunden mit der Raufe, lief. Diese nannte man „stallr" (plur. stallar). Die Pferde standen demnach, an die Krippe gebunden, in zwei Reihen, die Köpfe einander zugekehrt.

In diese Raufen trugen die Knechte das Heu mittelst länglich viereckiger Körbe, aus Holzlatten zusammengeschlagen. Sie hiessen „heymeiss" (plur. meisar).

Das Heu selbst wurde auf zweifache Weise aufbewahrt, entweder in einer Scheune „hlaða", oder in einem freistehenden Diemen, der, wenn er eine viereckige Form hatte, „stakkgarðr", oder „heygarðr", wenn eine konische Form, „heyhjálmr" (Heuhelm) hiess.

In Bezug auf die Haare des Pferdes unterschied der Isländer einfache, gemischte und zusammengesetzte Farben:

a) Einfache Farben:
 „hvítr" = Schimmel[2]).
 „svartr" = Rappe.
 „rauðr" = Roter.
 „grár" = Grauer.
 „fífilbleikr" (oder auch ljósbleikr) — Isabelle — mit gelbem Haar, nach der Farbe des Löwenzahns, (fífill, g. s = taraxacum officinale) einer, in der Isländischen Flora, noch heute allgemein vorkommenden Pflanze.

b) Gemischte Farben:
 „brúnn", oder „brúnsvartr" = kohlschwarz.
 „jarpr" = braun.
 „skjóttr" = scheckig (von ský = Wolke), also eigentlich „wolkicht".

---

[1]) Valtýr Guðmundsson: Privatboligen paa Island i Sagatiden, Kjøbenhavn 1889. Pag. 254. — [2]) Ganz weisse Pferde giebt es heute auf Island nicht mehr; sie sind mehr, oder weniger ins Graue gefärbt. Man nennt dieselben „ljós" oder „ljósgráv".

c) Zusammengesetzte Farben:

„móálóttr" = aschfarben, mit einem schwarzen Streifen längs des Rückens, neben schwarzer Mähne und Schweif.

„blesóttr" = Grundfarbe schwarz, oder braun, mit einer weissen Blesse auf der Stirne.

„hnökkóttr", oder „föxóttr" = Grundfarbe grau, mit schwarzer Mähne und Schweif.

„glóföxóttr" = rot mit gelber Mähne.

„bleikálóttr" = Grundfarbe blassgelb, mit schwarzer Mähne und Schweif, dazu ein schwarzer Streif längs des Rückens. Die berühmte Stute Keingála (Grettis s., Kap. 14) war von dieser Zeichnung.

Von der Färbung „fífilbleikr", oder ljósbleikr waren die 5 Koppelpferde, welche Finnbogi von seinem Verwandten Þorgeirr zum Geschenk erhielt. (Finnb. s., Kap. 23.)

Aber am höchsten wurden auf Island geschätzt ganz milchweisse Pferde mit schwarz behaarten Ohren (Víga-Styrs s., Kap. 15); oder eine ebenso merkwürdige Spielart:

„milchweiss", dabei braun die Ohren und die Stirnlocke. Von dieser Zeichnung waren die wertvollen Koppelpferde, ein Hengst und drei Stuten, alle ganz gleich gezeichnet — (hann var hvítr at lit ok rauð eyrun ok topprinn, Laxd. Kap. 45) — durch welches Geschenk Bolli den erzürnten Kjartan, aber vergeblich, zu versöhnen suchte.

Dieses sind die Ausdrücke, welcher die Sagas bezüglich der Pferde, Pferdefarben und Pferdepflege sich bedienen. Die technischen Ausdrücke für das Aufsatteln der Packpferde, sowie für die Reinigung, die Ausrüstungsstücke und die Gangarten der Reitpferde, werden in Abschnitt 3 und 4 nachfolgen.

II.

Des Pferdes Einführung, Anzucht und Bewertung.

So weit die Geschichte des Nordens zurückreicht, zeigt sie auch den Nordmann als Pferdefreund. Es ist dasjenige unter seinen Haustieren, obgleich Rinder und Schafe einträglicher waren, welches er doch am meisten liebt, am sorgfältigsten pflegt. Es wird erzählt von zwei sagenhaften Nordlandskönigen, Alrekr und Eiríkr, Brüdern in geteilter Herrschaft zu Upsalir, dass sie grosse Pferdefreunde gewesen seien und voll Eifer, wer von ihnen beiden die besten Pferde besässe, und am geschicktesten dieselben zureiten könnte. (Alrekr ok Eiríkr váru íþróttamenn .... lǫgðu þeir á þat it mesta kapp, hvárr betr reið eða betri hesta átti (Yngl. s., Kap. 20. F. Jónss. Ausg.).

Und wie weit in die Welt hinaus Kampfbegier und Wanderlust den Nordmann auch trieben, überall hin nahm er mit die Liebe zu seinen Pferden.

Ein sicilianischer Schriftsteller Gaufredus Malaterra, der dieselben in seinem eigenen Vaterlande gegen die Araber kämpfen und ein glänzendes Reich dort aufrichten sah, charakterisiert die Nordmannen mit folgenden treffenden Worten:

„Sie lieben Beredsamkeit und Pracht, in Kleidern und Waffen; auch lieben sie Pferde und Jagd, besonders mit Falken"[1]).

Als im letzten Viertel des 9. Jahrhunderts im Westen, auf Irland, die eingeborenen Kelten, sich ermannend, die eingedrungenen Nordmänner von ihren Küsten vertrieben, so dass diese gezwungen sich sahen, neue Wohnsitze zu suchen; und, als im Osten, im Reiche Norwegen, der Sieg im Hafrsfjörðr 872 für die Politik Haralds hárfagra Hálfdanarsonar entschieden hatte, welche dahin ging, das vielgeteilte Volklandskönigtum zu brechen, aber an dessen Stelle die centralisierte Gewalt eines unbeschränkten Grosskönigs aufzurichten, und viele der dort angesessenen Grossbauern, ungewohnt und ungewillt, ihren Nacken unter eine befehlende Hand zu beugen, ohne Zaudern ihre Häuser abbrachen, um die Hochsitzsäulen ihrer Halle anderswo, wo noch die Freiheit wohnt, wieder aufzurichten: da that sich für diese beiden suchenden Wanderströme, von Osten und von Westen herkommend, gerade zur rechten Zeit das neu entdeckte Island auf[2]), von dem einer der ersten Besucher in schwärmender

---

[1]) J. M. Strinnholm, Wikingerzüge, Hamburg 1839. I. Pag. 129.

[2]) Den oldnorske og oldislandske Litteraturs Historie af Finnur Jónsson II. Pag. 188. København 1897.

Übertreibung berichtete: *„drjúpa smjör af hverju strái á landinu"*, d. h. „in dem Lande tropfe Butter von jedem Halme" (Lndn. I. Kap. 2).

Die Landnámabók I. Kap. 1 nennt die beiden Pflegebrüder Ingólfr und Hjörleifr als die ersten festen Ansiedler Islands. Dieses für die Politik, und mehr noch für die Kulturgeschichte des Nordens, so folgenschwere Ereignis wird gesetzt in das Jahr 874.

Die neu entdeckte Insel war fast menschenleer.

Nur einzelne weltflüchtige irische Mönche, welche seit dem Jahre 725 als Anachoreten[1]) auf der zu Island gehörenden, südlich gelegenen, Insel Papey (Landn. prolog.) ihre Hütten gebaut hatten, hausten dort; flohen aber beim ersten Nahen der Wikingerschiffe, unter Zurücklassung von „boecr írscar oc björ oc bagla", d. h. „von Büchern in irischer Sprache, Glocken und Krummstäben" (Íslbók. Kap. 1), weil sie nicht zusammen mit heidnischen Leuten dort wohnen wollten.

Ebenso leer war die Insel auch an Haustieren. Um nur von den Vierfüsslern zu sprechen: die Katze und den Hund, die Ziege und das Schaf, das Rind und das Pferd mussten die Einwanderer in die neue Heimat mitbringen. Und anfangs sah es leer genug von alledem auf ihren neu errichteten Höfen aus.

In der Egla, Kap. 29, heisst es ausdrücklich: „Anfangs hatten sie wenig lebendes Vieh"! (fyrst höfðu þeir fátt kvikfjár).

War doch der Aufbruch der meisten Einwanderer aus ihrem Heimatlande Norwegen einer Flucht gleich gekommen. Skallagrímr, der Vater des berühmten Egill, welcher auf Island die ganze Mýraharde in Besitz nahm, macht sich zur Abreise fertig, tötet aber zuvor noch einige Freunde Haralds, weil sie seinen Bruder Þórólfr beim Könige angeschwärzt hatten, darunter zwei Vettern des Königs, Söhne seines Pflegevaters Guttormr; dann flieht er auf zwei Schiffen mit

---

[1]) So berichtet der irische Mönch Discuil, welcher 825 schrieb in seinem Buche „De mensura orbis terrae", edit. princ. v. C. A. Walckenaer, Paris 1828.

60 waffenfähigen Männern, dazu die Weiber und Kinder, und vielem beweglichen Gute nach Island (Egla, Kap. 27). Wie vieles war da nicht in der Hast vergessen, wie vieles hatte auch der beschränkte Schiffsraum mitzunehmen verboten. Es war schon genug, wenn von jeder Gattung Vieh ein Paar ausgesuchter Zuchttiere zur Vermehrung in die neue Heimat mitkamen. Aber ein Paar edler Pferde hat unter diesem mitgenommenen Vieh gewiss nicht gefehlt.

Diesen Mangel an lebendem Vieh auf der neubesiedelten Insel zu decken, trat der Handel ein. In der Landnámabók III. 8. heisst es:

„Í þann tíma kom út skip í Kolbeinsárósi, hlaðit kvikfé",
d. h. „um diese Zeit kam aus Norwegen ein Schiff in die Kolbeinsamündung, beladen mit lebendem Vieh"! — Der Zusammenhang ergiebt hier ein Frachtschiff, welches auch Pferde geladen hatte. Denn aus der Zahl der ausgeschifften Tiere bricht aus die Fluga, eine Stute, und ein edles Rennpferd, dessen Lebensgeschichte später erzählt wird.

Auf denselben Import von Pferden lässt schliessen eine Stelle aus der Gull-Þóris saga, Kap. 9, wo im Besitze des Hauknefr aufgeführt wird ein junger Götlaendischer Renner (gautskr hlaupari), stammend aus der schwedischen Provinz Götland; also vermutlich von dort, einer durch Pferdezucht zu jener Zeit berühmten Gegend, nach Island eingeführt.

Da man die Entfernung von Norwegen nach Island auf 200 Seemeilen schätzt, und es Schiffe gab, welche diese Strecke bei günstigem Winde in 4 Tagen und 4 Nächten durchsegelten, so war der Transport von lebendem Vieh auf dieser Strecke, ohne zu grosse Verluste für den Handelsmann, wohl denkbar, um so mehr, als man Schiffe von ausgiebigem Rauminhalt zu konstruieren verstand. Das Schiff zu Gokstadt, im südlichen Norwegen, in einem Grabhügel 1880 aufgefunden[1]), ein 32 Ruderer, hatte von Steven zu Steven längs der Reeling gemessen, $72^{1}/_{2}$ Fuss, und dabei eine Breite oben an der Reeling von $16^{3}/_{4}$ Fuss, die Höhe aber von der Unterseite der Kielplanke bis zur Reeling betrug

---

[1]) Valtýr Guðmundsson, in Paul's Grundriss III. 464; II. Aufl.

in der Mitte 5½, an den beiden Enden sogar 8½ Fuss. Dieses Schiff stammt, wie man vermutet, aus dem Schluss des 9. Jahrhunderts, also gerade aus der Zeit, von welcher wir hier reden.

Der Nordmann aber, welcher auf allen seinen Zügen es verstanden hatte, die Interessen des „kaupmanns" mit denen eines „víkings" zu verbinden, war ein viel zu guter Geschäftsmann, um bei der bekannt gewordenen Armut des neu besiedelten Islands an lebendem Vieh, und der nicht minder bekannten Kaufkraft der meisten seiner zugewanderten Bewohner, hier nicht in die Lücke zu treten, und durch Zufuhr der fehlenden Ware ein gutes Geschäft zu machen.

So stammt denn das Isländische Pferd im Wesentlichen aus dem Mutterlande Norwegen; aus dem dahinter liegenden Schweden, und vielleicht auch aus Britannien. Aber in allen diesen Ländern war das Pferd auch nicht heimisch gewesen, sondern erst den nach Westen vordringenden germanischen Stämmen dorthin aus Central-Asien gefolgt; da eine stufenweise Verwandtschaft aller Pferde auf dem ganzen Striche von Central-Asien durch Scythien, bis nach Deutschland, und Britannien hinauf, nachweisbar ist[1]).

Selbstverständlich lohnten nur edle Tiere den kostspieligen Transport. So ist denn auch die oben genannte Stute Fluga ein so ausgezeichneter Renner (þat var allra hrossa skjótast = das war von allen Pferden das schnellste), dass sie ihrem Besitzer Þórir, bei einem Wettrennen, den Preis von 100 „Silber" (= 570 Mark) einträgt[2]), welche Summe mit 10 zu vervielfältigen ist, um dem heutigen Geldwerte gleichzukommen.

Es hätte ja auch das Island der Saga-Zeit auf seinen Edelhöfen nicht einen so grossen Bestand ausgeglichener Rassepferde besitzen können, wenn nicht die Stammtiere dieser, allerdings auf das Sorgfältigste gepflegten, Anzucht Pferde allerersten Ranges gewesen wären. Darum werden oft

---

[1]) Adolf Schlieben: „Das Pferd des Altertums". Leipzig 1867, pag. 114, und Viktor Hehn: „Kulturpflanzen und Haustiere im Uebergang aus Asien nach Europa". Berlin 1874, pag. 20—53.

[2]) Landnáma, III., 8.

in den Sagas Ausdrücke gebraucht, wie diese: *„hann var allra hesta beztr ok fegrstr"*, d. h. „das war unter allen Pferden das beste und schönste"; oder: *„þat váru góðir gripir"*, d. h. „das waren gute Kostbarkeiten"; oder: *„þat váru afreksgripir"*, d. h. „das waren ausnehmend grosse Wertstücke"; oder, wie Óláfr pá von den Pferden, die Bolli dem erzürnten Kjartan zum Geschenk anbietet, urteilt: *„eru þetta enar virðuligstu gjafir"*, d. h. „dieses sind überaus wertvolle Gaben" (Laxdaela, Kap. 45).

Wir müssen uns die Pferde der Saga-Zeit im Gegensatze zu den, heute auf Island lebenden, Tieren als gross und kräftig gebaut vorstellen. Für die Grösse derselben spricht die oft wiederholte Bezeichnung: *„hestrinn var mikill ok vaenn"*, d. h. „der Hengst war gross und schön"; oder: *„mikill vexti"*, d. h. „gross von Figur"; oder: *„mikill ok sjáligur"*, d. h. „gross und ansehnlich".

Auf diesen kräftigen Bau können wir auch schliessen von der starken Belastung, welche nicht bloss den Arbeitspferden, wovon später zu reden ist, sondern auch den Reitpferden zugemutet wurde. So steigt Skallagrímr zu Pferde und nimmt auf seine Kniee einen sehr grossen Kasten (kistu vel mikla), und dazu noch unter den Arm einen Messingkessel (eirketill). So reitet er (Egla, Kap. 58). — Der greise Egill aber nimmt seine beiden Silberkisten auf das Pferd, als er hinreiten will, um, eifersüchtig auf seine Erben, diese Kisten in einen Sumpf zu versenken (hafði með sér silfrkistur sínar, hann steig á hest: Egla, Kap. 85).

War ein wertvoller Stamm von Pferden die Voraussetzung zu einer tüchtigen Pferdezucht, so war das Mittel zu ihrer Erhaltung und Veredelung eine sorgfältige Kreuzung.

Die Pferde eines Gutes waren sämtlich in geschlossene Gruppen (stóð) abgeteilt. Zu einem Hengst gesellte der Besitzer 3, höchstens 4 Stuten. Diese Pferde wurden genau nach Herkunft und Farbe ausgewählt. In der Bjarnar s., Kap. 27. lesen wir: *„sá hestr var sonr Hvítings ok var alhvítr at lit, enn merarnar allar rauðar; annar sonr Hvítings var í Þórarinsdal, ok var sá ok hvítr, enn merarnar svartar"*, d. h. „dieser war ein Sohn des Hvíting, ganz weiss von Farbe, aber die Stuten waren sämtlich braun. Ein anderer Sohn des Hvíting war im Þórarinsdalr, auch ein Schimmel, aber die Stuten waren Rappen".

Diese also zusammengestellten Tiere vermehrten sich untereinander, und durften anwachsen bis zur Zahl 12, was wohl nach 3 Jahren eintrat; dann wurden die Koppeln von Neuem geteilt.

Die einzelnen Gestüte ein und desselben Gutes, sowie der Nachbarhöfe, wurden streng gesondert gehalten, um falsche Kreuzungen zu verhindern, und dieses erforderte grosse Wachsamkeit.

Zwei Stuten (Grauschecken) des Auðr auf Auðsstaðir drängten beständig zu den Rapphengsten des Hörðr auf Breiðabólstaðr hinüber und brachen 2 Sommer hintereinander aus der Weide. Die Anstrengung, diese Pferde auseinander zu bringen, kostete dem Knaben Sigurðr, dem Sohne des Auðr, sogar das Leben [1]).

Namentlich zur Brunstzeit der Pferde steigerte sich diese Arbeit. So lesen wir [2]): *„enn vandhaefi mun þér þykkja á vera at láta geyma hesta várra, því at þeir eru allir graðir, ok má engi við annan eiga; enn vér erum at þeim vandir mjök, því at þetta eru stóðhestar várir töðu-aldir"*, d. h. „beschwerlich wird es sein, unsere Pferde hüten zu lassen, weil sie sämtlich rossig sind, und es darf keins mit dem andern zusammenkommen; denn wir schätzen sie sehr, weil es unsere Hengste sind, welche unter Kraftfutter stehen".

So verband sich Intelligenz mit Sorgfalt, um das Pferdematerial beständig zu verbessern, um Reit- und Renn-, Kampf- und Arbeits-Pferde von der brauchbarsten Art heranzuziehen, und jene überraschenden Spielarten in der Farbe, in der Einleitung besonders aufgezählt, hervorzurufen, welche die Liebhaberei des Isländischen Pferdezüchters, in der Saga-Zeit, waren.

An diesem Eifer für die Pferdezucht beteiligten sich auch Frauen.

So wird die Gróa [3]) als Züchterin des Hengstes „Inni-

---

[1]) Harðarsaga, Kap. 20. — [2]) Ljósvetningasaga, Kap. 7.
[3]) Fljótsdaelasaga, Kap. 10.

krákr" genannt, welchen sie für das grösste Wertstück unter ihrem Viehbestande erklärte, und die Hlíf[1]), Vali, des Starken, Weib, wird als Pferdeschneiderin (hestageldir) aufgeführt. Vermutlich wegen ihrer weicheren Hand übertrug man dieses Geschäft den Frauen, welche ja überhaupt in der Saga-Zeit als Chirurgen beliebt waren.

Auf den Höfen besass und verfügte, wie der Hausherr, so auch die Hausherrin über ihre eigenen Pferde.

So erteilt Jófríðr[2]), des Þorsteinn Egilsson Gattin, Herrin auf Borg, den Befehl: „Nimm mein eignes Pferd und sattle es!" (hest minn skaltu taka ok leggja söðul á).

Und Signý[3]), die Tochter Valbrand's, wählt aus ihrem Besitz 2 Wertstücke aus, um ihres Bruders Torfi Freundschaft sich damit zu sichern. Sie reicht ihm dar ihr schönes Halsgeschmeide und ihr Pferd „Svartfaxi". (vil ek gefa þér gripi mína ij, er þat annat men mitt hit góða, enn annat hestr minn Svartfaxi). Ist es nicht sehr bezeichnend für eine Frau, ein Pferd als gleichwertig neben ihren Halsschmuck hinzustellen?

Auch in Knaben suchte man früh die Neigung zu Pferden zu wecken, indem man ihnen kleine Pferde, aus Bronze gebildet, als Spielzeug gab.

Als eines Tages der sechsjährige Arngrímr und sein jüngerer Vetter, der vierjährige Steinólfr, mit solch einem Messingpferdchen spielten, welches dem Ersteren gehörte, bat Steinólfr diesen, ihm das Spielzeug zu leihen. Aber Arngrímr schenkt es ihm, weil solch ein Spielzeug für seine Jahre nicht mehr passe. Der Sechsjährige verlangt bereits nach einem lebendigen Pferde[4]).

In der That wurden Knaben, schon im zarten Alter, bei der Pferdepflege beschäftigt. Grettir[5]), 9—10 Jahre alt, wird im strengen Winter hinausgeschickt, um eine Koppel wertvoller Pferde zu hüten (Grettir skyldi geyma hrossa hans). Er erklärt diese Arbeit für kalte Arbeit, aber doch für männ-

---

[1]) Lndn. II., 6. — [2]) Gunnl. s., Kap. 3.
[3]) Harðar s., Kap. 3. — [4]) Glúma, Kap. 12.
[5]) Grettis s., Kap. 14.

lich; besorgt sie indessen sehr wenig zur Zufriedenheit seines Vaters.

Ebenso gewöhnte man Knaben früh an Distanzritte. Der 12jährige Óláfr pá[1]) begleitet seinen Vater Höskuldr zu Pferde nach dem Alþing, obgleich es von Hjarðarholt nach þingvöllr ein Weg von 20 Meilen ist, und nach 14 tägiger Rast denselben Weg wieder zurück.

Bei der nachgewiesenen wertvollen Beschaffenheit des Pferdematerials könnte man sich darüber wundern, dass der Isländer seine Pferde schutzlos im Freien weiden liess, ganz allgemein während des Sommers, Nacht wie Tag; aber auch des Winters, wo nur einigen Bevorzugten unter ihnen der Stall geöffnet wurde. In der That brachte dieses Verfahren oft genug Verluste mit sich. Den ersten Ansiedlern Flóki, Þórólfr, Herjólfr und Faxi stirbt im ersten Winter sämtliches Vieh (dó alt kvikfé þeira um vetrinn[2]). Nach der Víga-Skútusaga, Kap. 18, verschwindet dem Hrómundr eine Pferdekoppel von 5 Stück, und wird nicht wieder gefunden; ebenso dem Þorbjörn[3]) und dem Oddr[4]). Und gar der wertvolle Renner, die Stute Fluga „týndist í feni á Flugumýri" d. h. „starb in einem Sumpfe auf Flugumýri"[5]).

Ökonomie konnte wohl in der Anfangszeit des Kolonistenlebens eine grössere Stallanlage gescheut haben, zumal die stärkeren Bauhölzer auf Island selbst nicht zu beschaffen, und darum als Import-Ware teuer waren; allein später hatte sich der allgemeine Wohlstand derart gehoben, dass dieser Grund nicht mehr durchschlug. Vielmehr ward für die Beibehaltung der alten Fütterungsweise massgebend die Beobachtung, dass Verluste, welche das beständige Weiden im Freien mit sich brachte, reichlich aufgewogen wurden, sowohl durch die kernige Gesundheit der ihnen verbleibenden Tiere, als wie besonders auch durch die Zahl und Kraft des im Freien erzeugten, und dort gross gewordenen, Nachwuchses.

Der bóndi, welcher sich selbst am wohlsten fühlte, wenn

---

[1]) Laxd., Kap. 16. — [2]) Lndm. I., 2.
[3]) Lndn. II., 9. — [4]) Bandam. s., pag. 42.
[5]) Lndn. III., 8.

er auf dem Hengstrücken scharfe Luft schlürfte, sagte sich: „Das behagt auch meinem Renner!" und zwängte denselben nicht in den Stall, wo oft genug der angesammelte Ammoniak die Luft verdirbt. Und namentlich bei den jungen, im Wachstum begriffenen Tieren, wieviel kerniger mussten sich nicht bei dem freien Auslauf auf grossen Weideflächen, und über Lavastrecken hin, diejenigen Organe entwickeln, auf welchen bei dem Pferde die Leistungskraft besonders beruht, Hufe und Beine. Da giebt es denn, wenn dem jungen Tiere seine Freiheit gelassen wird, Hufe so rund und hart und wohlgeformt, dass sie, auf Felsenboden aufschlagend, einen Klang von sich geben, wie schon der alte Homer es rühmt: „χαλκόποδες ἵπποι". (Ilias, VIII, 51.)

Daher entscheidet Björn, als Þórðr auf Hítarnes die Durchfütterung seiner Pferde zugesagt hat, aber zugleich ihm die Wahl lässt zwischen Stallfütterung und Weide, sich für die Letztere: *„því hafði Þórðr í fyrstu heitit Birni, at hesta hans skyldi faera til haga í Hítarnes, eða láta gefa heima ella, ok hafði Björn viljat, at heldr faeri í brott"* [1]).

Aus dem Gesagten ergiebt sich, dass die Aufzucht, wie die Behandlung, der Pferde eine rationelle war: aber sie war auch eine liebevolle.

Es kommen ja Roheiten dort vor, auch in der Behandlung von Pferden. Grettir zerschneidet aus Ärger darüber, dass er die Pferde bei dem scharfen Winterfrost draussen hüten soll, der Keingála das Fell auf dem Rücken, kreuz und quer, mit seinem Messer; aber Grettir ist ein Junge, und dazu ein sehr wüster, den erst das Leben zähmen soll. Der Knecht Einarr jagt auf dem Hengste Freyfaxi den ganzen Tag, wie wild, umher, so dass das edle Tier schweisstriefend und schlammbedeckt dasteht; aber er thut es in der Sorge um seine, an einem Nebeltage ihm zersprengten 30 Schafe. Ein anderer Einarr reitet das von ihm bestiegene Arbeitspferd bis es zusammenbricht (hann sprengdi hestinn[2]); aber, er thut es in der Verfolgung von Räubern, die ihm seine Reitpferde gestohlen haben.

---

[1]) Bjarnar s., Kap. 13. — [2]) Lndn. II., 7.

Weit stärker sind in den Sagas auf der anderen Seite die Ausdrücke der Zärtlichkeit des Isländers für dieses sein Lieblingstier. Wenn Finnbogi erklärt: „Wenige Dinge habe ich unter meinem Eigen, welche mir werter sind, als diese Koppelpferde [1]); wenn Hrafnkell sein Pferd Freyfaxi, welches mit einer stummen Anklage wegen schlechter Behandlung vor seiner Hausthüre steht, liebkosend beschwichtigt, und es nennt: „mein Pflegesohn" (fóstri minn) und „Held" (garpr) und ihm ritterlich empfiehlt, zurückzukehren zu seinem „Kriegsgefolge" [2]) (lið), d. h. seinen 12 Koppelpferden; wenn von Brandr [3]) geradezu gesagt wird *„at hann hefði átrúnað á Faxa"* d. h. „dass er einen Kultus mit seinem Pferde Faxi getrieben": so sind das alles Zeichen eines grossen Wohlwollens des Isländers der Saga-Zeit für dieses sein Lieblingstier.

Dafür spricht auch die Ehrung einzelner Pferde, deren Namen man gerade so, wie die Namen verstorbener Helden, auf den Ort übertrug, wo sie fielen.

So wurde eine Halbinsel am Breiðifjörðr nach der Stute Skálm genannt: „Skálmarnes" [4]). Und nach der Stute Fluga wurde der Sumpf, in dem sie umgekommen, genannt „Flugumýr" [5]). Und eine Terasse nach Hvíting, dem Älteren, der „Hvítingshjalli" [6]). Und der Felsen, von dem Freyfaxi, mit verbundenen Augen, einen Stein am Halse, in den unten vorüberschäumenden Fluss gestürzt wurde: „Freyfaxahamarr" [7]).

Auch die Gesetze Islands gaben dem Pferde eine hohe Bewertung.

Die Stellung eines Mannes zum Pferde und zu dessen Behandlung nimmt das Isländische Recht geradezu als einen Massstab an für dessen Dispositionsfähigkeit.

---

[1]) Finnb. s., Kap. 23. — [2]) Hrafnk. s., pag. 8.

[3]) Wir können den Ausdruck „átrúnaðr" hier kaum im Sinne einer „religiösen" Verehrung dieses Pferdes deuten, da von ihm gesagt wird: „hann var öruggr til alls, baeði vígs ok annars" d. h. „dasselbe war zuverlässig in allem, beides für Kampf, wie für andere Dinge"! Den Göttern geweihte Tiere wurden aber, wie der letzte Abschnitt zeigen wird, dem menschlichen Gebrauch entzogen. „Nullo mortali opere contacti": Tacitus, Germania, Kap. 10.

[4]) Lndn. II., 5. — [5]) Lndn. III., 8.

[6]) Bjarnar s., Kap. 31. — [7]) Hrafnk. s., pag. 29.

So sagt die Grágás[1]:

„*Sa maðr er oc eigi arfgengr er eigi veit hvart tryió savðull scal fram horfa a hrosse eða aptr.*" D. h. „Solch ein Mann ist auch nicht erbberechtigt, welcher nicht weiss, ob ein Männersattel vorwärts oder rückwärts aufzulegen ist".

Offenbar kam es dem Gesetzgeber hier darauf an, dieses auszusprechen: „Wer die einfachsten Dinge aus dem täglichen Leben nicht weiss, ist unfähig, ein Erbe anzutreten, und zu verwalten!"

Aber, indem der Gesetzgeber als Beispiel für solche Hantierung die Griffe gerade von der Behandlung eines Reitpferdes wählt, spricht er es damit aus, nicht bloss wie geläufig, sondern auch wie lieb dem Isländer der tägliche Verkehr mit diesem Haustiere war.

Dieselbe Wertschätzung des Pferdes spricht das Isländische Recht auch damit aus, dass es die rechtswidrige Besteigung eines fremden Reitpferdes unter sehr hohe Strafen stellt.

So heisst es in der Grágás[2]:

„*Ef maðr hleypr a bak hrosse manz olofat þat varðar vi. avra afang.*" D. h. „Wenn jemand das Pferd eines anderen Mannes besteigt, ohne dessen Erlaubnis, so kostet das 6 Oere Strafe = 3 Kronen Dänisch = 3,35 Mark Deutsch",

was mit 10 zu vervielfältigen ist, um auf den heutigen Geldwert zu kommen. Gerechnet ist hier nach lögeyrir, d. h. Gesetzes-Oeren, bei denen eine Oere war = $1/8$ eyrir silfrs, d. h. Silber-Oere [3]).

Es heisst in der Grágás weiter[4]:

---

[1]) Grágás I., Kap. 118. — [2]) Grágás II., Kap. 164.
[3]) Valtýr Guðmundsson und Kristian Kaalund in Pauls Grundriss, XII. 475, II. Aufl., Strassburg 1898.
[4]) Ausserdem enthält die Grágás sehr eingehende Bestimmungen über das Sichverlaufen und Nachlaufen von Pferden, über das Mieten, Quälen und Scheumachen, Verwunden und Verstümmeln der Pferde, über die Taxation des angerichteten Schadens, und die Höhe der Strafen, von 3 Mark Geldbusse bis zur Landesverweisung, wobei Pferde, zum þing und zu Hochzeitsfesten geritten, unter verschärften Schutz gestellt werden.

„*nu riðr hann sva fram or stað oc varðar þat* |||. *marca utlegð*" d. h. „Nun reitet er also fort von dieser Stelle, und das kostet 3 Mark Geldbusse" = 12 Kronen Dänisch = 13,40 Mark Deutsch.

Also, nur das Besteigen eines fremden Pferdes, in rechtswidriger Art, wurde belegt nach unserem Werte mit einer Geldstrafe von Mark 33,50, das Fortreiten aber auf demselben mit Mark: 134.

Diese Bestimmungen verschärfen sich noch! Wir lesen in der Grágás weiter:

„*þriar hrossreiþir ero þaer er scoggang varða:*
„*ein er ef maðr riðr sva at* ||| *böir ero a aðra hönd oc riði hann vm þá*".
„*önor er ef maðr riðr vm fiöll þav er vatn föll deilir af a millom heraða*".
„*þriðia er ef maðr riðr fiorðunga a meðal*", d. h.
„Drei Arten von Pferderitten giebt es, welche mit Friedlosigkeit bestraft werden:

die Eine ist es, wenn jemand reitet so (weit), dass 3 Bauernhöfe (ihm) an einer Seite liegen, und er reitet (an ihnen) vorbei;

die Zweite ist es, wenn jemand reitet über solche Berge, welche eine Wasserscheide zwischen 2 Harden bilden;

die Dritte ist es, wenn jemand zwischen 2 Vierteln reitet."

Gemeint ist hier, wenn jemand von einem Viertel auf Island zum anderen reitet. Es konnte das unter Umständen eine Reise von 14 Tagen sein.

Erwägt man nun, dass der „scoggangr", dieser dritte und höchste Grad der „Friedlosigkeit", die schärfste Strafe war, über welche die Republik verfügte (denn auch eines Mannes Tötung wurde nicht höher geahndet), diese aber hier auf die rechtswidrige Benutzung eines fremden Reitpferdes, nach dem allgemeinen Willen des Volkes, von dem Gesetzgeber gelegt wird, so muss man allerdings sich wundern über den nachdrücklichen gesetzlichen Schutz, welcher auf Island diesem Tiere zu Teil wurde.

Noch heute ist auf Island das Pferd einziges Verkehrsmittel, und darum sehr geschätzt und sehr verbreitet. Während, zur Zeit, auf je 1000 Einwohner in Norwegen 88 Pferde kommen, in Schweden 97, kommen in Island auf je 1000 Einwohner 400 Stück[1]). Und noch immer ist dort das alte Verfahren im Gebrauch, diese Tiere hauptsächlich mit Gras und Heu zu füttern und sie den Sommer, wie auch den Winter, bei nicht zu hohem Schneefall, im Freien weiden zu lassen.

Das heutige Reitpferd dort, noch immer von grosser Dauerhaftigkeit und Genügsamkeit, ein unermüdlicher Läufer, wie kühner Schwimmer, trägt seinen Reiter, bei kurzen Ruhepausen, täglich 12—14 Meilen; und ein Packpferd trägt, Wochen hindurch, eine Last von 200—250 Pfund.

Um vieviel ausgezeichneter und leistungsfähiger musste nicht das Isländer-Pferd zur Saga-Zeit sein, wo ihm die sorgsamste und intelligenteste Pflege zu teil wurde.

Aber die Resultate der alten, wie der neuen, Zeit führen beide zu dem Urteil, dass die Insel Island, welche das Pferd durch Einwanderung verhältnismässig spät empfing, und zur Saga-Zeit einen zahlreichen und ausgezeichneten Pferdebestand besessen hat, noch immer als ein sehr günstiges Terrain für eine lohnende Pferdezucht anzusehen ist.

III.

Das Pferd als Wirtschaftstier.

Der Pferdebestand auf den Islandshöfen war zur Saga-Zeit ein sehr ansehnlicher. Wenn ein Mann, wie Blundketill auf dem Hofe Örnólfsdalr, der weder goði noch hoefðingi, sondern nur ein guter Mittelbauer war, 160 Pferde auf einmal, und es fragt sich doch, ob damit sein Besitz erschöpft war, von der Weide heimtreiben lassen konnte[2]), wie gross muss dann wohl die Pferdeanzahl auf Hjarðarholt bei Óláfr pá., oder bei Guðmundr hinn ríki auf Möðruvellir gewesen sein? Wir gehen wohl nicht fehl, wenn wir sie hier auf das Vier- und Fünffache anschlagen.

---

[1]) Daniel Bruun: Nordboernes Kulturliv, Fortid og Nutid. København 1897. pag. 76.

[2]) Hoensa þ, Kap. 4.

Von diesem Pferdebestand sonderten sich aus für den Wirtschaftsgebrauch die Arbeitspferde (verkhestar); und mit diesen haben wir es in dem vorliegenden Abschnitte zu thun.

Es liegt in der Natur der Sache, dass man hierzu die weniger edlen Tiere von mehr gedrungenem Körperbau und kälterem Blute nahm.

Nach ihrer Verwendung im Wirtschaftsbetriebe werden dieselben eingeteilt in Zugpferde (eykir, oder eykhestar) und in Packpferde (klyfjahestar, auch zuweilen dragnahross genannt[1]), doch so, dass die Scheidegrenze als eine fliessende zu denken ist, und dieselben Pferde, je nach Bedarf, auch wohl beiden Zwecken dienten.

Das Ziehen konnte geschehen vor dem Pfluge, dem Wagen, oder dem Schlitten.

Der Ackerbau war auf Island wegen dessen nördlicher Lage und der Kürze seiner Sommer beschränkt. Nur in einzelnen geschützten Thälern, und da, wo warme Quellen die Bodenwärme steigerten, bezahlte der erzielte Körnerertrag die Auslage und die Arbeit. Der Pflug (plógr) war also hier und da im Gebrauch, und es wurden vor denselben meist Ochsen (arðroxi), seltener Pferde, gespannt[2].

Wagen kannten die Nordmänner sehr wohl. Dafür sprechen die Gräber- und Moorfunde.

Der schöne Wagen, aufgegraben aus dem Torfmoore, 2 Meilen südlich von Ringkjøbing im Jahre 1881, stammend aus der Heidenzeit, und aufgestellt im National-Museum zu Kopenhagen, beweist nicht bloss die Bekanntschaft des Nordmanns mit diesem Gerät, sondern auch, in dessen schöner Detailarbeit, die volle Herrschaft des damaligen Handwerks über das Material, als Eisen, Erz und Holz[3].

Dass auch die Isländer zur Saga-Zeit Wagen benutzt

---

[1] Glúma, Kap. 19.
[2] Valtýr Guðmundsson; in Pauls Grundriss III, 459.
[3] Abgebildet und beschrieben: a) auf pag. 59 von Danmarks Rigeshistorie af Joh. Steenstrup etc. Københ. 1899; b) auf pag. 470: Sophus Müller, Vor Oldtid, Kjøbenh. 1897. Dazu vergleiche man auch die in demselben Buche, Fig. 408, abgebildeten, herrlich verzierten Kammdeckel, herrührend von einem alten Pferdegeschirr aus derselben Zeit.

haben, wird bezeugt. Wir lesen in der Víga-Glúmssaga[1]: *„lét hon hefja hann í vagn ok búa hóglega um"*, d. h. „Sie liess ihn in den Wagen heben und bereitete ihm einen behaglichen Sitz". Sodann in der Njála: Höskuldr, der Sohn des Njál, ist von Lýtingr erschlagen und liegt draussen auf dem Felde. Der Schafhirte eilt, der Mutter des Getöteten, der Hróðný, dieses zu melden. Sie befiehlt: *„tak þú hest minn ok akfaeri"*, „d. h. „rüste du mein Pferd und das Fuhrwerk!" Dann fahren sie beide hinaus, und, nach einer Untersuchung der Wunden, *„síðan tóku þau lögðu hann í vagarnar ok óku til Bergþórshváls"*[2] d. h. „dann nahmen und legten sie ihn in den Wagen und fuhren ihn nach Bergþórshval".

Ebenso unbezweifelt waren Schlitten auf Island im Gebrauch; zunächst für den Personenverkehr.

So heisst es in der Saga Gísla Súrssonar: *„Þórðr var mikill maðr vexti, ok bar hann hátt í sleðanum"*[3] d. h. „Þórðr war ein Mann von grossem Wuchs, und ragte hoch auf im Schlitten". Sogar ein Verdeck-Schlitten wird erwähnt: *„Brandr hafði tjaldat sleða með húðum ok beitt fyri Faxa"*[4] d. h. „Brandr hatte den Schlitten überspannt mit einem Lederzelte, und davor gespannt das Pferd Faxi".

Besonders aber für den Transport grösserer Lasten, als Holz aus dem Walde her[5], und Heu von den Bergwiesen herab[6] empfahl sich im Winter der Schlitten mit niedrigen Holzkufen, ohne Eisenbeschlag (kjálki).

Aber eine viel stärkere Verwendung, als das Zugpferd, fand auf den Islandshöfen das Packpferd. Von demselben Blundketill, dessen Pferdebestand oben aufgerechnet wurde, wird berichtet, dass er durch seinen Sohn Hersteinn 120 Packpferde einem befreundeten Kaufmanne entgegentreiben liess, um durch dieselben den Mann samt seinen Waren auf den Hof zu bringen[7].

Das ist doch eine sehr bedeutende Anzahl! — Und dazu besass der Mann auch, wie ausdrücklich in der Saga hervorgehoben wird, für jedes dieser Tiere den erforderlichen Sattel

---

[1] Glúma, pag. 23. — [2] Nj., Kap. 98. — [3] Gísl, pag. 37.
[4] Vd., Kap. 34. — [5] Gísl, pag. 36. — [6] Finnb. s. Kap. 23 und Flj. s. Við. Kap. 3. — [7] Hoensa þ, Kap. 4.

und das Zaumzeug, sodass er nichts aus der Nachbarschaft zu borgen brauchte.

Sollte ein Packpferd aufgesattelt werden, so wurden auf seinen Rücken gelegt zuerst eine oder mehrere dünne Torfscheiben (lóna), um zu verhindern, dass das Tier nicht rückenwund (baksárr[1]) würde. Auf diese Scheiben legte man den Packsattel (klytberi), ein Holzgestell aus Leisten, an welche festgebunden wurden die seitlich herabhängenden, geschnürten Bündel (klyf, plur. klyfjar), oder auch Körbe (laupar und hrip), geeignet, kleinere Gegenstände in sich aufzunehmen, oder auch grosse Holzkästen (kláfr) zum Transport des Stalldüngers. Diese ganze Thätigkeit des Aufsattelns, wie das Aufschnüren der Last, hiess „klyfja". Und der Isländer entwickelte in diesem Aufbauen der Last eine grosse Geschicklichkeit, eine solche, wie wir sie noch heute an dem Araber bewundern, wenn er sein Kamel zum weiten Wüsten-Transport befrachtet.

Die wenig guten, und oft steil ansteigenden, Gebirgswege der Insel empfahlen ja sehr diesen Transport auf dem Pferderücken. Eine Last bis zu 2 Centnern konnte man gut einem Pferde auflegen, und, galt es grössere Gewichtstücke zu befördern, so ordnete man dieselben so an, dass 2 Pferde einen grösseren Gegenstand trugen.

So belastete Pferde wurden zu weiten Transporten über die Insel hin verwandt.

Sie wurden z. B. jedesmal mitgenommen, wenn man vorhatte, in der engeren oder weiteren Narbarschaft an jenen mehrtägigen Festen teilzunehmen, welche die vornehmeren Familien veranstalteten, entweder in den 4 ersten Nächten zu Wintersanfang (at vetrnóttum), oder zum Julfest (jólaboð), oder im Anfang des Mai zu Ehren des Freyr, des Gottes der Fruchtbarkeit; zu Erbebier und zu Hochzeiten. Zu solchen Festen waren oft 100 und mehr Gäste geladen, es ging hoch her, und viel Kleiderpracht wurde entfaltet von Frauen, wie von Männern. Diese Gewänder, in Holzkisten sorgsam verpackt, wurden den Packpferden aufgelegt, welche den Zug der Reisenden begleiteten.

---

[1]) Ljósvetn, Kap. 18.

Noch mehr Packpferde waren erforderlich für die Häuptlinge, wenn sie, zum Teil von ihren Frauen, Söhnen und Töchtern begleitet, zum Alþing hinaufzogen, welcher nicht bloss der Platz ernster gesetzgeberischer Arbeit, sondern auch die Stätte heiterer Lust war. Hier galt es, ausser den erforderlichen Kleidern, das Geräte für die selbstzuzeltenden Þing-Buden und den Mundvorrat auf volle 14 Tage mitzunehmen. „þat var þá háttr, at menn vistuðu sik sjálfir til þings", d. h. „das war da Sitte, dass die Leute sich selbst mit Proviant für das Þing versahen"[1]).

Wie oft galt es nicht, auf weiten Wegestrecken über Land, auch die Wirtschaftsprodukte, welche für den ausländischen Markt bestimmt waren, als Vadmal, unverarbeitete Wolle, Häute, Butter, getrocknete Fische, Eiderdaunen u. s. w. nach dem Verschiffungsplatze, an den Fjord hinabzubringen, oder aus dem Auslande kommende Güter zum Hofe hinaufzuschaffen.

So entleiht Þorkell Eyjólfsson von seinem Freunde Þorsteinn Kuggason 20 Packpferde, um auf ihrem Rücken die Bauhölzer, welche König Óláfr Haraldsson in Norwegen zum Bau einer Kirche auf seinem Gute Helgafell ihm geschenkt hatte, zu transportieren vom Hrútafjörðr nach dem Breiðifjörðr über das Hochplateau der Hólmavatnsheiðr, einen Weg von 5—6 geographischen Meilen, dazu bei winterlicher Zeit[2]).

Hölzer bis zu 4 Meter Länge wurden dabei seitlich am Packsattel eines Pferdes angebracht, längere Hölzer quer über die Rücken zweier Pferde gelegt[3]).

Eine nicht minder häufige Verwendung fand das Packpferd des Isländers in dem Bereich des eigenen Wirtschaftshofes bei den täglich dort vorkommenden Arbeiten.

Schon die ersten Ansiedler hatten die Bemerkung gemacht[4]),

---

[1]) Gretl., Kap. 16. — [2]) Laxd., Kap. 75.

[3]) cf. Beschreibung und Abbildung auf pag. 76 von Daniel Bruun: Fortidsminder og Nutidshjem paa Island. København 1897.

[4]) Egla, Kap. 29: „hann fann mikinn mun á, at þat fé varð betra ok feitara, er á heiðum gekk" d. h. „Er, Skallagrímr, fand einen grossen Unterschied darin, dass das Vieh besser und fetter wurde, welches auf den Bergwiesen ging". Uebereinstimmend damit: Eyrbyggja s. Kap. 18.

dass die hochgelegenen Bergwiesen (fjallhagi) durch die dort wachsenden kräftigen Bergpflanzen bei dem Milchvieh weit mehr Butter- und Käsestoff hervorbrachten, als die tiefer gelegenen Weiden. Das hatte sie veranlasst, ausser dem Winterhofe (vetrhús), der in der Regel unten am Fjord, oder an den unteren Flussläufen lag, noch oben, tiefer in das Gebirge hinein, einen kleineren Sommerhof (sel) aufzubauen. Dieses gab dem Wirtschaftsbetriebe ein und desselben Hofes eine starke Erweiterung.

Auf diesem „Sel" war Platz, ausser für Knechte und Mägde, auch für Herr und Herrin, die nicht selten, zumal während der wichtigen Monate der Heuernte, hier oben im Gebirge ihre Wohnung nahmen. Auf dem Winterhofe blieb dann oft nur eine geringe Bedeckungsmannschaft zurück.

Solch einen Sommerhof bewohnten Guðrún und Bolli, als der Überfall seitens der Verschworenen, welche von Hjarðarholt heraufkamen, erfolgte. Bolli wurde dort oben getötet[1]. Und wiederum die Entblössung des Winterhofes zu Laugar von Wehrkräften wird von Auðr, der geschiedenen Frau des Þórðr, benutzt, um ihren früheren Gatten nachts in seinem Bette zu überfallen, und mit eigener Hand die Rache an ihm zu nehmen, welche die Brüder ihr versagten[2].

Zwischen dem Haupthofe und dem Sel, welches auch während des Winters stets von einigen Leuten besetzt blieb, fand eine lebhafte Verbindung statt. Die Milchprodukte, als Käse, Butter, Skyr, dort oben von dem Bergvieh gewonnen, wurden hinabgeschafft auf dem Pferderücken. Solchen Skyr in verschnürten Ledersäcken, auf 2 Pferde gepackt, bringt Auðunn auf seinen Winterhof, betritt die Stube, fällt im Dämmerlichte über das ausgestreckte Bein des schlafenden Grettir, schleudert, wütend darüber, diesem einen Skyrbeutel an den Kopf, welcher platzt und Grettir's Prachtgewand befleckt. Beide kamen darüber ins Handgemenge. *„Auðunn bar mat á tveimr hestum, ok bar skyr á hesti, ok var þat í húðum ok bundit fyrir ofan; þat kölluðu menn skyrkylla"* (Skyrsäcke[3]).

---

[1] Laxd., Kap. 55. — [2] Laxd., Kap. 35.
[3] Grettl., Kap. 28.

Ebenso, wie die Milchprodukte, wurden herabgeschafft zum Haupthofe die oben im Walde gebrannten Holzkohlen in grossen Körben (kollaupar), und der gestochene Torf in Holzkästen (torthrip), stets 2 auf jedem Pferde, seitlich an den Packsattel gehängt, um auf dem Kochherde und in der Hofschmiede verbraucht zu werden [1]).

Die Stallfütterung war, wie bereits in dem Vorworte gezeigt, beschränkt, daher auch der erzielte Stalldünger nicht erheblich. Er wurde aber in seinem Wirtschaftswerte von dem Isländer erkannt. Man düngte mit demselben die etwa auf dem Gute in Kultur stehenden Getreidefelder, besonders aber den, rings um den Haupthof liegenden, eingehegten Grasgarten (tún), von welchem das Kraftheu (taða) zur Fütterung der edelsten Pferde gewonnen wurde.

Auf die zu düngenden Wiesen und Ackerstücke hinaus wurde der Dünger, teils auf einem Düngerschlitten (myksleði) gefahren, teils aber auch auf dem Pferderücken getragen, und zwar in Düngerkästen (kláfr), von denen einer auf jeder Seite des Packsattels angebracht war [2]). Der Boden dieser Kästen war in sehr praktischer Weise von aussen, wie eine Klappe, zu öffnen, und, ohne das Abheben der Last, fiel der Inhalt auf den Acker oder die Wiese, wo man ihn hinhaben wollte. Er wurde dann mittelst einer Mistgabel (mykikvísl oder akrkvísl) ausgestreut. Dass diese Kästen von ansehnlicher Grösse waren, ersehen wir aus der Stelle in der Ljósvetninga-Saga, wo dieselben zum Versteck für je einen sich flüchtenden Mann benutzt werden, über welchen dann Gras geschüttet und noch ein Kalb gelegt wird [3]).

Lag der Schwerpunkt einer Isländischen Gutswirtschaft im Futterbau, für welchen die natürlichen Wiesen die Unterlage bildeten, und bestand ihr Reichtum in Heerden, so war natürlich die Zeit des Grasschnittes die Haupternte des Jahres und die Behandlung, wie Bergung, des gewonnenen Heues ein Gegenstand ganz besonderer Sorgfalt.

War das Heu schnittreif, dann zog alles hinaus, der

---

[1]) Vpnfs., pag. 16. — [2]) pag. 459 Valtýr Guðmundsson, a. a. O.
[3]) Ljósvetn, Kap. 20.

Hausvater, die Hausfrau, die Kinder, Tagelöhner, Knechte und Mägde. Die Männer hauen (slá hey), die Mägde harken (raka) und wenden (hvirfla), alle schichten die Haufen auf (saeta). Es war eine Zeit der Hauptarbeit, aber auch der Hauptfreude im Jahre.

Es ist darüber ausführlich im ersten Abschnitte „das Guts-Areal", auf Seite 29—33, gehandelt worden. Dort kam auch bereits zur Sprache die Verwendung des Packpferdes, wenn es galt, das auf den Bergwiesen gewonnene Heu nach dem Winterhofe hinab zu transportieren. Und viele Packpferde, das sahen wir dort, müssen aufmarschieren, um die ganze Last des gewonnenen Heues, namentlich auf den grösseren Gütern, wegzubringen und zu bergen.

Auf solche Weise bewegten sich wohl sämtliche Warenzüge über die Wege und Saumpfade Islands hin. Sie werden an vielen Stellen erwähnt, so Fóstbroeðra-Saga: *(„reið leiðina fyrir ok hafði hest í togi. Þorgeirr reið eptir ok rak nokkura klyfjahesta"* [1]), d. h. „Er ritt den Weg voran und führte ein Pferd am Zügel. Þorgeirr ritt hinterher und trieb einige Packpferde". Ebenso in der Hrafnkels-Saga: *„ráku fyrir sér sextán klyfjaða hesta"* [2]) d. h. „Er trieb vor sich her 16 Packpferde". Und in der Njála werden sogar 20 Pferde, zu einer Karawane vereinigt, gezeigt, 15 mit Heu, 5 mit Proviant beladen [3]).

Man sieht, wie vielseitig die Verwendung dieser Packpferde in dem Betriebe eines Isländischen Gutes und über dessen Grenzen hinaus war.

So nützte das Pferd durch seine unermüdlich thätige Arbeitskraft dem Hause des Isländers. Aber wir sehen es diesem Hause Nutzen bringen auch durch seinen leidenden Zustand, indem es dem Messer des Schlächters zum Opfer fällt.

So sonderbar das nun auch nach unseren heutigen Begriffen klingen mag, das Pferd war bei den Isländern, in der Heidenzeit, ein sehr geschätztes Fleischtier für die Wirtschaft. Dass Pferde bei Opferfesten dem Oðin, Þór und Freyr

---

[1]) Fóstbr. s. Kap. 12. — [2]) Hrafnk. s. pag. 25.
[3]) Nj. Kap. 48.

zu Ehren als Opfergaben geschlachtet wurden, und dann auch ihr Fleisch, stets im gekochten Zustande, nebst der Brühe von der Opfergemeinde verzehrt ward, ist allgemein anerkannt, und wird hiervon im letzten Teile dieses Kapitels zu handeln sein. Allein, war auch im Haus- und Tagesbedarf, wie bei den Nordmännern überhaupt, so auch auf den Islandshöfen der Saga-Zeit, Pferdefleisch ein regelmässiges Nahrungsmittel? — Das ist die Frage! —

Weinhold hat dieses bezweifelt [1]). Mit Unrecht, wie die Quellen das erweisen werden.

In der Flateyjarbók [2]) lesen wir: Ein Hungerjahr war über Island hingegangen und auf einem Þing war bei der Beratung der Massnahmen, wie dem Übel zu steuern sei, von einer Seite her der harte Vorschlag gefallen, die Greise nebst den Säuglingen zu töten, um die Zahl der Esser im Lande zu vermindern. Da trat der Gode Arnórr Kerlingarnef auf mit folgendem Antrage:

„„Wir wollen opfern all unsern Vorrat, um den Männern Lebensunterhalt zu geben, und zum Unterhalt unserer Verwandten lieber unsere Pferde schlachten, als jene umkommen lassen vor Hunger; so dass kein Bauer mehr, als 2 Pferde, zurückbehalten soll *(svá at engi bóndi skal eptir hafa meira enn tvau ross)*" ".

Man könnte hier einwenden: „Das war ein Notstand!" Man griff hier damals vielleicht zu einem sonst ungewöhnlichen Nahrungsmittel. Dem ist nicht so. Andere Stellen der Sögur sprechen es aus, dass Pferdefleisch ein alltägliches Genussmittel auf den Islandshöfen war.

Dem Hrómundr [3]) war eine Koppel von 5 Pferden spurlos verschwunden, und es wurden die verschiedensten Vermutungen aufgestellt, was aus diesen Pferden könnte geworden

---

[1]) Carl Weinhold: Altnordisches Leben. Berlin 1856, pag. 145: „Bekannt ist, dass die Rosse für die edelsten Opfer-Tiere galten und dass sie bei den Opferschmäusen genossen wurden; im gewöhnlichen Haushalt kam Pferdefleisch, wie ich glaube, selten vor".

[2]) Flateyjarbók, Christiania 1860. I B. pag. 437.

[3]) Reykd. Kap. 18.

sein? Da gaben die Söhne ihre Meinung dahin ab: „Leute werden sie aufgegessen haben!" (at menn mundo etit hafa). Wie hätten sie auf solchen Gedanken kommen können, wäre das Pferdefleischessen nicht gemeiner Brauch gewesen? — Ja, es war auf den Höfen eine wirtschaftliche Einrichtung, gerade so, wie Ochsen und Hammel, auch Pferde während des Sommers auf die Fettweiden hinauszuschicken, um sie dann im Herbst für den Winterbedarf, und besonders auch zum Julfeste, einzuschlachten. *„at faera út í eyjar fé þat, er slátra skyldi til jóla, ok svá naut ok kapla"* [1]), d. h. „Sie brachten hinaus nach den Inseln das Vieh, welches zum Jul geschlachtet werden sollte, so Rinder, wie Pferde".

Dasselbe that Þorbjörn mit dem Beinamen der „Dicke". Er schickte eine Pferdekoppel auf die Bergweiden hinauf, um einige von diesen Tieren im Herbste zum Schlachten auszuwählen. *„Þorbjörn digri átti ok stóðhross mǫrg saman, er hann lét standa í fjallhǫgum ok valdi hann hross um haustum til slátrs"* [2]).

Diese Bergwiesen boten ein besonders nahrhaftes, Fett ansetzendes Futter. Durch Rindvieh, welches schlecht klettert, sie auszunützen, war schwierig. Das ging aber sehr vorzüglich durch Pferde, welche mit Leichtigkeit die steilsten Abhänge erstiegen. Aus diesem Grunde stellte sich für manchen Wirt, der viele Bergwiesen besass, das Fettmachen von Pferden auf solchen Weideplätzen um vieles billiger heraus, als das von Ochsen und von Kühen. Gewiss ein Grund mehr in dem bergigen Island, dem Pferde, als Schlachtvieh, besondere Aufmerksamkeit zu schenken.

Sodann muss auch die Qualität dieses Pferdefleisches, nach Geschmack, wie nach Nährgehalt, damals besonders hoch geschätzt worden sein.

Die Óláfs-Saga Tryggvasonar [3]) legt dem Gesetzessprecher Þorgeirr Ljósvetninga goði, unter dessen Vorsitz und Antrieb

---

[1]) „kapall" (lat. cavallus, franz. cheval), ein seltenes, nur zweimal in den Sagas vorkommendes Wort: Gr. Wörterbuch v. J. Fritzner.
[2]) Eb. Kap. 18.
[3]) Flateyjarbók, Christiania 1860. I. Bd. pag. 446.

das Alþing des Jahres 1000 die Annahme des Christentums als Staatsreligion für ganz Island beschloss, eine Verteidigungsrede zu Gunsten des Pferdefleischgenusses in den Mund, weil von Seiten der Anhänger der neuen Lehre der Satz ausgesprochen war: *„þat er mesta kristnispell skirðum mǫnnum at eta ross"*! d. h. „Das ist die grösseste Christentumsverletzung von Seiten getaufter Leute, Pferdefleisch zu essen!" — In seiner Verteidigungsrede tritt nun Þorgeirr für den bisherigen Brauch seiner Landsleute ein, indem er hervorhebt: „Es empfehle sich nicht, den Genuss von solchen Dingen zu verbieten, welche früher dem gemeinen Volke zur grössten Stärkung gereicht haben. *(sem áðr varo alþýðunni hinn mesti styrkr)".* Also, als eine Kraftspeise gerade für den kleinen Mann, wird hier das Pferdefleisch hingestellt. Und es wird in Zweifel gezogen, ob, wenn man ihm diese versagt, seine Kräfte ausreichen werden, um seine Kinder gross zu ziehen. Und, in der That, es wurde auf jenem stürmischen Alþing vom Jahre 1000 das Christentum angenommen als Landesreligion, obwohl man dem heidnischen Kultus durch Verbot des öffentlichen Opfers scharf entgegentrat, doch nur mit dieser ausdrücklichen Klausel, dass es in Bezug auf das Kinderaussetzen, und das „Pferdefleischessen" bei den alten Gesetzen verbleiben solle. (en of barna útburþ scylþo stanþa en forno lög oc of hrossakjöts át[1]).

So werden wir wohl dem isländischen Gelehrten Jón Eiríksson[2]), der im Jahre 1755 ein kleines Buch „De Philippia" herausgab, rechtgeben müssen, wenn er von seinen Landsleuten aus der Saga-Zeit sagt, dass sie von allen Speisen das Pferdefleisch am meisten bevorzugt hätten, nicht allein wegen der Ausgiebigkeit seiner Quantität, sondern auch wegen der Feinheit seines Wohlgeschmacks.

„Nam inter illas, quibus antiqui septentrionalis incolae, imprimis Islandi olim sustentabantur, alimentorum species,

---

[1]) Íslendingabóc, Kap. 7. Als weitere Belege für die Sitte des Pferdefleischessens vergleiche man Bandam. s. pag. 37, und Hoensa þ. Kap. 4. — [2]) Jón Eiríksson, einer der berühmtesten isländischen Staatsmänner und Gelehrten (1728—1787), wohl gekannt von allen, die sich mit isländischer Geschichte und Litteratur beschäftigen.

caro equina, non tantum si quantitatis habeatur ratio, praecipuam sibi vindicavit partem, sed et si ciborum qualitas spectetur, gratissimis apud eos mensarum deliciis quondam fuit annumerata" [1]).

Es wird nun wohl keinem Zweifel mehr unterliegen, dass der Genuss des Pferdefleisches auf den Islandshöfen, in der Heidenzeit, und selbst noch bis in die Christenzeit hinein, zu den täglichen Gewohnheiten gehört habe.

Auch als Handelsware wurde das Pferd auf den Islandshöfen geschätzt, und bildete für den intelligenten Pferdezüchter eine nicht unbedeutende Einnahmequelle.

Während die Höhe des Preises von Luxus-Pferden dem freien Austausch von Angebot und Nachfrage überlassen blieb, war der Wert des Arbeitspferdes durch das Gesetz festgelegt.

Die Grágás spricht sich hierüber sehr eingehend aus in folgenden Sätzen [2]):

hestr .jiij. vetra gamall eða ellre. oc x vetra oc yngri heill oc lastalavs við kv.	Ein Pferd zwischen 4 und 10 Jahren, gesund und fehlerlos, ist gleichwertig einer Kuh.
Merr jjjj. vetra oc ellre oc x vetra oc yngri gelld heil oc lastalavs. fiorðungi verri enn kyr.	Eine Stute zwischen 4 und 10 Jahren, unbelegt, gesund und fehlerfrei, hat den Wert von ³/₄ einer Kuh.
hestr ijj. vetr iafn við mere.	Ein 3jähriger Hengst ist gleichwertig einer Stute.
Merr jjj. vetr jj lutir kugilldis.	Eine 3jährige Stute gilt gleich ²/₃ einer Kuh.
Tuav hross tvé vetr. hestr oc merr við kv.	Zwei 2jährige Pferde, Hengst und Stute, sind gleichwertig einer Kuh.
Þriu vetr gomol hross við kv. oc er eitt hestr.	Drei 1jährige Pferde sind gleichwertig einer Kuh, wenn eins von diesen dreien ein Hengst ist.
Ef maðr gelldr merhross	Wenn ein Mann als Zahlung

---

[1]) Joh. Ericus, Isl. de Philippia, sive amoris equini, apud priscos Boreales, causis. Hafniae 1755, pag. 134. — [2]) Grágás, II, Kap. 246.

vetr gamalt fyrir þriþiung kugildis. þa scal fylgia eyrir.

þetta scolo vera meðal hross oc eigi verre.
Stoðhestr oc severðe betri fyrir sacir vigs. oc gelldr hestr oc se verðe betri fyrir reiðar sacir. oc fyl merr istóðe þat er met fé.

hingiebt eine, einen Winter alte, Stute, und will, sie soll gelten gleich $^1/_3$ Kuhwert, so muss er hinzulegen noch eine Öre[1]).
Dieses sollen Mittelpferde sein, und nicht schlechter.
Ein Koppelhengst, falls er von höherem Werte ist wegen seiner Kampffähigkeit, und ein Wallach, falls er von höherem Werte ist wegen seiner Reitfähigkeit, und eine Füllenstute in der Koppel: das sind besondere Taxationsgegenstände.

Es bedarf zunächst einer Aufklärung darüber, warum in diesen Gesetzesbestimmungen der Wert des Pferdes stets auf den einer Kuh zurückgeführt wird?

Da das Hauptgewerbe der alten Isländer die Viehzucht war, und ihr Handel, so lange das ausgemünzte Geld dort fehlte, wesentlich Tauschhandel blieb, so kann man sich nicht darüber verwundern, dass sie aus dem Umkreise ihres Viehbestandes einen möglichst festen Wert herausgriffen, nach welchem dann der Preis auch der übrigen Handelsware zu bestimmen war. Und sie setzten als solche Werteinheit die Kuh, dieses dem grossen, wie dem kleinen Mann gleich unentbehrliche Geschöpf; so dass sich nun folgende Berechnung für Islands Saga-Zeit aufstellen lässt:

Eine Kuh = 120 Ellen vaðmal (grober, im Haus selbstgewirkter Fries)[2]),
„ „ = $2^1|_2$ Öre reinen Silbers,
„ „ = 10 Kronen Dänisch,
„ „ = 11,15 Mark Deutsch,

---

[1]) Also eine 1jährige Stute $= \dfrac{\text{Kuhwert}}{3} - 1$ Öre, oder eine 1jährige Stute $+ 1$ Öre $= \dfrac{\text{Kuhwert}}{3}$.

[2]) Näheres darüber in dem Kapitel über die Schafzucht.

wobei stets zu berücksichtigen bleibt, dass dieser Wert mit zehn zu vervielfältigen ist, um auf die Höhe der heutigen Preislage zu kommen [1]).

Es ist bei jener Preisaufstellung von Interesse zu wissen, von welcher physischen Beschaffenheit eine Kuh sein musste, welcher man den, vom Gesetzgeber gedachten, Normalwert zuerkannte.

Die Grágás spricht sich auch hierüber vollkommen klar, in folgenden Worten, aus [2]):

Þetta er enn fiár lag. At kýr þreveter eða ellre .x. vetra eða yngri kalbaer oc miolk hyrnd oc lastalavs. eigi verre en meðal navt herað raek at fardögom oc miólke kalfs má la sv er giald geng.	Das ist eine fernere Wertbestimmung. Eine Kuh von 4—10 Jahren, tragend, melkend, gehörnt und fehlerfrei, nicht geringer als ein Durchschnitts-Ochse, welche es aushalten kann, im Frühling durch die Harde getrieben zu werden, und ein Kalb satt macht: eine solche ist ein gangbarer Kuhwert.

Nach der obigen Berechnung hatte also ein fehlerfreies Arbeitspferd, von 4—10 Jahren, in der Sagazeit, auf Island den Geldwert einer fehlerfreien, trächtigen Kuh von 4—10 Jahren, und diese wiederum den Wert von 111,50 Mark deutscher Wertung, nach heutiger Preislage.

So bildete denn bei dem grossen Pferdebestande, und der nicht kostspieligen Anzucht, das junge Pferd, als Arbeitswie als Schlachtpferd, und mehr noch das edlere Reit- und das Kampfpferd eine recht einträgliche Einnahmequelle für den Züchter; und wir werden es sogleich sehen, wie dieses Verkaufsgeschäft auch ganz lebhaft betrieben wurde.

Þórarinn und Þorstein [3]), Vater und Sohn, besassen Koppelpferde, und es brachte ihnen dieses grosse Einnahme, dass sie den jungen Nachwuchs von ihren Pferden verkauften,

---

[1]) cf. §§ 37, 64, 69 des XII. Abschnittes „Skandinavische Verhältnisse" in H. Pauls Grundriss. II. Aufl. Strassb. 1898.
[2]) Grágás II, Kap. 246. — [3]) Þorst. stang. pag. 48.

weil keines unbrauchbar war, weder für den Ritt, noch für den Kampf. (ok var þeim þat helzt til fjár, at þeir seldu undan hestana, því at engir brugðust at reið né hug.)

Und Þorkell Geirason, auf Skörð sitzend, verkaufte den Leuten immer die jungen Pferde zum Schlachten. (ok seldu mönnum jafnan hross undan til slátrs[1]).

Besonders um edle Rassepferde wurde auf das Lebhafteste gehandelt.

Nach der Laxdaela-Saga[2]) wollte Eldgrímr dem Þorleiker Höskuldsson um jeden Preis die Rappen abkaufen, welche aus dem berühmten Gestüt des Kotkell stammten. (þat er erendi mitt hegat, at ek vil kaupa at þér stóðrossin þau en dýru, er Kotkell gaf þér í fyrra sumar.)

„Die Pferde sind nicht feil", antwortete Þorleikr.

Darauf Eldgrímr: „Ich biete dir ebensoviel Koppelpferde zum Tausch, und eine Zugabe von beliebiger Höhe, so dass viele sagen werden, ich habe damit den zweifachen Wert geboten!"

Darauf bricht Þorleikr den Handel ab mit der Erklärung: „Ich bin kein Krämer. Diese Pferde bekommst du niemals, solltest du auch den dreifachen Wert bieten!" (engi em ek mangsmaðr, því at þessi hross faer þú aldregi, þóttu bjóðir við þrenn verð.)

So lange Island vieharm war, war natürlich im Lande selbst der Absatz auch für Pferde leicht. Später, als der Isländische Bedarf gedeckt war, musste man wohl an den Export denken. Und wir haben für solchen auch Beispiele in den Sagas.

Von Eiðfaxi, einem Sohne der bereits öfter genannten flinken Stute „Fluga" und eines grauen Hengstes mit schwarzer Mähne, wird erzählt, dass er in das Ausland geführt wurde, und dort an einem Tage 7 Männer getötet habe. (undir þeim var alinn Eiðfaxi, er utan var foerðr ok varð sjau manna bani við Mjörs á einum degi[3]).

Auch der Scalde Þjóðólfr führt aus Island einen Hengst

---

[1]) Reykd. Kap. 33. — [2]) Laxd. Kap. 37.
[3]) Lndm. III. 8.

— mikill ok feitr — stattlich und wohlgenährt — nach Norwegen aus, um denselben dem Könige Haraldr Sigurðarson zum Geschenk zu machen ¹).

Denn besonders als vornehme Geschenke waren gute Pferde sehr beliebt. Man warb durch solche Gaben um Freundschaft und Waffenbrüderschaft, beides in jenen kampfesfrohen Tagen auf Island oft schwerer wiegend, als Gold und Silber. So reitet Broddhelgi zu Þórarinn's Schiff hinab und bringt ihm als Geschenk eine Koppel von 5 Pferden, sämtlich löwenzahngelb mit dem ausdrücklichen Zusatz: „Das geschehe zur Freundschaftsknüpfung!" — (annan dag eptir reið Broddhelgi til skips, ok gaf Þórarni stóðhross, fimm saman, til vinfengis, ok váru þau öll fífilbleik ²).

Und selten werden so wertvolle Gaben abgelehnt, denn neben dem materiellen Werte enthalten sie für den Empfänger eine vornehme Huldigung, welche selbst Fürsten begehrten. So nennt die Sturlunga in der Aufzählung passender Geschenke, um sie einem Könige darzubringen, neben Falken, Zelten und Segeln, auch Pferde. (hitt kalla ek vel fallit, at menn sendi konǵi vingiafir hauka eðr hesta, tiölld eðr segl, eða aðra hluti er sendilegir ero) ³).

Dieses sind die mannigfachen Beziehungen, unter welchen das Pferd als Wirtschaftstier seinen Herren auf Island zur Saga-Zeit Nutzen brachte.

IV.

Das Pferd als Luxustier.

Zeigte der vorige Abschnitt uns das Isländische Pferd zur Saga-Zeit, wie es dem Nutzen seines Herrn diente durch seine Kraft des Ziehens und des Tragens, durch sein schmackhaftes Fleisch und seinen Wert als Handelsware, wie auch als Geschenk zur Knüpfung von Freundschaftsbündnissen, so wird der hier folgende Abschnitt zeigen das Pferd des Isländers, wie es dem Vergnügen seines Herrn dient als

---

¹) Sex sögu-þaettir, pag. 42. — ²) Vápnf s., p. 19.
³) Heimskringla. Óláfs-Saga helga. Kap. 134.

geschmücktes Reitpferd, in welcher Gestalt es der stolzen Prachtliebe des alten Isländers besonders zusagte, sowie auch als Renner und als Kampfpferd.

Zunächst als Reitpferd.

Der Isländer der Saga-Zeit war reiselustig. Diese Neigung war das Erbe seines Wikinger-Blutes. Ein, oder einige Male das Ausland besucht zu haben, wozu mindestens ein Winteraufenthalt in Norwegen, und meist dort am Königshofe gehörte; erst das machte einen Mann respektabel. War er daheim, so gaben Politik und Geselligkeit genug der Reisegründe, wie schon im vorigen Abschnitte gezeigt ist.

Man reise zu Wasser, wo das anging. So besucht Þorkell Eyjólfsson, in Gesellschaft des Snorri goði, seine Braut Guðrún auf Helgafell zu Schiffe. Und Þórðr Ingunnarson holt seine Mutter, welche von Zauberern belästigt wird, im Schiffe über den Breiðifjörðr heim, eine Fahrt, auf der freilich beide ertrinken [1]).

Aber die Reisen zu Lande waren häufiger. Es führten auf Island über die Bergwüsten hin Verbindungswege nach allen Richtungen, die sich freilich oft genug zu schmalen Saumpfaden verengten. Aber ganz besonders, da alle Brücken im Lande fehlten, so verzichtete man auf den Wagen als allgemeines Verkehrsmittel, und Männer, wie Frauen, reisten zu Pferde. Denn der Germane, von alters her heimisch auf den Wogen, zeigt sich auch eingewachsen in den Sattel; und die Isländer ritten vorzüglich.

Jeder Isländische Hof besass eine grosse Anzahl gut eingerittener und wohlgepflegter Reitpferde (reiðhestar). Man nannte sie in dankbarer Anerkennung ihrer guten Dienste oft auch „fararskjótar" d. h. „Reisebeschleuniger".

Im Zureiten von rohen Pferden (hross ótamit [2]) waren die Nordmänner von Alters her geübt. Von den bereits im ersten Abschnitt genannten Königen zu Upsalir: Álrekr und

---

[1]) Laxd. Kap. 35 und 68.
[2]) Vergleiche den lebendig beschriebenen Vorgang auf dem Hofe Grund, wo der stumme Karl ein 3jähriges rohes Pferd zum erstenmal besteigt und sich mit grosser Geschicklichkeit auf dem aufgeregten Tiere behauptet. Svarfdæla saga. Kap. 27.

Eiríkr, berichtet die Ynglinga-Saga ausserdem, dass sie selbst ihre Reitpferde im Schritt, wie im Trab, dressiert hätten. Das hätten sie von allen Männern am besten verstanden (þeir temja hesta baeði við gang ok við hlaup; kunnu þeir þat allra manna bezt[1]). Könige, wie Recken, mussten dieser Dinge kundig sein; das war eben ritterliche Art. Die Gangarten, in welchen man die Pferde übte, schieden sich in „gangr", Schritt, und „hlaup", welches jede darüber hinausgehende, raschere Bewegung bedeutet. Diese letztere trennte sich wieder in „brokk", Trab, und „stökk", Galopp. Auch im „skeið", Passgang, wurden die Pferde künstlich geübt. So heisst es von dem Skalden Gunnlaugr: *„hljóp á bak einhverjum hesti ok reið á skeið eptir túninu"*[2]), d. h. „Gunnlaugr stieg rasch auf eins der Pferde und ritt im Passgang über die Hauswiese".

Der Passgang[3]) ist diejenige Gangart, wo das Pferd gewöhnt wird, beim Schritt, nicht, wie es seiner Natur entspricht, den linken Vorder- und zugleich den rechten Hinterfuss aufzuheben, während es auf den anderen beiden Füssen ruht, also über Kreuz zu treten, sondern, es hebt im Passgange zugleich den linken Vorder- und den linken Hinterfuss, während es auf dem rechten Vorder- und Hinterfusse ruht. Also es tritt dabei einseitig, wie das Kamel. Hierdurch wirft das Pferd sein Körpergewicht abwechselnd von der einen auf die andere Seite, wodurch ein schaukelnder Gang entsteht. Im Mittelalter war dieser Schritt bei Reisepferden, damals Zelter genannt, weil für den Reiter bequem, sehr beliebt, und wurde den Tieren besonders andressiert. Ein gut geschulter Passgänger geht eben so schnell wie ein Traber. Nachtigal hebt dieses besonders bei den arabischen Pferden hervor. Darum reitet der Araber selten Trab, sondern meist Passgang, oder Galopp[4]). Doch werden die Pferde dabei frühzeitig abgenutzt[5]). Die bekannten Pferde auf der Markuskirche zu Venedig sind als Passgänger dargestellt.

---

[1]) Yngl. s. Kap. 20. F. Jónss. Ausg. — [2]) Gunnl. s. Kap. 11.
[3]) Adolph Schlieben: „Das Pferd d. Altertums". Leipz. 1867. Pag. 182.
[4]) Gust. Nachtigal: Sahara u. Sûdân, Berlin 1879. Pag. 673.
[5]) Pag. 33, Theil II der Instruktion zum Reitunterricht für die Kavallerie. Berlin 1882.

Einen Mann, der in der Pferdedressur, wie Anzucht und Pflege, wohl Bescheid wusste, nannten die Isländer einen íþróttamaðr, von íþrótt = Fertigkeit, Tüchtigkeit, gebraucht im leiblichen, wie moralischen Sinne; welchen Begriff wir demnach vielleicht nicht ungeeignet mit „tüchtiger Sportsmann" übersetzen könnten.

Reitpferde wurden stets sorgfältig gereinigt. Unterblieb das, so mochten von solch ungeputzten Pferden Ausdrücke gebraucht werden, wie sie stehen von Freyfaxi, als er nach dem wüsten Ritt schweisstriefend und lehmbespritzt vor seines Herren Thüre steht. Der nennt ihn in diesem Zustande „ókraesiligr", „unlecker" und „úþokkaligr", schweinisch und unsauber[1]).

Es wurde zu dieser Reinigung gebraucht der Striegel (kambr). Man kämmte sie (kemba). Ihnen wurden Mähne (fax, auch mön), Schweif (tagl) und Stirnhare (toppr) verschnitten. Man gebrauchte dazu eine grosse Schere (manskaeri), welche die Männer in einem Futteral (skaerahús) am Gürtel trugen. Diese Schere war so gross und scharf, dass sie auch als Waffe dienen konnte.

Björn Hítdaelakappi, von dem Hofe Vellir, wird, als er gerade seinen Pferden auf der Hvítings-Terrasse die Mähnen verschneidet, von Þórðr und seinen Leuten überfallen, und verteidigt sich mit seiner Schere äusserst mutig, indem er seinen Gegnern viele Wunden beibringt. (Björn varðizt mjök lengi með skaerunum ok veitti þeim mörg sár, er hann sóttu[2]). Dann aber unterliegt er.

Die für den täglichen Gebrauch bestimmten Reitpferde grasten auf dem tún, also in der unmittelbaren Nähe des Herrenhauses. Auch auf dem nackten Pferde zu reiten, war der Isländer geübt. Das hiess „ríða berbakt"[3]). Handelte es sich um ein schnelles Ausreiten über das nächste Gutsareal hin, so genügte auch eine einfache Filzdecke (þófi), über den Rücken des Pferdes geworfen. Für einen weiteren Ritt wurde gesattelt. Das gesamte Reitzeug (söðulreiði, reiðingr auch reiði) wurde dann geholt aus der Sattelkammer (söðlabúr). Von den

---

[1]) Hrafnk. s., pag. 8. — [2]) Bjarnar s. Kap. 32. — [3]) Glúma. Kap. 16.

einzelnen Stücken desselben wurde dem Tiere aufgelegt zunächst die Schabracke (söðulklaeði), darauf der Sattel (söðull), entweder Männersattel (trogsöðull) oder Frauensattel (kvennsöðull). Derselbe wurde angezogen mittelst des Sattelgurtes (söðulgjörð), und festgeschnallt mittelst der Sattelschnalle (söðulhringja). An Riemen (álar) hingen von dem Sattel herab die Steigbügel (stigreip).

Vornehme Leute setzten eine Ehre darin, auf kostbar verzierten Sätteln zu reiten. Wir müssen uns diese Verzierungen angebracht denken an dem vorderen Sattelknopf, sowie an der Rückenlehne des Sattels, welche beide Teile damals viel höher aufragten, als wie es heute bei unsern, sogenannten englischen, Sätteln der Fall ist.

In der Laxdaela-Saga haben wir eine berühmte Stelle, wo der auf Kundschaft ausgeschickte Hirte des Helgi Harðbeinsson seinem Herrn die im Walde lagernden Feinde der Reihe nach sehr umständlich beschreibt. Es kommen hier auch deren Sättel zur Erwähnung, und es werden dort unterschieden folgende 4 Arten:

steindr söðull,
smeltr söðull,
skozkr söðull,
standsöðull.

Kr. Kaalund in seinen Noten zur Laxdaela-Ausgabe [1]) versteht unter dem ersten Sattel einen „gemalten", unter dem zweiten einen mit Metall, Gold oder Silber, eingelegten Sattel. Den „Schottischen" und den „Standsattel" aber lässt er in ihrer Eigenart unbestimmt.

Über die Beschaffenheit des „standsöðull" könnte vielleicht Auskunft geben eine von J. Fritzner in seinem grossen Wörterbuche zu diesem Worte angeführte Stelle, Sturl. II 142[8]: *„Hvítá var allmikil, ok vildu þeir eigi at biskup riði í standsöðli þeim, er hann hafði áðr í riðit".* Da die Hvítá sehr angeschwollen ist, wollten die Leute des Bischofs ihn nicht in seinem „standsöðull", welchen er bisher benutzt hatte, den aufgeregten Fluss durchqueren zu lassen. Wer einen Fluss,

---

[1]) Laxd. Ausgabe, Halle 1896. Pag. 190, 191.

auf dem Pferde sitzend, durchschwommen hat, der weiss, wie wichtig es unter Umständen ist, schnell aus dem Sattel kommen zu können. Es hängt davon zu Zeiten das Leben ab. Daran hinderte also dieser Standsattel, und doch wohl nur durch seine besonders hohe Vorder-, wie namentlich Hinterwand; und es musste demnach auf Verlangen der Leute der Austausch gegen einen anderen Sattel erfolgen.

Einen Sattel von der hier gedachten Bauart glaubt der Verfasser gefunden zu haben in einem kleinen Bronzegefäss (vandkar, isl. vatnsker), darstellend einen Reiter auf gesatteltem Pferde, stammend aus einer Isländischen Kirche am Vatnsfjörðr, und aufgestellt im National-Museum zu Kopenhagen[1].

Über den „Schottischen Sattel" besitzen wir dagegen keine Erklärung.

Die Sättel der Frauen hatten die Stuhlform, welche noch heute in einigen Exemplaren auf Island sich findet.

Um alte und kranke Leute zu Pferde zu befördern, wandte man an eine Art Bahre, welche zwischen zwei Pferden hing.

War der Sattel dem Reitpferde aufgeschnallt, so wurde ihm aufgelegt das Kopfgestell (beizl, auch beizli). Dieser Handgriff hiess „slá við beizli"[2]. Solch ein Kopfgestell hatte im Wesentlichen die noch immer bei uns übliche Gestalt. An den Maulwinkeln des Pferdekopfes lag auswendig an jeder Seite ein grosser Ring von Erz, oder Eisen. In diese zwei Ringe griff zunächst das eiserne Gebiss (mél), ein kurzes Eisen, in der Mitte mit einem beweglichen Gliede, welches dem Pferde durch das Maul lief. Ebenso griffen in diese zwei Ringe die Riemen (ál, plur. álar), welche den Kopf des Pferdes von oben nach unten umfassten, und ebenso die Zügel (taumr, oder beizltaumr), welche nicht selten an ihren unteren Enden in Ketten ausliefen[3]. Reiche Leute hatten,

---

[1] Ohne Nummer dort aufgestellt unter folgender Bezeichnung: „Vandkar til kirkeligt Brug fra Vatnsfjord Kirke paa Island". — Sättel von dieser Konstruktion finden sich noch heute im Gebrauch der Araber in Tûnis. — [2] Hrafnk. s., pag. 6.

[3] Abgebildet und beschrieben auf pag. 102 von Axel, Em. Holmberg; Nordbon under Hednatiden. Stockholm 1854.

statt Erz und Eisen, an ihrem Kopfgestell die entsprechenden Teile von Silber, sowie auch mit Silberbuckeln die Riemen besetzt. Auf solch ein geschmücktes Kopfgestell scheint sich zu beziehen folgende Stelle der Saga Gísla Súrssonar, wo es heisst: *„ríðr hann (Vésteinn) nú. við hrímande ok hefir sitt söðulreide"* [1]). D. h. „Er ritt mit einem Kopfgestell, durch Metallknöpfe verziert, und hatte sein eigenes Reitzeug".

War das Aufsatteln (söðla) fertig, so trat der Herr heraus. Er hatte an den Hacken die Sporen (spori, plur. sporar) und in der Hand die Reitgerte (svipa). Nicht vergessen hatte er, an seinen Gürtel zu hängen den kurzen Knöpfriemen (hapt, oder knapphelda), welcher dem Pferde schleifenförmig um die Vorderbeine gelegt wurde, bei der Rast auf der Reise, um sein Fortspringen zu verhindern. *„hafði stýrimaðr, sem Einar hét, þar hest í hapti"* [2]) d. h. „ein Steuermann, welcher Einar hiess, hatte dort ein Pferd im Knöpfriemen".

Galt es einen Besuch auf einem befreundeten Hofe, so war diese Vorsicht nicht erforderlich. Denn dort waren ein, oder mehrere Hausknechte dazu bestimmt, den ankommenden Gästen die Pferde abzunehmen, sie zu füttern und auf Befehl wieder vorzuführen. Dieselben Knechte bewahrten, bei längerem Aufenthalt, auch der Gäste Waffen und Gewand [3]).

Denn die Gastfreundschaft, eine altgermanische Tugend, hatte auf Island ihre besondere Heimstatt.

Von Frau Þóra auf dem Gute Öxl wird erzählt, sie habe quer über den öffentlichen Weg ein Gasthaus bauen lassen, und dort stets einen gedeckten Tisch gehalten. Sie aber sass draussen auf einem Stuhle, und lud von dort aus die Gäste ein, einen jeden, welcher Speise essen wollte. *„Þóra bjó þá eftir, ok lét gera skála sinn um þvera þjóðbraut, ok lét þar jafnan standa borð, enn hon sat úti á stóli ok laðaði þar gesti, hvern er mat vildi eta"* [4]).

---

[1]) Gísla s., pag. 20.
[2]) Saga af Víga Styr ok Heiðarvígum. Kap. 15.
[3]) Pag. 101 von R. Keyser: Efterladte skrifter, Bd. II: Normaendenes private Liv i Oldtiden. Christiania 1867.
[4]) Lndn. II. 6. Ganz Ähnliches berichtet die Landnáma, II. 13 von Geirríðr, und in III. 8 von Þorbrandr.

Wenn das schon Fremden geboten wurde, vieviel mehr nicht den Hausfreunden! So beförderte denn diese Gastlichkeit den Verkehr nach allen Seiten hin, und der schnelle „fararskjóti" ward seinem Herrn ein besonders lieber Gefährte.

Das Beschlagen (járna, skúa) der Pferde war den Nordmännern wohl bekannt, denn die Hufeisen gehören zu den gewöhnlichen Grabfunden aus jener Zeit. Indessen diese Hufeisen waren weit breiter als die jetzt gebrauchten, und es fehlen ihnen zuweilen die Stollen. Ja, man hat aus den Heldenhügeln auch Hufeisen aufgegraben, welche nicht mit Nägeln befestigt wurden, sondern nach oben umgebogene Kanten hatten, so dass dieselben, wie ein Schuh, über den Huf des Pferdes gestreift werden konnten [1]).

Auch für Island läst sich dieser Brauch des Hufbeschlags aus den Sagas nachweisen. Bolli Bollason aus Helgafell lässt seine Pferde beschlagen (laetr hann þá járna hesta [2]), und „Víga Styr hafði skúaðan hest" [3]), d. h. hatte ein „beschuhtes" Pferd.

Von welcher aber der oben bezeichneten beiden Formen die auf Island gebrauchten Hufeisen waren, welche Sorte von Pferden dort beschlagen, und wie oft dieser Hufbeschlag an ihnen erneuert wurde, das lässt sich aus den Sagas nicht bestimmen.

Jeder Pferde-Kenner wird den Hufbeschlag immer nur als ein notwendiges Übel, weil eine Quelle von Hufkrankheiten, ansehen, und ihn darum vermeiden, wo es angeht; besonders, da die Hufe der jungen Tiere, welche im Freien gezogen werden, gerade durch das Auftreten auf harte Flächen, deren es ja auf Island genug giebt, sich selber härten.

Auch in den Pampas von Süd-Amerika, einer mit guten, im Freien grossgewachsenen, Pferden reich besetzten Gegend, werden diese Tiere nur in den Städten beschlagen; über den Kamp hin aber reitet man stets, auch die weitesten Strecken, mit Pferden, die keine Eisen tragen, wie ich aus eigener Erfahrung bezeugen kann.

---

[1]) Abgebildet und beschrieben auf pag. 103 von Axel Em. Holmberg: Nordbon under Hednatiden. Stockholm 1854.
[2]) Laxd. Kap. 83. — [3]) Heiðarvíga s. Kap. 9.

Von dem Reitpferde kommen wir jetzt zu dem Rennpferde und dem Kampfpferde.

Hier ist zunächst auszuschliessen, was auf Island nicht stattfand.

Dass gemeinschaftliche Reitübungen, wie z. B. Wettrennen, im Brauche gewesen sind bei den Nordmännern schon in fernster Vorzeit, lässt sich nicht in Zweifel ziehen. Wenn aber gesprochen wird von Turnieren, als gebräuchlich dort bereits in der Heidenzeit, so ist das eine Übertragung von einer Sitte späterer Zeit auf die frühere [1]). Jedoch am Schluss des 12. und 13. Jahrhunderts, so darf man annehmen, waren solche kunstmässigen Reitübungen auch in den Nordlanden nicht ganz unbekannt. Wenigstens für Norwegen lässt sich dieses nachweisen, da der „Königsspiegel"[2]) dieselben den Hofleuten, als einen würdigen Zeitvertreib, empfiehlt.

Bei den nahen Beziehungen zwischen Norwegen und Island, besonders bei der bestehenden Sitte für die jungen Islandsrecken, auch einige Jahre in das Gefolge der Norwegischen Könige einzutreten, hätten diese Reiterspiele sich ja leicht auf den Isländischen Boden übertragen lassen; allein wir finden sie dort nicht. Es fehlte der Republik eben ein Königshof als Mittelpunkt für dergleichen Feste.

Ist das Turnier ein Kampfspiel zu Pferde, so darf bei diesem Anlass nicht unerwähnt bleiben, dass, so viele Zweikämpfe zwischen Helden auch in den Sagas genannt und eingehend beschrieben werden, doch die feindlichen Parteien, wenn sie im Sattel einander begegnen, meistens diesen verlassen, um zu Fuss mit einander die Sache auszufechten. Daraus ergiebt sich wohl, dass der Kampf zu Pferde, als Spiel und als Ernst betrieben, bei den Islands-Recken nicht der Brauch war.

Dagegen für Wettrennen finden sich in den Sagas Beispiele, aber auch nicht als Massenbelustigung und als Volks-

---

[1]) Cf. R. Keyser: Efterladte skrifter II. Bd. Normaendenes private Liv i Oldtiden. Christiania 1867. pag. 111.

[2]) Konungsskuggsjá, verfasst von einem unbekannten Kleriker der Regierungszeit des Norwegischen Königs Sverrir Sigurðsson (1177—1202).

feste, wie bei uns; wohl aber als Kraftprobe für zwei Gegner und deren Renner.

Þórir im Hvinverjadal[1]), der Besitzer der „Fluga", wettet mit Örn, der ebenfalls einen ausgezeichneten Renner besass (hann hafði allgóðan hest), welches von ihren Pferden das schnellere sei? (hvárs þeira hross mundi skjótara). Und jeder von ihnen setzte ein Hundert Silbers[2]). Sie umritten Beide südlich den Kjöl, wo eine passende Ebene sich fand. Hier geschieht nun das Wettrennen, und, wie es scheint, ohne Zeugen. Örn wird von Þórir mittelst seiner Fluga ganz entschieden geschlagen. Dieses stolze und ehrgeizige Tier war aber, durch die Einsetzung aller seiner Kräfte, selbst so erschöpft worden, dass Þórir, welcher notwendig zum Þing hinaufmusste, die Stute auf dieser Stelle zurückliess. (þvíat hon var mjök móð). Örn aber war über diese Niederlage, wie auch über den Geldverlust, so unfroh, dass er beschloss nicht länger zu leben (Örn undi svá illa við félát sitt at hann vildi eigi lifa). Er ritt den Berg hinauf, welcher nun der Arnarfell heisst, und stürzte sich dort hinunter.

Nicht bei allen Wettrennen wird ein so hoher Einsatz gemacht sein, und nicht alle werden einen solch tragischen Ausgang genommen haben, wie dieses.

Aber dasjenige Pferde-Spiel, welches so recht charakteristisch für Island war, und in der Saga-Zeit dort eine Volksbelustigung ersten Ranges bildete, war der Pferdekampf; unserer Sitte und unserem Vorstellungskreise so völlig fremd geworden, dass diese ganz originelle Kraftprobe für Mann und Ross hier einer eingehenden Beschreibung bedarf.

In den Sagas werden Pferdekämpfe sehr oft genannt, aber keine Stelle, für sich allein genommen, bietet den Vorgang in seiner vollen Abrundung. Es konnte dem Saga-Manne nicht einfallen, einem Geschehnis das malende Wort zu leihen, welches jeder seiner Zuhörer aus eigner Anschauung ganz genau kannte. Die Saga nennt den Ort, die in dem

---

[1]) Lndn. III. 8.
[2]) Ein Hundert Silbers = 480 Kronen Dänisch. Mit zehn vervielfältigt der heutige Wert. Also 4800 Kronen = 5452 Mark Deutsch. Also eine hohe Wette.

Pferdekämpfe auftretenden Männer und Pferde, dann die einzelnen in die Handlung eingreifenden Zwischenfälle und die daraus fliessenden Verwickelungen, welche den weiteren Verlauf des mitzuteilenden historischen Stoffes oft genug dramatisch zuspitzen. Aber ein abgerundetes Bild des gesamten, in seinen einzelnen Stufen sich abspielenden Vorganges findet man an keiner Stelle in geschlossener Darstellung. Will man ein solches Bild erhalten, so muss man die charakteristischen Züge aus den zerstreuten Stellen[1]) zusammentragen. Über den vorliegenden Gegenstand haben sich referierend ausgesprochen Kr. Kaalund[2]), nur ganz kurz; und dann etwas länger R. Keyser[3]) in seiner Schilderung des Privatlebens der alten Nordmänner. Der Darstellung des Letzteren folgen wir zunächst.

Eine andere Art von Schauspiel, bei den Nordmännern uralt, welches, sehr beliebt, bis in die späteren Zeiten sich erhielt, ist der Pferdekampf:
  hesta—þing,
  hesta—at,
  hesta—víg.

Man hetzte Hengste auf einander, und liess sie so lange gegen einander kämpfen, bis oftmals der eine tot auf dem Kampfplatze blieb. Man dressierte dazu diejenigen Hengste, welche grosse und scharfe Vorderzähne hatten, welche den Namen „vígtennr", Kampfzähne, führten.

Besitzer von solchen Kampfhengsten verabredeten mit einander Zusammenkünfte zum Zweck des Pferdekampfes. Zu diesem Schauspiel strömte jederzeit eine Menge der Zuschauer von beiden Geschlechtern zusammen.

Als Kampfplatz wählte man hier, wie auch zu anderen ähnlichen Veranstaltungen, eine Ebene mit Hügeln in der Nähe, auf welchen die Zuschauer, besonders Frauen, Platz nahmen.

---

[1]) Bjarnar s. Kap. 23; Gretla. Kap. 29; Þorst. s. stangarh., pag. 48; Glúma. Kap. 13 und 18; Reykd. s. Kap. 12 und 23; Flóam. s. Kap. 19; Njála. Kap. 59; Sturl. II. 180^{28}, 342^{26}.

[2]) Kaalund in Pauls Grundriss III, 453.

[3]) R. Keyser: Efterladte skrifter, Bd. II. Normaendenes private Liv i Oldtiden. Christiania 1867. Pag. 118.

Die Hengste wurden paarweise vorgeführt, und, um sie gegen einander aufzuregen, wurden Stuten in der Nähe angebunden.

Jeder von den Hengsten wurde vorgeführt, entweder von dem Eigentümer selbst, oder von einem handfesten, mit dem Tiere wohlbekannten Manne.

Wenn sich die Hengste nun auf den Hinterbeinen aufrichteten, und einander zu beissen anfingen, mussten die Männer, welche die Pferde begleiteten, hetzen, und jeder dem Seinigen die erforderlichen Hilfen geben. Und dieses geschah teils dadurch, dass sie dieselben mit einem Stabe (hestastafr) antrieben, welchen sie zu dem Zwecke in der Hand trugen, teils dadurch, dass sie die aufgerichteten Pferde von hinten stützten.

Die angesehensten Häuptlinge begleiteten oft selbst ihre Hengste in den Kampf, und bisweilen wurden im Voraus die Richter ernannt, welche in zweifelhaften Fällen entscheiden mussten, welcher Hengst am besten gebissen, und somit gesiegt hätte.

Nicht selten kamen die beiden Männer, welche die Pferde antrieben, in ihrem Eifer selber in den Zweikampf mit ihren Hetzstangen, wenn der eine meinte, dass ihm sein Pferd von dem anderen benachteiligt werde.

Oft konnten bei solch einem Pferdekampfe mehrere Paar Pferde gegen einander gehetzt werden. Und das hielt man für keine kleine Ehre, der Besitzer eines solchen Siegers zu sein!

So etwa die Darstellung des Vorganges nach Keyser.

Der prickelnde Reiz dieses Schauspiels, welches der Isländer nicht müde wurde anzusehen, lag in dem Sichmessen der Kraft von Tieren, bei denen Stärke mit Schönheit der Bewegungen in seltenem Grade sich paarten; denn nur Hengste, niemals Wallache oder Stuten, wurden zu Kämpfern gebraucht. Es war eine Kraftprobe, bei welcher der Einsatz das Leben bedeutete.

Die Waffen der Kämpfer waren Vorderhufe und Vorderbeine, mit denen die Pferde sich gegenseitig zu umhalsen, und den Rücken einander zu zerstampfen suchten, und dann vor allem die stark entwickelten Vorderzähne, mit welchen sie sich gegenseitig zerfleischten. Daher wird für diese Kämpfe der Pferde in den Sagas auch oft ganz kurz gesetzt das Wort „bítaz". Wie *„hestarnir bitust allvel"* d. h. „die Pferde bissen sich vorzüglich". Noch anschaulicher in der Reykdaela-Saga[1]): *„bituz svá, at í blóði var hvárrtveggja"*, d. h. „sie bissen sich so, dass jedes von beiden blutüberströmt war", und der Knecht seinem Herrn meldet: „Beide Pferde sind ganz zerbissen (albitnir), und ganz rot von Blut" (alrauðr). Es war ein grausames, und in seinen einzelnen Vorgängen höchst aufregendes Schauspiel, welches bei den Zuschauern dieselben starken Nerven voraussetzte, wie noch heute die Stiergefechte der Spanier.

Ein erhöhtes Interesse gewann dieser Kampf durch das Eingreifen der Menschenhand in denselben. Die Eigner, meist in eigner Person, lenkten und trieben an ihre Pferde; letzteres durch kurze Holzstäbe mit stumpfer Spitze. Dass dieses Ende des „hestastafr" stumpf gewesen sein muss, ergiebt sich aus der Darstellung der Grettis-Saga[2]). Denn hätte Grettirs Stab eine scharfe Spitze gehabt, so hätte sein Gegner beim Pferdekampfe, Oddr, von dem empfangenen Stoss nicht einen dreifachen Rippenbruch, sondern eine Fleischwunde davongetragen.

Sobald die Hengste, zum Kampfe bereit, auf ihren Hinterbeinen sich hoch aufrichteten, wobei stets die Gefahr vorlag, dass sie sich nach rückwärts überschlugen, dann mussten die Führer ihre Arme und ihre Brust gegen den Pferderücken drücken, um die Wucht der aufgeregten Tiere zu stützen, und sie in der Balance zu erhalten.

Man sieht, dass Stärke, Umsicht und Entschlossenheit auf Seiten der Männer hier ganz wesentlich den Ausgang des Kampfes mitbedingten.

Zu solchen legalen Hilfen gesellten sich oft auch die Finten, mit denen man des Gegners Pferd von seinem Ziele abzulenken, einzuschüchtern, oder heimlich auch wohl zu verletzen suchte, Machinationen, welche in der angezogenen

---

[1]) Reykd. s. Kap. 23. — [2]) Gretla. Kap. 29.

Stelle der Grettis-Saga die Ursache werden zum Kampfe zwischen den zwei Recken, in welchen einzugreifen, die darüber aufgebrachten Zuschauer nur mit Mühe verhindert werden.

Wenn nun mehrere Paare[1]) von Kampf-Hengsten hintereinander vorgeführt wurden, welches zum Vergleich zwischen den einzelnen Nummern aufforderte, so gab das allerdings ein Programm, welches die Schaulust im höchsten Grade wecken musste. Und die rings die Arena, wie ein natürliches Theater, umschliessenden Hügel waren in der Regel von Männern, Frauen und Kindern dicht besetzt.

Aber neben der Belustigung hatten diese Pferdekämpfe für das Land auch einen praktischen Nutzen. Sie förderten und übten bei den Männern Gewandtheit und Mut; und dann wurden sie ein ganz wesentliches Mittel, die Pferdezucht auf Island zu heben. Auf die Züchtung starker und feuriger Tiere, welche sehr gesucht waren, und darum hoch im Preise standen, wurde nun ganz besonderer Fleiss verwandt. Und so kam es, dass auch unter den kleineren Bauern fast jeder ein oder mehrere Gestüte — „stóð" — hielt[2]). Denn der Besitzer eines Hengstes zu werden, der in mehreren Kampfgängen gesiegt hatte, wurde für keine geringe Ehre auf Island in der Saga-Zeit gehalten. In diesem Sinne überredet Hrafnkell den ehrgeizigen Án, auf Gunnlaugsstaðir, durch Darbringung des Wertgeschenkes eines solchen „stóðhestr" an den Goden Helgi Ásbjarnarson, diesen zu bestechen, ihm, als Gegengabe, — widerrechtlich, und unter des Goden persönlicher Gefahr — einen Sitz auf der Richterbank einzuräumen[3]).

Dieser Darstellung schliessen wir an im Grundtexte, wie in der Übersetzung, zwei Stellen aus den Sagas, jede enthaltend einen längeren Bericht über den Verlauf eines Pferdekampfes. Der eine, der Njáls-Saga entnommen, ist merkwürdig durch seinen stürmischen Verlauf, der andere, aus der Víga-Glúms-Saga genommen, zeichnet sich aus als das wohlorganisierte Unternehmen einer ganzen Harde.

---

[1]) Reykd. s. Kap. 23.
[2]) Valtýr Guðmundsson. Pag. 456 des Grundrisses. II. Aufl. 98.
[3]) Fljótsd. s. Við. Kap. 4.

Beginnen wir mit dem Letzteren. *„Annat*[1]*) sumar var stofnat hestaþing þat er öllum hestum skal etja, þeim er til vóro í héraðinu, ok skyldu þeir í mót ór enum efra hrepp*[2]*) ok enum neðra, ok skyldu sinn mann hvárer til taka, ok kveða at, hvárir betr hefði; ok skulu þeirra atkvaeði standa, er til vóro kosnir. Ofan ór hrepp var Bárðr til kosinn, en ór neðra hrepp Vigfúss Glúmsson. Var þar fjöldi hesta ok góð skemtan, ok mjög jamvígi; ok vóro mörg hestavíg senn um daginn. En svá lauk, at jammargir höfðu vel bitiz ok jammargir runnit, ok urðu þeir á þat sáttir at jamvígi vaeri".*

„Für den nächsten Sommer war beschlossen ein Pferdekampf, in dem man alle Pferde, welche in der Harde dazu geeignet waren, in den Streit führen sollte; und zwar sollten die Bewohner aus dem oberen Distrikt gegen die Leute aus dem unteren Distrikt kämpfen. Auch sollte jede der beiden Parteien ihren Mann dazu bestimmen, und diese Zwei sollten entscheiden, wer von ihnen gesiegt hätte. Der Spruch dieser Erwählten aber sollte gelten. Aus dem oberen Distrikt ward erwählt Bárðr, aber aus dem unteren Vigfúss Glúmsson. Es waren da eine Menge Pferde und viel Belustigung, aber ungefähr gleicher Kampf. Auch waren viele Pferdekämpfe auf einmal an dem Tage. Doch auf solche Weise schloss der Kampf, dass gleichviele Pferde sich gut gebissen hatten, und gleichviele zurückgewichen waren, so dass man sich dahin einigte: „Der Kampf sei unentschieden geblieben!" (Beide Parteien seien einander gewachsen)."

Weit leidenschaftlicher ist der Verlauf in der Njála, sehr ins Einzelne gehend die Schilderung, und höchst unbefriedigend das Ende.

„Nú[3]*) ríða menn til hestavígs, ok er þar komit fjölmenni mikit. Var þar Gunnarr ok broeðr hans ok Sigfússynir, Njáll ok synir hans allir. Þar var kominn Starkaðr ok synir hans, Egill ok hans synir. Þeir raeddu til Gunnars, at þeir myndi*

---

[1]) Glúma. Kap. 18.
[2]) „Hreppr", ein Distrikt auf Island, bebaut zum mindesten mit c. 20 Höfen.
[3]) Nj. Kap. 59.

saman leiða hrossin. Gunnarr svaraði at þat vaeri vel. Skarpheðinn maelti: „Vill þú, at ek keyra hest þinn, Gunnar fraendi?" — „Eigi vil ek þat", segir Gunnarr. „Hér er þó betr ákomit", segir Skarpheðinn, „vér erum hvárirtveggju hávaðamenn". — „Þér munuð fáttma ela", segir Gunnarr, „eða gera, áðr enn yðr munu vandraeði af standa; enn hér mun verða um seinna, þó at alt komi fyrir eitt". Síðan váru hrossin saman leidd. Gunnarr bjó sik at keyra, enn Skarpheðinn leiddi fram hestinn. Gunnarr var í rauðum kyrtli ok hafði digrt silfrbelti um sik ok hestastaf mikinn í hendi. Síðan rennast at hestarnir ok bítast lengi svá at ekki þurfti á at taka, ok var þat hit mesta gaman. Þá báru þeir saman ráð sitt Þorgeirr ok Kolr, at þeir myndi hrinda hesti sínum, þá er á rynnist hestarnir, ok vita, ef Gunnarr felli fyrir. Nú rennast á hestarnir, ok hlaupa þeir Þorgeirr ok Kolr þegar á lend hesti sínum ok hrinda sem þeir megu. Gunnarr hrindr nú ok sínum hesti í móti ok verðr þar skjótr atburðr, sá, at þeir Þorgeirr fellu báðir á bak aftr ok hestrinn á þá ofan. Þeir spretta upp skjótt ok hlaupa at Gunnari. Gunnarr varpar sér undan ok þrífr Kol ok kastar honum á völlinn svá at hann liggr í óviti. Þorgeirr Starkaðarson laust hest Gunnars svá at út hljóp augat. Gunnarr laust Þorgeir með stafnum — fellr Þorgeirr í óvit. Enn Gunnarr gengr til hests sins ok maelti við Kolskegg: „Högg þú hestinn — ekki skal hann lifa við örkuml". Kolskeggr hjó höfuð af hestinum. Þá komst á foetr Þorgeirr ok tók vápn sín ok vildi at Gunnari. Enn þat varð stöðvat, ok varð þröng mikil. Skarpheðinn maelti: „Leiðist mér þóf þetta — ok er miklu drengilegra, at menn vegist með vápnum". Gunnarr var kyrr, svá at honum helt einn maðr, ok maelti ekki orð þat er áfátt vaeri. Njáll maelti, at þeir skyldi saettast ok setja grið. Þorgeirr kvaðst hvártki vildu selja grið né taka — kvaðst heldr vilja Gunnar dauðan fyrir höggit. Kolskeggr maelti: „Fastara hefir Gunnarr staðit, enn hann hafi fallit fyrir orðum einum — ok mun enn svá". Nú ríða menn af hestaþingi — hverr til síns heima".

In dieser so lebendig beschriebenen Scene des Pferdekampfes treten sich folgende Parteien gegenüber. Auf der einen Seite Gunnarr Hámundarson auf Hlíðarendi, einer der

Haupthelden der Njáls-Saga, mit ihm verbunden sein Bruder Kolskeggr und Skarpheðinn, Njáls feuriger Sohn, sein Freund, dessen leidenschaftlichen Sinn Gunnarr's Ernst beschwichtigt. Die andere Partei wird gebildet von Egill, dem Bauer auf Sandgil, seinen zwei Söhnen Þorgeirr und Kolr und deren Freund Þorgeirr Starkaðarson, welcher sich ganz unberufen in die Sache einmischt und dadurch es bewirkt, dass man unter heftigen Drohungen sich trennt. Der Schauplatz dieses Pferdekampfes liegt im Süden der Insel, da, wo die Fiská in die Rángá einmündet, südwestlich von Keldur[1]).

In der Übersetzung lautet der oben mitgeteilte Abschnitt, wie folgt:

„Nun reiten die Männer zum Pferdekampf, und ist da zusammengeströmt eine grosse Volksmenge. Es waren zur Stelle Gunnarr und seine Brüder nebst den Söhnen des Sigfús, Njáll mit all seinen Söhnen. Da waren gekommen Starkaðr und seine Söhne, Egill und seine Söhne.

Sie (Egill und seine Partei) fordern nun Gunnar auf, die Pferde zusammenzuführen. Gunnarr antwortet: „Einverstanden!" Skarpheðinn spricht: „Willst du, dass ich dein Pferd antreibe, Freund Gunnarr?" — „Nein, das will ich nicht", erwidert Gunnarr. — „Das passt doch besser zusammen", wirft Skarpheðinn ein, „wir (ich und Þorgeirr Egilsson) sind ja alle Beide Brauseköpfe!" — „Ihr sollt wenig sprechen", sagt Gunnarr, „noch weniger thun, bevor Schwierigkeiten für euch daraus erwachsen; aber kommen wird schon später etwas; doch es ist alles eins!"

Sodann wurden die Hengste zusammengeführt. Gunnarr schickt sich an, sein Pferd (von hinten) anzutreiben, aber Skarpheðinn leitet es (am Kopfe) vor. Gunnarr war gekleidet in einen roten Rock, und trug einen massiven Silbergürtel um die Lenden, und einen grossen Hetzstab in der Hand. Da stürmten die Hengste vor und bissen sich lange, so dass es nicht von nöten war, sie anzutreiben, und war dieses ein sehr grosses Vergnügen.

---

[1]) P. E. Kr. Kaalund: Bidrag til en historisk-topografisk Beskrivelse af Island, Kjøbenhavn 1877. Bd. I. pag. 231.

Da verabredeten Þorgeirr und Kolr mit einander, dass sie ihr Pferd vorstossen wollten, wenn die Hengste wiederum sich aufeinander stürzten, um zu probieren, ob Gunnarr darüber zu Falle kommen möchte.

Nun warfen sich die Pferde auf einander, und Þorgeirr, wie Kolr, springen schnell vor und stossen ihrem Hengste gegen die Hinterschenkel mit aller Kraft. Gunnarr stösst nun auch sein Pferd ihnen entgegen, und da ereignet es sich plötzlich, dass Þorgeirr, und sein Bruder, beide auf den Rücken stürzen, und das Pferd (ebenfalls) auf sie hinauf.

Sie springen schnell wieder auf und werfen sich nun auf Gunnar.

Gunnarr springt zur Seite und packt den Kolr und schleudert ihn zu Boden, mit solcher Gewalt, dass er bewusstlos liegen bleibt. Þorgeirr Starkaðarson schlägt nun nach Gunnarr's Hengst so heftig, dass dessen Auge ausläuft.

Gunnarr hieb nun mit seiner Hetzstange auf Þorgeirr, und dieser bricht ohnmächtig zusammen. Aber Gunnarr geht zu seinem Pferde, und spricht zu Kolskegg: „Töte du den Hengst, nicht soll er als Krüppel weiterleben!"

Kolskeggr hieb nun dem Pferde den Kopf ab.

Da springt Þorgeirr wieder auf seine Füsse, griff nach seinen Waffen und wollte auf Gunnar los.

Doch das ward verhindert, und nun drängt alles in einen grossen Knäuel zusammen.

Skarpheðinn spricht: „Dieses Hin und Her langweilt mich, es ist viel würdiger, dass Männer mit Schwertern kämpfen!"

Gunnarr blieb so gelassen, dass ein Mann ihn hätte halten können, und sprach nicht ein Wort, welches er später hätte bereuen müssen.

Njáll schlug nun vor, man solle sich vergleichen und die Waffen ruhen lassen.

Þorgeirr erwidert: „Weder Frieden geben, noch annehmen! Gunnarr muss sterben für diesen Schlag!"

Kolskeggr antwortet ihm: „Gunnarr steht wohl fester auf seinen Füssen, als dass er fallen sollte durch blosse Worte! Und dabei mag es sein Bewenden haben!"

Nun reiten die Recken fort von dem Pferde-Kampfplatze, ein jeder nach Hause".

Soweit die Übersetzung der angeführten Stelle aus der Njála.

Diese beliebte Volksbelustigung hat sich nun auf Island bis in die spätere Zeit hinein erhalten. Denn erst in dem Jahre 1627 fand dort der letzte Pferdekampf statt, und zwar im Fnjóskadalr in Nord-Island.

Hiermit schliesst der Abschnitt, welcher zeigen sollte, wie das Pferd des Isländers zur Saga-Zeit seinem Herrn gedient hat als Reitpferd, als Rennpferd und als Kampfpferd.

V.
Das Pferd im Dienste der Religion.

Den bisherigen Abschnitten fügen wir noch einen fünften hinzu. Er soll das Pferd uns zeigen, wie es, dem gemeinen Tagesgebrauch entrückt, einem höheren Zwecke zugeführt wird.

Zuerst handelt es sich um eine Mitgabe desselben an die Toten.

An eine Vernichtung des persönlichen Seins durch den Tod glaubte die germanische Heidenwelt nicht. Solcher Vorstellung widerstrebte der ihrer kraftvollen Natur einwohnende Drang zum Leben. Das Sterben ist ihnen nichts weiter als ein „fara til Óðins", wo in Valhall, der Welt der Wonnen, in Gemeinschaft der Götter, eine Zeit frischer Jugend für den, dieser unteren Welt Entrückten, nun beginnt.

Die Pforte zu jener oberen Welt ist ihnen eben der Grabhügel.

Fällt nach der zur Zeit bestehenden Annahme der Wissenschaft, bezüglich der germanischen Länder, mit dem Steinalter das Begraben, mit dem Bronzealter das Verbrennen, und mit dem Eisenalter wiederum das Begraben der Leichen zusammen, so haben wir für die Ansiedler Islands in der verhältnismässig kurzen Zeit ihres Heidentums dort, von 874—1000, diesen letzteren Brauch zu erwarten.

Während in den Gedichten der Götter- und Heldensage der Leichenbrand, eventuell auch unter Mitgabe eines Pferdes für den Toten, noch herrscht, wurden in der historischen Zeit die Leichen der isländischen Helden stets unverbrannt den Hügeln übergeben.

Und, da nach der Vorstellung des Volkes die Toten ihre bisherige Lebensweise in Valhall, und zwar in vervollkommneter Gestalt, nur fortsetzen, so gab man ihnen zum Gebrauch im Jenseits mit ihre bisherigen Geräte, als Waffen, Kostbarkeiten, Schmiedewerkzeug, und ihre Lieblingstiere, als Hunde, Falken, Pferde, um sie in den himmlischen Jagdgründen wieder zu benutzen.

Das Pferd vor allem, von dem Isländer während seines Lebens als eine Kostbarkeit ersten Ranges (gripr) geschätzt und gepflegt, durfte in der Mitgift seines Grabes nicht fehlen[1]).

Der Hengst wurde am Hügel getötet und mit Sattel und Zaumzeug zu dem Toten gelegt.

So erzählt die Egla[2]): *„Lét Egill þar gera haug á framanverðu nesinu. Var þar í lagðr Skallagrímr, ok hestr hans ok vápn hans ok smiðartól"*, d. h. „Egill liess einen Grabhügel aufschütten dort auf der Spitze der Landzunge. Es wurde da hineingelegt Skallagrímr und sein Pferd, und seine Waffen und das Schmiedewerkzeug."

Ganz ähnlich auch in der Egils-Saga ok Ásmundar[3]): *„Ásmundr lét verpa haug eftir hann, ok setti hjá honum hest hans með söðli ok beizli, merki ok öll herklaeði, hauk ok hund;*

---

[1]) Er teilte diesen Brauch mit den Germanen im Centrum Europas, von denen Tacitus berichtet: „sua cuique arma, quorundam igni et equus adicitur". Germania Kap. XXVII. Ebenso mit den Russen, nach einem Bericht des arabischen Botschafters Ibn Fadhlan, entsandt aus Bagdad an den König der Wolga-Bulgaren, aus dem Jahre 921; mitgeteilt von J. Grimm: „Über die Verbrennung der Leichen" pag. 253 ff. der Abhandlungen der Kgl. Akademie der Wissenschaften, Berlin 1849. Und noch vollständiger in Wilh. Thomsen: „Der Ursprung des Russischen Staates". Drei Vorlesungen, deutsch von L. Bornemann, Gotha 1879. pag. 29 ff.

[2]) Eg. Kap. 58.

[3]) Daselbst Kap. 7. Ist diese Egils-Saga einhenta ok Ásmundar-Saga berserkjabana auch in Bezug auf Angaben der Geschichte und Geographie unverwendbar, so hindert doch nichts, die hier geschilderte Sitte der Totenbestattung als glaubwürdig anzunehmen.

Aran sat á stóli í öllum herklaeðum. — — — haugrinn var þá byrgðr". D. h. „Ásmundr liess aufwerfen einen Grabhügel (sc. seinem Blutbruder Aran) und legte neben ihn sein Pferd mit Sattel und Zaumzeug, das Banner und sämtliche Waffenstücke, Falke und Hund. Aran sass auf einem Stuhle in vollem Waffenschmuck, — — — — dann wurde der Grabhügel geschlossen".

Neben diese Zeugnisse der Sagas treten die Grabfunde auf Island, welche solchen religiösen Gebrauch, Pferde den Toten in ihre Gruft mitzugeben, reichlich erweisen.

Es sind zwölf Grabstätten dort aufgedeckt worden, in welchen Pferde, neben Menschen bestattet, sich vorfanden. In zweien von diesen Fällen lag das Pferdegerippe nicht in dem Hauptgrabe, sondern daneben in einem besonderen kreisrunden Hügel. Und es ist kein Zweifel, dass gerade diese Mitgabe eines Pferdes in das Isländische Männergrab noch den späten christlichen Nachkommen als ein besonders charakteristisches Merkmal eines strenggläubigen Heidentums gegolten hat[1]).

So diente das Pferd, und wir dürfen uns wohl vorstellen, dass es aus dem Gestüt des Besitzers das edelste war, das Lieblingspferd des Verstorbenen, dem Isländer, nach dem mannigfachen Gebrauch in diesem Erdenleben, auch noch als eine Mitgabe an den Toten, als ein Geschenk für jene, im Tode sich ihnen aufschliessende, verklärte Welt.

Dieser Blick auf die jenseitige Welt war sodann der treibende Grund, welcher den Isländer — und er teilte diesen Brauch gleichfalls mit den übrigen Germanen — bewog, sein Lieblingstier, das Pferd, auch seinen Göttern, als eine bevorzugte Gabe, im Opfer anzubieten.

Er kannte ja Opfergaben von noch höherem Werte.

Denn Menschenopfer waren dem germanischen Heidentum, zumal in älterer Zeit, nicht fremd. Sie galten unter den öffentlichen Opfern als die feierlichsten; wurden aber, als

---

[1]) Kr. Kaalund: „Grave og Gravfund" in ´„Islands Fortidslaevninger: Saertryk af Aarbøger for nord. oldk. og historie. Kjøbenhavn 1882. Pag. 78.

III. Das Pferd im Dienste des Isländers.

blutige Huldigungsopfer, nur der obersten Landesgottheit, und zwar ausschliesslich in solchen Fällen, dargebracht, wo es sich um das Schicksal eines ganzen Gemeinwesens handelte [1]).

Auch für Island sind dieselben bezeugt; so durch die Eyrbyggja-Saga, wo gesprochen wird von einem Altarstein des Þórr, der noch Blutspuren trägt, auf welchem den zum Opfer bestimmten Männern das Rückgrat gebrochen wurde [2]), Und ebenso wird das bewiesen durch die Streitverhandlungen auf dem Alþing des Jahres 1000, wo die Partei der Heiden beschliesst, 2 Männer aus jedem Viertel den alten Heidengöttern zu opfern, damit diese das Kommen des Christentums über das Land verhindern [3]). Kam dieser Beschluss auch damals nicht zur Ausführung, so deutet er doch auf eine bestehende Sitte in der Vergangenheit zurück.

Unter den Tieropfern indessen galt, wie allen Germanen, so auch dem Isländer, in seiner Heidenzeit, das Pferdeopfer als das vornehmste [4]).

Es wurden ja auch Rinder, den Göttern, von ihnen geschlachtet.

So lesen wir in der Egla in Bezug auf Egill, als er in Norwegen um den Besitz von seines Weibes Erbe mit Atli, der dasselbe ihm weigert, einen Zweikampf eingeht: „*Þar* [5]) *var leiddr fram graðungr mikill ok gamall. Var þat kallat blótnaut. Þat skyldi sá höggva, er sigr hefði*". D. h. „dort wurde ein grosser und alter Stier vorgeführt. Den nannte man Opferstier. Diesen sollte derjenige schlachten, welcher Sieger blieb."

Und in der Kormáks-Saga, als Kormákr mit Þorvarðr einen Holmgang gethan und seinen Gegner besiegt hat, heisst es von jenem: „*Kormákr* [6]) *hjó blótnaut*", und zwar mit dem Zusatze „*eftir siðvenju*", d. h. „Kormákr tötete den Opferstier, nach dem Brauch!"

---

[1]) Wolfgang Golther: Handbuch der Germanischen Mythologie, Leipzig 1895; pag. 560, und E. Mogk: Mythologie, pag. 1119. Band I des Grundrisses von H. Paul: Strassb. 1893.
[2]) Eb. Kap. 10. — [3]) Kristni-Saga, pag. 23.
[4]) Jakob Grimm: Deutsche Mythologie, 4. Ausgabe, Berlin 1876, Band II, pag. 38—40. — [5]) Eg. Kap. 65. — [6]) Korm. s. Kap. 23.

In beiden Stellen wird es verschwiegen, welcher Gottheit diese Opfergabe galt; auch geschieht das Töten des Stieres ohne alle Ceremonie. Wir haben es hier also wohl nur mit einem Privatopfer zu thun, den Geistern des Hauses, des Hofes, oder der Landschaft dargebracht[1]), wie es nach einem Zweikampfe für den Sieger üblich war, dass er mit demselben Schwerte, welches den Gegner getroffen, nun auch den im Gelübde versprochenen Stier zerhieb[2]).

In den öffentlichen Opfern dagegen, in Island also in denjenigen Opfern, welche durch den hofgoði an der Spitze seiner þingmenn, als Kultusgemeinde, dargebracht wurden, kamen vornehmlich Pferde zur Schlachtung.

Da nun aber, wie die nachfolgende Darstellung zeigen wird, Pferde nicht bloss auf die Altäre der Götter von den Germanen gelegt wurden, sondern dieselben auch als Weihegeschenke in der Nähe ihrer Tempel, wie auch auf einzelnen Höfen, den Göttern zu Ehren, gepflegt und gefüttert wurden, und man aus dem Gebaren dieser Tiere, als dem Aufstehen und Niederlegen, dem Antreten der Füsse, mit dem rechten oder linken, und dem Gewieher, Orakelsprüche zu entnehmen beflissen war; diese religiösen Gebräuche aber in einer höchst merkwürdigen Übereinstimmung von den eisdurchsetzten Fluten des Isafjordes bis zu den Ufern der Weichsel, ja der Wolga, also nicht bloss in der germanischen, sondern zum Teil auch in der slavischen Welt, während der Heidenzeit, sich finden: so müssen doch ganz besondere Gründe vorhanden gewesen sein, welche jene Naturvölker veranlasst haben, in so übereinstimmender Weise gerade dem Pferde die Würde eines passenden Opfer- und Weihe-Geschenkes an ihre Götter zuzueignen.

Diesen Gründen hier zunächst nachzuforschen, erscheint nicht ohne Interesse.

Bei den Germanen sprachen wohl zunächst mythologische Gründe für die Auswahl des Pferdes als Opfertier.

Während den hohen griechischen Gottheiten ein Wagen-

---

[1]) Pag. 560, W. Golther: Handbuch der Germ. Mythol. Leipz. 1895.
[2]) Pag. 40, J. Grimm: Deutsche Mytholog. 4. Ausg. Berlin 1895.

gespann zugeschrieben wird, denkt sich der Germane seine Asen, eingeschlossen die Frauen unter denselben, sämtlich beritten; ausgenommen Þórr, der zu Fusse geht, oder auf einem Wagen fährt, eine Vorstellung, die sich aus dem Vergleich des ihm zugeschriebenen Donners mit dem Wagengerassel, namentlich über eine Brücke hin, von selbst ergiebt. Diese 11 Pferde der Asen führen ihre eigenen Namen und sind uns bekannt[1]).

---

[1]) Die Namen der Pferde der Götter sind (cf. Edda Snorra Sturlusonar, Hafniae 1848, pag. 70) folgende:

    Sleipnir, Óðins Pferd, das beste von allen, gebildet von sleipr: glatt, auch gleitend.

    Blóðughófi, von blóðugr = blutig, und hófi, ein Pferd, das Hufe hat; also „Bluthuf", Freyrs Pferd.

    Falhófnir, von fela = hüllen, und hófnir, ein Pferd, das Hufe hat; also ein Pferd, dessen Hufe mit Haaren bedeckt sind.

    Gisl = „Bürge".

    Glaer = „Hell".

    Gulltoppr, von gull = Gold, und toppr = Stirnhaar; also „Goldbüschel"; dem Heimdall gehörend.

    Gullfaxi, von gull = Gold, und faxi = ein Pferd, das eine Mähne hat; also „Goldmähne".

    Gyllir, von gylla = vergolden, also vielleicht „Goldchen".

    Hófvarpnir, von hófr = Huf, und verpa = werfen; also „Hufwerfer". Das Pferd der Gná, der Botin der Frigg.

    Léttfeti, von léttr = leicht, und feta = gehen; also „Leichttritt".

    Siner, von sin = Sehne; also „Sehnert".

    Skeiðbrímir, von skeið = Passgang, und brímir = feurig; also „Feuerschritt".

Die Sonnen-Rosse sind:

    Alsviðr, von al = ganz, und sviðr = klug; also „Allklug".

    Árvakr, von ár = frühe, und vakr = wach; also „Frühauf".

Das Pferd der Nacht ist:

    Hrímfaxi, von hrím = Reif, und faxi = ein Pferd, das eine Mähne hat; also „Reifmähne".

Das Pferd des Morgens ist:

    Vakr = „Munter"; aber auch „Passgänger"; wie denn heute noch auf Island „vakr" in diesem Sinn, als Beiwort, von Pferden gebraucht wird.

Das Pferd des Tages ist:

    Skinfaxi, von skin = Schein, und faxi = ein Pferd, das eine

Den Germanen dünkte das Ross als eine notwendige Ergänzung zu der Erscheinung eines kraftvollen Mannes, also auch des idealisierten Menschen, seines Gottes. Demnach opferte er seinen Göttern das Pferd, überzeugt in der Auswahl dieses Tieres ihnen eine hochwillkommene Gabe zu bringen.

Aber auch, aus der Beschaffenheit dieses Tieres selber heraus, muss solche Auswahl erklärbar werden.

> Mähne hat; also „Glanzmähne", und ein zweiter Name für dasselbe Tier ist:
> Glaðr = „Heiter".
>
> Wir reihen hier gleichfalls an die in den Sagas mit Namen benannten Pferde der Helden, vor allem das Pferd des Sigurðr Fáfnisbani:
>
> Grani[1]), ohne Accent geschrieben, kann dieser Name abgeleitet werden von grön = Lippe; dann würde es heissen „Hängelippe"; aber Gráni, mit Accent geschrieben, ist abzuleiten von grár = grau; also „Grauer".
>
> Háfeti, von hár = hoch, und feta = gehen; also „Hochschritt".
>
> Svipuðr, von svipr = Lichtstreif, der schnell vorübergleitet; also vielleicht „Strahl".
>
> Svegjuðr, von svegja = biegen; also vielleicht „Schneidig".
>
> Skálm, von skálma = schreiten; also „Schritt".
>
> Fluga, von fljúga = fliegen; also „Fliege".
>
> Eiðfaxi, von Eið = Ort bei dem See Mjösen in Norwegen, und faxi = ein Pferd, das eine Mähne hat; ein Sohn der Fluga.
>
> Svartfaxi, von svartr = schwarz, und faxi; also „Schwarzmähne".
>
> Hvítingr, von hvítr = weiss, und ingr, Diminutiv-Endung; also „Weissling".
>
> Sviðgrímr, von svíða = brennen, und gríma = Maske; also „Brandmaske".
>
> Keingála, von kengr = ein krummer Haken, oder gekrümmter Rücken, und ál = Riemen; also ein Pferd mit einem Streifen längs des Rückens.
>
> Söðulkolla, von söðull = Sattel, und kolla = Weibchen; also „Sattelstute".
>
> Freyfaxi, von Freyr, der Gott, und faxi; also „Freysmähne".
>
> Innikrákr, von inni = drinnen, und krákr = Rabe; also ein Rappe, der den Stall liebt.

---

[1]) Diese Schreibart dürfte die richtigere sein. Vergl. Finnur Jónsson, Litteraturs Historie, Bind I, pag. 369.

Prüfen wir diejenigen Eigenschaften des Pferdes, welche dasselbe über die anderen Tiere erheben, und zwar zunächst seine Gestalt. Beruht die Schönheit eines organischen Wesens vor allem in der Bildung des Kopfes und in der Art, wie dieser Kopf auf Hals und Rumpf aufsitzt, so besitzt, nächst der durch nichts übertroffenen menschlichen Gestalt, das Pferd das höchste Ebenmass seiner Glieder. Das empfanden die griechischen Plastiker, welche von allen Tieren besonders das Pferd zur künstlerischen Darstellung brachten, in Rundbildern, wie auf Reliefs. Es darf nur erinnert werden an die herrlichen Reiterzüge auf dem grossen Parthenon-Friese. Ja, sie schufen im Centauren ein Mischwesen, in welchem die Schönheitslinien von Mann und Ross auf das Harmonischste in einanderfliessen, wie in der Darstellung der Lapiten-Schlacht auf dem Westgiebel des Zeustempels zu Olympia ersichtlich.

Aber auch innere Eigenschaften sind es, durch welche das Pferd dem Menschen näher rückt, als die anderen Tiere. Alle Tiere besitzen ja, wenn auch graduell verschieden, Verstand, weil sie Objekte zu erkennen vermögen als Ursachen, die auf ihren Leib einwirken. Aber versagt ist allen die nur dem Menschen eignende Vernunft, als die Kraft, das Verstandene nun auch zu fixieren, und unter einander zu verknüpfen. Ebenso ist sämtlichen Tieren versagt die Vorstellung der Zukunft. Nur der vernunftbegabte Mensch schaut vorwie rückwärts, und kann, unabhängig vom Eindruck der Gegenwart, das Ganze seines Lebens erfassen.

Das Tier lebt vor allem in der Gegenwart; nur einige Bevorzugte von ihnen besitzen die Vorstellung auch des Vergangenen[1]).

In diesem engumrissenen Gebiete entwickelt das Pferd nun Eigenschaften, welche es hoch erheben.

So besitzt das Pferd ein ausgezeichnetes Gedächtnis. Es erinnert sich sehr bestimmt an empfangenes Lob, wie an erhaltene Züchtigung, und bietet in dieser Eigenschaft die

---

[1]) Arthur Schopenhauer: „Die Welt als Wille und Vorstellung". Leipzig 1844. Band I., pag. 23—26, 58, 456.

Grundlage für eine sehr vollkommene Dressur, wie jeder Kavallerist bezeugen wird.

Damit hängt zusammen ein sehr entwickelter Ortssinn. In weglosen Steppen kann der verirrte Reiter seinem Pferde vertrauensvoll den Zügel überlassen. Es bringt seinen Herrn sicher heim, wie ich selbst bei meiner Durchquerung der Pampas von Süd-Amerika im Sattel, mehr als einmal, erlebt, habe; und in einen Weg, einmal gegangen, biegt selbst nach langer Zeit, ohne Zügelführung, das Pferd wieder ein.

Gerühmt wird auch mit Recht seine Pflichttreue. Es giebt Pferde, die mit Anspannung aller Kräfte ihr Ziel zu erreichen suchen, und dann, am Ziele angelangt, tot zusammenbrechen, wie die Stute „Lippspringe" unter Rittmeister, Freiherr von Reitzenstein, nachdem sie ihren Herrn auf einem Distanzritt, den 84 Meilen langen Weg von Berlin nach Wien, in 6 Tagen, mit Anstrengung aller ihrer Kräfte, getragen hat durch dieses Ziel hindurchgeht, nicht wie „ein nasses Segel, sondern mit erhobenem Kopfe und festem Tritt", dann aber, 3 Minuten später, erschöpft und tot zusammenbricht[1]).

Darum: „Unter dem Sattel, oder im Sielenzeuge sterben", ist ein deutsches Wort, welches die Pflichttreue, bis zum Tode, auch bei Menschen kennzeichnet.

---

[1]) E. v. Naundorff: „Der grosse Distanzritt von Berlin nach Wien". Breslau 1892. Pag. 191, 192. Ebenso Spielberg, Rittmeister im Westfäl. Drag.-Reg. Nr. 7, Distanzritt von Saarbrücken nach Rom über den St. Gotthard in 12 Tagen, Berlin 1900, Pag. 31, wo der Reiter von seiner so leistungsfähigen, wie klugen, Stute Cherry bei dem gefahrvollen Übergange über die Schneefelder auf der St. Gotthard-Strasse zwischen Andermatt und Airolo, am 7. Juni 1900, sagt: „Nun legten wir die Schneeschuhe an, welche sich vorzüglich bewährten und die Bewunderung der Führer erregten, denn nur wenig sank das Pferd noch ein. Auch schien es gemerkt zu haben, um was es sich handelte; denn es trat von jetzt an vorsichtiger auf, mehr vorwärts gleitend, so dass die Leute nicht wenig über den Verstand des Tieres staunten, und an dem Gelingen des Überganges nun nicht mehr zweifelten." Pag. 33: „Das Pferd setzte sich, wie beim Abwärtsklettern, auf die Hinterhand, und rutschte so die steilsten Stellen hinab, von den beiden Führern zur Seite an den Bügeln nach hinten gehalten!" Und dann bei dem Einzuge in Rom, Pag. 81: „Auch auf das Pferd schien der (festliche) Empfang und die Gesellschaft zu wirken; oder ahnte es, dass die Sache nun zu Ende war? Es ging völlig frisch vorwärts!"

Mit dieser Pflichttreue hängt zusammen des Pferdes Ehrgeiz. Im eleganten Geschirr richtet es sich höher auf, als im Arbeitszeuge, und durch die Strassen der Stadt, wo Blicke auf ihm ruhen, schreitet es stolzer, als auf Landwegen.

Auf diesen Ehrgeiz des Tieres gründet sich der Sport des Wettrennens, indem das Pferd, aus sich selbst heraus, schon sich antreibt, durch kein anderes überholt zu werden.

Man beobachtet in Kriegen an den Pferden den Ausdruck der Freude beim Siege, den der Trauer bei der Niederlage.

Für eine pflegende und, in gerechter Art, züchtigende Hand dankbar und anhänglich, wird es zum Beisser und zum Schläger nur bei roher und ungerechter Behandlung.

Diese innere Begabung bewirkt es wohl, dass das Pferd neben dem allgemeinen Gattungscharakter auch eine sehr ausgeprägte Individualphysiognomie zeigt, wie solche in dem Masse anderen Tieren fehlt. Dieses Individuelle prägt sich aus in der sehr unterschiedlichen Kopfbildung, sowie in dem Temperamentvollen seiner Bewegungen. Es ist darum auch für das Auge eines Nichtkenners sehr viel leichter 2 Pferde von derselben Grösse, Farbe und Geschlecht von einander zu unterscheiden, als z. B. 2 Ochsen von derselben Farbe und Grösse.

Sein feineres Nervensystem macht das Pferd empfänglich für die Vorahnung kommender Dinge. So wittert es voraus die kommende Witterung.

Ásmundr auf Bjarg vertraut der Klugheit seiner Stute Keingála, als einer sicheren Wetterprophetin. Sie weiss schon am frühen Morgen, ob der Tag einen Schneesturm bringen werde, und verlässt dann den Stall nicht[1].

Ja selbst ein zwecksetzendes Handeln wird dem Pferde zugetraut. So Hrafnkell. Er sagt zu Freyfaxi, dem Pferde, welches vor seines Herrn Thür sich aufstellend, durch lautes Gewieher die durch den Knecht ihm widerfahrene Misshandlung meldet: „*heima hafðir þú vit þitt, er þú sagðir mér til, fóstri minn*"[2], d. h. „daheim hattest du deinen Witz, mein Liebling, als du mir dieses ansagtest".

---

[1] Grettis s. Kap. 14. — [2] Hrafnk. s., pag. 8.

Ja, selbst die Gabe der Weissagung wird dem Pferde zugeschrieben, und zwar übereinstimmend von Germanen, wie von Slaven. Beide halten unter Umständen Pferde für die Mitwisser der Götter, und meinen, dass Stimmen der Himmlischen durch dieselben zu den Menschen reden.

Beispiele finden sich dafür in den Sagas.

Die beiden Landnahmsleute, die Bergdís und Þórir, Mutter und Sohn, folgen, auf Island angelangt, ihrer klugen Stute Skálm. Wo diese unter ihrem Gepäck sich niederlegen werde, da wollen sie den Hof aufbauen. Und beide folgen dem voranschreitenden Tiere, 2 Sommer lang, durch die ganze Gegend zwischen dem Breiði- und Borgarfjörðr. Endlich *„þar sem sandmelir tveir rauðir stóðu fyrir; þar lagðist Skálm niðr undir klyfjum; þar nam Þórir land"*[1]), d. h. „dort, wo 2 rote Lavahügel vorsprangen, da lagerte sich Skálm unter der Last. Dort nahm Þórir Land."

Sodann, Frau Signý auf Breiðabólstaðr ist auf der Reise hin zu Grímkell auf Ölfusvatn, begleitet von 29 Mann, und übernachtet im Hofe Þverfell im Reykjardalr. Über Nacht stirbt ihr Reitpferd Svartfaxi auf der Weide. Als am Morgen ihr der Unfall gemeldet wird, befiehlt sie nicht etwa das Satteln eines anderen Pferdes, sondern schleunige Umkehr: *„vil*[2]) *ek aptr hverfa ok ekki fara leingra; þetta er ill furða"*, d. h. „Ich will umkehren, und nicht weiter reisen. Das ist ein böses Zeichen!" Aus dem Schicksal des Pferdes glaubt sie eine warnende Gottesstimme zu hören.

Zu diesen beiden Zeugnissen aus Island gesellt sich der Bericht des Tacitus, welcher über die Pferdeorakel der Germanen eingehend schreibt[3]):

„proprium gentis equorum quoque praesagia ac monitus experiri; hinnitusque ac fremitus observant. nec ulli auspicio major fides, non solum apud plebem, sed apud proceres, apud sacerdotes; se enim ministros deorum, illos conscios putant".

---

[1]) Lndn. II. Kap. 5. — [2]) Harðar s. Kap. 4.
[3]) Cornelii Taciti Germania, Kap. 10. Edit. Heinrich Schweizer-Sidler. Halle 1879.

In derselben Weise berichtet Saxo grammaticus[1]) über die Pferdeorakel, üblich bei den Slaven. In seiner historia danica, bei der Schilderung der Erstürmung Arconas durch König Waldemar I., giebt er eine eingehende Beschreibung des dortigen Tempels des Svantovit, sowie des darin üblichen Kultus. Er berichtet, dem Götzen werden im Umkreise des Tempels 300 Pferde gehalten, und ausser diesen noch sein Leibross von weisser Farbe. Bei diesem Letzteren holt man ein die Orakel, besonders vor jeder Kriegsunternehmung; dann aber auch bei geringfügigeren Anlässen: „Quae auspicia, si laeta fuissent, coeptum alacres iter carpebant; sin tristia, reflexo cursu propria repetebant."

So galt das Pferd den Germanen, wie den Slaven, nicht bloss für ein überaus nützliches, sondern auch für ein reines und heiliges Geschöpf.

Aus dieser Wertschätzung des Tieres möchten wir ableiten folgende Ausnahmebestimmung der Grágás. Während dieses Landrecht der Isländer alle anderen Haustiere durch Einschnitte in die Ohren, oder in die Schwimmhäute, zu markieren anordnet[2]), wird diese Bestimmung zu Gunsten des Pferdes ausdrücklich aufgehoben: „*hross er oc eigi scyllt at einkynna*"[3]), d. h. „man ist nicht verpflichtet, die Pferde zu markieren!"

Die bisherige Betrachtung wird ausreichen, um den Satz

---

[1]) Saxonis grammatici historia danica. Edit. Pet. Erasmus Müller. Havniae 1839. Pag. 826—827.

Diesen historischen Bericht kommentiert der gelehrte Bischof, als Herausgeber, mit folgenden Sätzen: „fides in equorum vaticinandi vi posita omnibus Vendorum populis communis fuisse videtur. Sed haec consvetudo non Vendis propria erat. Etiam Prussi et Livones, fortasse caeteri quoque populi Slavici, equos sacros alebant, iisque vaticinandi vim tribuebant. Quin haec superstitio populis Slavicis cum Germanis et Scandinavis communis fuisse videtur!"

[2]) Grágás, pag. 154 und 155, oder II. Kap. 225: „Hver maðr scal eina einkvn eiga a fe sino. baeðe navtom oc savðom. Navt oc savðe oc svín scal maðr marka a eyrom en fugla scal marka a fitiom", d. h. „Jedermann soll eine Marke an seinem Vieh haben, an Rindern wie Schafen. Rind, Schaf und Schwein soll man an den Ohren zeichnen, aber Vögel an den Schwimmhäuten."

[3]) Grágás (Staðarhólsbók), Kap. 187 (XI). Kjøbenh. 1879.

für erwiesen zu halten, dass der Germane und mit ihm der Isländer, nach beider Anschauung, dem Pferde eine wohlbegründete Dignität zugeschrieben haben.

Demnach, wenn der Isländer nun den religiösen Entschluss fasste, seinen hohen Göttern Óðinn, Þórr, Freyr nicht bloss im Gebete zu nahen, sondern auch dieses Gebet zu verstärken durch eine wertvolle Gabe aus seinem Eigen, um durch dieselbe die Himmlischen zu verpflichten, sich selbst aber zu entsühnen: dann kann es nun nicht mehr befremden, dass er von allen seinen Haustieren gerade das Pferd zu solcher Opfergabe aussonderte, und am würdigsten erachtete.

Von der örtlichen Einrichtung eines Heidentempels auf Island, in welchem solche Pferdeopfer dargebracht wurden, gewinnen wir ein sehr anschauliches Bild aus der Darstellung der Eyrbyggja saga[1]); allein die Darstellung einer Opferhandlung selbst in ihren einzelnen, auf einander folgenden Scenen, suchen wir in den Sagas, soweit sie Vorgänge, auf Island geschehen, uns berichten, vergebens. Dagegen norwegische Opferscenen, in denen Pferde zur Schlachtung kamen, berichten uns die Sagas; wenn auch mehr aus politischem, als aus religiösem Antriebe, und darum auch nach dieser Seite hin leider nicht so ausmalend, wie wir das wünschten.

Wir verdanken diese Darstellung der Heimskringla[2]).

Hákon, der Gute, des Königs Haraldr hárfagri spätgeborener, unächter Sohn, aber in England von König Adalsteinn zu einem christlichen Heldenjünglinge erzogen, wird von den Bauern der mächtigsten Landschaft Throndhjem zum Könige, im jugendlichen Alter, ausgerufen, und bald Vollkönig über Norwegen. Seine christliche Überzeugung, ihm ernst, kommt in wiederholten Konflikt mit den noch strengheidnischen Bewohnern seines Landes, namentlich bei Gelegenheit der grossen Opfer, wo dann stets der treue Jarl Sigurðr zwischen den harten Gegensätzen zu vermitteln sucht. Aus diesem politischen Anlass werden mehrfache Opferscenen

---

[1]) Eb. Kap. 4.
[2]) Heimskringla: Noregs konunga sögur af Snorri Sturluson, udgivne ved Finnur Jónsson. København. 1893 ff. I., pag. 191—194.

aus Maeri und Hlaðir berichtet, wo dem christlichen Könige von seinen Bauern es stufenweise abgefordert wird, Pferdefleisch, Pferdefett, Pferdeleber zu essen, oder doch von der Pferdefleischbrühe zu trinken, endlich wenigstens den Mund über den Opferkessel zu halten, und den aus der Brühe aufsteigenden Broden einzuathmen. Der König, übrigens ein Charakter und ein Held, muss sich überwinden, hier und da seinen politisch treuen, religiös starren, Unterthanen einige Nachgiebigkeit zu zeigen. Aus diesem politischen Anlass erfahren wir Einiges über die Vorgänge bei diesen Pferdeopfern.

Selbst König Óláfr helgi, welcher 55 Jahre später als Hákon góði die Regierung über Norwegen antrat, muss sich noch über die Bauern von Throndhjem verdriessen, weil sie bei ihren Trinkgelagen zu Wintersanfang, nach altem Brauch, den Asen den Minnebecher trinken, und mit dem Blute geschlachteter Rosse die alten Heidenaltäre röten, obwohl sie das Kreuzeszeichen längst empfangen hatten, unter dem Vorgeben: „*at þat skyldi vera til árbótar*", d. h. „das solle dienen, das Jahr fruchtbar zu machen!"

So fest haftete der Brauch des Pferdeopfers in den Herzen der Nordlandsleute.

Auch über die in Schweden dargebrachten Pferdeopfer besitzen wir ein zuverlässiges und recht vollständiges Zeugnis.

Adamus, magister scolarum Bremensis, schrieb im Auftrage seines Vorgesetzten, des Erzbischofs von Hamburg, um das Jahr 1075 eine Geschichte und Geographie der dem Erzbistum unterstellten Nordlande. In dieses Werkes 4. Buche, welches eine descriptio insularum aquilonis im 27. Kapitel bringt, spricht er über die Opfer zu Upsalir in dem damals noch heidnischen Schweden.

Nachdem er erzählt, wie bei drohenden Seuchen und Misswachs dem Þórr, bei bevorstehenden Kriegen dem Óðinn, bei Eheschliessungen dem Freyr dort geopfert werde, spricht er von den grossen, jedes neunte Jahr wiederkehrenden, Opfern, gemeinschaftlich für alle Provinzen des Schwedenlandes in Upsalir begangen. Könige, wie Völker, Gemeinden, wie Privatleute, senden dazu ihre Gaben.

Dann fährt er in seinem Berichte fort: „*Sacrificium*[1]) *itaque tale est. Ex omni animante, quod masculinum est, novem capita offeruntur, quorum sanguine deos placari mos est. Corpora autem suspenduntur in lucum, qui proximus est templo. Is enim lucus tam sacer est gentibus, ut singulae arbores ejus ex morte vel tabo immolatorum divinae credantur. Ibi etiam canes et equi pendent cum hominibus, quorum corpora mixtim suspensa narravit mihi aliquis christianorum vidisse. Ceterum neniae, quae in ejusmodi ritu libationis fieri solent, multiplices et inhonestae ideoque melius reticendae*".

Wir entnehmen dieser Darstellung für unsern Zweck, dass bei diesen Opfern zu Upsalir 9 Hengste geschlachtet, ihr Blut als Sühnmittel benutzt, und die ganzen Pferde an den heiligen Bäumen rings um den Tempel, untermischt mit anderen Leichen, aufgehängt wurden. Auch sind Lieder zu dieser Opferfeier gesungen, deren Inhalt dem christlichen Berichterstatter missfallen, und die er darum, in sehr bedauerlicher Weise, unterdrückt.

Unter „corpora equorum suspensa" sind wohl kaum zu verstehen die Fleischkörper der Tiere, da eben das Fleisch der geschlachteten Pferde nach übereinstimmenden Zeugnissen, die wir sonst besitzen, von der Opfergemeinde in gekochtem Zustande verzehrt wurde, durch welches Essen eben der Opfernde mit der im Opfer angesprochenen Gottheit in Verbindung trat. — Andererseits werden Pferdeköpfe und Felle, in den heiligen Hainen aufgehängt, vielfach erwähnt. Daher, wenn der christliche Gewährsmann des Adam ganze Pferdekörper, in dem Haine zu Upsalir aufgehängt, wirklich gesehen, so müssen das die Felle der geopferten Pferde gewesen sein, welchen man etwa durch eine Ausstopfung, mit Heu oder Werg, die natürliche Rundung gab. Und auch nur in diesem Zustande hatten solche Präparate die Aussicht, sich einige Zeit zu halten, ohne in die widerwärtigste Verwesung überzugehen.

Aber auch für Island fehlt uns nicht der Beweis, dass

---

[1]) Adami gesta hammaburgensis ecclesiae pontificum ex recensione Lappenbergii. Editio altera. Hannoverae 1876. pag. 175, 176.

in den dortigen Heidentempeln einst Pferde geschlachtet worden sind, wenn wir diesen Beweis auch dem verschwiegenen Schoss der Erde entheben müssen.

Am Hvalfjörðr[1]), einer Abzweigung des Faxa-Fjörðr, auf der Halbinsel Þyrilsnes lag ein Hof Þyrill. Er gehörte einst dem Bauer Þórsteinn, welcher in der Harðar-Saga Grímkelssonar[2]) eine grosse Rolle spielt. Hier stand nach der Überlieferung ein blóthús (Opferhaus), von dem noch Spuren sichtbar sind. Nachdem man sich darüber Gewissheit verschafft, dass auf dieser Stelle später weder eine Scheune, noch ein Viehstall gestanden hätte, wurden im Sommer 1880 durch Sigurðr Vigfússon, den Konservator der Reykjavíkur Altertumssammlung, hier Ausgrabungen vorgenommen. Sie förderten zu Tage Asche, und mit dieser durchmengt, Pferdezähne. Diese Zähne rühren ohne Zweifel her von den in der Heidenzeit in diesem Tempel hier geschlachteten Opferpferden.

Das Geschlecht der Opferpferde steht fest nach Adams Bericht: „*quod masculinum est, offertur*". Indessen über die Farbe derselben steht die Untersuchung noch aus. Tacitus nennt „candidi equi, qui publice aluntur nemoribus deorum"[3]). Und Saxo gleichfalls nennt „albi coloris equum", welches Svantovitus in seinem Tempel zu Arcona besass[4]). Auch die Nordlandskönige, wenn sie zu Staatsakten öffentlich auftritten[5]), sassen stets auf weissen Rossen. Auf einem solchen sitzend, findet sich abgebildet König Óláfr helgi, ausreitend unter das Volk, in seinem Königsschmuck[6]). Diese Sitte findet sich wieder in entlegenen Weltteilen. Wenn der König von Bornú, am Beiramfeste, welches den Fastenmonat Ramadàn schliesst, seinen glänzenden Aufzug in Kùka hält, dann sitzt er, selbst weiss gekleidet, auf einem schneeweissen Hengste[7]).

---

[1]) Kr. Kaalund: Islands Fortidslaevninger. Saertryk af Aarbøger for nord. Oldk. og Historie. København 1882. pag. 84.

[2]) Harðar., s. Kap. 36. — [3]) Cornelii Taciti Germania, Kap. 10.

[4]) Saxonis grammatici historia danica, pag. 826.

[5]) J. Grimm: Deutsche Mythologie, pag. 518.

[6]) Auf einer gemalten Holztafel im National-Museum zu Kopenhagen unter folgender Bezeichnung: Malet Forside til et Alterbord med hellig Ólafs Billede og Scener af hans Historie fra Trondhjem.

[7]) G. Nachtigal: Sahara und Sûdân, Berlin 1879. Bd. I. pag. 745.

Und die Sagas der Isländer heben die weisse Farbe der Pferde als besonders vornehm hervor. Oft wiederholen sich Ausdrücke wie diese: *„hann var hvítr at lit"*, oder *„sá hestr var sonr Hvítings, ok var alhvítr at lit"*, oder *„hann átti tvo hesta alhvíta, nema á eyrunum, þar voru þeir svartir"*. So werden es denn auch sicherlich Hengste von weisser Farbe gewesen sein, welche auf Island den Göttern geschlachtet wurden. Es lässt sich annehmen, dass diese Tiere, schon als Füllen ausgesondert für ihren religiösen Zweck, von jeder Dienstleistung zum Nutzen der Menschen befreit blieben. Denn es erschien mit Recht unschicklich, einem Gotte ein Pferd anzubieten, das zuvor schon von Menschen bestiegen, oder gar abgenutzt war. So bezeichnet Tacitus die den Göttern durch die Germanen geweihten Pferde als *„nullo mortali opere contacti"*[1]) und Hrafnkell bestraft das Besteigen seines, dem Gotte Freyr geweihten, Hengstes an dem schuldigen Knecht mit dem Tode[2]). Diese zum Opferdienste ausgesonderten weissen Hengstfüllen mochten wohl in der Umgegend der Heidentempel ihr Futter bekommen.

So findet König Óláfr Tryggvason, willens, selbst zum Tempel des Freyr zu gehen, um den widerspenstigen Bewohnern von Throndhjem zum Trotz, ihr Götterbild dort mit eigener Hand zu zerstören, Pferde am Wege, von welchen seine Begleiter sagen, dass sie dem Freyr gehörten: *„En er hann kom a land þa sa hans menn stodhross nokkur vid ueginn er þeir sögdu at Freyr etti"*[3]).

Diese Einrichtung mochte nun auch wohl für Island gelten, von dem sein Historiograph, Ari hinn fróði[4]), bezeugt, dass seine Gesetze, und, dann dürfen wir gewiss auch schliessen, seine religiösen Gebräuche zur Heidenzeit, im Wesentlichen denen des Mutterlandes Norwegen geglichen hätten.

---

[1]) C. Taciti Germania, Kap. 10.
[2]) Hrafnk. s., pag. 8.
[3]) Flateyjarbók, udgiven efter offentlig Foranstaltning, Christiania 1860, pag. 401 d. I. Bds.
[4]) Íslendingabók Ara prests ens fróþa Þorgilssonar, Kap. 2. u. 8. Ausg. Th. Möbius, Leipzig 1869.

Den Hergang beim Opfer nun dürfen wir uns etwa folgendermassen denken:

Die Opferpferde wurden in dem Tempel zu den Füssen der Götterbilder geschlachtet. Mit dem entströmenden Blute, diesem Quell alles Lebens, sorgsam aufgefangen in einem Opferkessel, besprengte der Priester, auf Island also der goði, das weltliche und geistliche Haupt der hórað, den heiligen Eidring (hringr einn mótlauss, tvítögeyringr)[1] am Arme, mittelst des Sprengquastes, vor allem das Bild des Gottes, dem zu Ehren dieses Opfer geschah.

Durch solche Besprengung glaubte man das Herabkommen des himmlischen Geistes in das tote Bild zu bewirken[2]. Dann wurden mit dem Blute besprengt auch die Säulen des Tempels und die Opfergemeinde. Die edleren Teile des geschlachteten Pferdes, als Leber, Herz, Zunge, gehörten dem Gotte[3]. Kopf und Fell wurden in der Nähe des Tempels als Weihegeschenk aufgehängt. Das Fleisch, das Fett und die Brühe wurden verteilt unter das opfernde Volk (en slátr skyldi sjóða til mannfagnaðar)[4]. An das Mahl schloss sich an der Trunk. Der erste Becher gehörte der Minne des Gottes, dem man in diesem Opfer nahte. Dann folgten andere, feierliche Trinksprüche, vom Leiter des Opfers, von seinem Hochsitze herab, ausgebracht. Endlich geht die religiöse Handlung in ein heiteres Gelage über. Häufig kommt es auch vor, dass bei solch feierlichen Opferfesten von Leuten, die sich hervorthun wollen, förmliche Gelübde abgelegt wurden, welche auf die Vollbringung irgend eines grossen Unternehmens abzielten[5].

Aber auch Privatpersonen unterhielten auf Island, auf ihren Höfen, zuweilen einem der Götter, den sie besonders liebten und ehrten, ein Pferd als Weihegeschenk. Von dem Bonden Brandr[6] im Vatnsdalr haben wir es bezweifelt, dass der über ihn gebrauchte Ausdruck: „hefði átrúnað á Faxa" im Sinne einer religiösen Verehrung dieses Tieres zu deuten

---

[1] Eyrb. Kap. 4. — [2] E. Mogk. pag. 1118 des Grundrisses.
[3] J. Grimm: Deutsch. Myth. pag. 46.
[4] Saga Hákonar góða. Kap. 16.
[5] W. Golther: Germ. Mythol. pag. 568. — [6] Vatnsd. s. Kap. 34.

sei, weil dasselbe von seinem Besitzer auch zu werktägiger Arbeit benutzt wurde, was bei einem Weihegeschenk unstatthaft war; aber Hrafnkell[1]) auf dem Hofe Aðalból, im Osten Islands, ist hier ein zutreffendes Beispiel. Dieser hatte, und zwar nicht in seiner Eigenschaft als goði beim Tempel, sondern als Privatmann auf seinem Gute, dem Gotte Freyr, wie hinzugesetzt wird „vin sínum", d. h. „seinem persönlichen Freunde", den Hengst Freyfaxi geschenkt, und zwar merkwürdiger Weise „hálfan", d. h. „halbpart". Diese Teilung war geschehen, nicht aus Geiz, um die andere Hälfte für sich zu behalten; vielmehr in der Absicht, es wollte der Donator mit dem empfangenden Gotte in dem gemeinschaftlich besessenen Tiere fester die Hand sich reichen, und den begehrten Bund knüpfen. Daher auch das strenge Gelübde: *„hann skyldi þeim manni at bana verða, er hánum riði án hans vilja"*, d. h. „er sei entschlossen, denn Mann zu töten, welcher dieses Pferd bestiege ohne seinen Willen"; und dann die darauf folgende strenge Ahndung an dem schuldigen Knecht. Um so grösser nun Hrafnkell's Befremden, später seine Entrüstung, als der Gott in dem Prozess, welcher aus dem Totschlag des schuldigen Knechts für Hrafnkell entspringt, diesen völlig im Stiche lässt; eine Entrüstung, die sich dann steigert zu der Erklärung: *„ek hygg þat hégóma at trúa á goð!"* — d. h. „ich halte es für einen Wahn, an einen Gott zu glauben!"

Der Sieger über Hrafnkell, welcher diesen, nach dem gewonnenen Prozess, von Haus und Hof vertrieben hat, ist weit entfernt mit dem erbeuteten Weihegeschenk des Gottes einen „átrúnaðr" zu treiben; im Gegenteil, er lässt Freyfaxi sich vorführen, und erklärt: *„hestr þessi sýnist mér eigi betri enn aðrir hestar, heldr því verri, at mart ilt hefir af honum hlotizt"*, d. h. „dieses Pferd erscheint mir nicht besser, als andere Pferde, vielmehr schlechter, weil viel Übel von ihm gekommen ist"!

Freyfaxi wird dann auch von einem Felsen hinabgestürzt, und so getötet.

Eine recht kühle Betrachtungsweise der Dinge; aber

---

[1]) Hrafnk. s., pag. 4 ff.

der Beweis, wie bereits die neuen Ideen, vom Süden heraufkommend, zersetzend in den Glauben an die altnordische Götterwelt eindringen.

Nach der gehobenen Stellung, welche wir dem Pferde in der Schätzung der Germanen zufallen sahen, als einer auserwählten Opfergabe und einem lebenden Weihegeschenk an die Götter, sowie einem oft befragten Orakel, um den Willen der Himmlischen zu erforschen, kann es nun nicht mehr befremden, dass man sich dieses Pferd nun auch als Medium für dämonische Kräfte dachte.

Einer doppelten Vorstellung gab man hier Raum.

Man glaubte nämlich, dass Dämonen in die Gestalt von Pferden sich kleiden, um den Menschen zu erscheinen; und dann wieder glaubte man, dass Menschen sich mit Erfolg der Trennstücke eines geschlachteten Pferdes, namentlich des Kopfes, bedienen könnten, um übernatürliche Wirkungen hervorzubringen.

Für Beides haben wir in den Sagas ein Beispiel.

Auðun, der Landnahmsmann, welcher sich am Hraunsfjörðr auf Snaefellsnes angebaut hatte, sah im Herbst ein apfelgraues Pferd, vom See (Hjarðarvatn) her, zu seinen Koppelpferden herabrennen, deren Hengst angreifen und niedertreten. Da fuhr Auðun zu, packte jenes graue Pferd, spannte es vor einen zweispännigen Ochsenschlitten, und fuhr mit ihm zusammen all sein Heu auf der Hauswiese. Das Pferd liess sich vortrefflich lenken in den Mittagsstunden; am Nachmittage aber senkte es seine Hufe in den Erdboden bis zur Fessel. Als dann die Sonne sank, sprengte es all sein Lederzeug, und stürzte nach dem See zurück. Nie ward es wieder gesehen!

„Auðun[1]*) sá um haust at hestr apaldgránann ofan frá Hjarðarvatni ok til stóðhrossa hans; sá hafði undir stóðhestinn; þá fór Auðun til, ok tók enn grá hestinn, ok setti fyrir tveggja öxna sleða, ok ók saman alla töðu sína". „Hestrinn var góðr meðfarar um miðdegit; enn er á leið, steig hann í völlinn til hófskeggja; enn eftir sólar fall sleit hann allan reiðing ok hljóp til vatnsins; hann sást aldri síðan".*

---

[1]) Lndn. II. Kap. 10.

Das gespensterhafte Kommen und Verschwinden dieses Pferdes im Zusammenhang mit dem See; der Versuch des Tieres, die Pferdekoppel des Auðun niederzutreten; das zeitweilige Sichbändigenlassen, dann das Zerreissen aller Fesseln und wilde Hinwegstürmen bei einbrechender Dunkelheit, in der alle dämonischen Kräfte sich stärker zu regen anfangen: alles dieses deutet darauf hin, dass wir es hier mit der Erscheinung eines Dämons, vielleicht eines Wasserdämons, in Pferdegestalt zu thun haben[1]).

Sodann hatte man die Vorstellung, dass Menschen unter Benutzung der Trennstücke eines geschlachteten Pferdes übernatürliche Wirkungen hervorzubringen vermöchten; wie ja die Zauberei als eine unzertrennliche, dunkle Begleiterin dem heidnischen Götterkultus stets gefolgt ist. Namentlich der Kopf des Pferdes wurde für diese Zwecke benutzt. Dieser Kopf, welcher niemals verzehrt wurde, sondern stets den Göttern geweiht blieb, den man in der Nähe des Tempels aufhing, und von dem man glaubte, dass in ihm die Klugheit des Tieres weiterlebe.

Dieser abgeschnittene Pferdekopf scheint dann allerdings in einem doppelten Sinn verwandt worden zu sein, um Unheil zu brechen, und um Unheil zu bringen. Die Richtung, welche man dem Maul des aufgepflanzten Pferdekopfes gab, muss hier wohl massgebend gewesen sein. Die auf dem Haus- oder dem Stallgiebel angebrachten, sich kreuzenden Pferdeköpfe, in den Nordlanden noch heute so verbreitet[2]), mit den Mäulern dem Hause abgekehrt, scheinen als ein Bewahrungsmittel vor Unheil für das Gehöft benützt worden zu sein. Dagegen ein abgeschnittener Pferdekopf, gesteckt

---

[1]) „Die nordische Mythologie schreibt allen Göttern die Fähigkeit zu, durch Selbstverwandelung ihre Gestalt zu ändern. So erscheint Loki als Lachs, Weib, Fliege, Floh und als Stute". Pag. 103 Band II. K. Maurer: Die Bekehrung des Norwegischen Stammes zum Christentum. München 1856.
[2]) R. Meiborg: Das Bauernhaus im Herzogtum Schleswig (Deutsch von R. Haupt). Schleswig 1896. Pag. 30 ff. Ebendort Pag. 17: „Unter der Lehmdiele sind Donnerkeile und ein Pferdekopf eingegraben, der Glück bringen soll". Denn es ist ein altes Sprichwort: „Perdtkop in Deel gift Glück in Hus!"

auf eine Stange, und das Maul dem Hause zugekehrt, galt als ein Bringer von Unglück für dieses Haus!

Zu verstärken glaubte man diese Wirkung, wenn das Gebiss des Pferdehauptes aufgesperrt, und durch dazwischengeklemmte Holzstäbe in dieser gähnenden Stellung erhalten wurde[1]).

Man nannte diesen Aufbau, ein abgeschnittenes Pferdehaupt mit geschlossenem oder aufgerissenem Maul, auf die Spitze einer Holzstange gesteckt, welche man, unter Innehaltung einer bestimmten Richtung, irgendwo in den Erdboden pflanzte, bei den heidnischen Isländern eine „níðstöng", d. h. „Fluchstange". Dazu kamen dann noch Runen, in die Holzstange eingeschnitten, welche den beabsichtigten Fluch über eine bestimmte Person aussprachen.

Egill Skallagrímsson, von dem Könige Eiríkr und dessen Gemahlin Gunnhildr schwer verletzt, verlässt Norwegen. Auf einer Insel indessen, dem Festlande nahe, hält er an und errichtete hier dem Könige und der Königin eine Fluchstange, über beide das Verderben herabrufend. Der Vorgang ist höchst charakteristisch, und wird in der Saga beschrieben, wie folgt:

„Sie rüsten sich zur Fahrt, und als sie segelbereit waren, stieg Egill die Insel hinauf, nahm in seine Hände eine Haselstange und erklomm einen Felsenvorsprung, dem Festlande zugewandt. Darauf griff er nach einem Pferdehaupte und pflanzte es oben auf die Stange. Sodann sprach er einen Spruch: „Hier richte ich auf eine Fluchstange und sende diesen Fluch zu den Händen Eiríks, des Königs und Gunnhildar, der Königin". — Er richtete das Pferdehaupt gegen das Festland. — „Ich sende diesen Fluch zu den Schutzgeistern, welche dieses Land bewohnen, so dass sie alle dahinfahren auf Irrwegen, keiner fühle, noch finde seine Heimstatt, bevor sie gestossen Eiríkr und Gunnhildr aus dem Lande". Darauf stösst er die Stange nieder in den Felsenspalt und liess sie dort stehen. Er wandte auch das Haupt dem Fest-

---

[1]) J. Grimm: Deutsche Mythologie, 4. Ausg. Berlin 1876. pag. 38, 549, 550.

lande zu; aber in die Stange ritzte er ein Runen, und es sprachen diese Runen aus alle jene Worte. Nachdem dieses vollbracht war, bestieg Egill sein Schiff. Sie hissten die Segel und stachen in See".

Dieser Übersetzung schliessen wir an den altnordischen Text.

„Búast[1]) þeir til at sigla. Ok er þeir vóru seglbúnir, gekk Egill upp í eyna. Hann tók í hönd sér heslisstöng, ok gekk á bergsnös nökkura, þá er vissi til landsins. Þá tók hann hrosshöfuð ok setti upp á stöngina. Síðan veitti hann formála ok maelti svá: „Hér set ek upp níðstöng ok sný ek þessu níði á hönd Eiríki konungi ok Gunnhildi drotningu" — hann sneri hrosshöfðinu inn á land — „sný ek þessu níði á landvaettir þaer er land þetta byggja, svá at allar fari þaer villar vegar, engi hendi né hitti sitt inni, fyrr enn þaer reka Eirik konung ok Gunnhildi ór landi". Síðan skýtr hann stönginni niðr í bjargrifu ok lét þar standa. Hann sneri ok höfðinu inn á land, enn hann reist rúnar á stönginni, ok segja þaer formála þenna allan. Eftir þat gekk Egill á skip. Tóku þeir til segls ok sigldu á haf út".

So hat denn das Pferd im Dienste des Isländers zur Saga-Zeit, als sein wohlgepflegter Liebling, wie wir gesehen haben, die reichste Verwertung gefunden, daheim im fleissigen Betriebe seines Wirtschaftshofes, dann auswärts auf frohen Fahrten, wie bei leidenschaftlichen Kämpfen, als ein Sport mancherlei Art; sowie auch in jenen ernsten Stunden, wo der Mensch sein Herz von den irdischen Dingen abzieht, an Gräbern und Altären, um der himmlischen Dinge zu gedenken.

Und auch noch jetzt, wenn der Bauer im heutigen Island, der verarmte Nachkomme reicher Vorfahren, beabsichtigt, benachbarte Freunde, oder die oft weitentlegene Kirche, die Landeshauptstadt, oder das Þing zu besuchen, dann steigt er zu Pferde, er, sein Weib und seine Kinder.

Oder, wenn der Forscher landet, um die altberühmten Kulturstätten zu sehen, wo einst von einem unvergesslichen

---

[1]) Egla. Kap. 57.

Heldengeschlechte gebaut und gekämpft, gesagt und gesungen wurde; dann muss auch er das Isländische Pferd besteigen, jenes treue Tier mit den klugen Augen und festen Hufen und dem willigen Sinn, damit es ihn trage zu den alten Þing-Plätzen, zu den Resten verfallener Höfe und versunkener Tempel.

Für sie alle ist dieses isländische Pferd noch immer, was es in der klassischen Zeit für einen Snorri goði, einen Egill Skallagrímsson, einen Ari hinn fróði war, der treue Reisebeschleuniger, der „fararskjóti"!

IV.

DAS RIND IM DIENSTE DES ISLÄNDERS.

I.

Einführung, Pflege, Anzahl und Beschaffenheit.

An den Grad der Vegetation ist überall auf der Erde die Entwickelung des Tierlebens gebunden. Diese Vegetation war auf Island, wie wir sahen, von bester Beschaffenheit. In seinen Thal- und Bergwiesen bot sich dar eine Mischung nahrhafter Kräuter von ausgezeichnetem Futterwerte. Zieht das Pferd, wenn ihm die Wahl gelassen wird, das Körnerfutter dem Grasfutter vor, so umgekehrt das Rind. Es ist am meisten empfänglich für eine kräftige Grasnarbe und setzt diese am sichersten um in eine Reihe von Nahrungsmitteln, welche die Hauptbestandteile unserer Speisekammern bilden, das Fleisch und die Milchprodukte.

Das Lied von „Rígr" weist dem freien Bauern das Geschäft der Rindviehzucht zu:

„Er begann zu wachsen und wohl zu gedeihen:
Da zähmte er Stiere, zimmerte Pflüge,
Schlug Häuser auf, erhöhte Scheuern,
Führte den Pflug und fertigte Wagen".

„Hann nam at vaxa
Oc vel dafna.
Öxn nam at temia
Ardr at giörfa
Hús at timbra
Oc hlödvr smída
Kata at giörfa
Oc keyra plóg" [1]).

---
[1]) Rígs-Mál, XIX, pag. 178, pars III., Edda Saemundar. Havniae 1828.
— Die Übersetzung nach Simrock, „Die Edda", Stuttgart 1896; pag. 113.

Alte Überlieferungen, die er aus dem Lande der Väter mitbrachte, wiesen ihn also nicht minder stark, wie das ihn umgebende neue Land darauf hin, seine junge Wirtschaft auf die Pflege vor allem des Rindes zu gründen.

Die Insel war, bei ihrer Besiedelung im Jahre 874, wie bereits gezeigt, leer an Menschen, wie an sämtlichen Haustieren. Gleich dem Pferde, wurde auch das Rind dorthin von auswärts überführt durch jene ersten Ankömmlinge, unter deren mitgebrachtem, lebenden Inventar, ohne Zweifel, ein oder mehrere Paare ausgesuchter, kräftiger Rinder, als Zuchttiere, nicht gefehlt haben werden. Das war immerhin nur ein kleiner Bestand für den neu gegründeten Hof. Und, da jede Kuh im Jahre nur ein Kalb wirft, so ging die Vermehrung auch langsam vorwärts: *„Fyrst höfðu þeir fátt kvikfjár*[1]*“*, d. h. „Am Anfange hatten sie wenig lebendes Vieh". Und man hütete sich auf den Höfen vor dem Schlachten, um den Bestand nicht zu verkleinern, sondern nahm, in der ersten Zeit, mit Fischnahrung fürlieb.

Das Schiff in der Kolbeinsár-Mündung, von dem bereits die Rede war, beladen mit kvikfé[2]), hatte ausser der uns bekannten Zuchtstute „Fluga", geladen vor allem auch Rinder und Schafe.

In der Anfangszeit, wo man damit zu thun hatte, den angekommenen Menschen ein Dach über den Kopf zu decken, fanden die Tiere, nach dieser Seite hin, keine Pflege. Wie die Pferde, entbehrten auch die Rinder der Ställe, so gut im Winter, wie im Sommer. *„Enn þat sem var kvikfjárins, þá gekk öllum vetrum sjálfala í skógum"*[3]). D. h. „Was sie nur an lebendem Vieh besassen (also Pferde, Rinder, Schafe), das ging alle Winter, sich selbst das Futter suchend, in die Wälder". — Vielleicht gab man nur den wenigen Milchkühen, die man hatte, und die gerade unter einem vollen Euter standen, ein schützendes Notdach gegen den Schneesturm.

Aber auch bei den Rindern, welche draussen weideten, machte man, wie bei den Pferden, die Beobachtung, dass

---

[1]) Egla, Kap. 29. — [2]) Landn. III. 8.
[3]) Egla, Kap. 29.

dieser freie Ausgang den Tieren sehr wohl that und ihren Nachwuchs kräftigte. *„Hann (Skallagrímr) fann mikinn mun á, at þat fé varð betra ok feitara, er á heiðum gekk"*[1]. D. h. „Er beobachtete, zu seiner Genugthuung, dass das Vieh, welches oben frei auf den Bergwiesen gegrast hatte, besser und fetter wurde".

Daher wurden auch in späterer Zeit, als die Höfe sich weiteten, wohl Ställe gebaut, aber besonders für die Milchkühe, und zu der Benutzung derselben, auch nur während des Winters. Ochsen, Bullen und die zur Zeit nicht Milch gebenden Kühe, falls man auch zur Nacht ihnen ein Dach anbot, behielten doch, über Tag, nach wie vor, ihren Weidegang ins Freie.

So führte Brunnvaka, der apfelgraue Lieblingsstier des Óláfr pái, im Winter täglich 16 Rinder ins Freie *„ok kom þeim öllum á gras"*, d. h. „und half ihnen die gramina (unter dem Schnee) erreichen"; denn *„hann krapsaði sem hross"*, d. h. „er schaufelte, wie ein Pferd"[2] — (mit den Vorderfüssen) —.

Im Sommer weideten auch die Milchkühe selbsverständlich draussen, entweder in der Nähe des Winterhofes, aber hier niemals auf dem tún, sondern stets auf der „eng"; oder oben in der Nähe des „sel". An beiden Orten befanden sich eingehegte Plätze (stöðull, g. s.), umgeben von einem Wall (stöðulgerði, g. s.), und verschliessbar mit einem Thor (stöðulhlið, g. s.), wohin die Milchkühe zu dem täglichen zweimaligen Melken, Morgens und Abends, im Sommer zusammengetrieben wurden[3].

Der für den Wintergebrauch bestimmte Kuhstall (fjós, g. s., auch allgemein fjárhús, g. s.) war ein länglich viereckiges Gebäude, errichtet aus Holz, und von aussen umgeben durch einen schützenden Mantel, aufgeführt aus gestochenen Erdsoden, ein vorzügliches Erwärmungsmittel im Winter. Dieses Gebäude durchschnitt der Länge nach ein mit Steinplatten gepflasteter Gang — (flórr, g. s.) —. Rechts und links von demselben waren die abgeteilten Stände (bás,

---

[1]) Egla, Kap. 29. — [2]) Laxd. Kap. 31.
[3]) Valt. Guðmundsson, Privatboligen, pag. 255.

g. s.) für die Kühe. Diese standen in denselben, den Kopf zur Wand, den Steiss zum Mittelgange gerichtet. So konnte Glúmr auf dem Hofe Eið, wo die Tötung des Hausherrn stattgefunden hatte, um den Verfolgern ein Hindernis zu bereiten, den Kühen über diesen Gang querhin die Schwänze zusammenknüpfen (Glúmr hafði um kveldit knýtt saman hala á öllum nautum í fjósi.)[1]), und das auf Hólmr, über Nacht, von einer Kuh geworfene Kalb konnten die Leute des Morgens auf jenem Mittelgange finden (lá í flórnum)[2]).

Ein flacher Stein (báshella, g. u.) lag auf demjenigen Teile des báss, wo das Tier mit seinen Hinterfüssen hintrat, also angrenzend an den Mittelgang. Dieses offenbar aus Reinlichkeitsgründen, weil hier der Mist hinfiel; während der Boden im übrigen Teil des báss belegt war mit abgeschälten Grassoden, denen man die Decke der getrockneten gramina gelassen hatte, um den Tieren ein weiches Lager zu geben.

Bei kleineren Besitzern war dieser Kuhstall einseitig, nur mit einer Reihe von Viehständen belegt, bei grösseren, zweiseitig. Die Streu der Tiere wird bei gänzlichem Fehlen des Strohes (der Getreidebau bestand ja nur in Versuchen), und bei dem grossen Vorrat an Torf auf der Insel, aus Torfmull bestanden haben, welches ja auch in Deutschland mit bestem Erfolge, denn es bildet ein weiches Lager, und saugt die feuchten Bestandteile der Exkremente sehr schnell auf, zur Zeit, namentlich in stroharmen Gegenden und Jahren, viel angewandt wird.

Dieser Kuhstall, von dem Wohnhause getrennt, stand aber mit demselben in Verbindung, sehr oft, durch einen, mehr oder weniger langen, gedeckten Gang (innangengt í fjós)[3]). Dieser Gang, meist schmal, erweiterte sich nach dem Wohnhause zu, und bildete hier zuweilen eine Art von Vorgemach (forskáli, g. a.), in welchem die Verbindungsthür mit dem Hauptgebäude lag[4]). Eine für den Winterbetrieb offenbar sehr bequeme Einrichtung. Doch, wir finden auch einen Kuh-

---

[1]) Fljótsd. s. Kap. 31. — [2]) Bjarnar. s. Kap. 16.
[3]) Gísla. s. Kap. 28. — [4]) Valt. Guðm. Privatb., pag. 231.

stall genannt, auf dem Gute Hjarðarholt des Óláfr pái, der weit ab von dem herrschaftlichen Wohnhause im Walde lag[1]). Der vornehme Besitzer, welcher sich vor anderen vielfach auszeichnete, so auch durch die Errichtung eines mit reichem Schnitzwerke geschmückten Festsaales, mochte wohl seinen Kuhstall nicht in so unmittelbarer Hausnähe haben wollen. (Fjósit var brott í skóg eigi allskamt frá baenum.)

Die gesamte Gattung, mit der wir es hier zu thun haben, bezeichnet man als:

naut, gen. s. = Rindvieh,

und die Unterarten, als:

kýr, gen. kýr = ältere Kuh, bisweilen auch „belja",
gen. u. = die Brüllerin.
kvíga, gen. u. = jüngere Kuh.
kálfr, gen. s. = Kalb.
ungneyti, gen. is. = Jungvieh.
geldneyti, gen is = Trocken-Vieh.
graðungr, gen. s.
griðungr, gen. s. } = Bulle.
boli, gen. a.
kúneyti, gen. s. = Sprungfähiger Bulle, Zuchtstier.
uxi, gen. a.
öldungr, gen s. } = entmannter Stier, Ochse.
þjórr, gen. rs. = Stier; der Dichtersprache eigen.

Die Kreuzung dieser Tiere scheint nicht durch Eingriffe von Menschenhand geregelt worden zu sein, wie das bei den Pferden der Fall war, sondern man überliess den Vollzug derselben, namentlich im Sommer, wohl dem freien Willen der Tiere auf dem Weidegange.

Wie gross die Stückzahl dieses Rindviehbestandes auf den einzelnen Gütern war, lässt sich nicht mit Bestimmtheit angeben. Es werden gelegentlich einige Zahlen genannt, z. B. *„Hrútr reið á Höskuldsstaði við tólfta mann. Hann rak á brott naut tuttugu; jafnmörg lét hann eptir",* d. h. „Hrútr (der im Streit mit seinem Halbbruder Höskuldr liegt) ritt nach Höskuldsstaðir, begleitet von 11 Männern. Er treibt 20 Rinder von dort fort, gleich viele lässt er zurück[2]).

---

[1]) Laxd., Kap. 24. — [2]) Laxd., Kap. 19.

Oder:

„*Þar stóðu þrír tigir kúa hvorum megin*", d. h. „dort (im Kuhstalle) standen 30 Kühe auf jeder Seite[1]).

Oder:

Snorri Sturluson auf Reykholt verlor in einem harten Winter 120 Stück Rindvieh. Das schmerzte ihn aber so wenig, dass er in demselben Winter zu Weihnachten nach Nordlandssitte ein grosses Fest gab. (Snorri hafði um vetrinn jólaveizlu eptir norraenum sið[2]).

Oder:

„*Guðmundr enn ríki hafði hundrað hjóna ok hundrað kúa*", d. h. „Guðmundr, der Reiche, hatte 100 Dienstleute und 100 Kühe"[3]).

Das sind ganz gelegentliche Bemerkungen, von dem Sagaschreiber an die Darstellung eines Hauptereignisses geknüpft; und was die Letztere anlangt, wie das die Gegenüberstellung von der gleichen Anzahl der Dienerschaft mit der gleichen Anzahl der Milchkühe zeigt, offenbar nur in runder Rechnung.

Zur Gewinnung des wirklichen Zahlenverhältnisses lässt sich hieraus nichts entnehmen.

Viel wichtiger für unseren Zweck erscheinen mir diejenigen Stellen, welche ohne bestimmte Zahlennennung, im Ganzen, von einem reichen Viehstande berichten.

So wollen Bolli und Guðrún, ohne zu dingen, (eigi láta smátt slíta) dem Nachbar Þórarinn sein Gut abkaufen, „*því at Laugamenn höfðu fá lönd, enn fjölda fjár*", d. h. „weil sie auf ihrem Gute Laugar zu wenig Land, im Verhältnis zu ihrem grossen Viehbestande, hatten"[4]).

In der Haensa-Þóris saga wird beschrieben, wie nach der Einäscherung des Hauses Blund-Ketils, am grauen Morgen, Hersteinn (B. Ketils Sohn) Þórbjörn und Oddr, auf den zerstörten Hof reiten, um das Vieh zu bergen. Sie bilden einen langen Zug und treiben ihn thalabwärts durch die Harde nach Stafholtstungur. (hross, sauðir ok naut ór fjósi ok allt

---

[1]) Gísla, s. Kap. 16. — [2]) Sturl. I. pag. 275. Oxford 1878.
[3]) Ljósv. s. Kap. 5. — [4]) Laxd., Kap. 47.

gangandi fé)[1]). Der Schafhirte des Þórkell trefill, eines Grossgrundbesitzers in jener Gegend, geht des Morgens an seine Arbeit, sieht den grossen Zug, wird aufmerksam, und meldet das Ereignis seinem Herrn. (hann sér hvar þeir fara ok reka allskyns fénað.) Da bekommt man doch den Eindruck eines grossen Viehbestandes.

Im verstärkten Masse bekommen wir diesen Eindruck aus einer Darstellung der Laxdaela saga.

Óláfr pái beschliesst Goddastaðir als Wohnsitz aufzugeben und sich thalabwärts, 8 Kilometer weiter, dem Gute seines Vaters gegenüber, den neuen, prächtigen Hof Hjarðarholt aufzubauen. Als der Bau fertig ist, wird in Goddastaðir alles Vieh zu einem Festzuge zusammengestellt, um, begleitet von der Herrschaft und den Knechten, in das neue Heim überführt zu werden. Der Zug ist so lang, dass, als seine ersten Glieder das Thor von Hjarðarholt betreten haben, die letzten soeben das Thor von Goddastaðir verlassen. Er deckt also eine geschlossene Linie von 8 Kilometern.

„Óláfr sendir nú orð feðr sínum, at hann staeði úti ok saei ferð hans þá er hann fór á þenna nýja bae, ok hefði orðheill fyrir. Höskuldr kvað svá vera skyldu. Óláfr skipar nú til; laetr reka undan fram sauðfé þat er skjarrast var; þá fór búsmali þar naest. Síðan váru rekin geldneyti; klyfjahross fóru í síðara lagi. Svá var skipat mönnum með fé þessu at þat skyldi engan krók rista. Var þá ferðarbroddrinn kominn á þenna bae enn nýja, er Óláfr reið ór garði af Goddastöðum, ok var hvergi hlið í milli. Höskuldr stóð úti með heimamenn sína. Þá maelti Höskuldr, at Óláfr son hans skyldi þar velkominn ok með tíma á þenna enn nýja bólstað — „ok naer er þat mínu hugboði, at þetta gangi eptir, at lengi sé hans nafn uppi" "[2]). D. h. „Óláfr sandte nun seinem Vater Botschaft, dass er herausträte und sähe seinen Zug, hin nach dem neuen Hofe, und ihm sage dazu einen Segenswunsch. — Höskuldr versprach das. Óláfr ordnet sich nun. An die Spitze des Zuges lässt er bringen diejenigen Schafe, welche am scheusten waren. Dann kam das Melkvieh (Melk-

---

[1]) Hoensa-Þóris s., Kap. 10 u. 11. — [2]) Laxd., Kap. 24.

schafe und Melkkühe). Dann das nicht melkende Vieh (Ochsen, Bullen, trockene Kühe). Den Schluss bildeten die Packpferde. Die Leute waren längs dem Zuge so verteilt, dass kein Stück ausbrechen konnte. Die Spitze dieses Zuges betrat den neuen Hof, als Óláfr (der mit seiner Familie den Schluss bildete) das Thor von Goddastaðir verliess; und nirgends hatte der Zug eine Lücke. Höskuldr stand draussen vor seiner Hofthür, mit allen seinen Leuten, und sprach den Segenswunsch, dass sein Sohn Óláfr mit Glück eintreten möchte in die neue Wohnstatt. — „Mir ahnt", setzte er hinzu, „dass dein Name nicht verklingen wird!"

Ganz abgesehen von dem tiefen Blick, den uns diese Stelle thun lässt in das innige Familienleben und die warme Frömmigkeit dieser heidnischen Leute (das Ereignis fällt in das Jahr 960), so beweist sie für unseren Zweck, dass der Reichtum an Vieh auf den Islandshöfen, in damaliger Zeit, ein sehr bedeutender war.

Auf einem rationell bewirtschafteten Gute pflegen die Rinder an Kopfzahl die Pferde zu übersteigen. Aus sehr begreiflichen Gründen. Denn jene sind die Ernährer für die Insassen des Hofes, und für die Felder die Spender des besten Düngers.

Die Anzahl der Pferde hat das vorhergehende Kapitel festgestellt. Auf einem Mittelgute, wie es Örnólfsdalr war, bei Blundketill, fanden wir einen Bestand von 160 Pferden. Darauf lässt sich ein Schluss bauen. Die Anzahl der Rinder auf den Islandsgütern zur Sagazeit muss mindestens dieser Anzahl der Pferde gleich, wenn nicht höher, veranschlagt werden.

Zu der Körperbeschaffenheit dieser Rinder geben die Quellen einige Andeutungen. Sie werden genannt „mikill" und „ágaetr at vexti", dann oft „hyrndr mjök", „sterkr", und „skrautligr". Ihre Farbe wird bezeichnet hauptsächlich als „rauðr" = braun, „alsvartr" = ganz schwarz und „grár" = grau; ausnahmsweise als „apalgrár" = apfelgrau, und als „brandkrossóttr", vielleicht braun und schwarz gefleckt. Bei dem hauptsächlich im Freien weidenden Rindvieh ist es nicht zu verwundern, wenn es bezeichnet wird als „ólmr" (wild) und „mannýgr" (stössig) und von ihm erzählt wird „gekk eigi undan grjóti", es floh nicht vor Steinwürfen, sowie „gerði mönnum mart mein"[1]), es verursachte den Leuten vielen Schaden, so dass die Gesetze dagegen schützen mussten. Das Landrecht bestimmt demnach, dass die Angriffe eines Stieres, unter 3 Jahren, auf einen Menschen zwar straflos seien, weil angenommen wird, dass gegen solch ein junges Tier sich jedermann selbst wehren könne; — dagegen, dass die Angriffe eines Stieres, über 3 Jahre alt, auf einen Menschen, welche dessen ernste Verwundung zur Folge haben, bestraft werden sollen mit des Besitzers Landesverweisung (varðar fiorbavgs garð). Doch setzt der Gesetzesparagraph warnend hinzu: *„Hver maðr abyrgiz sic við horns gange oc hófs"*, d. h. „Übrigens hüte sich jeder selbst vor Horn und Huf"[2]).

Aus diesen Merkmalen scheint hervorzugehen, dass das Rindvieh eine kräftige Rasse war.

Das Hüten und Treiben desselben war darum auch Sache des stärkeren Mannes (nautamaðr). Dagegen das Melken der Kühe war Frauenarbeit (fjóskona), und wurde, als ein sehr anstrengendes Werk, stets von Mägden besorgt (embaetta), während die Hausfrau dieses Geschäft, weil für sie unpassend, nur in Notfällen übernahm. So muss die Ehefrau des Bauern Þórhallr auf Þórhallsstaðir im Forsaeludalr (einer Abzweigung des Vatnsdalr) selbst in den Kuhstall (húsfreyja fór til fjóss at mjólka kýr eptir tíma), weil ihnen ein Gespenst alle Dienstleute aus dem Hause getrieben hatte[3]).

Sämtliches Rindvieh musste eine Marke an sich haben, welche den Kälbern vor ihrer Austreibung auf die Bergwiesen, also im Frühjahre, durch Einschnitte im Ohre beigebracht wurde (nautamark), damit jeder Besitzer, im Herbste, bei der Heimtreibung, sein Eigentum wiedererkennen könnte[4]).

Auch war das Rindvieh versicherungspflichtig, während Pferde und Schafe dieser Pflicht nicht unterlagen. Diese

---

[1]) Laxd. Kap. 79.
[2]) Grágás 242, oder II., pag. 188, Udg. Finsen.
[3]) Grettis s., Kap. 32.
[4]) Grágás 225, od. II., pag. 160, Udg. F. nach der im vorigen Kapitel, Abschn. 4, im Wortlaute gegebenen Stelle.

Versicherung geschah bei der auf Gegenseitigkeit beruhenden Vieh- (auch Feuer-) Versicherung, welche nach den Gesetzen des Freistaates in jeder Kommune gebildet war[1]. Auch aus dieser Einrichtung geht hervor, dass das Rindvieh für einen sehr wichtigen Bestandteil des Viehstandes auf den isländischen Bauernhöfen angesehen wurde.

II.
Nutzung des Rindvieh-Bestandes.

Wenden wir uns jetzt zu der Nutzung des Rindviehs auf den Islands-Gütern, und fassen wir zunächst ins Auge denjenigen Nutzen, welchen man aus den lebenden Tieren zog, so muss hier vor allem die Rede sein von der **Milch und deren Verwertung**.

Die Ausdrücke hierfür sind:

mjólk, g. ur.   = allg. Milch, auch „nyt", g. jar = Milchertrag.
nýmjólk, g. ur. = frische Milch.
súrmjólk, g. ur. = saure Milch.
rjómi, g. a.   = Rahm.

Die Produkte daraus waren:

skyr, g. s. = geronnene Milch, mit dem Nebenprodukt:
misa, g. u. = Molke.

Sodann:

smjör, g. s. = Butter,

und

ostr, g. s. = Käse.

Die Thätigkeit hiess:

mjólka = melken.
strokka = buttern.

Beides fiel unter die Sammelbegriffe:

búverk, g. s. = Innere Hausarbeit für Frauen, und auch ljósaverk, g. s., welches sämtliche Milcharbeit, also Skyr, Butter und Käsebereitung umfasste.

---

[1] Valtýr Guðmundsson in Pauls Grundriss: 2. Aufl. 1898. „Scand. Verhältn." § 37.

Die Geräte:
mjólkr-skjóla, g. u. = Milcheimer.
strokkr, g. s. = Butterfass.
kerald, g. s. = Holzfass zu skyr.
skyr-kyllir, g. a. = Skyr-Saekke, aus Leder.
skyr-askr, g. s. = Milchschale.
smjör-laupr, g. s. = Butterkorb.
ságr, g. s. ⎱ grosses Fass aus Holz, namentlich zur
sár, g. s. ⎰ Aufbewahrung von Skyr.
ostkista, g. u. = Käseform.

Den Milchkühen sagt am meisten die Grasweide zu. Diese hatten sie auf Island ausgiebig. Eine guternährte Kuh giebt durchschnittlich 300 Tage im Jahre Milch, und liefert in diesem Zeitabschnitt ein Quantum von circa 1500 bis 2300 Litern Milch. Bis zum 6. Kalbe steigert sich der Milchertrag, von da ab vermindert er sich. Die Lactationsperiode einer guten Milchkuh ist also eine sehr ausgiebige und eine lange.

Das Melken geschieht zweimal am Tage, in einem Zwischenraum von 12 Stunden, in der Regel Morgens und Abends, 6 Uhr. Denn das pünktliche Innehalten der Melkstunden ist mitbestimmend für das Quantum des Ertrages.

Kuhmilch ist ein Nahrungsmittel ersten Ranges. Sie enthält Eiweiss, Fett, Kohlenhydrate in nahezu gleicher Verteilung (4,1; 3,9; 4,2 auf 100 gr.) und wird bei der Verdauung am vollständigsten ausgenutzt. Sie gilt daher für das beste Mittel, die Kräfte des Menschen zu heben, und seinen Ernährungsstand zu verbessern.

Aber nicht bloss ein Nahrungsmittel ist sie, sondern auch ein Genussmittel ersten Ranges, weil von ausgezeichnetem Wohlgeschmack, und sie hat als solches an Schätzung nur verloren in unserer Zeit, welche zu viele und zu scharfe Reizmittel in den Speisen uns zuführt.

Dass am Königshofe zu Norwegen Milch ein häufiges Tafelgetränk war, ist bereits gesagt worden. Ihr fortlaufender Genuss hat zu der strotzenden Kraftfülle jener Rekken wohl nicht wenig beigetragen. Im Morgenlande, wo alle alkoholischen Getränke untersagt sind, und nur Wasser und Milch genossen

IV. Das Rind im Dienste des Isländers.

werden, sieht man Arbeiter Lasten bis zu 4 Centner Gewicht tragen.

Interessant ist nach dieser Richtung auch, was Gustav Nachtigal von seiner Afrikadurchquerung erzählt. Nachdem er den 300 Meilen langen Weg von Tripolis bis Kûka unter grossen Anstrengungen, und meist zu Fuss, mit seinen Begleitern zurückgelegt hatte, und sie sich dem Tsâde-See näherten, wo die ersten Rinder ihnen wieder zu Gesicht kamen; da sagt er: „Wir schwelgten in der Hoffnung, auf den langentbehrten und lebhaft ersehnten Genuss der Milch und des Fleisches dieser Rinder"[1]).

Milch, reichlich auf den Islandshöfen gewonnen, wurde auch reichlich dort von allen, von Frauen, wie Männern, Knechten, wie der Herrschaftsfamilie getrunken. Im süssen, und noch öfter im sauren Zustande, kam sie auf den Tisch. Die Säuerung der Milch, welche darin besteht, dass der Milchzucker in Milchsäure zerfällt, liefert das erste Produkt: „Skyr". Es wurde nur von abgeschöpfter Milch bereitet, nachdem die Sahne derselben entzogen war. Erhitzung über Feuer, sowie ein Zusatz von Lab (kaesir, gen. is.) aus Kälbermagen gewonnen, beschleunigten diese Spaltung des Milchzuckers.

Man scheint unter „skyr" ein doppeltes Milchprodukt sich vorstellen zu müssen: ein flüssiges und ein consistentes. Denn es wird u. a. in Ledersäcken von dem „sel" zum Winterhofe hinabgebracht.

So thut das Auðunn auf Auðunarstaðir. Er führt das „skyr" auf 2 Pferden. *„Ok var þat í húðum ok bundit fyrir ofan; þat kölluðu menn skyrkylla"*, d. h. „Es war dieses den Pferden aufgebunden, verpackt in Ledersäcken. Solche hiessen Skyr-Beutel". Mit diesen Säcken in die Stube getreten, fällt Auðunn im Halbdunkel über den vorgestreckten Fuss des eingeschlafenen Grettir, der inzwischen als sein Gast eingetroffen war. Die Säcke kommen unten zu liegen, und es springt das Sackband ab (gekk af yfirbandit[2]). Skyr fällt

---

[1]) Dr. Gustav Nachtigal. Sahara und Sûdân, Berlin 1879. pag. 564.
[2]) Grettis s., Kap. 28.

heraus. Auðunn, erzürnt, bückt sich, greift in den offenen Sack und schleudert seinen Inhalt dem Grettir ins Gesicht. — Das konnte nur mit einem festen Produkte geschehen.
Ausserdem aber wird skyr auch in Schalen (skyraskr, g. s.) auf die Tafel gestellt und daraus getrunken.
So bei Egill: *„Þeir Egill vóru mjök þyrstir af moeði. Tóku þeir upp askana ok drukku ákaft skyrit, ok þó Egill miklu mest"*[1]). D. h. „Egill und seine Leute waren sehr durstig vor Erschöpfung. Sie griffen nach den Schalen, setzten sie an und tranken hastig das skyr; Egill aber am meisten".
Dann: *„Þeir Ölvir vóru þyrstir mjök ok supu skyrit"*[2]), d. h. „Ölvir und seine Leute waren sehr durstig und schlürften das Skyr".
Endlich in der Ljósvetninga saga: *„Rindill hafði skyr, ok mataðist skjótt, því at skyrit var þunt"*, d. h. „Rindill hatte skyr und genoss es schnell, denn das skyr war dünn"![3])
Aus dem Vergleich dieser Stellen ergiebt sich, dass wir es mit einem doppelten Produkt zu thun haben, mit einem dickflüssigen und einem dünnflüssigen, welches beides unter dem Namen „skyr" zusammengefasst wird.
Das zweite Milchprodukt ist die Butter (smjör).
Aus dem Euter der Kuh in einem Holzeimer (mjólkrskjóla) aufgefangen, wurde die Milch in flache Holzschalen (trog, g. s.) hineingeseiht, ohne Zweifel durch ein Seihetuch, dessen altnordischer Name aber nicht bekannt ist.
In solchen Schalen aufgestellt, steigen, bei ruhiger Lage, aus der süssen Milch die Fettkügelchen, weil sie leichter sind, zur Oberfläche und lagern sich hier ab als Rahm (rjómi). Dieser, im süssen, wie im sauren Zustande dazu verwendbar, verwandelt sich in Butter, sobald seine Fettkügelchen in eine feste Form überführt werden. Das geschieht durch Rotation in neuerer Zeit, in älterer Zeit allgemein durch Stampfen. Auf diese Weise werden auch die alten Isländer gebuttert haben, obwohl in den Sagas nicht steht, wie sie es machten.
In Mengen wurde aber das Produkt dort bereitet und

---

[1]) Egla. Kap. 71. — [2]) eod. l. Kap. 43.
[3]) Ljós. v. s. Kap. 20.

auch verzehrt. Denn der Nordländer liebt und braucht, auf Grund jenes kälteren Klimas, die Zufuhr eines stärkeren Fettgehaltes durch seine Speisen. Darum hält Þórólfr es für das beste Empfehlungsmittel des von ihm entdeckten Eilandes, wenn er erklärt: *„drjúpa smjör af hverju strái á landinu!"* Brod und Butter (brauð ok smjör)[1]) kommt oft auf den Tisch des Isländers.

„Síðan var sett borð ok gefinn þeim matr, brauð ok smjör, ok settir fram skyraskar stórir". D. h. „Dann ward der Tisch zugerüstet und ihnen aufgetragen Speise, Brod und Butter; auch wurden vor sie hingestellt grosse Schalen mit Skyr"[1]). Und dienen gehen, das heisst geradezu: *„fara ok þióna ser smoer ok braud"!*[2]) d. h. „Gehen und sich verdienen Brod und Butter"!

Das dritte Milchprodukt ist der Käse (ostr, g. s.).

Der aus der Milch auf dem Wege der Erwärmung abgeschiedene und in Folge der weiteren Behandlung eigentümlich veränderte Käsestoff liefert dieses Produkt. Ungerahmte Milch giebt den fetten, abgerahmte Milch den mageren Käse.

Aus der Zahl der Geräte, welche die Isländer der Sagazeit bei der Käsebereitung benutzt haben, nennen die Quellen nur die „Käseform" (ostkista, g. u.). Und auch dieses wiederum nur ganz gelegentlich.

Der Knecht Melkólfr hat auf Anstiften seiner Herrin Hallgerðr auf dem Gute Kirkjuboer zwei Pferdelasten Dauer-Speise-Waren, durch Einbruch in Otkell's Speicher, gestohlen, und nach Hallgerðr's Gut Hlíðarendi überführt. Ein auf dem Wege von ihm verlorner Gürtel, nebst Messer, führen auf die Spur. Um aber den Beweis des verübten Diebstahls führen zu können, schickt Otkell, auf Mörðr's Rat, hausierende Frauen nach Hlíðarendi, in der Erwartung, diese werden Käsestücke als Bezahlung ihres Kleinkrams (smávarningr) dort erhalten. Er täuscht sich nicht. Sie bringen grosse Schnitte (sneiðir margar) zu ihm. Er erkennt seine Ware,

---

[1]) Egla. Kap. 43.
[2]) Diplomatarium norvegicum II. Saml. 1. Halvd. 475; Christiania 1852.

und passt sie in die Käseform seiner Frau. Das Grössenverhältnis stimmt ganz genau. Und so wird der Beweis des Diebstahls erbracht. *„Lagði hann þar í niðr sneiðirnar ok stóðst þat á endum ok ostkistan."* *„Nú meguð þér sjá, at Hallgerðr mun stolit hafa ostinum"!* D. h. „Sie legten in die Käseform die Stücke, und sie passten genau hinein. „Nun könnt ihr es sehen, dass Hallgerðr die Käse gestohlen hat"![1])

Dieses Beispiel zeigt zugleich, dass die Käseformen auf Island nicht ein bestimmtes Mass hatten, sondern auf den verschiedenen Gütern von verschiedener Grösse waren.

In diese Käseform, welche als kreisrund und von ziemlichem Umfange zu denken ist, wird die weiche Käsemasse hineingedrückt und dann beschwert, um die Molken zu entfernen, welche durch, in die Holzform gebohrte, Löcher abfliessen. Nach einiger Zeit herausgenommen, und nun zu einem „ostbleifr", g. s. = Käselaib geworden, wird derselbe an einem kühlen und luftigen Orte seinem Reifungsprozesse überlassen. Das giebt eine feste und gute Dauerware. So wird denn auch öfters von „hartem" Käse gesprochen. *„Þorgeirr tók upp ostinn, ok skar af slíkt er honum sýndist; var hann harðr ok torsóttr".* D. h. „Þorgeirr hob den Käse hoch und schnitt ab so viel ihm beliebte; er war hart und schwer zu schneiden"![2])

Als Nahrungsmittel ist der Käse sehr wertvoll, namentlich für Erwachsene.

Ostr, skyr, smjör und brauð sind denn auch die Erfrischungen, welche sofort auf den Tisch eines Islands-Bonden gestellt werden, sobald ausserhalb der festen Essstunden unerwarteter Besuch eintrifft. Es genügt diese Collation auch für die vornehmsten Häuser, wie z. B. bei Snorri goði auf Helgafell[3]). Dagegen in den Essstunden selbst erwartet man bei einem Fremdenbesuche ein Mehres: Begnügt sich der Wirt dann auch nur mit diesen Gaben, ohne eine stärkere Zurüstung zu machen, so heisst das „óvinafagnaðr", d. h. ein unfreundlicher Empfang.

---

[1]) Nj., Kap. 49. — [2]) Fóstbr. s., Kap. 6.
[3]) Eyrb., Kap. 45.

Þorsteinn Kuggason, wie bereits oben mitgeteilt, war mit seinem Weibe und Gefolge begriffen auf einer Weihnachtsreise, wurde aber vom Schneesturm überfallen und so gezwungen, in dem Hause seines Feindes, des reichen Bauern Björn, Zuflucht zu suchen. Die Aufnahme wird ihm nicht versagt; aber der Empfang ist, den Umständen entsprechend, kühl, und die Bewirtung karg. Zum náttverðr, der Hauptmahlzeit, gegen Abend eingenommen, erscheint auf dem Tisch Käse und Skyr. Björn fragt seinen Gast spöttisch: „Wie nennt man solch ein Essen in eurer Gegend"? (Hvern veg kalla menn slíka vist í yðvarri sveit?) „Käse und Milch"! erwidert Þorsteinn. „Nun, wir nennen solche Bewirtung hier Feindesfutter"! („Enn vér köllum slíka vist óvinafagnað")[1].

Der ausgereifte Käse nebst den übrigen grösseren Wirtschaftsvorräten wird auf dem Speicher (útibúr, g. s.) aufbewahrt.

Wir bekommen den Einblick in solch einen reichgefüllten Speicher auf dem Gute Otradalr, gehörend dem geizigen Atli, welchen wir bereits erwähnten mit der Bemerkung: *„tímdi eigi at halda vinnumenn"!* Von seinem Speicher aber heisst es: *„Hann átti útibúr mikit; váru þar í alls konar goeði; þar váru inni hlaðar stórir ok alls konar slátr, skreið ok ostar ok alt þat er hafa þurfti".* D. h. „Er hatte einen geräumigen Speicher; darin befanden sich Wertstücke jeder Art; ebendort auch hoch aufgeschichteter Stockfisch, alle Arten von Fleischkonserven, Käse, kurz, was die Wirtschaft nur brauchte"[2].

Diejenigen Milchprodukte, welche auf dem Gutshofe selbst nicht verzehrt wurden, gingen als Handelsware zunächst in das Inland. Wir sahen bereits, dass jene weiblichen Hausierer auf dem Gute Hlíðarendi von der Hausfrau Käse, als Bezahlung, gegen ihre Waren erhalten. Dann tauschen die Binnenlandsbewohner diese Produkte aus an die Strandbewohner gegen deren Stockfische. Ob Butter und Käse aber auch in das Ausland geführt worden sind, lässt sich nicht aus den Sagas belegen. Unmöglich ist es bei dem lebhaften

---

[1] Bjarnar s. Kap. 27. — [2] Hávarðar s. Kap. 15.

überseeischen Handelsverkehr, der auf Island stattfand, gewiss nicht, zumal Käse, sehr transportfähig, zu allen Zeiten als Handelsware eine grosse Rolle gespielt hat.

Die Notwendigkeit, die Anzahl der von den Mutterkühen geworfenen jungen Bullen zu beschränken (denn ein Zuchtbulle, vom zweiten Jahre ab sprungfähig, genügt für 40—50 Kühe) führte zu deren Entmannung. Dieses Geschäft lag auch hier, wie bei den Pferden, in der Hand der Frauen. Vergleiche den vorhergehenden Abschnitt.

Von diesen Ochsen, welche auf jedem Gute in grösserer Zahl gehalten wurden, benutzte man die Zugkraft. Pferde, das wurde bereits gezeigt, verwandte man weniger zum Ziehen, als vielmehr zum Tragen. Wir sehen Ochsen, gespannt vor Last- aber auch vor Personen-Wagen, resp. Schlitten. Dieses Vorlegen der Zugtiere vor das Gefährt hiess: „beita fyrir". Arnkell fährt auf, mit Ochsen bespannten, Schlitten sein Heu von dem sel, in einer Wintermondnacht, nach dem Haupthofe hinunter[1]). Droplaug fährt auf einem, mit zwei Ochsen bespannten, Schlitten thalaufwärts zum Besuch ihrer kranken Mutter[2]). Und selbst vor eine Leichenfuhre werden Ochsen gespannt[3]).

So nutzte man auf den Islandsgütern die verschiedenen Arten des Rindviehbestandes, während die Tiere lebten; nicht minder gross fiel ihr Nutzen aus, wenn man sie dem Schlachtbeile opferte.

Es geschah das im Herbste, wo das grosse Einschlachten für den Winterbedarf stattfand, welches dann ergänzt wurde, etwas später, durch das Schlachten zum Jól-Feste.

Sobald das Frühjahr anbrach und der weggeschmolzene Schnee die afréttir freigelegt hatte (vgl. Kap. 1), kam das, nicht Milch gebende, Rindvieh sämtlich auf die Bergwiesen und blieb den ganzen Sommer hindurch, sich selbst weidend, dort oben. Brach der Spätherbst an und fiel in jenen oberen Regionen der Schnee, so begab sich der Eigentümer mit seinen Knechten hinauf, sammelte die ihm gehörenden und

---

[1]) Eyrb. Kap. 37. — [2]) Fljótsd. s. Við. Kap. 3.
[3]) Eyrb. s. Kap. 34.

an der Hausmarke leicht erkennbaren Tiere und trieb sie zum Winterhofe hinab. Hier fiel, je nach des Hauses Bedarf, eine gewisse Stückzahl unter dem Schlachtbeil. Für die „jóla-veizla", welche auf jedem grösseren Gute mit festlichem Aufwande begangen wurde, fand ein besonderes Schlachten statt. Um die dazu bestimmten Tiere hochgradig fett zu machen, brachte man sie noch einmal, und am liebsten, auf die grasreichen Inseln der Fjorde, wenn solche dem Gute irgendwie zur Verfügung standen. So that das Þorgils auf Reykjahólar:

„Þar átti Þorgils bóndi uxa góðan, ok hafði eigi sóttr orðit um haustit. Talaði Þorgils um jafnan, at hann vildi ná honum fyrir jólin. Þat var einn dag, at þeir fóstbroeðr bjugguz til at soekja uxann, ef þeim fengiz enn þriði maðrinn til liðs. Grettir bauð at fara með þeim, en þeir létu vel yfir því". D. h. „Der Bauer Þorgils besass einen guten Ochsen, welcher im Herbst nicht heimgeholt war zum Schlachten. Am Abend sagte Þorgils, dass er denselben nun haben möchte, zum jól. Eines Tages rüsteten dann die beiden Blutbrüder sich, um diesen Ochsen (von den Óláfs-Inseln) zu holen, wünschten aber einen dritten Mann zur Fahrt. Grettir erbot sich dazu, und sie waren das zufrieden". — Die Kraftprobe, welche Grettir, bei diesem Anlass, im Rudern, wie im Tragen des Ochsen, ablegt, übergehen wir, als zur Hauptsache nicht gehörig. Hinzugesetzt soll nur werden: „*Grettir leiddi uxann, ok var hann mjök stirðr í liðunum en allfeitr*", d. h. „Grettir leitete den Ochsen; doch war dieser sehr unbeholfen bei der Führung wegen seiner grossen Fettigkeit"[1]).

Bei Tötung dieser mächtigen Tiere gab es dann Gelegenheit zur Ablegung einer Kraftprobe für den Hausherrn. Und Recken, wie der alte Skallagrímr, lassen sich das auch nicht nehmen. Er tötet, um die Sache zu kürzen, stets zwei Schlachtochsen auf einmal. Zu dem Zweck lässt er die Tiere paarweise zusammenstellen, die Köpfe sich zugewandt, doch so weit vorgeschoben, dass Hals an Hals liegt. Unter die beiden Rinderhälse, welche auf diese Art eine gemeinsame

---

[1]) Grettis s. Kap. 7. u. 8.

Angriffslinie bilden, lässt er einen Stein schieben. Dann holt er mit seiner Streitaxt „Königsgabe" aus und trennt durch einen Hieb beiden Ochsen die Köpfe vom Rumpfe. Und dazu schneidet die Axt noch tief in den Stein ein. Das ging, denn man hatte auf Island einen weichen Basalt, oder Dolerit, welcher sich schneiden lässt.

Die Stelle ist zu charakteristisch, um sie hier nicht im Wortlaute mitzuteilen.

„Þat var um haustit einnhvern dag at Borg, at Skallagrímr lét reka heim yxn mjök marga, er hann aetlaði til höggs. Hann lét leiða tvá yxn saman undir húsvegg ok leiða á víxl. Hann tók hellustein vel mikinn ok skaut niðr undir hálsana. Síðan gekk hann til með exina konungsnaut ok hjó yxnina báða senn, svá at höfuðit tók af hvárumtveggja, enn exin hljóp niðr í steininn"[1]). D. h. „An einem Herbsttage zu Borg liess Skallagrímr eine grosse Anzahl Ochsen auf den Hof treiben, welche er zum Schlachten bestimmt hatte. Er liess paarweise die Ochsen an die Hauswand führen und sich gegenüber stellen; nahm einen grossen flachen Stein und schob ihn unter die Hälse. Dann trat er hinzu mit der Axt „Königsgabe" und hieb durch beide Ochsen auf einmal, so dass der Kopf eines jeden zu Boden fiel; auch schnitt die Streitaxt noch tief in den Stein".

Das geschlachtete Fleisch (slátr. g. s.) wurde, nach Abtrennung derjenigen Stücke, welche für den frischen Gebrauch bestimmt waren, durch Einsalzen, Einpökeln, Räuchern und Trocknen an der Luft (alls konar slátr) für den Winterbedarf hergerichtet. — Dieser Vorrat conservierten Fleisches hiess „slátr-föng".

Der Talg, soweit nicht zum Schmelzen der Speisen verwandt, diente zur Herstellung von Kerzen (kerti, g. s.). Dieselben werden in vornehmen Haushaltungen oft erwähnt[2]). Da ihre Herstellung so einfach wie billig ist, kann man sehr

---

[1]) Egla. Kap. 38.
[2]) Fornmanna sögur, Kjøb. 1825 ff. VI, 442. „Hann hafði ok kertisveina, þá er kertum héldu fyrir borði hans". Könige und Bischöfe hatten ihre Kerzen-Pagen, welche ihnen die Lichter vorhielten, wenn sie tafelten.

wohl auch in kleineren Haushaltungen deren Fabrikation und Verbrauch sich denken.

Dann gewährte das getötete Rind einen grossen Nutzen durch seine Haut (húð, g. ar.).

Auf dem Hofe selbst gegerbt und verarbeitet, war deren Verwendung eine mannigfaltige.

In ungeteilter Fläche und zusammengenäht zu Plänen dienten dieselben dazu, den in der Mitte der Wikingerschiffe gelegenen offenen Lastraum zeltartig zu überdachen und so die dort aufgestellte Ladung (búlki g. a.), während der Fahrt, gegen Nässe zu schützen (binda búlka)[1]. Das Landrecht bestimmt auch die Grösse dieser Lederdecken. Sie soll stehen im Verhältnis zur Grösse der Schiffsladung.

„Huerr maðr scal húþir fa vm voro sina sva at iafn margir seckir se undir iafn mikilli húð."[2] D. h. „Jedermann soll seine Waren decken mit Lederplänen von der Grösse, dass auf jeden zu deckenden Sack ein Fell gerechnet werden soll".

Dann wurden Lederpläne gebraucht zum Überzelten von Reisewagen und Reiseschlitten, *„Brandr hafði tjaldat sleða með húðum"*[3].

Zugeschnitten werden die gegerbten Häute verarbeitet zu den verschiedensten Gebrauchsgegenständen.

Zunächst für Reisen, das „húðfat", g. s. — Dieses oft genannte Reiseausrüstungsstück wurde benutzt zu einem doppelten Zweck, teils als Reisetasche, um Kleidungsstücke und Sonstiges hinein zu bergen, teils als Schlafsack. Auf einem Schiffe wird gefunden ein kranker Mann, liegend in solch einem ledernen Schlafsacke[4]. Und nächst den mitzunehmenden Waffen ist der mitzunehmende Schlafsack das Hauptstück der Reiseausrüstung: *„Finnbogi kemst einn á land með vápnum sínum ok húðfati. Kastaði hann nú húðfatinu á bak sér, ok gengr á land upp"*, d. h. „Finnbogi rettet sich

---

[1] Valt. Guðmundsson, in Pauls Grundr. § 50 des Abschnittes „Scandinav. Verhältnisse".

[2] Grágás, udg. Fins., § 166 „vm haf scip", od. pars II, pag. 71 und 72.

[3] Vatnsd. s. Kap. 34. auch Sturl. I, 239.

[4] Finnb. s. Kap. 8.

allein ans Land mit seinen Waffen und dem Schlafsacke. Er warf diesen über den Rücken und schritt so landeinwärts"[1]). Dann daheim wurde das Leder verwandt zu des Menschen Bekleidung; vor allem seiner Füsse. Auch diese Schuhe „skór", g. s. wurden auf den Islandshöfen von den Leuten selbst gefertigt. Die Einwohner auf dem Hofe Botn, welcher dem Geirr gehörte, und dieser war ein Blutbruder des geächteten Hörðr, hatten grossen Bedarf an Schuhwerk, weil sie viel gingen. Darum wurde eine ganze Ochsenhaut von ihnen zu Schuhwerk zerschnitten. *„Mikit lögðu Botnverjar til skó sér, er þeir gengu oft; var þá skorin yxnishúðin til skoeða"* [2]).

Ausserdem werden folgende aus Leder gefertigte Kleidungstücke genannt:

„skinnhúfa", g. u., eine Lederkappe für den Kopf.

„skinnkyrtill", g. s., eine bis zu den Knieen herabreichender, mit Ärmeln versehener Hausrock.

„skinnólpa" g. u., ein längerer, mit Ärmeln versehener Überrock, besonders gerne auf Reisen, zu Pferde, getragen.

„skinnstakkr", g. s., eine Jacke, in Sonderheit von Knechten gebraucht.

„Praelarnir fóru af skinnstökkum sínum", d. h. „Die Knechte fuhren aus ihren „Lederjacken"; an jenem Abend, nach der Tötung Arnkels durch Snorri goði [3]).

Alle diese Bekleidungsstücke sind zu denken als gefertigt aus dem gewonnenen Leder, mit und ohne Beibehaltung der Haare. Wenn Pelzwerk verlangt wurde, so kam indessen wohl mehr in Frage das gelockte Fliess der Schafe.

Auch zur Anfertigung von Waffenstücken war starkes Rindsleder wohl ein sehr geeignetes Material, als Überzug der Holzschilde und als Unterzug unter den Panzer, nicht minder auch unter der Eisenhaube. Dazu kam das verschiedene Riemenwerk für Schwertgehänge und Schildgriff.

Ein weites Gebiet für die Verwendung des Rindsleders war ebenso das Inventar der Feldwirtschaft. Die Reitsättel

---

[1]) Finnb. s. Kap. 10. — [2]) Harðar s. Kap. 23.
[3]) Eyrb. s. Kap. 37.

und die Packsättel, die Kopfgestelle und die Bauchriemen, die Pferde- und die Ochsengeschirre, alles dieses wurde aus den Häuten der geschlachteten Tiere auf dem Hofe selbst durch die Knechte angefertigt. Und in welcher Menge diese Inventarstücke auf den Gütern vorhanden waren, das sahen wir im vorigen Kapitel bei Blund-Ketill, welcher zu seinen 120 Packpferden die erforderlichen Packsättel alle in der eigenen Sattelkammer vorrätig hatte, und kein Ausrüstungsstück von einem Nachbarn zu borgen braucht (ok þurfti einkis á bú at biðja)[1]).

Ausserdem wurden bei dem Zuschneiden der Häute aus den Abfallstücken die schmalen Bindebänder (reip. g. s.), und die breiteren (ál, g. ar.) gewonnen.

Endlich lieferte das geschlachtete Rind für den Hausgebrauch seine Hörner. Und als stark gehörnt (hyrndr mjök) werden sie bezeichnet. Diese Hörner, Ausguss, wie Spitze, in Silber gefasst, und mit Füssen, zum Aufstellen versehen, gaben dann her jene mächtigen Trinkhörner, aus denen die Recken ihr Bier und ihren Met beim Zechgelage tranken. Aber auch im Krankenzimmer begegnen wir dem Trinkhorne. Dem lebensmüden Egill, welcher sich zu Tode hungern will, wird durch die List seiner Tochter Þorgerðr in einem Horne, statt des verlangten Wassers, Milch gereicht, und er trinkt es in grossen Zügen. *„Hann tók við ok svalg stórum, ok var þat í dýrshorni." — „Þetta er mjólk"!*[2]) D. h. „Er griff darnach und trank in grossen Zügen aus dem Horne." „Das ist Milch," sagte Þorgerðr.

Von so grossem und vielseitigem Nutzen war für den Islandshof das Rind! — Milch und Milchprodukte, den jungen Nachwuchs und die Zugkraft lieferten die lebenden Tiere; Fleisch, Fett, Haut und Horn lieferten die geschlachteten. Diese materiellen Gaben sicherten dem Rinde schon damals Anzucht und Pflege als Haustier, wenn auch die Enge seiner geistigen Begabung schon zu jener Zeit die Satire herausforderte, geradeso wie heute, indem das Sprichwort galt:

---

[1]) Hoens-þ. s. Kap. 4.
[2]) Egla. Kap. 78.

„Hann hefr eigi vit til heldr en uxi"[1]), d. h. „Er hat nicht mehr Verstand, als ein Ochse"!

III.
Die Bewertung.

Zunächst handelt es sich um den materiellen Wert. Wir werfen die Frage auf nach dem Kaufpreise. Welch ein Kapital stellten für den Besitzer die verschiedenen Klassen seines Rindviehbestandes dar?

Das vorige Kapitel hat es gezeigt, wie die Kuh durch das Gesetz als Wertmesser hingestellt wurde für den Preis auch der übrigen lebenden, wie toten Handelsware.

Eine Normalkuh, deren Beschaffenheit dort nachzulesen ist, hatte den festen Preis von 10 Kronen Dänisch = 11,15 Mark Deutsch, welche Summe mit zehn zu vervielfältigen ist, um auf die Höhe des heutigen Wertes zu kommen.

Gemessen an dieser Normalkuh, erhalten nun die übrigen Arten des Rindviehbestandes durch das Landrecht folgende Taxe:

Þriu navt vetr gavmol við kú.	Drei einjährige Kälber haben den Wert einer Normalkuh.
ii tvevetr við kú.	Zwei 2 jährige Kälber rechnen gleich einer Normalkuh.
Kyr gelld miolc oc quiga ii vetr kálb baer leigo verre enn kýr.	Eine Melkkuh, welche nicht trächtig ist, und eine zweijährige junge Kuh, aber trächtig; diese Beiden gelten weniger als eine Normalkuh.
Öxi iiii vetra gamall fyrir ku. gelldr eða graðr.	Ein 4 jähriger Ochse, kastriert, oder nicht kastriert, rechnet = einer Normalkuh.
Gelld kýr oc öxi þrevetr iii lutir kugildis.	Eine nicht melkende, auch nicht trächtige, Kuh rechnet = einem 3 jährigen Ochsen, = 3/4 einer Normalkuh.

---

[1]) Bandam. s., pag. 35. útg. af H. Friðriksson. Kaupmh. 1850. Úfeigr. der Vater des mit Verbannung bedrohten Oddr, sagt dieses auf dem Alþing zu einem der Richter.

Öxi v vetra gamall þriþiungr annars kú gilldis.

Öxi vi vetra gamall fyrir ii lute annars kugildis.

Öxi vii vetra gamall fyrir ii kýr. oc sva þott ellre se.

Arðr öxi gamall a vár þat er met fe.

Avlldungs húð oc bøta eyre er þriðjungr kugilldis. ii aer kýr húþir við ölldungs húþ[1]).

Ein 5 jähriger Ochse rechnet $= 1 + 1/3$ einer Normalkuh.

Ein 6jähriger Ochse rechnet $= 1 + 2/3$ einer Normalkuh.

Ein 7jähriger Ochse, und auch älter, rechnet $= 2$ Normalkühen.

Ein alter Pflugochse, im Frühjahr, ist ein besonderer Taxationsgegenstand.

Die Haut eines alten Ochsen $+$ einer Öre rechnet $= 1/3$ Normalkuh. Zwei Kuhhäute haben den Wert von einer Haut, stammend von einem alten Ochsen.

Diese Umsatztabelle ist nahezu vollständig.

Im Übrigen gilt für die hier nicht bewerteten Gegenstände was für die Abschätzung der oben genannten besonderen Taxations-Gegenstände die gesetzliche Regel war. Es ist die Folgende:

Allt met fe þat er gialda scal scolo þeir taca til er giolld eiguz við sinn mann hvarr logmetanda oc lögsianda. Enn ef þeir verða eigi asáttir. þa scolo þeir luta oc meta við eið sa er hlytr[2]).

Sobald ein, der besonderen Taxation unterliegender, Gegenstand verkauft werden soll, sollen Verkäufer, wie Käufer, jeder einen Mann zur Abschätzung sich auswählen. Und, falls diese zwei Sachverständigen sich nicht einigen können, dann sollen die Beiden losen. Wer den höheren Wurf thut, der soll dann, unter Eid, die Abschätzung vornehmen.

Nach der obigen Preistabelle hatte also ein 4jähriger Ochse den Wert einer Normalkuh; demnach einen Markt-

---

[1]) Grágás, Udg. Finsen, § 246, oder pag. 193/94.
[2]) loc. cit. pag. 194.

preis von 111,50 Mark, nach deutscher Währung. Bei dem ansehnlichen Rindviehbestande auf den Islandsgütern repräsentierte solch eine Viehheerde also ein nicht unerhebliches Kapital, welches bei der nicht kostspieligen Anzucht und Fütterungsweise verhältnismässig leicht erworben wurde.

Bei Elite-Tieren war der Preis ein höherer, und überschritt zuweilen das Doppelte des Durchschnittspreises. So verkauft Örnólfr dem Steingrímr zwei 6jährige Ochsen, welchen sonst der Marktwert von $33^1/_3$ Kronen zukam, für 50 Kronen.

„Steingrímr faladi yxn tvau raud at Örnólfi sex vetra gömul; þat váru gripir gódir; enn hann mat yxnin fyrir fimm hundrud"[1]). D. h. „Steingrímr handelte mit Örnólfr um 2 braune, sechsjährige Ochsen. Das waren Elite-Tiere. Dieser forderte aber auch für die beiden Ochsen zusammen den Preis von 500 (sc. vadmál)[2]).

Zuweilen wird für eine Kuh als Preis sogar das Schwert in die Wage geworfen.

Die Kuh „Brynja", welche, sich selbst weidend, Mutter, resp. Grossmutter einer Schaar von 40 Rindern geworden war (ein Nachwuchs, den sie bereits im 10ten Jahre führen kann), wird als Besitz umstritten von zwei Gutsnachbaren, Þórir und Refr, am Hvalfjörðr. In jener vieharmen Anfangszeit war solch eine Heerde allerdings ein sehr grosser Wertgegenstand. Sie ziehen zur Entscheidung dieser Sache schliesslich das Schwert, und Þórir fällt in dem Kampfe nebst 8 seiner Leute.

„Þórir deildi vid Ref enn gamla um kú þá er Brynja hét; vid hana er dalrinn kendr; hon gekk þar úti med xl nauta, ok váru öll frá henni komin. Þeir Refr ok Þórir bördust hjá Þórishólum; þar fell Þórir ok átta menn hans"[3]). D. h. „Þórir stritt mit Refr, dem Alten, um die Kuh, welche Brynja hiess; nach welcher später dieses Thal benannt wurde. Sie ging, sich selbst weidend, mit einer Heerde von 40 Rindern,

---

[1]) Reykd. s., Kap. 11.
[2]) 500 Ellen vadmál, die hier gemeint sind, gleich 50 Kronen Dänisch = 55,75 Mark Deutsch. — [3]) Landn. I. 14.

alle von ihr abstammend. Refr und Þórir zogen das Schwert und kämpften darüber bei Þórishólar. Dort fiel Þórir nebst 8 seiner Leute".

Ja, Þórólfr auf Þúfur, der allerdings, von vorne herein, charakterisiert wird, als unfreundlich in Gesinnung, (óvinveittr í skapi) und als von heftigen Worten (málóði), entblödet sich nicht, seinem Nachbarn Þórðr auf Marboeli, mit dem er sich freilich ganz besonders schlecht stand (hann átti ilt við búa sína; kom þat mest til þeira Marboelinga), den 7 jährigen Sohn Óláfr, draussen vor dem Hofe, beim Spiel zu überfallen und zu töten, darum, weil dessen Vater ihm seinen Bullen, ein besonders wütendes Tier, welches vielen Schaden anrichtete (hann braut ok andvirki ok gerði mart ilt), in der Selbstverteidigung niedergestreckt hatte[1]).

Als Beleg für die Wertschätzung, welche besonders kräftig gebaute, auffallend gehörnte, und schön gezeichnete Stiere bei ihren Besitzern fanden, kann man auch anführen die an göttliche Verehrung streifende Verhätschelung, welche manchem dieser Geschöpfe zugewandt wurde. So der Stier „Harri" bei Óláfr pái[2]); der Stier „Glaesir" bei Þóroddr[3]), und vor allem der Stier „Brandkrossi" bei Grímr auf Vík, dessen Verhätschelung so weit geht, dass er nur auf dem tún weidete, und ausschliesslich mit Milch, statt mit Wasser, getränkt wurde[4]).

„*Grímr ól upp uxa þann, er brandkrossóttr var á lit, ok ágaeta naut at vexti; hánum þótti hann betri, enn allt þat, er hann átti í kvikfé. Hann gekk í túnum á sumrum, ok drakk mjólk baeði vetr ok sumar*". D. h. „Grímr zog auf einen schwarzbraun gefleckten Stier von hervorragend schönem Wuchs. Von allen seinen Haustieren war dieser ihm das liebste. Derselbe weidete des Sommers auf dem tún und trank Milch im Winter, wie auch im Sommer".

Als ein Zeichen der Verehrung mag auch dieses gelten, dass zuweilen Schiffe, als Schnitzwerk am Vordersteven, das Abbild eines Stierkopfes trugen. Mit einem auf diese

---

[1]) Laxd. Kap. 79. — [2]) eod. l. Kap. 31.
[3]) Eyrb. Kap. 63. — [4]) Brandkr. þ. s. 59.

Weise geschmückten Schiffe landete Þórarinn, als Landnahmsmann, im Süden der Insel an der Þjórsá. „*Þórarinn hét maðr; hann kom skipi sínu í Þjórsárós, ok hafði þjórshöfuð á stafni, ok er þar áin við kend*"¹). D. h. „Þórarinn hiess ein Mann. Er lief mit seinem Schiffe ein in die Þjórs-Fluss-Mündung. Sein Schiff trug am Steven ein Stierhaupt, und es bekam von diesem Bildschmuck jener Fluss seinen Namen".

Auf dieses Wohlgefallen, welches man an so gut gepflegten und kräftig entwickelten Rindern fand, ist es auch zurückzuführen, dass deren Gestalten sich so oft selbst in die Traumbilder der Islandsrecken verflechten. Und meist sind es Helden, bald Freund, bald Feind, welche unter der Maske solch eines starken Ochsen, oder eines wütenden Bullen, im Traume ihnen begegnen.

So sieht Einarr Þveraeingr Eyjólfsson, seinen Freund, den Guðmundr hinn ríki, unter dem Bilde eines schön gehörnten Stieres in die Halle von Möðruvellir eintreten, dort den Hochsitz besteigen und auf ihm tot zusammenbrechen²).

Und dem Eyjólfr wieder erscheinen seine Feinde im Traume: Þorvarðr Höskuldsson, als ein grosser, brauner Stier, und Hallr Ótryggsson, als ein wütender Bulle. „*Þat eru manna fylgjur, óvina þinna*"³) D. h. „Das sind die Bilder von Männern, und zwar die deiner Feinde"! Erklärt ihm sein Fóstri (Pflegevater) dieses Traumbild.

Nicht unpassend war es demnach, solche schön entwickelten Stiere als Wertgeschenke zu betrachten und dieselben, wie wir eben das auch bei den Kampfpferden sahen, als Ehrengeschenke zu benutzen.

Schenkte doch der Isländer gerne. — Es wurzelte dieser Charakterzug in seiner noblen Gesinnung.

Wir sehen den alten Recken Hávarðr, dem die Freunde mit Erfolg beigestanden haben im Kampfe gegen den hochmütigen Þorbjörn, den Totschläger seines Sohnes, sich förmlich erschöpfen an kostbaren Geschenken aller Art, zum

---

¹) Landn. V, 8. — ²) Ljósv. s. Kap. 21.
³) eod. loc. Kap. 26.

Schlusse jenes Gastmahles, welches er diesen, seinen Schwertgenossen, veranstaltet hatte (at lyktum veizlunnar). — Dem Steinþórr schenkt er 30 Hämmel und 5 Ochsen, Schild, Schwert und Goldring. Dem Gestr 2 Goldringe und 9 Ochsen. Dem Hallgrímr das Schwert Gunnlogi, dazu eine vollständige Waffenrüstung. Allen seinen Gästen gab er Wertstücke, denn ihm ermangelte dazu weder des Goldes noch des Silbers, und ausserdem *„þakkaði þeim öllum góða fylgd ok drengilega framgöngu"*. D. h. „und sagte ihnen allen seinen Dank für die gute Gefolgschaft und das mannhafte Vorgehen"![1])

In gleicher Weise macht Ófeigr dem Guðmundr ríki ein Ehrengeschenk mit 2 siebenjährigen roten Ochsen[2]), und der wohlhabende, verwöhnte Empfänger antwortet darauf: *„Þetta er vel gefit"*, d. h. „Das ist ein schönes Geschenk".

Otkell macht dem Runólfr ein Ehrengeschenk mit einem neunjährigen, ganz schwarzen Ochsen[3]).

Wie nun Menschen Freude an Gaben dieser Art empfanden, so setzte man die gleiche Empfindung auch bei den Göttern voraus. Und das Mittel der Übergabe solcher Geschenke an die Himmlischen war das Opfer.

Das vorhergehende Kapitel hat in seinem letzen Abschnitte ausführlich gezeigt, wie das Pferd die vornehmste Opfergabe an die alten Götter auf Island gewesen ist.

Dort wurden zugleich zwei Stellen genannt aus der Egla und der Kormákssaga, welche berichten, wie es Sitte gewesen sei, bei Gelegenheit eines Holmganges, den Geistern der Landschaft, wo die Kämpen sich begegneten, in einem Stier, durch die Hand des Siegers zerhauen, eine Gabe darzubringen.

Diesen beiden Stellen können wir zwei andere hinzufügen. In der ersteren wird der empfangende Gott für das Stieropfer näher bezeichnet. Es ist Freyr. *„Oddr sindri ber graðungs slátr á borð fyrir Frey"*. D. h.: „Oddr, der Schmied, trug die Fleischstücke des geschlachteten Bullen auf den Tisch, Freyr zu Ehren"[4]).

---

[1]) Háv. s. Kap. 23. — [2]) Ljósv. s. Kap. 7. — [3]) Nj. Kap. 52.
[4]) Brandkr. þ. s. 59. (Vápnfirðinga Saga, ausg. v. G. Þórðarson Kaupmh. 1848.)

In der zweiten Stelle wird aber der Zweck solch eines Stieropfers bestimmter angegeben. Der Opfernde hofft, durch die dargebrachte Gabe sich von der Gefahr eines Prozesses wegen Totschlags zu befreien.

„At þessu verki unnu laetr Styrr leiða heim þjóra tvá tvaevetra ok höggr þá, því þat var trúa í þá daga, at ef svá vaeri gert, yrði eigi af eftirmálum" [1]). D. h. „Nach Vollendung dieser That, (nämlich der Tötung zweier Berserker) liess Styrr heimführen zwei zweijährige Stiere und tötet sie. Denn das war der Glaube in jenen Tagen, dass, wäre dieses geschehen, käme es zu keinem Prozess wegen Totschlages".

Dem heidnischen Götterkultus folgte als unzertrennliche Begleiterin die Zauberei, eine dunkle Kunst, geübt von hellsehenden Vaganten, den geringeren Doppelgängern des berechtigten Priestertums, beflissen, im Volke gegen klingenden Lohn, und mit der Hilfe überirdischer Mächte, dem privaten Auftraggeber, Unheil zu bannen, und Segen zu erwirken [2]).

Auch das Blut der Opferstiere sehen wir zu solchen Zwecken verwendet.

Þorvaldr Eysteinsson ist in dem Holmgange mit Kormákr von dem Letzteren sehr schwer verwundet. Er lässt sich tragen zu Þórdís, einer Zauberin (spákona), und bittet sie um ein Heilmittel gegen seine Wunden. Sie ordnet Folgendes an: „Ein rund gewölbter Hügel ist hier nicht ferne, die Wohnung der Alben. Kaufe jenen Stier, welchen gestern Kormákr nach dem Holmgange zerhieb. Nimm sein Blut und röte damit diesen Hügel von Aussen ringsum; sein Fleisch aber biete an den Alben als Opfermahl (enn gera skaltu álfum veizlu af slátrinu). Dann wirst du genesen"!

Þorvaldr folgt dem Rate.

„Þeir vitja graðungsins, enn selja Kormáki bauginn ok fara með sem Þórdís sagði fyrir". D. h. „Sie holten den Stier, übergaben an Kormákr den Ring, und verfuhren nach Þórdís Vorschrift. Die Wirkung ist dann auch die erwünschte. *„Eftir þetta batnar Þorvarði skjótt"* [3]).

---

[1]) Víga-Styrs s. Kap. 4. — [2]) W. Golther, Handbuch der germ. Mythologie. Leipz. 1895. pag. 646 ff. — [3]) Kormáks s. Kap. 22, 23.

So haben wir gesehen, wie auf den Bauernhöfen Islands, um das Jahr 1000, neben dem wohlgepflegten Gestüt edler Pferde, bestand nicht minder eine gut gehaltene und zahlreiche Heerde breitgehörnter Rinder, welcher der Besitzer zu entnehmen verstand wertvolle Produkte und Leistungen für sein Haus; sodann eine verkäufliche Marktware, deren Preis das Gesetz schützte; Wertgeschenke für bevorzugte Freunde; und endlich seinen Göttern eine Opfergabe, um von diesen den Segen zu gewinnen für seinen Hof und für seiner Hände Werk!

V.

DAS SCHAF IM DIENSTE DES ISLÄNDERS.

I.

Einleitendes.

Noch wichtiger, als wie die im vorhergehenden Kapitel behandelte Rindviehzucht, war für den Islandshof die Schafzucht. Die örtlichen Verhältnisse, sowie das Klima der Insel, forderten in besonderer Weise auf zur Einführung und Pflege dieses nutzenbringenden Haustieres. Durch seinen warmen Pelz gegen die Kälte geschützt und leichtfüssig, wie es ist, vermag es selbst die steilsten Bergwiesen noch zu durchklettern, wo Pferd und Rind nicht mehr hinaufkommen können, und dort mit seinen scharfen Zähnen selbst die kürzesten, gedrungensten, und darum saftreichsten, Kräuter zu erfassen, und als Futter in sich aufzunehmen.

Dazu gestatteten die herrschenden Geldverhältnisse, indem Vaðmál, der aus Schafwolle gewirkte grobe Fries, im ganzen Norden als Werteinheit festen Curs besass, und allgemein in Zahlung genommen wurde [1]), es dem Schafzüchter, auf dem Wege der Hausindustrie, sein Rohprodukt, die Wolle, sofort in Geld umzusetzen, ohne erst zuvor einen entfernten Markt mit demselben aufsuchen zu müssen. Auf dem Hofe Njáls wird uns eine eigene Webestube (vefjarstofa)[2]) genannt. In der Asche dieses Raumes findet man am Morgen nach der Brandlegung die verkohlten Leichen der alten Dienerin

---

[1]) 120 Ellen Vaðmál = dem Wert einer Normalkuh,
= 2½ Öre reinen Silbers,
= 10 Kronen Dänisch,
= 11,15 Mark, Deutsch.

[2]) Njl. Kap. 132.

Saeunn, und diejenigen noch dreier anderer Dienstleute. (Enn í vefjarstofunni fundu þeir Saeunni kerlingu ok þrjá menn aðra.) Ein grösseres Zimmer muss es demnach gewesen sein. Und da die Nennung dieses Raumes, nur gelegentlich, dabei ohne jeden weiteren Zusatz, als etwas allgemein Bekanntes, geschieht, so darf man schliessen, dass solch ein eigenes Webezimmer, in welchem das Rohprodukt des Gutes, die Wolle, durch Hausindustrie, in Vaðmál, also Geld, umgesetzt wurde, wohl dort auf jedem grösseren Gute; ein einfacher Webstuhl indessen, auch bei dem kleinsten Bauern sich fand, neben einem Spinnrocken (rokkr, g. s.), wie wir ihn in dem Hause der Katla zu sehen bekommen (hon sat á palli ok spann)[1]. Eine wohlgepflegte Schafheerde konnte also dem Gutsbesitzer thatsächlich zur Goldgrube werden.

Von Schafen ist daher sehr oft in den Sagas die Rede. Freilich trifft auch hier der Umstand zu, dass es dem Sagaschreiber in erster Linie ankommt auf das Schwert, den Kampf und die Ruhmesvermehrung des Geschlechtes seiner Helden, so dass er nur so gelegentlich uns einige kulturhistorische Brocken hinwirft.

Nun, wir müssen diese hingeworfenen Brocken aufsammeln, verbinden und manches erschliessen, wozu ja auch die Beobachtung der jetzt noch auf Island herrschenden Praxis nützlich ist, da ein konservierender Geist dort vieles, dem Alten gleich, namentlich in der Tierpflege, erhalten hat.

Sehr zahlreich sind in den Sagas die technischen Ausdrücke, welche sich auf die Schafzucht beziehen, und es wird nützlich sein, dieselben hier zuerst, in Gruppen zusammengefasst, aufzuführen.

Die Gattung „Schaf" wird bezeichnet durch fje (oder fé) g. fjár = „Vieh"; aber doch in dieser Allgemeinheit niemals von Pferden, oder Rindern, sondern stets nur von Schafen, als Sammelwort, gebraucht. Ebenso wird die Gattung bezeichnet durch die Worte sauðfje; sauðr, g. ar; fjenaðr, g. ar[2].

---

[1] Eyrb. s. Kap. 20.
[2] Belege bei Johann Fritzner, II. Aufl.

Die gesamte Heerde (hjörð, g. hjarðar) teilt sich ein nach dem **Milchertrage**, in
    búsmali, gen. a, oder
    smali, gen. a,
milchgebende Schafe, im Gegensatz zu:
    geldfé, gen. fjár,
nicht melkende Schafe, also, zur Zeit trocken stehende Mutterschafe, sowie auch Böcke und Hämmel.

Die gesamte Heerde teilt sich ein, in Bezug auf ihre **Pflege**, in:
    útigangsfé, oder
    útifé,
d. h. draussen weidende Schafe, und
    innifé,
d. h. im Stalle gehaltene Schafe; ein Gegensatz, der allerdings nur für die Winterzeit Geltung hatte, da im Sommer alle Schafe die Ställe verliessen.

Die Gesamtheit der Schafe teilt sich ferner ein, nach dem **Geschlecht**, in:

1. Männliche Tiere:

hrútr, gen. s.; der Zuchtbock.
veðr, gen. rar; im allgemeineren Sinne, und seltener gebraucht, der „Widder".
geldingr, gen. s.; auch ⎫
sauðr, gen. ar   ⎬ der Hammel.
forystusauðr, gen. ar; oder ⎫
forustugeldingr, gen s.   ⎬ der Leithammel.

2. Weibliche Tiere:

ásauðr, gen. ar ⎫
aer, gen. aer   ⎬ das Mutterschaf.
geldaer, gen. aer = zur Zeit nicht melkendes Mutterschaf, mit dem Nebenbegriff „alt".
lambaer, gen. aer = Mutterschaf mit dem Lamme.
dilkaer, gen. aer = Mutterschaf, mit ihrem Lamme, welches den ganzen Sommer an deren Euter saugen darf.

3. Geschlechtsunreife Tiere:

lamb. gen. s.	= Lamm, Allgemeinbegriff.
hrútlamb, gen. s.	= männliches ⎫ Lamm.
gymbrlamb, gen. s.	= weibliches ⎭
gymbr., gen. rar.	Letzteres so genannt, in einem etwas weiteren Begriff, bis zum Zeitpunkte der ersten Begattung.
gemlingr, gen. s.	= einjähriges Lamm.
dilkr, gen. s.	= Lamm, saugend an der Mutter.
fráfaerulamb gen. s.	= Lamm, getrennt von der Mutter.
(ný) kefltlamb gen. s.	= Lamm, mit einem ins Maul gebundenen Holzknebel, um das Saugen an der Mutter zu verhindern.

In Bezug auf sonstige Eigenschaften unterschied man:

nytlétt fje	= Schafe, mit geringem Milchertrage.
spakt (sc. fje)	= Schafe, leicht zu hüten.
ó-spakt (sc. fje)	= Schafe, schwer zu hüten.
skjart (sc. fje)	= Schafe, die scheu und wild sind.

In Rücksicht auf die Erzeugung, Anzucht und Verwertung des Nachwuchses sprach man von der:

brundtíð, gen. ar = Brunstzeit, auch

hrútmánuðr, gen. ar,

der Sprung-Monat für die Böcke, welche Zeit in den Januar fiel. Das Zulassen der männlichen Tiere zu den weiblichen hiess „hleypa til".

Dann, nachdem die Schafmütter ca. 5 Monate lang getragen hatten, erfolgte im Mai das Lammen:

sauðburðr, gen. ar.

Es ist die Regel, dass Mutterschafe jedesmal nur ein Lamm werfen. Zwillinge sind bei ihnen jedoch nicht so selten, wie bei Menschen. Dieses neugeborene Lamm liess man 14 Tage lang, uneingeschränkt, Tag und Nacht, am Euter der Mutter saugen. Dann trat die Zeit allmählicher Entwöhnung ein:

stekktíð, gen. ar.

Über Nacht wurden die Lämmer von den Mutterschafen getrennt, und erst, wenn man die Morgenmilch abgemolken hatte, liess man sie wieder zu. Diese Zeit neunstündiger Scheidung, von 9 Uhr Abends bis ca. 6 Uhr Morgens, umfasste ungefähr auch 14 Tage. In sie hinein fielen zwei wichtige Operationen. Zunächst das Verschneiden der männlichen Lämmer (gelda), welches auch hier, wie bei den Füllen, und bei den Kälbern, meist Frauenhände, wegen ihrer Weichheit und Geschicklichkeit, verrichteten. Dann geschah bei allen das Einmerken, welches das Landrecht, die Pferde ausgenommen, für Rind, Schaf, Schwein und Geflügel vorschrieb. Und zwar war die Anbringung dieser Marke, in einer bestimmten Form, an den genannten Tieren vorgeschrieben. Davon durfte nicht abgewichen werden. Die einmal von dem Besitzer gewählte Marke, welche gesetzlich registriert wurde, verblieb dem Hofe und vererbte von Vater auf Sohn!

„Hverr maðr scal einkvnn eiga a fe sino baeðe navtom oc savðom. Maðr scal einkynt hafa fe sit þa er VIII vicor ero af sumre. þat er hann náir. Ef hann gørir eigi sva oc varðar utlegð. Ef fé o einkynt kømr í annars manz land en þess er á annat enn dilcar siþan er VIII vicor ero af sumre eða siðarr. þa á sa er a lande þvi byr at einkynna fe þat sinne einkunn oc eignaz hann þá. ef hann synir bvom V feet aðr.

Navt oc savðe oc svín scal maðr marka a eyrom enn fogla scal marka a fitiom. oc ero þav ein lög mörc a þvi fe" [1])

D. h. „Jeder Mann soll eine Marke haben für sein Vieh, besonders für Rindvieh und Schafe. Man soll markiert haben sein Vieh nach Verlauf von 8 Wochen seit Sommers Anfang (Mitte Juni). Die Tiere, welche er greifen kann. Hat er das nicht gethan, so erfolgt Strafe (3 Mark). Wenn nicht markiertes Vieh, eines anderen Mannes, als des Eigners, Feldflur betritt (ausgenommen ist das Sauglamm bei der Mutter, „dilkr"), nach Verlauf der 8ten Sommerwoche, oder später: dann hat jener Feldflurbesitzer das Recht, auf dieses Tier seine Marke zu setzen, und es als sein Eigen zu be-

---

[1]) Grágás, Udg. Finsen § 225 od. II, pag. 154 u. 155.

trachten; doch muss er zuvor dieses verlaufene Stück Vieh fünf seiner Nachbaren (als Zeugen) vorgezeigt haben."

„Rind, Schaf, Schwein soll man markieren an den Ohren, Geflügel zwischen den Zehen, und ist die an diesen Stellen angebrachte Marke allein die gesetzliche".

Diese Markierung geschah also bei den Schafen an den Ohren, und zwar entweder durch Einschnitte in den Rand, oder durch Ausschnitte aus der Fläche der Ohrenmuschel. Waren jene 14 Tage zeitweiser Entwöhnung verstrichen, so erfolgte völlige Entwöhnung, etwa am Ende des Junimonates:

„fráfaerur," fem. plur.

Diese Entwöhnung der jungen Tiere wurde erzwungen, indem man ihnen einen cylinderförmigen Holz-Pflock in das Maul band. Das verhinderte ihr Saugen am Euter, gestattete aber das Anbeissen des Grases, welches sie nun im Nachahmungstriebe von der Mutter erlernten, an deren Seite sie ferner verblieben, bis im Monat Juli ihre Austreibung auf die „afréttir" (Gemeindewiesen) erfolgte.

„reka (fje) á fjall".

Hier oben, in den Bergen, blieben die entwöhnten, und bereits gemerkten Lämmer, untermischt mit sämtlichem „geld-fje", und zwar ungehütet, also sich selbst weidend:

„ganga sjálfala",

bis zum Einbruch des Spätherbstes, wo dann oben zunächst das Zusammensuchen, und Einsammeln der oft weit zerstreut weidenden Tiere von den vereinigten Besitzern der Umgegend, sofern sie gleiches Weiderecht hier hatten, erfolgte. Dieses Thun hiess:

„fjallganga, gen. u."

War das Einsammeln geschehen, so erfolgte das Hinabtreiben der Tiere:

„heimta (fje) af fjalli".

Und man sprach dann, war bei der Selbstweidung oben in den Bergen wenig Vieh verloren gegangen, von einer:

„góð fjárheimta",

oder, war dort viel Vieh verloren gegangen: von einer:

„vond fjárheimta".

Nur in ganz vereinzelten Fällen entwöhnte man das Lamm

nicht, sondern lies es bei der Mutter, verzichtete auf deren Milch, und trieb beide Tiere zur Selbstweidung ebenfalls auf die „afréttir". Das geschah z. B. bei spätgeborenen Lämmern, welche man noch nicht entwöhnen konnte, und mit denen sich weiter aufzuhalten, die nahe heranrückende Heuernte, welche alle Kräfte in Anspruch nahm, nicht gestattete. Solch eine Mutter, im Besitze ihres Lammes geblieben, hiess, wie bereits oben bemerkt,

„dilkaer, gen. aer";

und ihr Kind, welches so den Vorzug einer längeren Milchnahrung genoss, ein:

„dilkr, gen. s."

Im November, auf dem Winterhofe, erfolgte dann die Einschlachtung der auf der Sommerweide fett gewordenen Hämmel, und dieser Monat führte von solchem häuslichen Geschäfte den Namen:

„gormánuðr"

von „gor", gen. s., dem halbverdauten Magenbrei, welcher in den Schlachttieren sich vorfand.

Die verschiedenen Örtlichkeiten, welche bei der soeben beschriebenen Anzucht des Nachwuchses in Frage kamen, waren folgende:

fjárhus, gen. s. = Viehstall im Allgemeinen.

Dann die Ställe für die einzelnen Arten, als:

hrútakofi, gen a. = Bockstall.
aerhús, gen. s. = Mutterschafstall.
sauðhús, gen. s. ⎫ = Stall für Mutterschafe und für
sauðahús, gen. s. ⎭   Lämmer.
lambhús, gen. s. = Lämmerstall.

Neben diesen bedeckten Winterställen gab es oben offene Sommerställe, Hürden:

kví; gen. ar, meist gebraucht als Plural: ⎫ die Schaf-
kvíar,   ⎭ hürde.

umschlossen von einem aus Steinen oder Erde aufgeworfenen Walle: kvía-garðr, gen. s.

Sodann das um die stekktíð benutzte Gehege, von eigentümlicher Construktion.

Ein längliches Viereck von ansehnlicher Grösse war

umhegt von einem Walle „stekk-garðr", und durch ein Thor verschliessbar. In seinem Innern war es durchquert von einem gleich hohen Walle, welchen wiederum ein Thorweg durchbrach. Auf diese Weise ergaben sich 2 mit einander kommunicierende Abteile, und zwar von ungleicher Grösse. Das vordere Abteil zu $^2/_3$ der Grundfläche, war ungedeckt, und bestimmt für die Schafmütter; das hintere Abteil zu $^1/_3$ der Grundfläche war halbgedeckt, in der Weise eines römischen Atriums, so dass in der Mitte der Bedachung ein Viereck offen blieb (impluvium). Dieses zweite Abteil führte den besonderen Namen:

„kró, gen. r."

und war bestimmt für die Lämmer. Diese eigentümliche, ringsum laufende, halbe Bedachung hatte ihre Ursache nicht sowohl in klimatischen Gründen, sondern diente lediglich als Hemmnis für die Schafmütter, welche des Nachts alle Anstrengung machten, über den Trennungswall zu springen, sobald sie die ängstlich rufenden Stimmen ihrer Lämmer hörten.

Das vordere Abteil für die Schafmütter, sowie auch das Gehege in seiner Gesamtheit, hies:

„stekkr, gen. jar." = „Absperrungsstall".

Dann endlich befand sich oben in den Bergen, in der Nähe der „afréttir", noch eine besondere, grosse Sortierungshürde, bestimmt für das „geld-fje" des gesamten „hreppr", eines Distriktes, bebaut mit mindestens 20 Bauernhöfen. Diese Hürde hatte wiederum eine besondere Construktion, nämlich in ihrer Mitte eine Haupthürde (almenningr, gen. s.) und diese umkränzt von einer Menge unter sich getrennter Einzelhürden (dilkar), die aber jede, durch eine verschliessbare Pforte, mit der genannten Haupthürde, und ebenso durch eine zweite Pforte mit der Aussenwelt communicierten. Die eigentümlichen Namen dieser getrennten Bauglieder rühren davon her, dass man die gesamte Anlage sich vorstellte unter dem Bilde einer Schafmutter, umgeben von vielen Lämmern, welche alle an ihrem Euter hingen.

War nun die, oben beschriebene, Zeit der

„fjallganga"

im Spätherbste gekommen, so trieb man die in den „afréttir" aufgesammelten Tiere in Trupps, je nachdem der Raum sie fasste, zunächst ungesichtet, in diese Haupthürde hinein. Die Besitzer oder deren Schäfer, gingen zu ihnen, prüften die Ohrenmarken, und jeder zog die von ihm als sein Eigen erkannten Kreaturen aus der Haupthürde nun hinein in eine der Nebenhürden. Dieses Verfahren hiess
„draga sauði".

Man kann sich denken, dass solches eine mühevolle, nicht eben schnell vor sich gehende, Arbeit war, da man es mit, auf der Selbstweide stark verwilderten, Tieren zu thun hatte; nicht zu gedenken der Streitscenen, welche sich oft genug in solch ein Trennungsgeschäft einflochten.

Die gesamte, hier beschriebene, Hürdenanlage mit allen ihren Unterabteilungen, welche in angemessen hohen Erd- oder Steinwällen (réttar-garðr) ihre Abgrenzungslinien fanden, hiess:
„rétt, gen. ar."
und die durch das Gesetz bestimmte Zeit solcher Trennung, hiess
„lögrétt, gen. ar."

Als einzelne Zeitwörter, ausdrückend Hantierungen, an den Schafen vorgenommen, sind ferner zu nennen, ausser dem bereits angemerkten:

einkynna ⎫
marka ⎭ = markieren.
gelda = kastrieren.
stía = entwöhnen.
kefla = knebeln, (jenen Holzpflock in den Mund legen).
hóa = rufen, auf die Schafe.
rýja = abrupfen, sc. die Wolle.
klippa = scheeren.
taka sauði = stehlen, sc. Schafe.
mjólka ⎫
embaetta ⎭ = melken,

weil stets von dienenden Frauen besorgt; während das ganze Melkgeschäft, mit einem Namen:

„mjaltir", fem. plur. hiess.

Als Personen, welche dienstlich mit den Schafen zu thun haben, oder dienstwidrig sich ihrer bemächtigen, werden in den Sagas genannt:
1. Frauen, welche sie melken,
ambátt, gen. ar, oder } Sklavin, und Melkerin.
mjalta-kona
2. Männer:
a) Der Hirte:
hirðir, gen. is.
sauðamaðr.
smali, gen. a.
smalamaðr.
sauðreki, gen. a.
b) Diebe, in den Bergen wohnende Leute, welche ausser anderen Dingen, besonders auch Schafe, des Sommers, von den „afréttir" hinweg stahlen (sauðataka), Verbrecher, über welche oft in den Sagas geklagt wird:
útilegumaðr
útileguþjófr.

Dieses sind die termini technici, welche über Schafe und Schafanzucht in den Sagas der Isländer sich finden. Wir treten nun unserem Gegenstande näher, indem wir zunächst handeln von der Heerde, und dann von dem Hirten.

II.

Die Heerde.

In Bezug auf die Schafe, deren Einführung durch die Landnahmsmänner auf die leere Insel, lückenhaften Bestand in der Anfangszeit, allmählichen Zuwachs, Vermehrung durch Import, obdachloses Weiden im Winter, wie im Sommer, kräftiges Einschlagen auf diesem Wege, gilt ganz dasselbe, was bereits ausführlich über Pferde und Rinder, nach dieser Richtung hin, gesagt worden ist.

Doch wurde der intelligente Züchter bald gewahr, dass

die Schafe unter seinen Haustieren ihm verhältnismässig am meisten einbrachten. Sie nutzten am besten die Weideflächen aus, konnten das Klima der Insel am sichersten ertragen, waren am leichtesten zu behandeln, und lieferten am schnellsten die Barmittel in seine Gutskasse. Es dauerte doch lange, ehe einmal ein Rassepferd abgesetzt, oder ein guter Zuchtbulle verkauft werden konnte, dagegen nach Schafen wurde öfters gefragt, denn sie waren auch das Tier des kleinen Mannes. Und seine Wolle, durch fleissige Winterarbeit im Hause in „vaðmál" verwandelt, lieferte sofort Barmittel in das Haus. Auf dem Hofe Ásmundr's zu Bjarg, einer vornehmen Familie, werden uns in der geräumigen Hausküche (eldaskáli) die Mägde bei der Bearbeitung der Wolle im Winter gezeigt. (Konur unnu þar tó á daginn)[1]. Auch ein Instrument, bei dieser Hausarbeit gebraucht, sehen wir dort, nämlich die Wollkratze (ullkambr), mit welcher das Rohprodukt aufgelockert und zum Spinnen fertig gemacht wurde. Aber auch diese kurze kulturgeschichtliche Bemerkung würde uns der Sagaschreiber nicht gebracht haben, wäre sie nicht erforderlich zur Charakterisierung seines Helden Grettir, der als 10 jähriger, dreister Junge, diese auf einer Bank liegende Wollkratze ergreift, um seines Vaters entblössten Rücken, anstatt mit seinen Händen zu reiben, frech und pietätslos, mit den Eisenzinken jener Kratze zu ritzen. Doch nun giebt uns dieser Zug, verbunden mit jenem Webezimmer in der Njála den Beweis, dass die Verarbeitung der Wolle, vom Rohprodukt bis zum fertigen Stoffe, die Haus-Winter-Arbeit der Frauen auf den Islandshöfen war.

Schon die grosse Zahl und verschiedene Art der Baulichkeiten, oben angeführt, welche für die Schafe und deren Pflege auf den Gütern sich fanden; Baulichkeiten, in diesem Umfange für Pferde- und Rindviehpflege nicht vorhanden, nötigen uns zu der Annahme, dass der Besitzer seinen Hauptfleiss und die Hauptarbeitskräfte des Gutes der Schafzucht zugewandt habe. In der That bildete diese auch den Kern der gesamten Viehwirtschaft auf den Islandsgütern zu jener Zeit.

---

[1]) Grettis s., Kap. 14.

Wie gross war nun wohl im Durchschnitt der Bestand an Schafen auf den Islandsgütern um das Jahr 1000?

Aus der Anfangszeit wird uns der Schafbestand auf einem Gute mit einer festen Ziffer benannt. Es ist im Süden der Insel auf dem Gute Fors (heute vermutlich Rauðnefsstaðir)[1]); eine Gegend, die keineswegs zu den besten Geländen Islands gehört. Auf diesem Gute wirtschaftete Þorsteinn rauðnefr, noch ein arger Heide, denn er betet den Wassergeist in einem benachbarten Wasserfalle an, und bringt ihm grosse Opfer dar. Sein Vater erst hatte als Landnahmsmann dieses Thal belegt. Wir müssen uns also ihn dort wirtschaften denken, etwa um das Jahr 920; demnach 80 Jahre vor unserer Normalzeit 1000, in welcher die Gutsverhältnisse selbstverständlich um vieles vorgeschrittener waren. Dennoch hat dieser Mann schon einen Bestand von 2400 Schafen. „Þorsteinn lét telja sauði sína ór rétt tuttugu hundruð"[2]), d. h. „Þorsteinn liess aus der Sortierungshürde an Schafen für sich herauszählen 20 Hunderte". Und da ein sogenanntes grosses Hundert = 120 gemeint ist, so ergiebt sich die Summe von 2400 Stück, wobei nicht einmal gesagt ist, ob dieses nur einen Teil, oder schon die Schlusssumme seiner gesamten Schafheerde bedeutet. Er konnte also möglicher Weise der Schafe noch mehr besitzen. Allerdings war das für die zweite Generation der Besiedelung schon ein sehr ansehnlicher Bestand.

In derselben Annahme, dass der Schafbestand auf den Gütern ein bedeutender gewesen ist, bestärkt uns auch die bereits im vorhergehenden Kapitel genannte Stelle aus der Laxdaela, wo der Viehtransport des Óláfr pái von Goddastaðir hinüber nach Hjarðarholt so ausführlich beschrieben wird.

Wie dort erörtert, betrug die Entfernung zwischen Goddastaðir und Hjarðarholt, in der Luftlinie gemessen, acht Kilometer[3]), war also in Wirklichkeit, die Wegekrümmungen mit eingerechnet, länger. Dieser Weg war durch das auf-

---

[1]) Kr. Kaalund: Topographie v. Isl. Kjøb. 1877. B. I. pag. 233.
[2]) Landn. V, 5.
[3]) Spezialkarte von Island, nach der Vermessung von Björn Gunnlaugsson, Reykjavík und Kopenhagen, 1844.

marschierte Vieh des Óláfr pái lückenlos besetzt; denn ausdrücklich wird von dem Sagaschreiber hervorgehoben: „*ok var hvergi hlið í milli*". — An der Spitze dieses Zuges gingen die Schafe, und zwar zunächst die unruhigsten (þat er skjarrast var), also Böcke und Hämmel. Dann kommen die „búsmali" [1]), im Allgemeinen Hausvieh, besonders aber Melkschafe, und in dieser Abteilung wohl auch mitschreitend die Milchkühe. In der dritten Abteilung marschierte das „geldneyti", trockenes Rindvieh, also Stärken, Ochsen, Bullen. Und den Schluss bildeten die „klyfjahross", die Packpferde.

Man wird, glaube ich, in der Schätzung nicht fehlgehen, wenn man die ganze erste Hälfte dieses Weges, als von den Schafen besetzt, sich vorstellt. Das ergäbe also eine Strecke von vier Kilometern. Nun marschieren Schafe niemals, wie die Gänse, im Prozessionsschritt, getrennt, eines hinter dem anderen; sie drängen sich, der Hintermann meist seinen Kopf aufgelegt auf den Steiss des Vordermannes. Das ist ihre Art. Rechnen wir auf die Schaflänge also einen Meter, so ergiebt das schon eine Linie von 4000 hintereinander marschierenden Schafen. Nun war dieser Zug aber nicht blos ein einziges Glied stark, das wäre durchaus gegen die Natur dieser Tiere, da Schafe stets paar- und gruppenweis zu gehen lieben. Man kann diesen Zug gut zu drei Gliedern sich denken. Das ergäbe demnach eine Schlussziffer von 12 000 Schafen, welche Óláfr pái von Goddastaðir nach Hjarðarholt hinüberführte.

Und ich halte diese Ziffer auch keineswegs für zu hoch in Anbetracht der Weidefläche, über welche Hjarðarholt verfügte, besonders, wenn man daran denkt, dass bereits in der Anfangszeit der Besiedelung, ein Mittelbauer, als in dem Besitz von 2400 Schafen, uns soeben gezeigt wurde [2]).

---

[1]) Laxd. Kap. 24. — [2]) Auf meiner Durchquerung Süd-Amerikas hatte ich Gelegenheit, in den Pampas, mich oft wochenlang auf Estancias aufzuhalten, deren Weideflächen, neben Pferden und Rindern, hauptsächlich mit Schafen besetzt waren. Hier konnte ich den Betrieb einer auf die Schafzucht sich gründenden Weidewirtschaft genau beobachten. Es gab Estancias von der Grösse einer deutschen Quadratmeile mit einem Bestande von 100 000 Schafen, welche abgeteilt waren zu Heerden von 4—5000 Stück. Diese Heerden wurden durch berittene Schäfer gehütet.

Heute ist das Verhältnis auf Island so, dass auf ein Rind sechsunddreissig Schafe in der Viehhaltung kommen. Denn im Jahre 1896 wurden auf der Insel gezählt 23 000 Rinder, aber 842 000 Schafe[1]).

Dem entsprechend mag auch wohl in der Sagazeit das numerische Verhältnis beider Tiergattungen zu einander gestanden haben. Dann hätte z. B. Óláfr pái bei einem angenommenen Besitz von 12 000 Schafen etwa 333 Haupt Rindvieh besessen, was auch wohl stimmen mag!

Wenn die Schafe der Sagazeit den heutigen glichen, so waren es kräftige Tiere, kurzbeinig, langharig, und gewöhnlich beide Geschlechter gehörnt. Der Widder besass zuweilen deren sogar vier; zwei Hörner nach unten gebogen, mit ihren Spitzen den Maulwinkeln zugekehrt, zwei nach oben gebogen, sichelförmig, und weit ausgreifend[2]).

Die Farbe ihres Fliesses war meistens weiss (hvítr), dann auch grau (grár), schwarz und braun (mórauðr).

Bei einzelnen Tieren verbanden sich diese Farben, in Flecken und Streifen, zu mannigfachen Spielarten (z. B. mögóttr).

Es gilt nun noch, aus den Sagas einige Scenen heraus zu heben, welche geeignet sind, jenen im ersten Abschnitte gegebenen Verlauf der Anzucht der Lämmer zu veranschaulichen.

Die Befruchtung, wie Entbindung der Mutterschafe, im Januar und im Mai, ging in der Regel ohne Störung vor sich. Schwieriger war die Entwöhnung der Sauglämmer. Das Einsetzen jenes Holzpflockes in das Maul machte den Männern viel Arbeit, und den jungen Tieren war dieser erzwungene Übergang von der Milch- zur Grasnahrung ein sehr unwillkommener. Nur träge bissen sie die grüne, statt der weissen, Speise an. Das gab die Gelegenheit zu witzigen und sprichwörtlich gewordenen Bemerkungen.

So sitzen, nach dem blutigen Kampfe auf dem Eise des Vigrafjörðr, im Speisezimmer zu Helgafell, Snorri goði und sein Namensvetter Snorri Þorbrandsson Abends beisammen.

---

[1]) Þorvaldur Thoroddsen: Lýsing Íslands Kaupmannahöfn 1900. Pag. 83 u. 85. — [2]) Diese Vierzahl tritt bisweilen, jedoch viel seltener, auch bei Hämmeln und bei Mutterschafen auf.

Der Gast greift langsam die angebotene Speise an, und kaut noch langsamer. Befragt um den Grund, sagt er mit keinem Klagewort, dass vom soeben beendeten Kampfe noch eine Pfeilspitze in seinem Kehlkopfe stecke, sondern deutet das nur an durch einen witzigen Vergleich zwischen sich und einem geknebelten Sauglamme. — In der That, eine Abhärtung und eine Selbstbeherrschung, welche unser Staunen erwecken.

„*Snorri goði fann, at nafni hans bargst litt við ostinn, ok spurði hví hann mataðist svá seint. Snorri Þorbrandsson svaraði, ok sagði, at lömbunum vaeri tregast um átit, fyrst er þau eru nýkefld*"[1]). D. h. „Snorri goði fand, dass sein Namensvetter sich nur kleine Stückchen Käse nahm, und fragte warum er denn so langsam ässe? Snorri Þorbrandsson erwiderte, dass auch die Lämmer träge wären im Fressen, zuerst, wenn ihnen der Knebel im Maul sässe"!

Auch das Hinaustreiben der entwöhnten, entmannten und markierten Tiere auf die „afréttir" ging ohne Störung vor sich. Alle Wesen lieben die Freiheit. Und das: „Hinaus in die Ferne"! ist auch für die Tiere ein Fest.

Um so schlimmer und mühevoller aber war das Zusammensuchen, Sortieren und Heimtreiben im Herbste.

Das 17. Kapitel der Njála beschreibt uns anschaulich dieses Zusammensuchen. Glúmr, der Besitzer von Varmilaekr zieht im Herbste mit seinen Knechten ins Gebirge. Sie teilen sich zum Zwecke des Absuchens des Geländes in drei Gruppen. Die Schafe zeigen sich scheu und wild (fundu þar sauði skjarra). Wenn sie kaum bergab getrieben sind, so entschlüpfen sie wieder, und laufen zurück bergauf (kvámust sauðirnir upp á fjallit fyrir þeim). Bei dieser Arbeit sondern sich von den Übrigen ab Glúmr und sein Knecht Þjóstólfr, ein frecher Kerl (þraell fastr á fótum). Es kommt zwischen Herr und Knecht zum Wortwechsel (ámaelti þá hvárr þeira öðrum), vom Wortwechsel geht es zum Kampfe. — Glúmr zieht sein Schwert, Þjóstólfr hebt die Streitaxt (Glúmr hjó til Þjóstólfs með saxi, enn hann brá við öxinni), und das Ende ist, der Herr fällt in diesem Kampfe, getötet durch den Knecht.

---

[1]) Eyrb. Kap. 45.

Nicht minder Gelegenheit zum Streit gab dann die Arbeit des Sortierens in der „rétt" (Sortierungshürde). Folgende Streitscene trägt sich zu in der Sortierungshürde des Helgafells-hreppr, welche ebenfalls in Thätlichkeiten ausläuft. „Þetta sama haust áttu menn rétt fjölmenna í Tungu milli Laxá upp frá Helgafelli. Þangat fóru til réttar heimamenn Snorra goða; var Már Hallvarðsson, föðurbróðir Snorra, fyrir þeim. Helgi hét sauðamaðr hans. Björn fraendi Vigfúss, lá á réttargarðinum ok hafði fjallstöng í hendi. Helgi dró sauði. Björn spurði, hvat sauð þat vaeri, er hann dró; en er at var hugat, þá var mark Vigfúss á sauðnum. Björn maelti: „Slundasamliga dregr þú sauðina í dag, Helgi"! — „Haettara mun yðr þat", segir Helgi, „er sitið í afrétt manna". „Hvat mun þjófr þinn vita til þess"? segir Björn, ok hljóp upp við ok laust hann með stönginni, svá at hann fell í óvit"[1]). D. h. „In diesem Herbst vollzogen die Eingesessenen das Sortierungsgeschäft an ihren Schafen (an der Stelle des Zusammenlaufs der beiden Flüsse, welche herabkommen von dem Kerlingarfelsen und dem Drápuhlíðarfelsen) oberhalb Helgafell. Zur Sortierungshürde hinauf begaben sich auch die Leute des Snorri goði. Már Hallvarðsson, der Oheim Snorris, war deren Führer. Helgi hiess dessen Schäfer. Björn, ein Verwandter des Vigfúss lag, in der Hand einen Alpenstock, ausgestreckt auf dem Umfassungswall der Hürde. Helgi suchte nun die (seinem Herrn gehörenden) Schafe (in der almenningr) aus, und zog sie (in seine Einzelhürde, dilkr) hinüber. Björn fragte ihn, was für ein Schaf das wäre, welches er da schleppe? Und, als man nachsah, trug dieses die Marke des Vigfúss. Björn schrie: „Das ist Diebsart, mit der du heute die Schafe sortierst, Helgi"! „Diebsart wohnt bei euch", gab ihm Helgi zurück, „deren Hof an die afréttir grenzt"!

„Was weist du Dieb von so etwas"? schreit Björn, springt auf, und prügelt ihn durch mit seinem Stocke, so dass jener ohnmächtig zusammenbricht".

Um so peinlicher waren solche Scenen, wenn sie damit endigten, dass die Sichtung für den Besitzer mit einem er-

---

[1]) Eyrb. Kap. 23.

heblichen Defizit abschloss. So ging es dem Örn auf dem Gute Vaelugerði, im Süden der Insel, zwischen der Hvítá und der Þjórsá, gelegen. Sechzig Hämmel betrug sein Verlust. „*Örn hét maðr; hann bjó í Vaelugerði. Erni varð vant um haustit sextigu geldinga*"[1]).
In solchem Falle begnügten die Geschädigten sich nicht mit einem einmaligen Suchen. Ein öfteres Absuchen der „afréttir" nach den vermissten Tieren fand dann statt.

In diesem wiederholten Suchen bis tief in den November hinein, zeigte sich besonders eifrig der junge, rüstige Óláfr Hávarðsson auf Blámýrr, einem Gute auf der vielzerklüfteten Nordwestspitze Islands gelegen, zwischen dem Mjófi- und dem Skötufjörðr, westlichen Abzweigungen des grossen Ísafjarðardjúp.

„*Þat var eitthvert haust, at Ísfirðingar gengu afréttir sínar, ok heimtu menn lítt. Þorbirni á Laugabóli var vant 60 geldinga. Liðu vetrnaetr ok fanst eigi. Nökkuru fyrir vetr ferr Óláfr Hávarðsson heiman ok gengr afréttir ok öll fjöll, leitar fjár manna ok finnr fjölda fjár, baeði þat er Þorbjörn átti ok þeir feðgar ok svá aðrir menn, rekr síðan heim fénaðinn ok faerði hverjum þat er átti. Varð Óláfr af þessu vinsaell, svá at hverr bað honum góðs*"[2]). D. h. „In einem Herbste begab es sich, dass die Anwohner des Isafjords die Gemeindewiesen nach ihren Schafen absuchten, und es fanden sich starke Verluste. Þorbjörn auf Laugaból vermisste 60 Hämmel. Es verstrichen die Tage vom 14.—16. Oktober, und nichts fand sich. Ein wenig später brach Óláfr Hávarðsson von Hause auf, durchging die Gemeindewiesen und alle Berge, suchte der Nachbarn (vermisste) Schafe und findet viele, welche dem Þorbjörn, sowie auch seinem Vater und anderen Besitzern gehören. Die Gefundenen trieb er heim und übergab jedem das Seine. Das machte den Óláf sehr beliebt, so dass jeder ihm Gutes wünschte".

Waren die Schafe gefunden, nach den Marken durchgemustert und zu dem Winterhofe hinabgetrieben, dann begann die Winterarbeit an ihnen. Des Nachts unter Dach,

---

[1]) Flóamanna s. Kap. 6. — [2]) Hávarðs s. Kap. 2.

aber des Tags hinaus, auch beim schlimmsten Wetter, sobald die Schafe draussen, durch die von ihnen aufzukratzende Schneedecke, nur zu den Futterkräutern gelangen konnten, das war die Regel. Im Interesse der Gesundheit der Tiere fand man ein Zurückhalten derselben, über Tag, in den Ställen, selbst im Winter, für nicht rätlich. Dann aber war von einem bequemen Selbstsichweiden der Tiere, um diese Zeit, nicht mehr die Rede. Vielmehr ein besonders starker und umsichtiger Mann musste täglich sie begleiten und draussen überwachen, um Verluste, z. B. durch das Unwetter, zu verhüten.

An demselben wackeren Óláfr bemerken wir auch diese Fürsorge:

„Þat var einn dag, at Óláfr gengr til fjárhúsa sinna, því at veðrátta var hörð um vetrinn, ok þurftu menn mjök at fylgja fénaði sínum; hafði veðr verit hart um náttina"¹). D. h. „Eines Tages ging Óláfr hin zu seinen Viehställen, denn hart war das Wetter im Winter, und sehr waren die Leute in Anspruch genommen mit der Überwachung des Viehes im Freien. Besonders scharf war in verwichener Nacht der Wintersturm gewesen"!

Bei solch hartem Winterwetter boten die Bäume die beste Deckung für die, im Freien über Tag sich aufhaltenden, Tiere. Und es war eine gute Zeit, so lange man noch von Island sagen konnte: „Skógr þykkr var í dalnum í þann tíð"²). D. h. „Dichter Wald bedeckte zu jener Zeit die Thäler"! Dieses Urteil bezieht sich noch auf das Jahr 1007, das Todesjahr des Bolli Þorleiksson. Später wurden ja zum Nachteil der Landwirtschaft von unweisen Nachkommen diese Wälder ausgerodet. Besonders waren es die Waldblössen, welche im Winter das hinausgetriebene Vieh aufzusuchen liebte. So heisst es von dem Gute Hjarðarholt:

„Þar var höggvit rjóðr í skóginum, ok þar var náliga til görs at ganga, at þar safnaðist saman fé Óláfs, hvárt sem veðr váru betri eða verri"³). D. h. „Es lag ein ausgerodeter

---

¹) Hávarðs. s. Kap. 3. — ²) Laxd. s. Kap. 55.
³) Laxd. s. Kap. 24.

Platz mitten im Walde. Und es war nahezu die Regel, dass dort sich das Vieh Óláfs versammelte, ob besser, oder schlechter die Witterung war".

So verlief die Arbeit an den Tieren bis zum Januar, wo dann aufs Neue mit der Begattung der Mutterschafe der soeben durchlaufene wirtschaftliche Kreis wieder seinen Anfang nahm.

Wenden wir uns jetzt zu dem Nutzen, welchen der Gutsbesitzer aus diesen so sorgfältig gepflegten Schafen zog. — Auch hier trennen wir den Nutzen, gezogen aus den lebenden Tieren, von dem Nutzen, welchen das geschlachtete Vieh gewährte.

Die lebenden Schafe boten ausser ihrem Nachwuchs als Hauptprodukt ihre Wolle dar, welch eine Leistung von allen Tieren erfolgte, während Milch nur von einem Bruchteil, den Mutterschafen, gezogen wurde. Wir fassen daher diese Letztere als einen Nebenverdienst des Gutsbesitzers auf.

Schafmilch kann sich weder nach Menge, noch nach Art, mit der Kuhmilch messen. Die Lactationsperiode eines Mutterschafes dauert im Jahre durchschnittlich nur 120 Tage, die der Milchkuh dagegen ca. 300 Tage. Und während eine Mittelkuh auf Island heute jährlich 1100 potta (1 pottr = 0,9661 Liter) Milch liefert, erzeugt das Mutterschaf nur 40 potta. Die Schafmilch ist zwar fettreich, so dass 9 pottar ein Pfund Butter liefern[1]); aber diese Butter ist ein weiches, wenig haltbares Produkt, und auch der aus Schafmilch gewonnene Käse ist keine Dauerware. Schafmilch wurde dagegen, in Skyr verwandelt, sehr gerne genossen. Die Mutterschafe, nachdem ihnen die entwöhnten Lämmer abgenommen und dem Geld-Vieh auf den „afréttir" zugeteilt waren, kamen selbst zum „sel" hinauf, um hier auf den, dem Besitzer persönlich zugehörenden Bergwiesen, der „hlíð", und der „heiðr", geweidet zu werden. Das Hütungsgeschäft besorgte in der Regel ein Mann, wenn auch im Sommer, wegen dieser um vieles leichteren Arbeit, meist ein jüngerer; dagegen das Melken blieb

---

[1]) Þorvaldur Thoroddsen: Lýsing Íslands Kaupmh. 1900. pag. 83 und 85.

Sache der Frauen. Dieses geschah in der „kví", wohin der Hirte zwei Mal am Tage die Mutterschafe zusammentrieb, der Regel nach 6 Uhr Morgens und 9 Uhr Abends.

Eine solche Melkscene, in welcher die Schafe zusammengetrieben in der „kví", sowie Hirte und Mägde, in ihrer Thätigkeit dabei, gezeigt werden, bringt die Hrafnkelssaga:

„*Þá hafði Einarr nýrekit fé í kvíar; hann lá á kvíagarðinum, ok taldi fé, enn konur váru at mjólka*"[1]). D. h. „Da hatte Einarr soeben die Schafe in die Hürde zusammengetrieben. Er lag auf dem Umfassungswalle und zählte die Schafe, aber die Frauen waren beschäftigt mit Melken"!

Die abgemolkene Milch wurde auf dem „sel" verarbeitet, wo oft auch die Herrin im Sommer, um den ganzen Betrieb zu überwachen, sich persönlich aufhielt; und die gewonnenen Produkte wurden dann zum Winterhofe auf Packpferden hinabbefördert, wie das an mehrfachen Beispielen bereits gezeigt ist.

Wolle dagegen blieb das Hauptprodukt, welches der Landwirt seinen lebenden Schafen entnahm. Das beweist auch die unten folgende Preistabelle, welche besonderes Gewicht darauf legt, dass die Wolle sich noch auf den zu taxierenden Tieren befinde. Die Ernte der Wolle geschah im Mai, vorausgesetzt, dass die Kreaturen sich im guten Futterzustande befanden, denn bei schlecht ernährten Schafen trat die Mauserzeit später ein. Die Haare des vorjährigen Pelzes hatten sich bereits in ihrer Wurzel gelöst, hingen aber noch mit dem bereits nachgewachsenen jungen Flaumhaar zusammen. Das Schaf wurde von einem Manne gehalten, und ein zweiter rupfte mit seinen Händen die vorjährigen Wollenhaare heraus, was für das Tier nicht schmerzlos war. Man nannte das „rýja".

„*Ok nú sér hann, hvar Bjarni fór einn saman til sauðahúss, ok skal rýja sauði fyrr enn aðrir menn*"[2]). D. h. „Und nun sieht er, wie Bjarni ohne Begleitung sich zum Schafstall begiebt, um früher, als die anderen Leute, den Schafen die Wolle abzunehmen".

---

[1]) Hrafnk. s. Kap. 6. — [2]) Reykdaela s. Kap. 23.

Das Abschneiden der Wolle mit einem Messer, oder einer Schere, wie bei uns das üblich ist, fand seltener statt. Dieses hiess aber „klippa". Bei solch einem Verfahren wurden dem Schafe die Füsse gebunden, und das Tier auf die Seite geworfen. Da dieses Scheren, wenn sorgfältig gemacht, viel Zeit erfordert, die Schafe dabei sehr leicht von ungeschickten Händen verwundet[1]), und auch viel stärker entblösst werden, als beim Rupfen, so mag dieses Verfahren wohl für Island das praktischere gewesen sein.

Das gewonnene Produkt hiess „ull, gen. ar.", und „tó, gen. s.", dieses Letztere mit der Nebenbedeutung „ungekämmte" Wolle. Und es lieferte ein Schaf von derselben, im Jahre, 2—2½ Pfund.[2]).

Diese, im Sommer geerntete, Wolle wurde durch Hausfleiss, an den langen Winterabenden, in Stoff verwandelt. Auch Männer beteiligten sich, neben den Frauen, an diesem Werke, wie ein Edda-Gedicht, Rígs-Mál, dieses so sinnig beschreibt[3]):

„*Madr tegldi þar*
Meid til rifiar".
D. h. „Der Mann schälte
die Weberstange".

„*Sat þar kona*
Sveigdi rock
Breiddi fadm
Bió til vádar".
D. h. „Das Weib daneben
Bewand den Rocken,
Und führte den Faden
Zu feinem Gespinnst".

Der fertig gewebte Stoff hiess im Allgemeinen:

---

[1]) Ich sah in Südamerika bei der Schafschur, welche auf den dortigen Estancias als ein Fest behandelt wird, Tiere aus den Händen der, sie scherenden, Indianer kommen, welche mit sechs und mehr, stark blutenden, Schnittwunden bedeckt waren.

[2]) Þorv. Thoroddsen: Lýsing Íslands. Kaupmh. 1900, pag. 85.

[3]) Edda Saemundar. Havniae 1828. Pars III. pag. 176. Die Übersetzung nach Carl Simrock.

„vaðmál, gen. s."[1])
oder kurz:
„váð, gen. ar".
Und seine Unterarten sind:
hafnarvaðmál.
hafnarváð.
söluvaðmál.
söluváð.
vöruvaðmál.
vöruváð.

Alles, in gleicher Bedeutung, gewöhnlicher einfarbiger Wollenstoff zum täglichen Gebrauch.

Sodann: rekkjuvaðmál, zur Bettbekleidung gewebt. Und
mórentvaðmál,
auch kurz:
mórent, gen. s.
ein eleganterer Wollenstoff, zweifarbig, mit rot- und graubraunen Streifen.

Es bedeutete aber dieses, durch Hausfleiss verarbeitete, Gewebe nicht bloss das für die Familie und die Dienerschaft gewonnene Hauskleid, sondern auch, für den Markt, das „Geld".

vaðmál = Geld.

Es darf uns nicht Wunder nehmen, dass zu einer Zeit, wo bei sonst hoch entwickelter Kultur, es in den Nordlanden noch an ausgeprägten Münzen fehlte (erst vom Jahre 1000 an, fing man an, dort eigene Münzen zu schlagen[2]), ein Gewebe, bei Kauf und Verkauf, als Zahlungsmittel gebraucht wurde. Findet dieses doch heute noch auf unserem Erdballe statt. Der Reisende, welcher das Innere Afrikas, z. B. Bornù, aufsucht, muss sich ausser Maria-Theresia-Thalern, welche sich wieder in 4000 Kauri — Muscheln zerlegen, mit gewissen Stoffen versehen, welche auf den dortigen Märkten als Münze gelten. So sandte der König von Bornù, in seiner

---

[1]) Joh. Fritzner, II. Aufl., Die Belege.
[2]) Valtýr Guðmundsson, in Paul's Grundriss, II. Aufl. Scand. Verhältnisse: §§ 64 u. 65.

Hauptstadt Kùka, dem dort eingetroffenen deutschen Reisenden, Gustav Nachtigal[1]), u. a. als Gastgeschenk, 20 dunkel indigogefärbte Tücher (turkedi), um mit denselben seine ersten Haushaltungs-Unkosten zu bestreiten. Denn die Tücher haben ebenso gut, wie der Maria-Theresia-Thaler, auf dem Markte von Kùka ihren festen Kurs. —

Geld = vaðmál

musste festgewebt (þrískeptr), und zwei Ellen breit sein, nach der hier folgenden Bestimmung des Landrechts:

„*Vaðmal skolo ganga j giolld ny ok onoten. þriskept ok tvieln breið*" [2]). D. h. „Vaðmál soll kursieren als Geld, wenn es ist neu und ungebraucht, festgewebt und zwei Ellen breit".

Diese Elle ist die Entfernung, bei einem ausgewachsenen Manne, von seinem Ellenbogen bis zur äussersten Spitze seines längsten Fingers = 48,5 Centimeter. Diese Berechnung der kaufmännisch gebrauchten Elle beruht auf den Untersuchungen von Finsen, Register zu der Grágás (Skálholtsbók) pag. 711, unter „Öln" (sive „alin"), und von Valtýr Guðmundsson, in § 63 der „Scandinavischen Verhältnisse" Pauls Grundriss, Aufl. II. — Dabei darf allerdings nicht verschwiegen werden, dass die Grágás noch von einem anderen, auf Island üblichen, Ellenmasse spricht, nämlich von der „þumalalin" [3]). Dieses ist vermutlich die Länge, genommen von der Achselhöhle bis zur Spitze des Daumens (þumall gen. ls.). Um allen Streitigkeiten hierüber zu begegnen, war das im kaufmännischen Gebrauch übliche Längenmass abgesteckt auf der Wand der Kirche zu Þingvellir. Und alle waren verpflichtet, ihr Ellenmass nach diesem Muster zu berichtigen [4]).

Von diesem so normierten Wollenstoffe hatte ein Stück, von 6 Ellen Länge, den Wert einer Öre, oder 2 Lot reinen Silbers, d. i. 1/8 einer Mark, oder, nach deutscher Währung, 4 Mark 50 Pfennige.

Mit anderen Worten, wenn der Gutsbesitzer aus seinem

---

[1]) G. Nachtigal: Sahara und Sûdàn. Berlin 1879, Band I, pag. 607.
[2]) Grágás II, pag. 246. (LXII.) od. § 246) udg. Finsen.
[3]) eod. loc. II, pag. 192/93.
[4]) Valt. Guðmundsson in Pauls Grundr. § 63 d. Scand. Verhältn.

Rohprodukte Wolle, auf seinem häuslichen Webestuhle, eine Tuchfläche hatte herstellen lassen, von 2,91 Meter Länge, und von 97 Centimeter Breite, so besass er in seiner Kasse unmittelbar einen Geldwert von 4 Mark 50 Pfennig.

„Þat er fiarlag at alþingis male at VI alnir vaðmáls gilldz nytt oc onotit scolo vera i eyre"[1]). D. h. „Dieses ist ein Geldwert nach Alþings-Beschluss, dass sechs Ellen vaðmáls-Handelsware, neu und ungebraucht, sollen gelten = einer Öre".

Dagegen der gestreifte vaðmál war teurer:

„Morendz vaðmáls V alnir fyrir eyre"[1]). D. h. „Von gestreiftem vaðmál haben 5 Ellen den Wert einer Öre".

Und ein grosses Hundert, oder einhundertzwanzig Ellen dieses einfarbigen Wollengewebes, hatte wiederum den Wert einer Normalkuh, oder = 11,15 Mark deutsch. Mit 10 vervielfältigt, nach heutigem Wert = 111 Mark 50 Pfennige. So griffen Viehwirtschaft und Hausindustrie auf das glücklichste in einander, um die Arbeit eines fleissigen und intelligenten Landwirtes damals zu einer sich lohnenden zu machen.

Diese verhältnismässig leichte und zugleich sichere Art, sein Rohprodukt, die Wolle, auf dem eigenen Hofe, durch die billigen Arbeitskräfte seiner eigenen Leute, in Geld umzusetzen, musste die damaligen Wirte anspornen, der Schafzucht ihre besondere Aufmerksamkeit zuzuwenden, die Heerde zu vergrössern, und ihre Pflege zu verbessern. Und es wird uns nun nicht mehr Wunder nehmen, bei einem so weitgereisten und thätigen Manne, wie Óláfr pái es war, auf Hjarðarholt, eine so ansehnliche Schafheerde vorzufinden.

Wenden wir uns jetzt zu dem Nutzen, welchen die geschlachteten Schafe dem Besitzer gewährten.

Dieses Schlachten fand statt zunächst im Herbste, auf dem Winterhofe, wenn die Tiere von den „afréttir" herunterkamen. Es gab dann im Hause viel zu thun, und alle mussten mit angreifen, auch die Gäste. So sitzen auf dem Gute „Hof" die Brüder Þórhallr und Þorvaldr am Herdfeuer, und sengen von den Köpfen der geschlachteten Schafe die Haare herunter, wobei sie scherzend sich zurufen: *„Eigi varði oss þess, þegar*

---

[1]) Grágás II, pag. 192/93.

vér tókum vist með Vígabjarna, at vér myndim svíða hér dilkahöfuð[1]). D. h. „Nicht vermuteten wir, als wir des Kampf-Bjarni Gäste wurden, dass wir hier Schafsköpfe absengen würden". Sodann kurz vor dem Julfeste wiederholte sich dieses Einschlachten noch einmal. Die zu solchem Festbraten bestimmten Tiere brachte man zum zweiten Male hinaus auf die Fettweide, und zwar am liebsten auf die Inseln der Fjorde.

„*Svá var sagt, at Þorbergr sendi Ótrygg heimamann sinn at faera út í eyjar fé þat, er slátra skyldi til jóla*". D. h. „So wird erzählt, dass Þorbergr aussandte seinen Knecht Ótrygg, um die Schafe, welche er zum Julfeste schlachten wollte, auf die Inseln zu bringen"[2]).

Und aus der Grettissaga sehen wir, dass die Bauern rings um den Skagafjörðr, welche sämtlich das Weiderecht auf der von Grettir besetzten Drangey hatten, am 22. Dezember, dorthin fuhren, um sich ihre Schlachtschafe abzuholen.

„*Nú líðr fram at sólhvörfum. Þá bjugguz boendr at soekja slátrfé sitt í eyna*"[3]). D. h. „Nun war die Zeit verflossen bis zum (Winter) solstitium. Da rüsteten sich die Bauern, ihr Schlachtvieh von der Insel abzuholen".

Das Hammelfleisch hatte vor dem Rindfleische voraus den feineren Geschmack, und die leichtere Verdaulichkeit; und wurde sehr geschätzt. Auch war der Ertrag an Talg erheblich. Endlich lieferte das geschlachtete Schaf seine Haut, welche mit und ohne Beibehaltung der Haare, zur Herrichtung der, im vorhergehenden Abschnitte aufgeführten, Lederkleidungsstücke ebenfalls verwandt wurde.

Der Verkaufswert des Schafes war ebenfalls, wie bei Rind und Pferd, gesetzlich festgestellt, indem dessen verschiedene Arten vergleichsweise gemessen wurden an dem Werte einer Normalkuh.

So heisst es im Landrechte[4]):

---

[1]) þáttr af Þorst. Stangarh., pag. 50/51.
[2]) Reykdaela s. Kap. 18.
[3]) Grettis s. Kap. 71.
[4]) Grágás, udg. Finsen § 246 (Bd. II pag. 193). Kjøbenh. 1850.

1. vi. aer við kú .ii. tuévetrar oc iiii. gamlar. oc ale lömb sin oc orotnar loðnar oc lembðar.

2. Aer viii. alsgelldar iii. vetrar oc ellre við kú.

3. viii. gelldingar við kv. ii. vetrir.

4. viii. lambgymbrar oc ale lömb sin. vi. geldingar iii. vetrir við kv.

5. iiii. vetra geldingr oc annar .ii. vetr fyrir aer .ii.

6. Rutr .ii. vetr a gildr.

7. xii. vetr gamlir savþir við kv.

8. Allt þetta fe gillt oc i ullo.

9. Rutr .iii. vetr oc ellri oc forosto gelldingr þat er met fe.

1. Sechs Mutterschafe, nämlich 2 zweijährige weibliche Tiere $+$ 4 älteren (weiblichen Tieren), alle fähig ein Lamm zu nähren, ungeschoren und trächtig, haben den Wert einer Normalkuh.

2. Acht Mutterschafe, nicht trächtig, dreijährig, oder älter, haben den Wert einer Normalkuh.

3. Acht Hämmel, zweijährig, haben den Wert einer Normalkuh.

4. Acht einjährige, weibliche Schafe, sämtlich trächtig; und ebenso sechs dreijährige Hämmel, haben den Wert einer Normalkuh.

5. Ein Hammel, welcher 4 Jahre alt ist $+$ einem zweijährigen Hammel, haben zusammen den Wert von zwei Mutterschafen.

6. Ein zweijähriger Bock $=$ einem Mutterschafe.

7. Zwölf einjährige Hämmel haben den Wert einer Normalkuh.

8. Alle jene oben genannten Tiere im guten (Futter) Zustande und mit der Wolle.

9. Ein dreijähriger, oder älterer Bock und ein Leithammel, das sind (beides) besondere Taxationsgegenstände.

Nach dieser Preistabelle hatten also damals 6 Mutterschafe mit der Wolle, dazu jedes mit seinem Lamme, den

Wert von 11,15 Mark deutsch; heute von 111,50 Mark; und es hatten 8 zweijährige Hämmel gleichfalls den Wert von 111,50 Mark. Demnach preise:
1 Mutterschaf nebst Wolle und Lamm = rund 18,60 Mark,
1 zweijähriger Hammel = rund 14,— Mark,
während Zuchtböcke und Leithämmel besondere Taxationsgegenstände bildeten.

Diese Preise stehen unter dem heutigen Werte gleichartiger Tiere, wenigstens bei uns.

Auch zu Geschenken an Freunde wurden Schafe benutzt. So schenkt, in der bereits im vorhergehenden Abschnitte angezogenen Stelle, der alte Recke Hávarðr[1]), seinem Waffengenossen Steinþórr, ausser 5 Ochsen, auch 30 Hämmel. Und Eyjólfr auf dem Gute Mánahjalli (östlich vom Eyjafjörðr), welcher seinem Nachbarn Bjarni auf Mýri unversehens, beim Pferdekampfe, einen Schlag, mit dem Hetzstabe, auf die Schulter versetzt hatte (ok hraut stafrinn hart af hestinum, ok kom á öxl Bjarna); bietet diesem dafür an ein Sühnegeschenk von 60 Hämmeln; also Tiere im Werte von 840 Mark; eine sehr anständige Summe.

„Nú vil ek", segir hann, „gefa þér sex tigu geldinga til þess, at þú kunnir mik eigi um þetta, ok máttu þá skilja, at ek munda eigi vilja, at svá hefði at borizt"![2])

D. h. „Nun will ich dir schenken", sagte er, „60 Hämmel, damit du nicht unzufrieden mit mir seist. Und sollst du wissen, dass ich das Geschehene sehr bedaure"!

Worauf Bjarni höflich erwidert: „Auch ich war nicht ohne Schuld an dem Vorfalle"! (Bjarni kvaðst þessu litlu síðr valdit hafa.) Es ist angemessen, hervorzuheben den feinen Ton und die ritterliche Art, mit welcher die Nachbaren hier in Wort und That sich auseinandersetzen.

Werden nun den alten Göttern, neben männlichen Pferden und Rindern, auch Schafböcke zum Opfer dargebracht? J. Grimm[3]) spricht es aus, dass das die Gattung bezeichnende Wort „sauðr, gen. ar." abzuleiten sei von dem

---

[1]) Háv. s. Kap. 23. — [2]) Reykdæla s. Kap. 23.
[3]) J. Grimm: Deutsche Mythologie, Göttingen 1835. pag. 31.

gothischen Worte „sauths" = Opfer. Und für Norwegen ist dieser Opferbrauch bezeugt durch eine Stelle der Hákonar-Saga: *„Þar var ok drepinn allskonar smali ok svá hross"*[1]); wo unter smali (oder búsmali = Hausvieh) neben den Rindern allerdings auch Schafe zu verstehen sind.

Indessen auch für Island besitzen wir ein Beispiel für das Widder-Opfer. Höskuldr Þorgeirsson will sich denjenigen Anteil des gemeinschaftlich besessenen goðorðs, welcher dem Arnstein gehört, zueignen, und spricht zu Ófeigr:

„ „Vér skulum rjóða oss í goðablóði at fornum sið" — ok hjó hrút einn, ok kallaði sér goðorð Arnsteins ok rauð hendrnar í blóði hrútsins"[2]). D. h. „Wir wollen uns röten in Gottesblut nach alter Sitte"! — „Darauf schlachtete er einen Schafbock und sprach sich zu den Teil des goðorðs, welcher Arnsteinn gehörte, und besprengte seine Hände mit dem Blute des Widders".

Wir schliessen diesen Abschnitt über die Schafherde mit einem Hinweise auf die staatsbürgerlichen Rechte, welche dem Isländer aus einem gewissen Masse seines Viehbestandes erwuchsen. Solche Rechte fanden ihren Ausdruck in dem Stimmrechte auf den verschieden Þing = Versammlungen, namentlich auf dem Alþing. Und dieses Stimmrecht hing wiederum ab davon, dass man ein „bóndi", d. h. freier Grundbesitzer, war, indem man ein „bú", d. h. einen eigenen Haushalt, oder einen eigenen Bauernhof besass. Was aber unter diesem „bú" zu verstehen ist, definiert die Grágás:

„Þat er bv er maðr hefir málnytan smala" [3]), d. h. „Das ist eine Bauernwirtschaft, wo man besitzt milchgebendes Hausvieh". Unter solch milchgebendem Hausvieh werden aber sowohl Melk-Kühe, wie auch Melk-Schafe verstanden.

Näheres über diese Frage ergiebt die eingehende Untersuchung von Bogi Th. Melsteð „Um alþingi", wo es in neuisländischer Sprache heisst:

„Boendur, er áttu auk búshluta skuldlaust kúgildi fyrir hvert skuldahjón og hest eða uxa að auk, voru skyldir annað-

---

[1]) Saga Hákonar góða. Kap. 16. — [2]) Ljósvetninga s. Kap. 4.
[3]) Grágás I, 136 (§ 81) udg. Finsen.

hvort að soekja alþingi eða gjalda þingfararkaup" [1]). D. h.
„Ein Bauer, welcher besass, ausser seinem Hausrat auf jeden festen Dienstboten oder auch mitarbeitenden Familiengenossen, einen schuldenfreien Kuhwert nebst einem Pferde, oder Ochsen, dieser ist verpflichtet, entweder den Alþing zu besuchen, oder (im Falle des Ausbleibens) zu zahlen den Bussschilling" [2]).

Welch eine musterhafte Gesetzgebung, die auch die Vernachlässigung parlamentarischer Pflichten unter Strafe zu stellen, den Mut hatte.

III.
Der Hirte.

Der Schafhirte nimmt auf einem Islandshofe unter den Dienstleuten eine solche Sonderstellung ein, dass er auch eine besondere Behandlung verdient. Man unterschied Sommer- und Winterschäfer. Zu jenem Dienste, der ungleich leichter war, nahm man jüngere Leute; zu diesem, der schwer und verantwortlich war, nur ältere, robustere und zuverlässige Männer. Jene traten ihren Dienst an nach der Entwöhnung der Lämmer, in den Schlusstagen des Juni, diese in den sogenannten Winternächten (14.—16. Oktober).

Der Schafhirte repräsentirte noch etwas von der Poesie des alten, unendlich freien, umherschweifenden Hirtenlebens, in welcher das Zelt, mit Leichtigkeit abgebrochen, rasch an einer anderen Stelle aufgebaut werden kann, wo eine frische Quelle sprudelt und eine neue Weide grünt. Mit welcher Lust zieht der Beduine noch heute in Afrika von Oase zu Oase, Familie und Hausrat auf einige Kamele verpackt, Rind, Ziege, Esel im Gefolge. — Ich teilte einen Winter mit In-

---

[1]) Um alþingi eptir Boga Th. Melsteð. Pag. 76, in „Þrjár ritgjörðir" af Finni Jónssyni, Valtý Guðmundssyni og Boga Th. Melsteð. Kaupmannahöfn 1892.

[2]) Solche Definition der Staatsangehörigkeit gründet sich auf die Bestimmungen der Grágás § 89 (oder Bd. I. pag. 159) Ausg. Finsen. Dieser Abschnitt beginnt mit den Worten: „þat er maelt, at þa scal bva queðia er fe eigo sva at þeir eigo at giallda þingfarar cavp. etc.

teresse das Leben dieser Leute. Und ein Schèch sagte mir auf meine Frage, ob er nicht ein festes Haus vorziehe, mit verächtlichem Kopfschütteln: „Mein braunes Zelt ist mir lieber"! — „Warum"? — „Das breche ich ab, und ziehe weiter, wie und wo es mir gefällt"!

So verlockend wirkt der Reiz der Ungebundenheit in Raum, Zeit und Gesetz auf den Nomaden.

Victor Hehn charakterisiert sehr treffend die wehmütige Stimmung, unter welcher die fortschreitenden Kulturvölker einst dieser Ungebundenheit entsagten, mit folgenden Worten:

„Die Not musste gross sein, ehe der Hirte sich entschloss, den Weidegrund aufzugraben, Körner hineinzustreuen, deren Wachstum abzuwarten, den Ertrag ein Jahr lang aufzuheben, und so an eine bestimmte Stelle der Welt, wie ein Knecht und ein Gefangener, sich zu fesseln"[1]).

Frei fühlte sich noch der Hirte auf Island, wenn er oben, auf den frischen Bergwiesen, in den stillen Sommertagen, neben seinen Schafen lag, den Rücken an die Felsenwand gelehnt, in der unendlich klaren, mit Sonnenstrahlen durchwobenen Luft, und sein Auge, scharf beobachtend, hinabglitt über die Thäler zu seinen Füssen, um sich dann am fernen Horizonte mit dem Wellenspiel des Meeres zu verlieren. Das gab gedankenvolle Leute mit geschärften Sinnen, und einer gestählten Willenskraft.

Tüchtigkeit wurde von ihnen verlangt. So spricht es Hrafnkell aus, als er den jungen Einarr für diesen Dienst mietet:

„*Hrafnkell kvaðst eigi mann hafa ráðit til smalaferðar, enn lézt mikils viðþurfa*"[2]). D. h. „Hrafnkell spricht: „Noch habe ich den Schäferposten nicht besetzt; aber", setzt er hinzu, „ich bedarf eines tüchtigen Menschen"!

Nachts darf er zwar, wie die anderen Knechte, unter Dach schlafen; aber früh muss er hinaus, und zu seiner Heerde gehen, welche, zusammengedrängt, nach ihrer Art, an einem geschützten Orte des Geländes, die Nacht gelagert hatte.

---

[1]) Victor Hehn: „Kulturpflanzen u. Haustiere. Berl. 1874. pag. 428.
[2]) Hrafnk. s. Kap. 4.

So verlässt der jugendliche Schafhirte des Bolli im Morgengrauu das „Sel", als der Erste von allen Dienstleuten, um thalaufwärts zu seinen Schafen zu gehen, und wird von den zehn Schwertgenossen, welche, im benachbarten Walde lauernd, Bollis Tod planen, abgefangen.

„*Ok aetluðu at bíða þess, er menn faeri frá selinu til verks. Smalamaðr Bolla fór at fé snemma um morgininn uppi í hlíðinni*"[1]). D. h. „Sie beschlossen zu warten, bis die Leute aus dem Sel an ihre Arbeit gingen. Da, ganz früh am Morgen, begab sich Bollis Schafhirte, thalaufwärts schreitend, zu seinem Vieh".

Und als Guðmundr hinn ríki einstmals, noch vor Tagesanbruch auf das Gehöft seines Bruders Einarr nach Þverá kommt, um diesen in einer dringenden Sache zu sprechen, heisst es: „*enn menn váru eigi upp risnir, nema sauðamaðr*"[2]). D. h. „Die Leute waren noch nicht aufgestanden, ausser der Schafhirte"!

Auch die Gesetzgebung bemächtigte sich dieses Gegenstandes, und bestimmte, der Schafhirte müsste, wenn die Sonne mitten im Osten steht (6 Uhr früh), seine Heerde bereits zum Melken zusammengetrieben haben:

„*Enda scal fundit feet er sol kømr í avstr mitt. enn þat heitir hirðis rismal*"[3]). D. h. „Die Schafheerde soll zusammengetrieben sein, wenn die Sonne mitten im Osten steht. Das heisst des Hirten Aufstehezeit".

Und nach Hause, von seiner Arbeit, kommt er erst spät, mit der Abenddämmerung.

Während des langen Tages muss er „*gaeta hins er fundið er*" und „*leita þess er vantar*"[4]), d. h. „hüten das Gefundene, suchen das Verlorene". Denn „*Kvikfé bónda var mjök óspakt um sumarit*", d. h. „die Tiere des Bauern waren sehr wild im Sommer".

Wenn sie anderswoher gekauft sind, so brechen die Schafe leicht aus, und laufen nach ihrem Ursprungsorte zurück.

---

[1]) Laxd. Kap. 55. — [2]) Ljósv. s. Kap. 14.
[3]) Grágás § 175. (B. II, pag. 84) udg. Finsen.
[4]) Hávarð. s. Kap. 4.

„*Þorgeirr keypti at honum fimm tigu ásauðar. Ásauðar
þess naut hann illa, ok gekk brott frá honum*". D. h. „Þorgeirr kaufte von ihm 50 Mutterschafe; doch hatte er von diesen wenig Nutzen, denn sie brachen von ihm aus". Im Herbst erst finden sich 18 Stück davon in der Hürde ihres Ursprungsortes, zu Geirólfseyrr, wieder. „*Enn um haustit fór Þorgeirr sjálfr at leita fjár sins ok fann í kvíum á Geirólfseyri*"[1]).

Oder die Schafe zersprengen sich, bei einem Unwetter, flüchten in die Wälder, und werden erst nach Monaten wieder aufgefunden.

So ging es Ingimundr, dem Alten, auf Hof.

„*Þat sama haust hurfu frá honum sauðir ok fundust um várit í skógum*"[2]). D. h. „Diesen selben Herbst verschwanden ihm Schafe, und fanden sich erst im kommenden Sommer in einem Walde wieder".

Darum durfte sich der Schafhirte, unter Umständen, beritten machen, um auf diese Weise schneller die Heerde umkreisen, und die Flüchtlinge einholen zu können.

So bekommt der uns bereits bekannte junge Schafhirte Einarr von seinem Herrn die Erlaubnis, aus der unter Freyfaxis Führung im Thale weidenden Pferdekoppel, im Bedarfsfalle, jedes Pferd, ausgenommen Freyfaxi, zu besteigen. „*Honum fylgja tólf hross; hvert sem þú vilt hafa þér til þarfa af þeim á nátt eða degi, skulu þau þér til reiðu*"[3]). D. h. „Zwölf Pferde folgen ihm. Jedes von diesen magst du, Nachts, oder am Tage, besteigen. Sie stehen zu deiner Verfügung".

Und in der Njála wird sogar ein „Hirtenpferd" genannt.

„*Gunnarr tók smalahestinn ok lagði á söðul sinn*"[4]). D. h. „Gunnarr griff des Hirten Pferd, und legte ihm seinen Sattel auf".

So überwacht der Schafhirte, oftmals vom Sattel aus, seine Schafe, und ruft ihnen mit einem bekannten pfeifenden Laute.

Das thut Skúta, welcher, um sich unkenntlich zu machen

---

[1]) Fljótsd. s. Viðb. (Droplaugars. s.) Kap. 5. — [2]) Vatnsd. s. Kap. 15.
[3]) Hrafnk. s. Kap. 4. — [4]) Njála. Kap. 54.

vor den Leuten des ihm verfeindeten Glúmr, die Maske eines Schäfers annimmt:

„*tekr af hestinum söðulinn, enn snýr veslinu, ok reið nú at sauðum, ok hóar fast á féit*"[1]). D. h. „Er nimmt dem Pferde den Sattel ab, wendet seinen Mantel um, reitet so auf die Hämmel zu, und stösst laut den Hirtenruf aus".

Dann musste der Hirte oftmals seine Heerde durchzählen, um sich zu vergewissern, dass kein Verlust eingetreten sei. Manche Herren verlangten dieses Abzählen von ihrem Schäfer sogar täglich. So Hánefr, der Bauer auf Óþveginstunga.

„*Þat var siðvandi Hánefs, at hann lét hvern dag ganga í haga til sauða sinna, ok lét telja þá*"[2]). D. h. „Dieses war Sitte bei Hánefr, dass er jeden Tag jemanden zu seinen Hämmeln auf die Bergwiesen sandte, und jene durchzählen liess".

Und der Schäfer Einarr zu Aðalból liegt, während seine Heerde, in der Hürde zusammengetrieben, von den Mägden abgemolken wird, auf dem kvíagarðr, und zählt das ihm anvertraute Vieh durch (ok taldi fé)[3]).

Ungleich schwieriger, als wie des Sommerschäfers Werk, war das des Winterschäfers. Er musste mit seiner Heerde den Schneestürmen Trotz bieten; unter der, mit den Vorderfüssen wegzukratzenden, Schneedecke, wenn irgend möglich, die Gräser ihnen auffinden helfen, über Tag; und dann des Abends in den Stall die Tiere zurückführen, und mit vorgeworfenem Heu sie abfüttern. Nur robuste, zuverlässige und leistungsfähige Leute konnte man zu solch einem Posten brauchen. Zwei solcher Winterschäfer lernen wir in der Grettis-Saga kennen, beide im Dienste desselben Bauern, des Þórhallr auf Þórhallsstaðir im Forsaeludalr.

Als Ersten mietet dieser den Glámr, gelegentlich des Alþings, einen Mann „mikill vexti", d. h. „robust", und: „*hljóðmikill ok dimmraddaðr*", d. h. „begabt mit einer lauten und tiefen Stimme". Die Bedingung ist, dass er Mitte Oktober antreten soll. „*Eptir þat kaupa þeir saman, ok skal Glámr koma at*

---

[1]) Reykdaela s. Kap. 26. — [2]) Reykdaela s. Kap. 4.
[3]) Hrafnk. s. Kap. 6.

vetrnáttum". Und der Mann stellt sich pünktlich ein *„at aðrnefndum tíma kom hann"*; besorgt auch seinen Dienst zur Zufriedenheit. *„Féit stökk allt saman, þegar hann hóaði"*. D. h. „Die Schafe sammelten sich sofort, wenn er den Hirtenruf ausstiess".
Doch am Weihnachtsabend verunglückt der Mann, und kommt nicht heim. Man findet ihn tot, und die Schafe zersprengt.

Im Oktober des nächstfolgenden Jahres tritt der zweite Winterschäfer dort an. Es ist Þorgautr. *„Hann hafði tveggja manna afl"*. D. h. „Zweier Männer Kraft". Ein Ausländer war er, soeben angekommen, und, von Bord des Schiffes weg, eingelaufen in das Húnavatn, — (die seeartig erweiterte Mündung der Vatnsdalsá, im Norden der Insel) — hat Þórhallr ihn gemietet, nicht ohne zuvor die Schwierigkeiten seiner künftigen Stellung ihm mitzuteilen. Aber der Knecht zeigt Mut, und nimmt den Posten an. *„Nú semr þeim vel kaupstefnan, ok skal Þorgautr gaeta sauðfjár at vetri"*. D. h. „Beide schliessen den Vertrag ab, und Þorgautr wird sein Winterschäfer". Früh Morgens, wenn es tagt, führt er die Schafe hinaus, und kommt erst mit der Abenddämmerung heim. *„Því var Þorgautr vanr at koma heim, þá er hálfrökkvat var"*. D. h. „Denn das war Þorgautrs Gewohnheit, heimzukommen mit der Abenddämmerung". — Eines Tages bleibt auch er aus. Man sucht, und findet ihn tot. *„Þar fundu þeir sauðamann, ok var hann brotinn á háls"*[1]. D. h. „Sie fanden den Schäfer mit gebrochenem Halse"! — Sind auch hier Unholde im Spiele, so finden sich doch Züge genug in diesen beiden Darstellungen, welche das Schwere und Verantwortliche in der Arbeit eines Winterschäfers hinlänglich charakterisieren.

Mit der Sonne, kommt dieselbe im Winter auch spät, müssen die Tiere hinaus, unter seiner Führung! Die Hämmel stets, trotz Frost und Sturm! Mutterschafe und Lämmer mit Schonung. Die Zuchtböcke freilich niemals; besonders dieses, um eine zu frühe Begattung im Freien zu verhindern. Der

---

[1] Grettis s. Kap. 32 u. 33.

Schäfer sucht mit den Tieren diejenigen Stellen auf, wo die Schneedecke nicht zu hoch und zu fest liegt, um unter derselben die frischen Gräser erreichen zu können. Gerne wird dabei zwischen den Stämmen eines entlaubten Birkenwaldes Deckung gesucht. Beim Nachhausegehen, Abends, schreitet der Leithammel (forustugeldingr) voran; der Schäfer, mit dem Hund an der Seite, folgt der Heerde zu Fuss nach. — So erreichen sie den Stall.

Die innere Einrichtung des Schafstalles glich der des Pferdestalles, welcher an der betreffenden Stelle bereits beschrieben ist. Durch die Mitte des Raumes läuft, der Länge nach, die Krippe, verbunden mit der Raufe (stallr. gen. s.). Auf ihr, längshin, konnte der Schäfer gehen und das Heu, welches er in seinen Armen fasst, (hneppi, gen. s.) locker hinstreuen. Er holte dasselbe aus der, gemeinhin dicht an den Schafstall grenzenden, Scheune (hlaða, gen. u.). Die Schafe, lose im Stalle umhergehend, drängen sich nun an die lange Raufe, stecken die Köpfe durch die Sprossen, ziehen Heuwische heraus und fressen. Erst, wenn abgefüttert ist, ist des Schäfers Tagewerk geschehen, und er darf ruhen, um am nächsten Morgen früh, mit der Verabreichung des Morgenfutters an die Tiere, sein Werk wiederum zu beginnen.

Diesen Schäferposten versahen ausnahmsweise auch Knaben. Solches finden wir z. B. bei Þorbjörn auf Eyrr, am Arnarfjörðr im Nordwesten Islands. Des Bonden beide Söhne, der 12 jährige Þorsteinn, und der 10 jährige Grímr, müssen ihm Schäferdienste leisten, dazu noch in den beginnenden Wintertagen. Allein ihr Vater, obwohl reich, wird doch charakterisiert als „*eigi mikilmenni at skapi*"[1]), d. h. „von kleinbäuerlicher Gesinnung". Und mit solcher hängt auch wohl die, sonst ungewöhnliche, Einrichtung zusammen, dass Knaben, dazu eines wohlhabenden Hauses Söhne, Schäferdienste thun müssen.

Ebenso ungewöhnlich ist es, wenn Frauen sich mit dieser Arbeit befassen, obwohl es Beispiele auch dafür giebt. So geschah es bei dem Bauern Þórðr im Hundadalr,

---

[1]) Hávarð. s. Kap. 14.

an den Quellen der Miðá gelegen, welche in den Hvammsfjörðr fällt: „*enn kona gaetti fjár þar*"¹).

Und noch auffälliger ist folgende Begebenheit:

Bei dem Ásgeirr, auf dem Hofe Brekka, versieht dessen Ehefrau den Schäferposten. In einer Abzweigung des Svarfaðardalr, an einem stillen Hochlandssee, welcher der schmalen Thalmulde den Namen „Vatnsdalr" giebt²), besitzt der Bauer „selför", d. h. eine Sennhütten-Wirtschaft. „*Hafði kona hans þar umsýslu bús ok smala ferðir*"³). D. h. „Dort hatte sein Weib die Wirtschaftsaufsicht, und versah zugleich den Schäferposten". Und nun kommt das Seltsame! Bei diesem Hütegeschäft wird die Frau, eines Tages, auf freiem Felde, von Zwillingen entbunden, lässt sich aber in ihrer Arbeit dadurch nicht stören, sondern bringt Abends die jungen Knaben, zugleich mit den Schafen, heim, wo ihre Tochter die Säuglinge dann zur weiteren Pflege übernimmt.

„*Sá atburðr varð, at hon varð léttari í smalaferðinni, ok foeddi sveina tvá í Vatnsdalshólum, þeim er Viðihólar heita. Heim kom hon at kveldi með sveinana ok tók Ingveldr dóttir hennar við þeim*". D. h. „Da begab es sich, dass sie während des Schafehütens entbunden wurde, und zwei Knaben zur Welt brachte in den Waldhügeln (Víðihólar), welche einen Teil ausmachen von den Vatnsdalshügeln (Vatnsdalshólar). Abends kam sie mit den männlichen Zwillingen heim, und Ingveldr, ihre Tochter, übernahm dieselben zur weiteren Pflege".

In der That, ein starkes und abgehärtetes Geschlecht!

„Der Schafhirte nimmt auf dem Islandshofe unter den Dienstleuten eine Sonderstellung ein". Mit diesem Satze begannen wir unsere Erörterung.

Indessen, er verdankte eine solche nicht bloss der Schwierigkeit seines Dienstes, und den Wertstücken, welche zur Behütung in seine Hände gelegt waren, sondern vor allem auch dem persönlichen Vertrauen, mit welchem oftmals der Hausherr diesen Dienstboten besonders auszeichnete, und denselben dadurch über die anderen Leute erhob.

---

¹) Laxd. s. Kap. 38. — ²) Kr. Kaalund: „Topographie" B. II, p. 94.
³) Svarfdaela. s. Kap. 14.

Je mehr in der wachsend unruhigen Zeit, bei dem Islandsbonden, bedauerlicher Weise, die Kampfeslust sich mehrte; je mehr sein Hof begann, eher einer bedrohten Festung, als einer in friedlicher Arbeit begriffenen Wirtschaft zu gleichen; um so mehr bedurfte der Hausherr sicherer und schneller Boten, welche ihn über alles benachrichtigten, was auf den Grenzen seines Bezirks sich regte.

Dazu waren diese Schäfer die geeigneten Leute, „fóthvatr", d. h. „schnellfüssig", und „manna skygnastr"[1]), d. h. „sehr scharfsehend". Ihr Standort, auf den Bergfirnen, war zum Auslug wie geschaffen. So dienten sie denn ihren Herren zugleich als Kundschafter.

Dahin geht auch ihre allgemeine Instruktion, wie sie in der Ljósvetningasaga zu lesen ist. Der Häuptling Einarr, auf Þverá, erteilt dieselbe seinem Schäfer in folgender Art: *„Einarr skipaði sauðamanni sínum, at hann skyldi snemma upp rísa hvern dag, ok fylgja sólu meðan haest vaeri sumars; ok þegar er út hallaði á kveldum, skyldi hann halda til stjörnu ok vera úti með sólsetrum — „ok skynja alla hluti þá, er þér bera fyrir augu ok eyru; ok seg mér öll nýnaemi stór ok smá" "*[2]). D. h. „Einar instruierte seinen Schäfer, wie folgt: „Früh sollst du jeden Tag aufstehen, folgend der Sonne, während des Hochsommers. Ist der Tag gesunken, so achte auf die Sterne und sei draussen von Sonnenaufgang bis Sonnenuntergang. Lass nichts unbeachtet, was dir unter Augen und Ohren kommt, und melde mir alles Neue, ob gross, ob klein".

Zu solcher allgemeinen Instruktion gesellten sich oft bestimmt formulierte Aufträge.

So wird zu Álptafjörðr der Winterschäfer Freysteinn von den Þorbrandssöhnen beauftragt, das Thun und Lassen des benachbarten Häuptlings Arnkell zu umspähen. Und in einer Winter-Mondscheinnacht, als Arnkell mit 3 Knechten, 4 Ochsen, 2 Schlitten zu seinem Sel hinauffährt, um Heu zu holen, da eilt der Schäfer, auf Veranlassung seines Herrn, durchquerend den zu Eis gefrorenen Fjord, sofort hin nach Helgafell, weckt dort die Leute auf, und meldet:

---

[1]) Egla, Kap. 83. — [2]) Ljósvetn. s. Kap. 14.

„*Nú er örninn gamli floginn á aezlit á Örlygsstaði*", D. h. „Nun ist der alte Vogel ausgeflogen zur Atzung nach Örlygsstaðir"[1]).

Die schwer beleidigte Auðr, mit ihren Brüdern Herrin auf dem Gute Hóll am Gilsfjörðr, in dem Wunsche sich an ihrem geschiedenen Gatten Þórðr Ingunnarson, jetzt wohnend auf Laugar, zu rächen, zieht ihren Schäfer ins Vertrauen. Die Wiesen der Sennhütten beider benachbarter Güter Hóll und Laugar stossen oben im Gebirge zusammen (háls einn var á milli seljanna). Auðr ist auf ihrem Sel. Es sind die langen Sommertage. — Sie begehrt Nachricht, wie es unten auf dem, ihr feindlichen, Hofe Laugar stehe? Wie stark dort das Leutevolk, und, ob Þórðr unter ihnen? Das alles soll nun ihr Schäfer erkunden!

„*Þú skalt hitta í dag smalamann frá Laugum ok máttu segja mér, hvat manna er at vetrhúsum eða í seli, ok raeð alt vingjarnlega til Þórðar, sem þú átt at gera*". D. h. „Du sollst heute den Schäfer von Laugar zu treffen suchen und mir Nachricht darüber bringen, wieviele Leute dort auf dem Winterhofe sind, und wie viele auf dem Sel? Aber sprich freundlich über Þórðr, wie sich das für dich geziemt"!

Der Schäfer berichtet am Abend: „Fast alle Leute von Laugar sind auf dem Sel; Þórðr aber unten, auf dem Winterhofe, mit nur geringem Volk"!

„*Vel hefir þú njósnat*". D. h. „Gut erkundet"!

Und nun nimmt Auðr auch diesen Schäfer, als Vertrauensmann, mit zu dem nächtlichen Ritt, ihren einzigen Begleiter.

„*Ok haf söðlat hesta tvá er menn fara at sofa*". D. h. „Halte zwei Pferde gesattelt, um die Zeit, wenn man zur Nachtruhe sich legt"! Die Sonne sinkt, und „*sté Auðr á bak. Smalasveinn reið öðrum hesti ok gat varla fylgt henni; sva knúði hon fast reiðina*". D. h. „Auðr steigt in den Sattel. Der junge Hirte reitet das andere Pferd, und kaum vermag er ihr zu folgen, so sehr forcierte sie den Ritt". Hastig galoppieren sie gemeinsam den ca. 12 Kilometer langen Weg hinab, und halten vor dem Schlafhause zu Laugar.

---

[1]) Eyrbygja Kap. 37.

„*Þá sté hon af baki, enn bað smalasveininn gaeta hestanna, meðan hon gengi til húss*"[1]. D. h. „Da sprang sie aus dem Sattel und befahl dem Hirten, die Pferde zu hüten, während sie auf das Haus zuschritt"! Im Bette überfällt und verwundet sie schwer ihren ehemaligen Gatten. Dann entflieht sie, gefolgt von ihrem Begleiter.

„*Síðan gekk Auðr brott ok til hests ok hljóp á bak ok reið heim eftir þat*". D. h. Dann verliess Auðr das Schlafhaus, ging auf das Pferd zu, sprang in den Sattel, und ritt heimwärts, nach vollbrachter That"!

Jófríðr, Þorsteins Gattin auf Borg, am Borgarfjörðr, bedient sich als Vertrauensmannes gleichfalls ihres Hirten, als es sich um die Ausführung eines sehr heiklen Auftrages handelt. Es gilt nämlich, das soeben von ihr geborene Mädchen, dessen Aussetzung der, durch einen Traum erschreckte, Vater auf das strengste befohlen hatte, ganz im Geheimen hinüberzuretten nach Hjarðarholt zu ihrer Schwägerin Þorgerðr. Und sie braucht dazu einen ebenso beherzten, wie verschwiegenen Mann. Das ist ihr Schafhirte Þorvarðr.

„*Enn hér eru þrjár merkr silfrs, er þú skalt hafa at verkkaupi*". D. h. „Hier sind drei Mark Silber; das sei dein Lohn"[2].

Diese drei Beispiele werden genügen, um zu zeigen, wie der Schäfer der Kundschafter, und zugleich der Vertrauensmann auf den Gütern war.

Und er verdiente dieses nach seiner geistigen Begabung, wie nach seiner Treue.

Ein geradezu bestechendes Beispiel für die geistige Begabung solch eines, dazu noch jugendlichen, Mannes, ist der Bericht, welchen der Schäfer auf dem Vorwerke Sarpr, gehörend zu dem Winterhofe Vatnshorn, südöstlich vom Borgarfjörðr, seinem Herrn Helgi Harðbeinsson giebt. Dieser hat die Nacht einen schweren Traum gehabt (*erfitt hafa draumar veitt í nótt*) und ahnt Unheil für den angebrochenen

---

[1] Laxd. s. Kap. 35.
[2] Gunnlaugs s. Kap. 3. Eine anständige Gratifikation! Denn der Betrag bedeutet 1080 Mark in unserem Gelde.

Tag. Nicht ohne Grund. — Denn 10 Schwertgenossen sind aufgebrochen, und lagern im nahen Walde, um Rache an ihm zu nehmen dafür, dass er einst dem Bolli Þorleiksson den Todesstoss gegeben. Nun beauftragt er seinen Hirten, den Wald abzusuchen und Kundschaft zu bringen.

„*Helgi raeddi um morgininn við smalamann sinn, at hann skyldi fara um skóga í nánd selinu ok hyggja at mannaferðum eða hvat hann saei til tiðenda*"[1]). D. h. „Helgi beriet am Morgen mit seinem Schafhirten, dass dieser sollte den Wald durchstreifen, welcher dem Sel nahe lag, und ausspüren der Männer Fahrt, oder was er sonst zu berichten fände".

Nach kurzer Zeit (hann er horfinn um hríð) kommt der Bursche zurück und stattet seinen Bericht ab, indem er von jenen 10 im Walde lagernden Helden, jeden Einzelnen, unter Hervorhebung der ihn charakterisierenden Merkmale in Antlitz, Körperhaltung und Kleidung, derartig genau beschreibt, dass Helgi bei jedem Einzelnen, wenn das Bild, wie mit photographischer Schärfe wiedergegeben, vor ihm steht, ganz überrascht in den Ruf ausbricht: „*Þenna mann kenni ek glögt at frásögn þinni*"! D. h. „Diesen Mann erkenne ich deutlich nach deiner Beschreibung"! — Es ist der und der! —

Der Bericht ist zu lang, um hier vollständig wiedergegeben werden zu können. Allein er ist so charakteristisch, dass er verdient nachgelesen zu werden, entweder in dem Grundtexte des angezogenen Kapitels, oder in meiner deutschen Bearbeitung der Laxdaela-Saga, auf die ich hiermit verweise[2]).

Zu solcher Geistesschärfe gesellte sich bei diesen Leuten in den meisten Fällen auch die treue Anhänglichkeit für ihren Herrn.

Gunnarr auf Hlíðarendi — im Süden der Insel — steht vor seinem Hause, und sieht in wilder Hast den Schäfer auf den Hof zureiten. „Warum eilst du so?"

„*Ek vilda vera þér trúlyndr*". D. h. „Ich will dir treu ergeben sein"! Und nun kommt sein Bericht. „Männer sah

---

[1]) Laxd. s. Kap. 63.
[2]) Kjartan und Gudrun. Jena 1898. II, pag. 134.

ich reiten oben längs des Markarfljót, acht an der Zahl, vier davon in reicher Tracht"! „Das wird Otkell sein"! erwidert Gunnarr.

„Und nun will ich dir berichten, Herr, dass ich oftmals habe harte Worte über dich von Otkell und seinen Leuten vernommen". Es erfolgt nun die Mitteilung dieser Worte.

Gunnarr giebt auf diesen Bericht zwar die etwas kühle Antwort: *„Ekki skulu vit vera orðsjúkir"*, d. h. „nicht wollen wir so empfindlich (wortkrank) sein". Aber, er hält die Nachricht doch für so wichtig, dass er hinzusetzt:

„Enn þat eitt skalt þú vinna heðan i frá, er þú vill"![1]. D. h. „Doch von dieser Stunde an magst du arbeiten, was und wieviel dir beliebt".

So hat denn der Schafhirte, diese so interessante Gestalt auf den Islandshöfen zur Sagazeit, hier ihre besondere Würdigung gefunden. Es schliesst damit zugleich der Abschnitt über die Anzucht und die Pflege des Schafes, unter den Haustieren gewiss das wichtigste im Kreise des Wirtschaftsbetriebes damaliger Zeit.

---

[1]) Nj. Kap. 54.

VI.

DAS KLEINVIEH IM DIENSTE DES ISLÄNDERS.

I.

Ziegen.

Den Schafen an Körpergestalt am nächsten stehend sind die Ziegen. Vermutlich kamen diese Tiere schon mit den ersten arischen Völkerzügen aus Asien nach Europa[1]). Für ihr hohes Alter, wie ihre Bewertung, spricht die häufige Verflechtung ihrer Gestalt in die altgermanischen Mythen und Lieder.

Die Ziege „Heidrun" steht über Walhall und weidet an den Zweigen des vielberühmten Baumes, der „Lärad" genannt wird. Von ihrem Euter fliesst so viel Meth, dass derselbe täglich ein Gefäss füllt, hinreichend ausgiebig, sodass die „Einherier" davon vollauf zu trinken haben[2]).

Die religiöse Vorstellung unserer Ahnen lässt Þór auf einem Wagen, bespannt mit zwei Ziegenböcken, über die Bergspitzen dahinfahren.

> *„Senn voro hafrar*
> *Heim vm reknir,*
> *Scyndir at scavclom*
> *Scyldo vel renna.*
> *Biörg brotnoþo*
> *Brann jörþ loga*
> *Ók Oþins son*
> *Í Jötvnheima"*[3]). D. h.

---

[1]) V. Hehn. pag. 110.
[2]) K. Simrock „Die Edda". Aufl. 10. pag. 274.
[3]) Þryms-Qvida XXI, pag. 191, Pars I. Edda. Hafniae 1787.

„Bald wurden die Böcke vom Berge getrieben
Und vor den gewölbten Wagen geschirrt.
Felsen brachen, Funken stoben,
Da Oddins Sohn reiste gen Riesenheim"[1]).

Und die Nutzung dieses Tieres durch die frühesten Menschen feiern Liederstellen. In dem bescheidenen Haushalte von Þrael und Þýr, den Stammeltern der Unfreien, werden uns Ziegen gezeigt, neben den Schweinen.

„Akra töddv
Unnv at svínvm
Geita gaettv
Grófv torf"[2]). D. h.
„Misteten Äcker, mästeten Schweine,
Hüteten Geissen und gruben Torf"[2]).

Und der Besitz von zwei Ziegen wird genannt als ausreichend für den kleinen Mann, um ihn vor dem Bettelstabe zu schützen.

„Bú er betra
Þótt lítit se
Halr er heima hverr.
Þótt tvaer geitvr eigi
Ok tavg-reptan sal
Þat er þó betra enn baen"[3]). D. h.
„Ein eigen Haus, ob eng, geht vor,
Daheim bist du Herr,
Zwei Ziegen nur und dazu ein Strohdach
Is besser als Betteln"[1]).

Alles dieses beweist, dass seit grauer Zeit die Ziege ein geschätztes Haustier der Germanen gewesen ist.

So befanden sich denn auch Ziegen unter den mitgebrachten Tieren der ersten Landnahmsmänner.

Hallfreðr, der Vater des bekannteren Hrafnkels Freysgoða, wird uns im Besitz von Ziegen gezeigt. Beide gehörten der dritten Gruppe der Landnahmsmänner an, welche in den

---

[1]) Übersetzung nach K. Simrock.
[2]) Rígs-Mál XII., pag. 175, Pars III, Edda, Hafniae 1828.
[3]) Háva-Mál XXXVI., pag. 85, Pars III, Edda, Hafniae 1828.

Jahren 900—920 nach Island kam[1]). Er hatte im Osten der Insel am Lagar-Fljót Fuss gefasst, in einem kleinen Thale, welches von einem später eingetretenen Ereignis den Namen Ziegenthal „Geitadalr" erhielt. Denn eines Nachts erscheint dem Hallfreðr ein Mann im Traum und spricht zu ihm:

„Þar liggr þú, Hallfreðr, ok heldr óvarlegr; faer þú á braut bú þitt ok vestr fyrir Lagarfljót; þar er heill þín öll"[2]). D. h. „Da liegst du, Hallfreðr, und zwar sehr unsicher; verlege deinen Hof auf die Westseite des Lagarfljót; dort blüht dein Glück"!

Hallfreðr folgt. Er packt seine Habe, zieht fort, und gründet, nordwestlich davon, den Hof Hallfreðarstaðir. Aber auf der alten Stelle bleiben, von seinen Heerden, zwei Tiere, eine Ziege und ein Ziegenbock, zurück (enn honum varð þar eftir ein geit ok hafr). Beide Tiere starben noch denselben Tag, erschlagen von einem Bergrutsch, welcher, oben sich ablösend, auf die alte Wohnstatt des Hallfreðar niederstürzt.

Dieselben Tiere begegnen uns in dem Haushalte seines berühmteren Sohnes Hrafnkell. Ihm ist es unverdientermassen schlecht ergangen. Seine Verehrung für Freyr hat ihn zur Tötung des jungen Schäfers Einarr verleitet. Daraus entsteht ein Prozess, dessen Ergebnis ist, dass Hrafnkell am Bettelstabe aus seinem stolzen Hofe Aðalból auswandern muss. Der enttäuschte Mann verlässt das Jökuldalr, die Stätte seiner Feinde und seiner Leiden, und wendet sich nach Osten. Hier am Südende des Lagarfljót, am Saume eines Wäldchens, erwirbt er einen kleinen Hof, muss aber den Kaufschilling schuldig bleiben (þetta land keypti Hrafnkell í skuld). Dort fängt er seine Wirtschaft von Neuem an mit einem nur kleinen Heerdenbestande; schlachtet aber nichts, sondern zieht sorglich auf, und durchwintert „alles", wie der Volksmund sagt „kálf ok kið" (hann dró á vetr kálf ok kið hin fyrstu misseri). Und der Segen folgt seinen fleissigen Händen. Er pflegt die Tiere. Was er dazu erwarb, bleibt am Leben. Und man

---

[1]) Guðbrandr Vigfússon: Um tímatal í Íslendinga sögum. Kaupmannahöfn, 1855. pag. 494.
[2]) Hrafnkels saga. Kap. 1.

konnte, wenn man seine heranwachsende Heerde sah, an das, von den Landwirten damals gerne gebrauchte, Sprichwort denken: „*nálega vaeri tvau höfuð á hverju kykvendi*"![1]) D. h. „Nahezu zwei Köpfe auf jedem lebenden Stück"!

In dieselbe Anfangszeit fällt auch ein Ereignis, sich zutragend auf dem Hofe des Landnahmsmannes Molda-Gnúpr, welcher zusammen mit seinen 4 erwachsenen Söhnen in Grindavík, auf der Südwestspitze der Insel, wirtschaftete. Auch ihr Anfang war nur gering (þeir höfðu fátt kvikfjár)[2]). Da hatte eines Tages der älteste von den Söhnen, Björn, einen seltsamen Traum: „Ein Berggeist träte zu ihm und böte ihm seine Kameradschaft an, welche Björn auch annimmt". Darauf gesellt sich ein Bock zu seinen Ziegen, und diese werfen nun so viele Jungen, dass seine Heerde sich stark vermehrt. Schnell ward er ein wohlhabender Mann. *„Eftir þat kom hafr til geita hans, ok tingaðist þá svo skjótt fé hans, at hann varð skjótt vellauðigr".* Von diesem Traume und dem daran sich knüpfenden Erfolg erhielt er den Namen Hafr-Björn. Solch ein Träumen von den Tieren mag uns auch belehren, wie fleissig jene Leute an ihre Wirtschaft dachten, Tag und Nacht!

Aber nicht bloss in den kleinen Anfängen der ersten Zeit der Besiedelung finden wir Ziegen unter dem Heerdenbestande der Bauern, sondern noch in viel späterer Zeit. Um das Jahr 1000 begiebt es sich, dass Guðmundr, hinn ríki, mit Beschlag belegt das Inventar des Bauern Þórir, der den Beinamen führte „akra-karl", d. h. „Ackersmann". Dieser war angesessen auf einem Hofe im Hörgárdalr, am oberen Laufe der Hörgá, welche in den westlichen Strand des Eyjafjörðr einmündet. Einen Prozess hatte dieser gegen den Guðmundr verloren, und war nun flüchtig geworden. Bei der Durchsuchung seines Gehöftes nach Wertstücken findet sich ein Stall ausserhalb des Tunwalles stehend, aus welchem verdächtiger Dunst aufsteigt. Man öffnet die Stallthüre, und findet darin etwa 30 Ziegenböcke (þá sá hann, at naer þrjátigi hafrar váru þar inni í húsinu)[3]).

---

[1]) Hrafnk. s. Kap. 14. — [2]) Landnáma IV, 12. — [3]) Ljósvetn. s. Kap. 14.

In derselben Gegend am Eyjafjörðr, aber um einige Decennien früher, ereignet sich ein anderer Vorfall, in welchem ein Knabe und ein Ziegenlamm eine Rolle spielen.

Vémundr auf Fell im Reykjadalr verfolgt die beiden Brüder Helgi und Steinn, Söhne des Þórbjörn, auf dem Gute Árskógr. Der Bauer Galti in Arnarnes teilt ihm mit, dass beide abwesend vom Hause sein, und zwar Helgi, in einer Bausache, am Skagafjörðr; Steinn aber auf der Hrísey. Nach dieser Insel hin beschliesst Vémundr die Überfahrt, und borgt dazu Boot und Leute von Galti. Gelandet, trifft er auf der Insel einen Knaben. „Wessen Sohn bist du"? fragte er. „Meiner Mutter Kind"! lautet die Antwort. — „Der Junge hat Witz", denkt Vémundr, und lässt sich mit ihm in ein Gespräch ein.

„Ok nú áttu þeir Vémundr kaup saman ok sveinninn, at Vémundr skal gefa honum höðnukið til þess at hann segi honum, hvárt Steinn ok húskarlar hans liggja at naustinu um nóttina eða heima á baenum. Sveinninn skal gneggja þar á höfðanum um kveldit, ef þeir fara til naustsins, enn fara hvergi, ef þeir vaeri heima"[1]). D. h. „Und nun schlossen Vémundr und der Junge folgendes Abkommen, dass dieser, gegen das Geschenk eines kleinen Ziegenbockes, ihm einen Wink gäbe, ob Steinn und seine Knechte Nachts in der Schiffsscheuer lägen, oder auf dem Hofe? Einen wiehernden Laut ausstossen, vom Vorgebirge aus, sollte der Knabe am Abend, sobald jene zur Schiffsscheuer gingen; aber schweigen, wenn sie auf dem Hofe blieben".

Der Knabe giebt nun das verabredete Zeichen.

Die Ziege ist namentlich für Felsengegenden geschaffen. Hier wird sie robuster und milchreicher, als in der Niederung. Darum hat sie auch auf Island sich behauptet, selbst noch in späterer Zeit, als, namentlich auf den grösseren Gütern, der Schwerpunkt des Betriebes vorherrschend in die Pflege der Schafheerde gelegt wurde. Dazu sprachen noch andere Umstände zu Gunsten des Tieres.

Die Ziege übertrifft das Schaf durch grössere Genügsamkeit im Futter, einen höheren Ertrag an Milch, welche

---

[1]) Reykdaela s. Kap. 13.

fett und gewürzt ist, und eine stärkere Fruchtbarkeit. Sie wirft 2—3 Junge, welche bereits nach 6 Monaten geschlechtsreif sind. Darum ist sie auch das Haustier des kleinen Mannes, obgleich, im geschlachteten Zustande, ihr Fleisch um vieles geringer ausfällt, als das des Schafes. Auf den grösseren Gütern beschränkte man ihre Anzucht in späterer Zeit hauptsächlich wohl auch aus dem Grunde, weil dieses Tier, durch die Neigung, Baumrinden anzunagen, ein Zerstörer der Wälder wird.

Auch Ziegen mussten die Gutsmarke tragen. Ebenso widmet die Grágás, in der uns bereits bekannten Abschätzungstabelle der Haustiere, auch der Ziege einen Abschnitt.

1. Geitr vi. með kiðom oc sva faret sem ám. enn viii. gelldar við kv. þraevetrar eða ellre[1]).

1. Sechs Ziegen mit Lämmern, und zwar in demselben Zustande, wie Mutterschafe[2]); oder acht nicht trächtige (sc. weibliche Ziegen), dreijährig, oder älter, haben (jede Gruppe für sich) den Wert einer Normalkuh.

2. viii. havðnor við kv. oc ale kið sin.

2. Achtjunge Ziegen, welche ihre Lämmer tränken können, haben den Wert einer Normalkuh.

3. viii. ii. vetrir hafrar við kv. oc iiii. kiarn hafrar. oc iiii. algeldir enn vi. þrevetrir við kv. halfir hvárs alsgelldir oc kiringar.

3. Acht zweijährige Böcke, von denen vier sind ungeschnitten, und vier geschnitten; oder sechs dreijährige Böcke, von denen drei sind geschnitten, und drei ungeschnitten, haben (jede Gruppe für sich) den Wert einer Normalkuh.

4. iiii. vetra gamall hafr oc annar ii. vetr fyrir geitr ii.

4. Ein vierjähriger Bock + einem zweijährigen Bocke,

---

[1]) Grágás, udg. Finsen, § 246; od. II. pag. 193 u. 194, Zeile 27 ff.
[2]) Vergleiche Nr. 1 der Werttabelle über Schafe in dem vorhergehenden Abschnitte, pag. 226.

5. Tvevetr hafr við geit.

6. Ef hafrar ero ellre enn nv ero talþir oc er þat met fe.

7. ii. vetrgamlir geitsavðir við geit. hálfir höðnor eða alsgelldingar en hálfir kiarn hafrar. eða graþ hafrar.

haben den Wert von zwei Ziegen.

5. Ein zweijähriger Bock ist gleichwertig einer Ziege.

6. Wenn Zuchtböcke älter sind, als oben angegeben, so bilden sie eine besondere Taxationsware.

7. Zwei einjährige Ziegen haben den Wert einer Normalziege (wie diese unter Nr. 1 qualifiziert ist). Das eine Tier entweder eine junge, weibliche Ziege, oder ein verschnittener Bock; das andere Tier entweder ein älterer verschnittener Bock, oder ein unverschnittener[1]).

Der altnordische Sprachschatz widmet diesem Tiere folgende Bezeichnungen:

Als Sammelbegriffe:
 geitfje, gen. fjár } = Ziegen-Vieh.
 geitsauðr, gen. ar

Als Sonderbegriffe:
 hafr, gen. s. = Ziegenbock.
 kjarnhafr, gen. s.
 kirningr, gen. s. } = ungeschnittener Ziegenbock.
 graðhafr, gen. s.
 geldrhafr, gen s.
 alsgeldrhafr, gen. s. } = geschnittener Ziegenbock.
 geit, gen. ar. = weibliche Ziege.
 hadna, gen. u. = einjährige weibliche Ziege.
 kið, gen. s.
 höðnukið, gen. s. } = Ziegenlamm, geschlechtsunreif.

Auch ein geitar-hús wird uns genannt, wenn auch nur in einer sprichwörtlich angeführten Redensart.

---

[1]) Die Bedeutung von „kjarnhafr" steht lexikalisch nicht ganz fest. Vermutlich ist es ein Ziegenbock, der erst in seinen späteren Jahren kastriert wurde.

Þorbjörn öngull, am Skagafjörðr, in höchster Verlegenheit, wie er den eingedrungenen Grettir von der Drangey entfernen soll, wendet sich, nach Erschöpfung manch anderer Versuche, schliesslich um Rath an seine alte Amme Þuríðr (fjölkunnig mjök ok margkunnig mjök = zauberkundig und verschlagen). Sie nimmt dieses späte Kommen übel, und begrüsst den Eintretenden mit dem spöttischen Worte:

„*Nú þykki mér koma at því, sem maelt er, at margr ferr í geitarhús ullar at biðja*"[1]). D. h. „Bei dir erfüllte sich das Sprichwort, scheint mir: „In den Ziegenstall läuft mancher, um Wolle zu heischen"!

Von der geschlachteten Ziege war, bei minderwertigem Fleisch, doch die Haut, im Altertume, ebenso hoch geschätzt, wie heute.

Im „Ziegenkleide" „geitakyrtill" (tunica e pellibus caprinis)[2]) fährt Snör, die Verlobte Karls auf dessen Hof. Beides sind die Stammeltern von der „Bauern Geschlecht".

Dasselbe Ziegenkleid trägt auch der Berggeist Járngrímr, welcher, hervortretend aus der Bergkluft, dem Flosi im Traume erscheint, um diesem die Namen derjenigen Männer zu nennen, welche der Tod gezeichnet hat, zur Strafe für Njáls Einbrennung.

„*Ok gekk maðr út ór gnúpinum ok var í geitheðni ok hafði járnstaf í hendi*"[3]). D. h. „Es trat ein Mann hervor aus der Bergkluft, gekleidet in ein Gewand aus Ziegenleder, und trug einen Stab von Eisen in seiner Hand".

Auch begegnen wir einem Manne auf der Landstrasse mit Packpferden, der geladen hat „bukka-vara", also vielleicht verarbeitete Ziegenfelle.

„*Í eystra hluta lands fór einn maðr stóran fjallveg; rak hann fyrir sér hest klyfjaðan með bukkavöru*"[4]). D. h. „Im Ostlande zog ein Mann einen steilen Gebirgspfad hinan, er trieb vor sich ein Packpferd, beladen mit Waren, aus Bockshäuten gemacht".

---

[1]) Grettis s. Kap. 80.
[2]) Rígs-Mál, XX, pag. 178. Pars III. Edda, Hafniae 1828.
[3]) Nj. Kap. 133. — [4]) Biskupa s. II, 177.

Der Ziegenbock verbreitet, namentlich zur Brunstzeit, einen sehr durchdringenden, widerlichen Geruch. Das ist wohl der Grund geworden für die Verbindung, in welche man, seit alter Zeit, dieses Tier gesetzt hat mit dämonischen Mächten. Auch in den Islands-Sögur kommt vor die Verwendung von Bocksfellen zu Zwecken der Zauberei.

So schwingt Svanr, um den Þjóstólfr unsichtbar zu machen, gegen den ihn verfolgenden Ósvífr und dessen Leute, ein Ziegenfell über seinem Haupte, und spricht dazu eine Zauberformel.

*„Svanr tók geitskinn eitt ok veifði yfir höfði sér ok maelti: „Verði þoka ok verði skrípi ok undr öllum þeim er eftir þér saekja" "!*¹) D. h. „Svanr griff nach einem Ziegenfelle, schwang es über seinem Haupte und sprach: „Werde Nebel, werde Schrecken, vor allen denen, die dich suchen"!

Dieselbe Geberde des Schwingens eines Ziegenfelles über dem Haupte, wird hervorgehoben bei der Zauberin Katla. Durch dieselbe bewirkt das Weib, dass ihr Sohn Oddr, den sie in den Armen hält und frisiert, von seinem Feinde Arnkell goði, für einen Ziegenbock angesehen wird.

*„Þeir Arnkell hljópu inn í dyrnar, ok sá hvar Katla var, ok lék at hafri sínum, ok jafnaði topp hans ok skegg ok greiddi flóka hans"*²). D. h. „Arnkell und seine Leute traten in die Thüre und sahen, wie Katla dort sass und mit ihrem Ziegenbocke spielte. Sie ringelte ihm Stirnlocke und Bart, und kämmte sein Haar".

Mit dem Zuge dieser Tiergattung ins Dämonische hinein, nach der Auffassung der Menschen, ist es wohl verknüpft, wenn das Wort „geit" gebraucht wird auch in der Bedeutung von „Schuft"; namentlich in der Zusammensetzung mit Personennamen, wie z. B. „Auðunn geit".

„Ásgrímr gaf jarli nafn ok kallaði Auðun geit" ³).

Dieses wären die Beziehungen, unter welchen das Haustier, die Ziege, in den Islands-Sögur uns entgegentritt.

---

¹) Nj. Kap. 12. — ²) Eyrb. Kap. 20.
³) Landn. III. 15.

II.

Schweine.

Zu dem Kleinvieh gehören auch die Schweine, unentbehrlich in dem Haushalte des kleinen Mannes, aber nützlich auch dem Grossgrundbesitzer.

Neben dem Hüten der Geiss wurde auch das Mästen des Schweines als die Arbeit der Unfreien bereits im vorigen Abschnitte genannt (Rígs-mál XII).

Aber auch in der altnordischen Göttergesellschaft findet sich dieses Tier. Freyr besass einen Eber, der „Gullinbursti" hiess. Seine goldenen Borsten machten hell die Nacht, gleich dem Tage. Er rannte mit der Schnelligkeit eines Pferdes, und zog des Gottes Wagen[1]). Von ihm ist die Rede in dem Hyndlu-Liede:

„Du faselst, Hyndla, träumt dir vielleicht?
Dass du sagst, mein Geselle sei mein Mann.
Meinem Eber glühen die goldenen Borsten,
Dem Hildiswin, den herrlich schufen
Die beiden Zwerge Dain und Nabbi".

„Dvlin ertv Hyndla,
Draums aetlig þer,
Er þu queþr ver minn
I valsinni;
Þar er gavlltr glóar
Gullin-bvrsti,
Hildi-svíni,
Er mer hagir gerþv
Dvergar tveir
Dáinn ok Nabbi"[2]).

Am jól-Feste wurde ein gebratener Eber aufgetragen, und der Hausherr, wie seine Gäste, legten der Reihe nach

---

[1]) J. Grimm: Deutsche Mythologie, Göttingen 1835. pag. 139. — Vergl. dazu auch: Wolfgang Golther: Handbuch der germanischen Mythologie, Leipzig 1895. pag. 224.

[2]) Hyndlv-Lióþ, VII., pag. 318—319, Pars I, Edda, Hafniae 1787. Die Übersetzung nach Karl Simrock. Aufl. X. Stuttgart 1896, pag. 119.

ihre Schwurfinger auf sein Haupt, und gelobten für das kommende Jahr eine grosse That.

Der Verflechtung dieses Tieres in die Vorstellung von dem Leben der altnordischen Götter mag man es wohl zuschreiben, wenn eine Vorstellung im Norden lebte, welche die Ausdünstung dieser Tiere als günstig für die Hervorrufung visionärer Zustände der Menschen hielt.

Der Norweger König Hálfdan svarti, Vater des berühmteren Haraldr hárfagri, des Einigers von Norwegen unter einem Gross-Königtume, hatte längere Zeit traumlosen Schlaf. Diesen Zustand hielt der König für krankhaft, und zog zu Rathe den weisen Þorleifr. Dieser empfahl, nach seiner persönlichen Erfahrung, das Schlafen in einem Schweinestalle, als wirksam zur Hervorrufung bedeutsamer, die Zukunft erschliessender, Träume.

„Hann sagði þá hvat hann gerði at, þá er hann forvitnaði nökkurn hlut: at hann fór í svínaból at sofa, ok brásk hánum þá eigi draumr"[1]). D. h. „Er erzählte, was er zu thun pflegte, sobald er Zukünftiges voraus wissen wolle; nämlich, in einem Schweinehause lege er sich zum Schlafen nieder, und niemals bliebe dann der gewünschte Traum aus".

Der König versucht dieses Mittel, mit Erfolg. Es kommt ihm dort jener Traum, welcher unter dem Bilde seiner Haarlocken ihm die Reihe der Nachfolger auf dem Throne Norwegens zeigt, darunter, alle überstrahlend, den Óláfr hinn helgi.

Von Scandinavien aus kam das Schwein nach Island. Einer der ersten Landnahmsmänner war Helgi enn magri, der Schwager der uns, aus dem ersten Abschnitte, bekannt gewordenen Unnr en djúpúðga, welche alles Land am Hvammsfjörðr für sich nahm. Helgi kam nach Island im Jahre 890, lief mit seinen Schiffen ein in den Eyjafjörðr, und warf seine Senksteine aus an dessen Ostküste bei Galtarhamar, dort, wo heute „Svalbarð" steht[1]).

Unter dem mitgebrachten Vieh, welches ausgeladen wurde, befanden sich auch Schweine. Sie entschlüpften, ver-

---

[1]) Fagrskinna, udg. Munch og Unger Christiania 1847. pag. 2.
[2]) Kr. Kaalund: Topographie v. Isl. B. II, pag. 133.

loren sich in den Wäldern; wurden aber nach 3 Jahren, fünf Meilen südlicher, im Sölvadalr, indessen stark vermehrt, wiedergefunden.

"Helgi lendi þá við Galtarhamar; þar skaut hann á land svínum tveimr, ok hét göltrinn Sölvi; þau fundust þrimr vetrum síðar í Sölvadal, ok váru þá saman LXX svína". [1]). D. h. „Helgi landete bei Galtarhamar. Dort setzte er ans Land ein Paar Schweine; Sölvi hiess davon der Eber. Drei Jahre später erst fanden dieselben sich wieder, im Sölvadalr. Sie waren angewachsen auf 70 Stück".

Eine ähnliche Erfahrung macht ein anderer Landnahmsmann, der ebenfalls dieser frühesten Zeit angehört, Ingimundr enn gamli, welcher zwischen 890 und 894 nach Island kam. Er nahm den ganzen mittleren Teil des fruchtbaren Vatnsdalr für sich in Anspruch (Ingimundr nam Vatnsdal allan fyrir ofan Helgavatn ok Urðarvatn). Seinem dort eingerichteten Gute gab er den Namen „Hof", die Stätte vieler interessanter Ereignisse. Von dem aus Norwegen mitgebrachten Vieh, mit welchem er diesen „Hof" besetzte, brachen Schweine aus, welche sich ebenfalls erst nach Jahresfrist, zwar weitabgeirrt, aber doch im besten Futterzustande, wiederfanden.

"Þess er enn getit, að svín hurfu frá Ingimundi ok fundust eigi fyrr enn annat sumar at hausti ok váru þá saman hundrað; þau vóru stygg vorðin; göltr einn mikill ok gamall fylgdi þeim ok var kallaðr Beigaðr. Ingimundr safnar mönnum til at henda svínin, ok kvað svá rétt at maela, at tvau höfuð vaeri á hvívetna. Þeir fóru eftir svínunum, ok ráku at vatni því, er nú er kallat Svínavatn ok vildu kvía þar við, enn göltrinn hljóp á vatnit ok svamm yfir, ok varð svá móðr, at af honum gengu klaufirnar; hann komst á hól einn er nú heitir Beigaðarhóll ok dó þar" [2]).

D. h. „Man erzählt, dass dem Ingimundr Schweine entsprangen, und nicht früher sich wiederfanden, als im nächsten Herbste. Sie hatten sich vermehrt auf 120 Stück. Aber sie

---

[1]) Landnáma III, Kap. 12. Diese starke Vermehrung ist sehr wohl denkbar, da ein Schwein schon mit 10 Monaten zur Fortpflanzung fähig wird, 4 Monate trägt, und nicht selten 10 Junge wirft.

[2]) Vatnsd. s. Kap. 15.

waren wild geworden. Ein grosser und alter Eber, namens Beigaðr, begleitete sie. Ingimundr sammelte Männer, um diese Schweine einzufangen, denn von ihnen gilt das Sprichwort, sagte er: „Zwei Köpfe auf jedem Stück"! — Sie verfolgten die Schweine und trieben sie nach einem See, welcher jetzt „Svínavatn" heisst, und wollten sie dort einfangen; doch der Eber entkam, sprang in den See und durchschwamm· ihn; ward indessen so müde, dass ihm die Hornschuhe abfielen. Er schleppte sich auf einen Hügel, der heute Beigaðarhóll heisst, und verendete dort".

Auch Steinólfr enn lági — der Kleine — der um einige Jahre später, ca. 900, herauskam, bringt sich Schweine mit und macht mit ihnen dieselbe Erfahrung. — Er nahm sich Land auf der Südseite des Breiðifjörðr, da, wo derselbe sich zum Gilsfjörðr verengt. Sein Haupthof war „Fagridalr" = Schönthal, und sein Nebenhof war „Saurbaer" = „Dreckhof", da gelegen, wo heute „Torfnes" steht[1]).

„Steinólfi hurfu svín þrjú; þau fundust tveim vetrum síðar í Svínadal, ok váru þau þá þrír tigir svína"[2]). D. h. „Dem Steinólfr entsprangen 3 Schweine. Zwei Jahre später fanden sie sich wieder im Svínadalr. Sie hatten sich vermehrt auf 30 Stück".

Aus diesen angeführten 3 Stellen ergibt sich der Schluss, dass wohl sämtliche Landnahmsmänner, unter den nach Island mitgebrachten Tieren, auch Zuchtschweine eingeführt haben. Und sodann, dass diese Tiere Klima, wie Nahrung, dort ganz besonders bekömmlich fanden. Das bezeugt die ausserordentliche Vermehrung derselben, im freien Weidezustande. Dieses verdient um so mehr hervorgehoben zu werden, als zur Zeit auf der Insel die Schweinezucht sehr zurückgegangen ist, und nur noch in den wenigen Städten Islands und auf seinen Fischplätzen, dieses Tier gehalten wird[3]).

Ein überaus nützliches Wirtschaftstier ist das Schwein, durch die Spendung seines zarten, wohlschmeckenden Fleisches, wie auch seines Schmalzes, namentlich für den Norden. Wenn

---

[1]) Kr. Kaalund: Topographie. B. I, 497. — [2]) Landnáma II, 21.
[3]) Þorv. Thoroddsen: Lýsing Íslands: Kaupmhf. 1900. pag. 87.

das alte Testament und der Quorân, beide übereinstimmend, den Genuss des Schweinefleisches untersagen, so geschieht dieses doch nur in Rücksicht auf die Wärme des Südens, welche den Genuss fetter Speisen schädlich und widerlich macht. Um so wertvoller aber sind derartige Speisen für den Norden, als Gegengewicht gegen die auf den Körper einwirkende Kälte. Am Rande des Eismeeres könnte man nicht von Datteln und Kamelsmilch leben, wie das bequem in der Sahara geschieht.

Namentlich scheint der Genuss „junger" Schweine auf Island in alter Zeit sehr beliebt gewesen zu sein.

Ein solches greift der junge Þorkell krafla und bereitet daraus, auf freiem Felde, ein Frühstück bei der Gelegenheit, als eine Anzahl von Rekken, Gäste auf dem Hofe des Bonden Klaka-Ormr, im Forsaeludalr, sich erboten hatten, Hämmel und Schweine auf den Bergen ihm zusammentreiben zu helfen, weil der Mann gerade auf seinem Hofe Leutemangel hatte. (Þar var fáment heima, enn starf mikit fyrir höndum, baeði at saekja á fjall sauði ok svín, ok mart annat at gera). Namentlich das Greifen der Schweine dünkte ihnen das mühevollste Geschäft zu sein. (Þat þótti torsóttlegast at eiga við svínin). Als alles glücklich beendigt ist, denkt man ans Essen, bei welchem der junge Þorkell krafla, der in dem Hause Orms als fóstr-sonr lebt, den Wirt macht.

„Mun eigi vel fallit at taka oss grísinn nokkurn til matar"? D. h. „Sollte es uns jetzt nicht behagen, ein Ferkel zu greifen, um es aufzuspeisen"? *„Þorkell tók einn, ok bjó til borðs"*[1]). D. h. „Þorkell griff ein solches, und richtete dann die Mahlzeit her"!

Das Schwein wächst schnell, vermehrt sich rasch durch einen zahlreichen Wurf, und ist sehr mastfähig. Eigenschaften, die seine fleissige Anzucht in alter Zeit sehr erklärlich machen. Doch hat es die üble Eigenschaft, den Erdboden aufzuwühlen, weil zu seinen Lieblingsspeisen Wurzeln gehören. Darum verbot die Grágás den Schweinen das Weiden auf den „afréttir" (Eigi scal suín hafa í afrétt). Und auch die Haus-

---

[1]) Vatnsd. s. Kap. 44.

schweine mussten einen Knopf, oder Ring, im Rüssel tragen (nema tún suín se þat er hringr eða knappr eða við se i rana)[1].
Der altnordische Wortschatz widmet diesem Tiere folgende Bezeichnungen:
Sammelbegriff ist:
svín, gen. s. = Schwein.
túnsvín, gen. s.
töðusvín, gen. s. } = Hausschwein.
Sonderbegriffe sind:
göltr, gen. galtar
galti, gen. a. } = Eber.
sýr, gen. sýr.
gyltr, gen. ar.
gylta, gen. u. } = die Sau.
gríss, gen. gríss. = das Ferkel.
Die zur Zucht gehörende Örtlichkeit heisst:
svínaból, gen. s.
svínahús, gen. s.
svínstí, gen. u. } = Schweinestall.

Um den Marktwert des Schweines zu bestimmen, sagt die Grágás, dass ein zweijähriges, oder älteres Mutterschwein, nebst 9 Ferkeln, gleich sei dem Werte einer Normalkuh, also = 11,15 Mark deutsche Währung. Heute: Mark 111,05. Kein sehr hoher Preis.

„Sýr ii. vetr eþa ellre oc ix. grisir með við kú"[2]).

Trotz seines wirtschaftlichen Nutzens besass das Schwein kein grösseres Ansehen in damaliger Zeit, als wie heute. An seinen Namen knüpften schon unsere Altvorderen Wort und Sprichwort, wenig schmeichelhaft für den Empfänger. So nennt Guðrún Ósvífrsdóttir, im Unmut über ihre schlaffen Brüder, diese als solche Männer, welche ein „Schweinegedächtnis" haben (ok hafa slíkir menn mikit svínsminni)[1]). „Ein Gedächtnis von schwacher Erinnerungskraft"!

Es war an jenem Morgen, als Kjartan Óláfsson durch die Felsenschlucht des Svínadalr herabkommend, nur mit

---

[1]) Grágás § 207, oder II. pag. 121. — udg. Finsen.
[2]) eod. loc. § 246, oder II. pag. 194. — [3]) Laxd. Kap. 48.

Die Arbeit im Schweinestalle ist unziemlich für Edelinge.

2 Knechten an Laugar vorbeireitet, und sie ihre Brüder weckt, demselben, mit dem Schwerte in der Faust, entgegenzutreten.

Auch ist es sicher kein Schmeichelwort, wenn des Landnahmsmannes Eyvindr kné, welcher in der Ísafjarðar-Sýsla alles Land belegte zwischen dem Álftafjörðr und Seyðisfjörðr, Eheweib, Þuríðr, mit dem Beinamen „rymgylta"[1]) (Grunz-Schwein) belegt wird.

Zu diesen Worten kommen Sprichwörter, als:

„*rýta man göltrinn, ef grísinn er drepinn*"[2]). D. h. „Grunzen mag der Eber, wenn das Ferkel geschlachtet ist".

Und das andere:

„*Opt hit sama svín í akri*". D. h. „Oft dasselbe Schwein im Acker (sc.) wühlt"! — Der Sinn ist wohl dieser: „Das Übel in dieser Welt ist unausrottbar"!

Dem entsprechend gilt auch die Arbeit im Schweinestalle als eines freien Mannes nicht würdig.

Der 14jährige Halli Sigmundarson wird von seiner verwittweten Mutter entsandt zu dem Bauern Torfi auf Torfufell, wohnhaft am oberen Laufe der Eyjafjarðará, zu ihrem Verlobten, und des Knaben kommendem Stiefvater. Sein Auftrag ist, unter anderem, ein Ferkel zu holen. Er trifft den Bauern bei der Arbeit und nennt sein Begehr. Dieser sagt „ja!"; doch „geh in den Stall, und greif dir selbst das Tier"!

„*Þat má ek gera; taktu hann sjálfr, ok starfa at honum*".

Darauf giebt Halli ihm die folgende Antwort:

„*Eigi er þat formannligt, at ganga í saur at gyltu gamalli, ókunnum mönnum*". D. h. „Nicht ist es eines Edelmannes Art zu treten in den Schmutz bei einer alten Sau, unter fremden Leuten"!

Torfi tadelt wegen dieser Antwort den 14jährigen Knaben als „ofrhugi"! (der Übermüthige!)

Indessen dieses Mannes Urteil ist von geringem Gewicht für die Auffassung, geltend zu jener Zeit, wenigstens in den vornehmeren Kreisen, da die Saga den Bauern Torfi charak-

---

[1]) Landnáma. II, 29. — [2]) Þórðar s. hreðu 20[13].

terisiert, wohl als „auðigr maðr", aber zugleich „ekki aettstórr"! D. h. „Wohlhabend, aber von gemeiner Herkunft"! Halli mochte, als er seinem künftigen Stiefvater diese Antwort gab, denken an das letzte Wort seines sterbenden Vaters: „ok gaeti hverr sinnar soemdar"! D. h. „Ein jeder hüte seine Ehre"![1])

Sehr bezeichnend nach dieser Richtung hin ist auch ein Gespräch zwischen Glaeðir und Þorgils auf dem Hofe des Klaka-Ormr. Es bezieht sich auf jenen bereits mitgeteilten Vorgang auf dem Felde, und das zu einem Frühstück hergerichtete Ferkel durch den jungen Þorkell krafla.

Glaeðir zieht diese Hilfsleistung Þorkells ins Lächerliche, und spielt dabei sarkastisch an auf die nur halbedle Geburt des Jünglings. Denn Þorkell hatte zwar zum Vater den Häuptling Þorgrímr, aber zur Mutter eine Unfreie; und wurde erst später, wegen seiner ausgezeichneten Eigenschaften, durch den Vater legitimiert. Er starb dann hochangesehen, als „Vatnsdaelagoði", im Jahre 1013.

„*Glaeðir*[2]) *kvaðst hafa ok spurt önnur tíðindi,* — „*enn þat er fjallferð Þorkels kröflu, at hann var valiðr til svínagaezlu; kvað hann þat ok maklegast um ambáttarsoninn, ok kvað hann drepit hafa grísinn þann er drukkit hafði spenann um nóttina áðr, ok legit hjá galta, því at hann kól sem aðra hundtík"*". D. h. „Glädir sagte, auch er wüsste eine Neuigkeit, nämlich die Bergfahrt Þorkels krafla, dass dieser sei beauftragt worden mit der Schweinehut. Und, setzte er hinzu, das sei durchaus passend für den Sohn einer Magd. Er hat ja geschlachtet ein Ferkel, welches in verwichener Nacht gesogen hatte an den Zitzen seiner Mutter und sich geschmiegt an seinen Vater (den Eber); weil ihn fror, wie eine Hündin".

Þorgils verweist ihm diese Rede als einen dummen Schnack, und bekräftigt, dass Þorkell krafla sich stets tadellos benommen habe, sonst, wie jetzt.

„*Þetta er heimsklegt gaman, er þú hefir, ok er svá sagt, at Þorkell hafi svo farit, at þannig sami bezt, baeði þar ok annarstaðar*".

---

[1]) Valla-Ljóts s. Kap. 1. — [2]) Vatnsdaela s. Kap. 44.

Indessen, Glaeðir bleibt dabei: *"Auvirðlega þykki mér honum tekizt hafa"*. D. h. "Ohne Würde erscheint mir sein Benehmen"!
So sehr galt das Hantieren mit Schweinen als ungeziemend für einen Edelmann.
Dass Eber den Göttern zum Opfer geschlachtet worden sind, ist in den Sagas ohne Beleg. Aber in Zauberei sind sie verflochten. In dem zweiten Gudrun-Liede, wo Dietrich und Gudrun einander ihr Leid klagen, spricht diese von dem Trinkhorne, welches Grímhildur ihr gereicht, damit sie des Harms vergässe. Sie zählt auf die Bestandteile des hineingemischten Zaubertrankes. Darunter befindet sich auch:
"Svíns-lifvr soþin
Þviat hon sakar deyfþi" [1]).
D. h. "Gesottene Schweinsleber,
Die den Schmerz betäubt"!

Und die bereits im vorigen Abschnitte genannte Zauberin Katla, welche dort ihren Sohn Oddr in einen Ziegenbock verwandelte, bewirkt zum zweiten Male, als Arnkell ihn suchen kommt, dass jener diesem als ein Eber erscheint.
"En er sén var ferðin, bað Katla Odd ganga með sér; en er þau koma út, gekk hon til öskuhaugs, ok bað Odd leggjaz niðr undir hauginn — "ok ver þar, hvatki sem í geriz" ". D. h. "Als in Sicht kam der Männer Fahrt (Arnkell und Gefolge), forderte Katla den Oddr auf, sie hinaus zu begleiten. Draussen schritt sie auf einen Aschenhaufen zu, und gebot dem Oddr sich an dessen Fuss hinzustrecken, und in dieser Stellung zu verbleiben, was sich auch immer ereignen möge".
Arnkell kommt und durchsucht das Gehöft "úti ok inni" und, als er an jenen Aschenhaufen kommt,
"Sá hann ekki kvikt, utan túngölt einn, er Katla átti, er lá undir haugnum, ok fóru brott eptir þat" [1]). D. h. "Da sah er nichts Lebendes, ausgenommen das Hausschwein der Katla, welches am Aschenhaufen lag. Unverrichteter Sache ritten sie dann fort"!

---

[1]) Qviða Guðrúnar XXIII, pag. 308, Pars II, Edda Saemundar, Havniae 1818. — [2]) Eyrbyggja s. Kap. 20.

Dieses wären die Beziehungen, unter welchen das Haustier „Schwein" in den Islandssögur uns entgegentritt.

III.
Geflügel.

Auch dieses wurde auf den Bauernhöfen Islands zur Sagazeit gehalten. Indessen fliessen die Quellen über diese Gattung von Haustieren noch sparsamer, als über Ziegen und Schweine.

In Bezug auf **Hühner** wird berichtet, dass ein gewisser Þórir neben anderen Wirtschaftsprodukten auch Hühner auf den Wegen des Binnenhandels dort vertrieben habe; und zwar mit dem besten Erfolge. Der Mann wurde dadurch reich, erwarb dann grossen Grundbesitz, blieb aber sein Leben lang ein schäbiger, knurriger, und dazu heimtückischer Mensch. Auch konnte er den Spottnamen „Hoensa-Þórir", der „Hühner-Þórir" nicht los werden.

„Hann lagði þat í vana sinn, at hann fór með sumarkaup sitt heraða í milli, ok seldi þat í öðru, er hann keypti í öðru, ok groeddist honum brátt fé af kaupum sínum. Ok eitt sinn, er Þórir fór sunnan um heiði, hafði hann með sér hoens í för norðr um land, ok seldi þau með öðrum kaupskap, ok því var hann kallaðr Hoensa-Þórir"[1]). D. h. „Er machte das zu seinem Geschäft, dass er des Sommers als Händler reiste hin und her zwischen den Harden, und verkaufte in der einen, was er gekauft hatte in der anderen. Und es erwuchs ihm schnell ein Vermögen aus seinem Handelsgeschäft. Einstmals, als Þórir von den Südlanden her die Heide durchzog nach den Nordlanden hin, führte er mit sich Hühner, welche er samt anderen Handelswaren feilbot. Davon erhielt er den Beinamen Hoensa-Þórir".

Noch eine zweite Stelle, Hühner betreffend, giebt es in den Sagas, die dazu voller Humor ist.

Ein gewisser Þorgils, der früher in Grönland gebaut hatte, und 55 Jahre alt war (þá var Þorgils hálfsextugr) ist

---

[1]) Hoensa-Þ. s. Kap. 1.

seit kurzem mit einer jüngeren Frau vermählt, und sitzt mit ihr vor der Thüre seines Hofes „Traðarholt", in dem Südlande, zwischen der Einmündung der Ölfusá und der Þjórsá, in der Mitte. Die Ehe ist nicht glücklich; namentlich Helga scheint enttäuscht, und sie rächt sich durch Wortkargheit (hon var mjök fálát).

Da entspinnt sich zu des Ehepaares Füssen, auf dem Hofe, der Kampf zwischen einem Hahn und einer Henne.

„*ok hrein haenan við hananum, enn haninn leggr at henni ok berr hana, þartil er hon moedist*"[1]). D. h. „Die Henne schrie (und stellte sich ungebärdig) gegen den Hahn; aber der Hahn warf sich auf die Henne, und schlägt sie, bis sie müde wurde".

Da wandte sich Þorgils an seine junge Frau mit der Frage:

„*Sér þú, Helga, sameign þeira hana ok haenu*"? D. h. „Siehst du, Helga, diesen wechselseitigen Verkehr zwischen Hahn und Henne"?

„„*Hvers er þat vert?*" *segir hon*". D. h. „Wie meinst du das"?

„*Svá má vera*", *segir Þorgils*, „*annarra viðreign*". D. h. „So mag auch auslaufen der Verkehr zwischen Anderen"! giebt Þorgils zurück".

Dieser eheliche Anschauungsunterricht, einem Hühnerkampfe entnommen, scheint gefruchtet zu haben; denn die Saga setzt hinzu:

„*Gerast nú góðar samfarar þeira*". D. h. „Beider Gemeinschaftsleben gestaltete sich fortan zufriedenstellend". Es wurde ihnen dann ein Sohn geboren: „Grímr glömmuðr", d. h. „Grímr mit der hellen Stimme"!

Man sieht, die Hühner sind in beiden Stellen nicht Selbstzweck der Darstellung, sondern nur das Mittel, um Personen in sehr feiner Weise zu charakterisieren. Wir lernen aber daraus, dass Hahn und Henne Hausrecht auf den Islandshöfen besassen; indessen über die Rasse dieser Tiere, sowie über das Eierlegen, das Ausbrüten, Schlachten, Rupfen und den Fleischverbrauch erfahren wir nichts. Wir

---

[1]) Flóamanna s. Kap. 31.

müssen eben schliessen, dass alles dieses damals nicht viel anders, als wie in unseren Tagen, gewesen ist.

Gegenwärtig ist die Hühnerzucht auf Island nicht beträchtlich. Am bedeutendsten noch auf den Strandhöfen, weil sie dort zugleich als Lockvögel gebraucht werden für die Eiderenten, welche sich gerne zu den Hühnern gesellen.

„*Haens eru vidast, einkum í kaupstödum og sumstadar upp til sveita og í varplöndum, því aedarfugl haenist ad þeim*"[1]). D. h. „Hühner giebt es ziemlich oft, besonders in den Städten, einigen Stellen landeinwärts, und dann an den Brutplätzen, weil Eiderenten sich gerne zu Hühnern halten".

Die Terminologie dieses Gegenstandes ist:

    hoens, neut plur. = Hühnervolk.
    hani, gen. a. = der Hahn.
    haena, gen. u. = die Henne.
    kjúklingr, gen. s. = das Küchlein.

Auch **Gänse** werden uns auf den Islandshöfen unter den Haustieren gezeigt, ja sogar einige Zahlen bekommen wir über dieselben zu erfahren.

Der kleine Grettir auf Bjarg, weil 10 Jahre alt geworden, soll nun zur Arbeit erzogen werden. Und der erste Auftrag, von seinem Vater ihm erteilt, ist dieser, er soll die Hausgänse hüten.

„*Þú skalt gaeta heimgása minna*"[2]).

Mit spitzen Reden tritt der kleine Wicht diese Arbeit an.

„*Þaer váru fimmtigir ok med kjúklingar margir*". D. h. „Es waren 50 Stück nebst einer Anzahl Küchlein".

Die Alten waren schwierig zu treiben (bágraekr), und die Jungen konnten nur langsam mit vorwärts kommen, (seinfoerr).

Da wird dem kleinen Querkopf die Sache leid, und die Tiere mussten nun seine üble Laune büssen.

„*Nökkuru sídar fundu förumenn kjúklinga dauda úti ok heimgaess vaengbrotnar*". D. h. „Fahrende Leute fanden später die Küchlein tot auf dem Felde, und die Alten mit

---

[1]) Þorvaldur Thoroddsen: Lýsing Íslands, Kaupmh. 1900, pag. 87.
[2]) Grettis s. Kap. 14.

gebrochenen Flügeln". *„Petta var um haustit"!* D. h. „Dieses trug sich im Herbst zu".

Diese letztere Bemerkung ist in so weit von Interesse für uns, als sie zeigt, dass das Brutgeschäft der Gänse auf den Höfen damals ziemlich spät vor sich ging. Gänse sind in 3 Monaten ausgewachsen, tragen ihr Federkleid, und sind dann keine „kjúklingar" mehr. Treibt der kleine Grettir noch zur Herbstzeit „kjúklinga" auf die Weide, und dazu solche, welche „seinfoerir" waren, d. h. „nur langsam vorwärts kommen konnten", so haben diese erst im August ihre Eierschalen verlassen. Das ist auffallend spät!

Unsere deutsche Hausgans legt ihre Eier im Januar, oder Februar, brütet dann im März. Die Kleinen verlassen ihre Eierschalen im April, sind flügge Ende Juli, und werden essbar im Herbste.

Mit diesem negativen Erfolge endigte die erste Arbeitsleistung des kleinen Grettir.

„*„Ok skaltu eigi lengr af þeim bera"*, *sagði Ásmundr"*.

„„Nicht länger sollst du sie hüten"! dekretierte (der Vater) Ásmundr".

Ein zweites, auch noch nach einer anderen Richtung hin, sehr interessantes Beispiel führt uns ebenfalls 50 Stück Hausgänse auf einem Islandshofe vor.

Es ist zu Kirkjuboe, an der Skaptá, im Süden Islands.

Ögmundr, Häuptling und Besitzer auf diesem Gute, ist verurteilt worden, und demnach flüchtig.

Saemundr auf Svínafell ist sein siegreicher Gegner.

In Selbstvollstreckung des Alþing-Spruches übernimmt dieser die Sequestration des Gutes nebst dessen Inventars. Es erfolgt nun die Teilung zwischen den Interessenten. Zuerst geht ab das Kirchengut. Sodann zieht Steinunn, die Ehefrau des Verurteilten, an sich, erstens ihr eingebrachtes Vermögen, dann die im Verlaufe des Ehestandes seitens des Gatten ihr überwiesenen Geschenke. Endlich der Rest wird geschieden in zwei Hälften. Die Eine fällt zu wiederum der Ehefrau, die Andere fällt zu dem siegreichen Gegner, Saemundr. Dieser letztere Vermögensbestandteil wird uns nun genau aufgerechnet.

Die Quelle sagt[1]):

„*Sekt Ögmundar frettisk af þinginu. En Saemundr ríðr í Kirkjuboe, ok háði féránsdóma eptir Ögmund. Var þá skipt öllu fé því er þar var; fyrst var skipt af staðar-eign, en þá síðan í helminga með þeim hjónum. Tók Steinunn til sín allt þat fé sem hón kallaði sér, ok þar með þat fé sem Ögmundr hafði gefit henni, þvíat Saemundr kvazk vel því trúa sem hón segði*". D. h. „Die Verurteilung Ögmundrs wurde vom Þing bekannt gegeben. Saemundr reitet nach Kirkjuboer und übernimmt das Exekutionsgericht. Das ganze dort vorhandene Vermögen kam zur Teilung. Zuerst wurde ausgeschieden das Kirchengut; dann abgetrennt das gemeinsame Gut der Ehegatten. Steinunn zog davon an sich zunächst ihr Eingebrachtes, dann die Geschenke, seitens des Mannes ihr gemacht. Denn Saemundr erklärte, dass er ihren Angaben Glauben schenke".

Die Begleiter des Saemundr sind allerdings mit der Liberalität dieses Teilungsverfahrens sehr wenig einverstanden.

„*En mjök þótti fylgdarmönnum Saemundar þat í móti skapi, er hann lét þat fé laust*"*!* D. h. „Sehr ging dieses Saemundrs Leuten wider ihren Wunsch, dass er so vieles Gut fahren liess".

Aber die Unzufriedenen werden kurz abgefertigt.

„*En hann kvað þá ekki því ráða skyldu*". D. h. „Er erklärte ihnen, dass sie in dieser Angelegenheit keine Stimme hätten".

Und nun erhalten wir das Verzeichnis von all dem beweglichen Gute, welches Saemundr aus dieser, allerdings sehr liberalen, Teilung auf dem Gute Kirkjuboer an sich zieht, und sodann nach Svínafell, seinem Hofe, heimtreiben lässt.

Wir übergehen die reiche Waffensammlung und die anderen Wertstücke, welche demselben zufallen.

Interesse haben für uns ja hier vor allen Dingen die Viehbestände.

„Es werden aufgerechnet:
Þrjá tigi kúa, ok tólf kúgildi ungra geld-neyta, fjóra

---

[1]) Sturlunga s. Edit. G. Vigfússon, Oxford 1878. pag. 91 u. 92.

arðr-eyxn, hundrat á sauðar, fimm tigir geldinga, sjau tigir vetrgamalla sauða, hross tuttugu, hálfr þriðe tögr svína, fimm tigir heimgása".

D. h. 1. 30 Kühe.
2. Junges, noch nicht melkendes, Rindvieh, im Werte von 12 Normalkühen, also = 1338 Mark Deutsch, nach heutiger Wertung.
3. 4 Pflugochsen.
4. 120 Mutterschafe.
5. 50 Hämmel.
6. 70 einjährige Schafe.
7. 20 Pferde.
8. 25 Schweine.
9. „50 Hausgänse".

Ein wie verhältnismässig kleiner Bruchteil von dem wirklich vorhandenen Inventar-Vermögen dem Saemundr hier zufiel, scheint sich schon zu ergeben aus dem geringen Ansatz von 20 Pferden, wenn man daran erinnert, dass Blundketill auf Örnólfsdalr, ein Mittelbauer, 160 Pferde auf seinem Gute besass. Darum stossen auch die Gefolgsleute Saemundrs, als sie sich anschicken, dieses ihnen schliesslich überwiesene Vieh wegzutreiben, den Kriegsruf aus.

„Þá oeptu þeir upp allir senn fylgdar-menn Saemundar".
D. h. „Da schrieen die Leute Saemundrs auf, alle auf einmal".

Immerhin bestätigt auch dieses Verzeichnis, obgleich es einer etwas späteren Zeit angehört, unsere schon früher ausgesprochene Vermutung, dass das Inventar an lebendem Vieh auf den Islandsgütern, zur Sagazeit, etwa um das Jahr 1000, kein unbedeutendes gewesen sein kann.

Schliesslich vermögen wir noch ein Beispiel dafür anzuführen, dass Gänse auf Island, wenn auch nicht heilig gesprochen (wie im alten Rom, im kapitolinischen Tempel die Schnatterer und Retter in jener Schreckensnacht vor den anstürmenden Kelten)[1], so doch zu den mystischen Werken der Zauberei, und zwar von alten Weibern, verwandt worden sind.

Kormákr, ein Skalde, den ein Missverständnis, in welches die Zauberin Þórveig verwickelt war, abgehalten hatte, seine

---

[1] Th. Mommsen, Röm. Gesch. pag. 336, Bd. I. Aufl. 5. Berlin 1868.

ihm verlobte Braut, Steingerðr, zu ehelichen, ist nun zum Raufbolde geworden. Ihm steht ein Zweikampf bevor mit Þorvarðr, dem Bruder Þorvaldrs. Und dieser ist der gegenwärtige Gatte seiner früheren Braut.

In dieser Lage besucht er die Þórdís spákona. Sie soll durch Zauberei ihn feien wider des Gegners Schwert. Und die Hilfe wird ihm zugesagt.

„*Ok mun ek þá fá svá gert, at þik bíti ok eigi járn*". D. h. „Ich werde es auch wohl so einrichten können, dass dich kein Eisen beisst".

Kormákr nächtigt bei der Alten.

Aus dem Schlafe weckt ihn eine über seine Bettdecke hinhuschende Bewegung. Er springt aus dem Bette, eilt dem Schatten nach, und öffnet die Thür. Da sieht er Þórdís sitzen, mit einer Gans in den Händen.

„Was soll das"? fragt er.

Sie lässt die Gans zur Erde gleiten und spricht: „Warum schläfst du nicht"? — Er geht wieder zu Bette, hält sich aber wach, um zu beobachten, was geschieht. Und, als er wiederum hinausschaut, hat die Zauberin bereits zwei Gänse geschlachtet, deren Blut in einen Kessel gesammelt ist. Und nun ergreift sie soeben die dritte Gans, willens auch sie abzustechen.

„*Hvat skal þessu starfi, fóstra?*" D. h. „Was soll diese Arbeit, Mütterchen"? „Þórdís maelti":

„*Þat mun þó sannast Kormákr, at þér mun í síðra lagi mega at duga; hafða ek nú aetlat at fyrirkoma þeim óskópum er Þórveig hafði á lagt ykkr Steingerði ok maettið nú njótast ef ek skaera hina þriðju gásina svá at engi vissi*"[1]). D. h. „Das ist nun doch nur zu gewiss, Kormákr, dass man dir nur spät helfen kann. Es war mein Plan den Zauberbann, welchen Þórveig auf euch beide, dich und Steingerðr, gelegt hat, zu entkräften, damit ihr noch einmal einander geniessen könnt, wenn ich geschlachtet hätte die dritte Gans, ohne dass es jemand wüsste"!

„Aber nun hast du mich gestört"!

Eine Preistabelle für Geflügel findet sich nicht in der

---

[1]) Kormáks s. Kap. 22.

Grágás, doch war eine Kennzeichnung mit der Hausmarke durch das Landrecht vorgeschrieben. Diese Marke musste zwischen den Zehen der Tiere angebracht werden.
„*Navt oc savðe oc svín scal maðr marka a eyrom enn fogla scal marka a fitiom*"[1]).
Die Terminologie, diese Tiere betreffend, ist folgende:

gás, gen. gásar
heimgás, gen. gásar } = die Hausgans.
gassi, gen. a. = der Gänserich.
gás, gen. ar. = die Gans.
kjúklingr, gen. s.
gaeslingr, gen. s. } = Gänseküchlein.

Auch die der Gans nahe verwandte Ente (önd, gen. andar) befand sich unter den Haustieren auf Island. Dafür spricht eine Stelle aus der Egla, wo Enteneier erwähnt werden, welche der kleine dreijährige Egill als Dichterlohn für eine bei einem Gastmahle improvisierte Scalden-Strophe erhält.

Im Frühlinge ladet Yngvarr auf Álftanes den Skallagrímr und seine Hausgenossen zu einem Feste. Und dieser rüstet sich, mit 14 Personen, zur Fahrt. Als der Aufbruch naht, bittet der kleine 3 jährige Egill um die Erlaubnis der Mitreise. Ihm wird vom Vater bedeutet, dass er zu klein sei, um mitgenommen zu werden. Nachdem der Zug den Hof verlassen hat, greift sich indessen der Knabe selbständig ein zahmes Zugpferd (eykhestr) und reitet jenen nach, indem er den zwei Meilen langen Weg von Borg nach Álftanes, welcher dazu noch über einen Fluss, die Langá, führt, ohne jede Begleitung zurücklegt. Erst am Abend kommt der waghalsige Kleine in Yngvars Hause an (þá er menn sátu þar at drykkju). Freundlich wird er von dem Hausherrn empfangen, der ihn neben sich auf den Hochsitz nimmt. Auch der Vater tadelt ihn nicht. Damals gehörte es mit zur Fröhlichkeit beim Gelage, dass die Anwesenden, der Reihe nach, Dichterstrophen vortrugen (þat var þar haft at ölteiti, at menn kváðu vísur). Und nun erhebt auch der kleine Egill seine Stimme, und

---

[1]) Grágás § 225; od. II, pag. 155. udg. Finsen.

giebt ein 8zeiliges, selbstverfertigtes, Lied zum Besten, in welchem er sich selbst als 3jährig (trévetran) bekennt. Dafür erhält er nun vom Hausherrn den oben bezeichneten Dichterlohn.

„Yngvarr helt upp vísu þeiri ok þakkaði vel Agli vísuna, enn um daginn eftir þá faerði Yngvarr Agli at skáldskaparlaunum kúfunga þrjá ok andaregg"[1]). D. h. „Yngvarr merkte sich diesen Vers (eig. bewahrte ihn sich auf) und dankte Egill dafür. Aber am Tage darauf überreichte er demselben als Dichterlohn drei Schnecken und Enteneier". Auch heute sind zahme Hausenten neben Gänsen auf Island zu finden, nach Thoroddsen, loc. cit.

„Endur og gaesir hafa menn á einstaka stað". D. h. „Enten und Gänse hat man an einzelnen Stellen".

---

[1]) Egla. Kap. 31.

VII.
GESELLSCHAFTSTIERE IM BESITZE DES ISLÄNDERS.

Es gilt nun noch, einen Blick zu werfen auf diejenigen Haustiere des Isländers zur klassischen Sagazeit, welche mehr durch die nützlichen Instinkte ihrer Beanlagung, als durch die Nutzen bringenden Gaben ihres Leibes seine Schätzung sich erwarben.

Wir handeln zum Schlusse noch von den Hunden, den Katzen und den Hausbären.

I.
Der Hund.

Er ist unter den Tieren wohl der älteste Begleiter des Menschen; von allen Kreaturen wohl die erste, welche er an seine Person gewöhnt hat[1]). Aus Asien wanderte der Hund mit dem Menschen nach Europa ein; und später nach Island kam er bei dessen Besiedelung, nebst den anderen Haustieren, also hauptsächlich wohl, gleich diesen, aus Norwegen. Doch werden uns in den Sagas auch Hunde, irischen Ursprungs, genannt.

In eine wie ferne Zeit für Skandinavien der Hund, in seiner Eigenschaft als Haustier zurückreicht, beweist der Umstand, dass man in den „Muschelhaufen" zahlreiche Knochen, herstammend von Hunden, aufgefunden hat. Sie haben also bereits die Speiseplätze jener ersten Ansiedler in zutraulicher Weise umkreist[2]).

---

[1]) Victor Hehn: Kulturpflanzen und Haustiere im Übergang aus Asien nach Europa. Berlin 1874, pag. 374.
[2]) Sophus Müller: Nordische Altertumskunde, übers. v. Jiriczek, Strassburg 1897. Bd. I, pag. 9.

VII. Gesellschaftstiere im Besitze des Isländers.

Besitzen alle Tiere, wenn auch graduell verschieden, Gaben des Verstandes, weil sie Objekte, die auf ihren Leib einwirken, zu erkennen vermögen; so ist von diesen Verstandesgaben wohl dem Hunde, nächst dem Pferde, der grössere Anteil durch des Schöpfers Huld zugefallen. Der Hund ist überaus dressurfähig, und zeichnet sich aus durch Folgsamkeit, Anhänglichkeit und Treue; durch ein lebendiges Erinnerungsvermögen, und durch Wachsamkeit. Wer denkt nicht hier an „Argos", den treuen Hund des Odysseus, welcher, vor allen Anderen, seinen alten Herrn, nach zwanzigjähriger Abwesenheit, auf Ithaka sofort wiedererkennt, und dann zu seinen Füssen sich hinschlept, niederfällt, und stirbt[1]).

In Norwegen standen die Hunde in hohen Ehren.

Zu König Óláfr Tryggvasons Zeit gab es dort vier merkwürdige Dinge: allen voran den König selbst, dann seine Gemahlin, die Königin Þyri; zu dritt sein Schlachtschiff, den langen Ormr, und zu viert seinen Hund Vígi, der seines Herrn frühen Tod nicht überleben wollte, sondern sich selbst zu Tode hungerte.

Edelknaben versahen in Norwegen das Amt, die Hunde eines vornehmen Hauses zu pflegen (hundasveinar).

Óspakr und Ósvífr, Neffen (systursynir) des königlichen Hofmarschalls (stallari) Úlfr, haben in einem Boot junge Hunde irgendwo abgeholt, und kommen auf dieser Fahrt, bei starkem Sturm aus Norden her, in nicht geringe Not. Ein mit vollem Winde herabsegelnder Islandsfahrer (sigldu suðr síðan ok höfðu byr hvassan) bemerkt ihre Gefahr, und der Schiffseigner Þorvarðr besteht darauf, im Widerspruch mit seinem Partner Kálfr, die Knaben zu retten. Ein Boot wird ausgesetzt, und kommt gerade zur Stelle, als das Fahrzeug der kleinen Reisenden fast vollgeschlagen ist (ok var þá skip sveinanna fult). Sie werden gerettet, und mit ihnen zwei junge Hunde, welche sie in ihren Armen halten. Auf dem Kaufmannsschiffe geborgen, werden sie nun von ihrem Retter Þorvarðr nach Herkunft und Namen gefragt. Und sie stellen sich vor also:

---

[1]) Odyssee, Buch 17, Vers 327.

„*Vit erum hundasveinar Úlfs stallara, systursynir hans, ok aetluðum heim eftir þeim*" *(sc. hundunum)*[1]. D. h. „Wir sind die Hundejungen Úlfs, des Hofmarschalls, und hatten den Auftrag diese Hunde zu holen"!

Auf die weitere Frage Þorvarðrs, welcher von den isländischen Recken am Hofe des Königs, zur Zeit, am meisten gelte, wissen sie auch guten Bescheid zu geben.

Diese norwegischen Hunde waren gross, hatten einen stark entwickelten Kopf, waren langhaarig, und besassen einen grauen Pelz. Ihre Rasse nannte man die Dahlborasse, hergeleitet von Dahlsland, ihrem vermuteten Ursprungsorte. Es war das ein Distrikt im mittleren Schweden, sich anlehnend an die norwegische Grenze.

Diese Rasse soll sich noch erhalten haben bis auf unsere Tage; und zwar in den bekannten, grossen, gelehrigen und treuen Hunden des Klosters zu St. Bernhard.

Denn die Letzteren, so nimmt man an, stammen ab von den jene, nach Süden vordringenden, Kimbern begleitenden Hunden, welche, als die Wächter der Wagenburgen ihrer Herren, im Kampfe gegen die Römer, einen guten Namen sich gemacht haben.

Die Dahlbo-Hunde werden in der That zu Kampfhunden (*víghundar*) ausgebildet, und stehen ihren Herren, als Gehülfen, im Streite bei[2].

Hunde dieser Art, in Norwegen so beliebt, wie verbreitet, mögen es auch gewesen sein, welche von den Landnahmsmännern nach Island eingeführt wurden.

Bissig waren sie ganz gewiss. Denn die Grágás findet es für erforderlich, den Hunden (*ólmr hundr* = wütender Hund) ein langes Kapitel zu widmen. Darin heisst es unter anderem: „Die Hunde sollen an einer kurzen Kette liegen"!

„*Eigi scal hundr lengra bundinn vera enn .ii. álna se a medal stavrs oc haelsis*". D. h. „Nicht länger soll die Hundekette sein, als zwei Ellen, gemessen zwischen Rammpfahl und Halsband".

---

[1] Ljósvetn. s. Kap. 29. — [2] Axel Holmberg: Nordbon under Hednatiden. Stockholm 1852, pag. 99 ff.

Für ihren Biss ist der Hundebesitzer verantwortlich, und es tritt, ist die Verwundung an einem Menschen geschehen, ja nach dem Grade der Verletzung Strafe ein, anhebend von 3 Mark bis zur Friedlosigkeit; ist die Verwundung aber an einem Stück Vieh geschehen, so wird dem Eigner des Hundes auferlegt der volle Schadenersatz[1]).

In den Sagas werden uns einige Hunde mit Namen genannt.

Flóki ist ein treuer Wächter auf dem Gute Gautlönd, und bewacht nicht bloss seinen eignen Herrn „Gautr" ausgezeichnet, sondern wird auch der Retter eines Gutsnachbaren, des Skúta, auf Skútustaðir, aus schwerer Gefahr. Denn des Hundes Wachsamkeit vereitelt den Anschlag Glúms auf des Skúta Leben[2]).

Der Spürhund (spor-hundr) des Vémundr, auf dem Gute „Fell" im Reykjadalr, hilft seinem Herrn, durchquerend die Schneefelder, aufzusuchen die Spur von zwei sechsjährigen, roten Ochsen, welche Nachts aus seinem Stalle verschwunden waren[3]).

Und der treue Hund „Sámr" von dem später noch ausführlicher die Rede sein wird, liegt oben auf dem Dach des Gutshauses zu Hlíðarendi (ok lá rakkinn á húsum uppi) und bewacht, von dort aus, Leben und Eigentum seines Herrn, Gunnarr.

Trotz ihrer Stärke finden aber die Islandshunde noch einen Stärkeren in dem Adler.

Ein grosser Jagdhund (dýrhundr mikill) sieht oben in der Luft einen Adler fliegen, und folgt, laut bellend, dessen Spur. — Der Adler aber nimmt diese Begleitung übel, stürzt sich hinab auf den Hund, packt ihn mit seinen Klauen, trägt ihn über den Fjord und verschwindet dort hinter den Bergen. Der Knecht Egill sieht diesen Vorgang, zunächst allerdings als eine Vision. Es ist jedoch anzunehmen, dass dieses Bild, in seiner Vorstellung, an ein wirklich gehabtes Erlebnis anknüpft.

---

[1]) Grágás. § 241, oder II pag. 187 u. 188; udg. Finsen.
[2]) Reykd. s. Kap. 24. — [3]) Reykd. s. Kap. 11.

„Dýrhundr mikill fór með Agli; örninn lagðiz at hundinum ok tók hann í kloer sér, ok fló vestr aptr yfir fjörðinn ok hvarf þar undir fjallit" [1]).

Man begreift, dass gleich, wie andere Haustiere als „gripir" zu Geschenken an Freunde benutzt wurden, diese Ehre ganz besonders auch erprobten Hunden zu Teil wurde. Björn Arngeirsson kommt von langen Reisen aus Garðaríki (Russland) zurück, und besucht auf dem Gute Borg seinen fóstr-faðir „Skúli" [2]), einen Urenkel des alten Skallagrímr. Als Begrüssungsgeschenk wird ihm überreicht ein Hund, den er, seiner guten Eigenschaften wegen, sich schon früher einmal gewünscht hatte. Leider wird uns der Name dieses Tieres, in der Saga nur mit einem Buchstaben V angedeutet.

„Birni var vel fagnat, er hann kom heim. Fóstri hans gaf honum hundinn V . . . . . ., þvíat honum hafði þótt hann góðr fyrr" [3]). D. h. „Björn ward, heimgekehrt, freundlich empfangen. Sein Pflegevater schenkte ihm den Hund V., weil er an demselben schon früher Gefallen gefunden hatte".

Und Óláfr pái schenkt seinem Freunde Gunnarr den Hund Sámr, welchen er sich einst mitgebracht hatte, aus Irland, von seiner Besuchsreise, bei dem Grossvater, dem Iren-Könige, Mýrkjartan.

Gleichwohl fand die Liebe des Isländers zu Hunden ihre Beschränkung in der guten Sitte. So galt es z. B. für durchaus unschicklich, einen Hund mit an den Tisch zu bringen, und dort, von den aufgetragenen Speisen, denselben zu füttern, besonders wenn man selbst Gast in einem Hause war.

Diesen Verstoss begeht Björn, der seinen von Skúli ihm geschenkten Hund, später, als Wintergast, in Hítarnes an den Tisch nimmt, was dort sogar den Anlass zur Änderung der Speisen-Verteilung giebt. Auf diese Stelle [4]) wurde bereits hingewiesen in dem Kapitel über die Dienstleute.

Und in sprüchwörtlichen Redewendungen wurde der Hund auch dort gebraucht, geradeso wie bei uns heute, zum

---

[1]) Eyrb. Kap. 43,¹⁰.
[2]) Björn kehrt nach Island zurück 1019; Skúli dagegen stirbt, erst 1040. cf. Guðbrandr Vigfússon: „Um Tímatal", pag. 458.
[3]) Bjarnar s. Kap. 10. — [4]) Bjarnar s. Kap. 13.

Ausdruck des Niedrigen, welchem ein gelegentlicher Fusstritt verdiente Abfertigung ist. Solche Redewendung braucht Óláfr pái gegen den víkingr Geirmundr gnýr, welcher in Hörðaland, als ein ungebetener Gast, sich zur Mitreise nach Island ihm aufgedrängt hatte.

„*Eigi mundir þú fara á mínu skipi, ef ek hefða fyrr vitat, því at vera aetla ek þá munu nökkura á Íslandi, at betr gegndi, at þik saei aldri. En nú er þú ert hér kominn við svá mikit fé, þá nenni ek eigi at reka þik aftr sem búrakka*"[1]). D. h. „Nicht hätte ich deine Mitfahrt erlaubt, hätte ich sie zuvor gewusst; denn ich fürchte, in Island giebt es Leute, von denen es besser wäre, sie hätten dich niemals gesehen. Doch jetzt, da mit so vielem Gepäck du dich eingestellt hast, will ich dich nicht, wie einen „Hofhund", wegjagen".

Die Terminologie, den Hund betreffend, lautet:

hundr, gen. s.	} = Hund.
rakki, gen. a.	
dýrhundr, gen. s.	} = Jagdhund.
sporhundr, gen. s.	
tík, gen. ar.	} = Hündin.
hundtík, gen. ar.	
hjarðtík[2]), gen. ar.	= Hirtenhund.
hvelpr, gen. s.	= junger Hund[3]).

Der grossen Schönheit wegen soll hier, zum Schlusse dieses Abschnittes, noch mitgeteilt werden, in längerer Ausführlichkeit, die Erzählung, betreffend den wackeren Hund „Sámr".

Óláfr pái spricht bei Überreichung dieses Geschenkes an Gunnarr folgende Worte:

„*Ek vil gefa þér þrjá gripi: gullhring ok skikkju, er átt hefir Mýrkjartan Írakonungr, ok hund, er mér var gefinn á*

---

[1]) Laxd. Kap. 29,¹².

[2]) Den Beleg für „hjarðtík" siehe am Schlusse des Buches, in der dort cit. Stelle: Egla, Kap. 57.

[3]) Nj. Kap. 92. „Tekit hefi ek hér hvelpa tvá — eða hvat skal við gera?"

Írlandi. Hann er mikill, ok eigi verri til fylgdar enn röskr maðr. Þat fylgir ok, at hann hefir manns vit. Hann mun ok geyja at hverjum manni þeim er hann veit at óvinr þinn er, enn aldri at vinum þínum; því at hann sér á hverjum manni, hvárt til þín er vel eða illa. Hann mun ok líf á leggja at vera þér trúr. Þessi hundr heitir Sámr" [1]). D. h. „Drei Wertstücke will ich dir geben: Einen Goldring und ein Überkleid, welches der Irenkönig Mýrkjartan besessen hat, dazu einen Hund, ebenfalls in Irland mir verehrt. Dieser ist gross, und in der Begleitung nicht schlechter, als ein rüstiger Mann. Dazu hat er Menschenverstand. Er wird jeden anbellen, welchen er als deinen Feind erkennt, niemals aber deinen Freund; denn er sieht es jedem an, ob er dir wohlgesinnt ist, oder übel. Seine Treue zu dir wird er durch Einsetzung seines Lebens beweisen. Sein Name ist „Sámr" ".

Nach diesen Begleitworten wandte sich Óláfr an den Hund, und befahl ihm: *„Nú skalt þú Gunnari fylgja ok vera honum slíkr sem þú mátt"!* D. h. „Nun sollst du dem Gunnarr folgen und dich gegen ihn auf das Beste betragen". Und sofort ging der Hund, und legte sich zu Gunnars Füssen.

Der Hund starb dann für seinen neuen Herrn auch den Heldentod.

Gunnars Feinde, wohl wissend, dass, solange Sámr lebt, sie dem Gunnarr nichts würden anthun können, gebrauchen eine schändliche List. Sie überfallen Gunnars Nachbarn Þorkell, setzen ihm den Stahl auf die Brust, und zwingen ihn so zu dieser Wahl, entweder sofort zu sterben, oder den Hund Sámr, welcher ihn als guten Nachbarn kennt, an sich zu locken, und damit unschädlich zu machen. Gezwungen wählt er das Letztere.

„Þorkell búandi gekk heim á baeinn — ok lá rakkinn á húsum uppi, — ok teygir hann rakkann á braut í traðirnar með sér" [2]). D. h. „Der Bauer Þorkell begiebt sich auf den Hof, (der Hund lag oben auf dem Hausdache) und lockt ihn an sich auf den eingehegten Weg, welcher durch das tún läuft".

---

[1]) Nj. Kap. 70. — [2]) Nj. Kap. 76.

Der Hund springt, freundlich wedelnd, hinab. Doch, in demselben Augenblicke, bemerkt er die anderen Männer, und ändert sofort seine Haltung.

„*Í því sér hundrinn, at þar eru menn fyrir, ok hleypr á hann Þorkel upp ok grípr nárann ok rífr þar á hol*". D. h. „In dem Augenblicke sieht der Hund die anderen Männer, springt an Þorkell in die Höhe, packt ihm in die Weichen, und beisst durch (sie zerfleischend)".

„*Önundr ór Trollaskógi hjó með öxi í höfuð hundinum svá at alt kom í heilann. Hundrinn kvað við hátt, svá at þat þótti þeim með ódoemum miklum vera, ok fell hann dauðr niðr*". D. h. „Önundr aus Tröllaskógr hieb seine Axt in des Hundes Kopf, tief ins Gehirn. Der Hund stiess ein Geheul aus, ohne Beispiel, und stürzte dann tot zusammen".

„*Gunnarr vaknaði í skálanum ok maelti: Sárt ert þú leikinn, Sámr fóstri — ok búð svá sé til aetlat at skamt skyli okkar í meðal*"[1]). D. h. „Gunnarr erwachte im Schlafhause und rief: „Schmerzlich ist dir mitgespielt, Sámr, mein Liebling, und vielleicht ist es bestimmt, dass zwischen uns beiden nur kurz die Trennung sein wird".

Das heisst: „Mein Tod wird nun dem deinigen schnell auf dem Fusse nachfolgen". So geschah es auch!

II.

Die Katze.

köttr, gen. kattar, plur. kettir.

Wo der Hund lebt, fehlt auch selten die Katze; zwei erbitterte Feinde, und doch um ihres Nutzens willen nebeneinander in den Häusern gehalten und gepflegt, und auf diese Weise genötigt, sich notgedrungen zu vertragen.

Hängt der Hund der Person seines Herrn an und verändert, ihm folgend, leichten Herzens, auch den Wohnort; so hängt die Katze vor allem an der Heimstätte, und wechselt, ihr zu Liebe, leichten Herzens den Besitzer.

---

[1]) Njála, Kap. 76 u. 77.

Die Katze, welche zwar bei den Ägyptern eine frühe häusliche Pflege, ja göttliche Verehrung erfuhr, ist, in Sonderheit unter den germanischen Völkern, erst eine junge Erwerbung der Kultur[1]). Diese nächtliche Schleicherin mit den funkelnden Augen, wenn sie auf Raub ausgeht, und dann wieder dieses feine, graziöse, reinliche, sich sanft anschmiegende Tier, dem man indessen gut thut, niemals recht von Herzen zu trauen, hat alle Zeit ein besonderes Interesse erregt.

Sie war im germanischen Norden der Freya gewidmet, der Göttin der Liebe. Wenn dieselbe ausfuhr, so waren zwei Katzen vor ihren Wagen gespannt.

Auf Island fand auch die Katze ihre Heimstatt mit den einwandernden Menschen.

Doch nur spärlich sind in den Sagas die Zeugnisse über ihr Wesen und ihr Leben.

Zwei Stellen giebt es, welche von ihr handeln.

Einmal wird die Katze in einem Sprichworte angeführt.

Snorri goði, auf Helgafell, reist gegen Süden nach dem Borgarfjörðr, mit dem Plane, Þorsteinn Gíslason, in „Boe", anzugreifen. Auf dieser Fahrt ist er begleitet von Þórðr Kausi, seinem dritten Sohne, einem Knaben von erst neun Jahren. Einen gleichaltrigen Sohn besitzt auch der anzugreifende Feind Þorsteinn, nämlich den neunjährigen Sveinn. Diesen anzugreifen, treibt Snorri sein Kind an, mit folgendem Worte:

„*Sér köttrinn músina*"[2])? „Sieht die Katze die Maus"?

Und er setzt das zweite Sprichwort hinzu:

„*Ungr skal at ungum vega*"! „Jung stellt sich gegen Jung in dem Kampfe".

Die zweite Stelle zeigt uns 20 Katzen in dem Haushalte eines gewissen „Þórólfr", welcher auf Sleggjustaðir, in der Húnavatns-sýsla, wohnte. Derselbe wird uns charakterisiert als „þjófr" (Dieb) und „hinn mesti óspektarmaðr", d. h. „als ein sehr grosser Querkopf". Soviele Katzen aber hielt er sich als Verteidigungsmittel.

---

[1]) Victor Haehn. l. c. pag. 384. — [2]) Víga-Styrs s. Kap. 12.

„Hann átti þá hluti, er hann vaenti trausts at, þat vóru tuttugu kettir; þeir vóru ákaflega stórir, ok allir svartir ok mjök tryldir" ¹). D. h. „Er besass etwas, worauf er all sein Vertrauen setzte, das waren 20 Katzen, ungeheuer gross, sämtlich schwarz, und von einem Zauber besessen".

Eines Tages angegriffen wegen begangener Übelthaten, setzt er sich in den Verteidigungszustand.

„Mun ek setja þá alla í dyrr út, ok mun seint ráðast inngangan, ef þeir verja dyrnar". D. h. „Ich werde sie sämtlich draussen vor der Thüre aufpflanzen. Da wird Niemand so leicht eindringen, wenn diese die Thüre verteidigen".

„Síðan magnaði hann þá mjök, ok vóru þeir þá stórum illilegir með emjun ok augnaskotum". D. h. „Dann stärkte er die Tiere durch einen Zauberspruch noch mehr, und sie wurden nun überaus bösartig mit Geheul und Augengefunkel".

Doch die Kunst versagt dieses Mal. Durch geworfene Feuerbrände werden die Katzen verscheucht, und Þórólfr selbst wird getötet.

III.

Der Hausbär „alibjörn".

Was der Löwe unter den Tieren südlicher Zonen ist, nämlich ein König, dasselbe gebührt dem Bären in den Reichen des Nordens.

Ihn zu erjagen, war ein Werk der Helden.

Als Helgi, der Hundingstöter, der Sigrun, König Högnis Tochter, auf deren Verlangen, ein Bild seines bisherigen Lebens und Treibens entwirft, da hebt er besonders diesen Zug hervor:

„Er ec biorno tóc" ²), d. h. „wenn ich den Bären jagte".

Auf den Fellen erlegter Bären hingestreckt auszuruhen, war der Brauch bei den Edelingen.

„Sat á ber-fialli" ³, d. h. „Er ruhte auf des Bären Fell".

---

¹) Vatnsd. s. Kap. 28.
²) Pag. 92, pars II, Edda Saem. Hav. 1818. Helga Qvida VII.
³) Pag. 10, pars II, Edda Saem. Hav. 1818. Völundar Qvida X.

Bärenfleisch galt ihnen als Kraftspeise:
„*Geck at bruni*
Bero hold steikia"[1]).
D. h. „Er rückt an das Feuer
Der Bärin Fleisch zum Braten".

Und malerisch schön wird die aus Osten herfegende Wut eines Schneesturmes mit einem dahin schreitenden weissen Bären verglichen.

„*Veþr mvn þar vaxa*
Verþa ótt snemma.
Hvíta-biörn hvgdir
Þar mvn hregg avstan"[2]).

D. h. „Da erhebt sich ein Sturm,
Wächst schnell zur Wut.
Einem weissen Bären vergleichbar,
Fegt das Unwetter aus Osten daher".

Doch kennt man auch hinreichend die schädlichen Seiten dieses königlichen Tieres. So seine scharfen Zähne, welche die mühsam aufgezogene Saat zerstören:

„*birnir blac-fiallar, bíta þref tavnnom*"[3]). D. h. „Bären mit dunklem Fell, welche abbeissen die Saaten mit ihren Zähnen".

Und unter denjenigen Dingen mit falschem Schein, vor denen ein Mann gut thue, auf seiner Hut zu sein, wird genannt auch der Bär, wenn er freundlich blickt.

„*Bjarnar leiki*
— — — —
Verþit maþr sva tryggr
At þesso trúi avllo"[4]).

D. h. „Dem kosenden Bären
— — — —
Niemand sei so voll Zuversicht,
Diesem allem zu trauen".

---

[1]) eod. loc. IX.
[2]) Pag. 427, pars II, Edda Saem. Havn. 1818. Atlamál XVII.
[3]) Pag. 374 eod. l. Atla-Qviþa, XI. — „Þref" v. d. gr. τρέφω = nutrio.
[4]) Pag. 106/7, pars III, Edda Saem., Havn. 1828. Háva-mál 86 u. 89.

Gerade das musste aber die Reckenkraft jener Nordlandssöhne reizen, dieses königliche Tier sich unterthänig zu machen. Und so finden wir denn zu unserer Überraschung auf den Islandshöfen den Bären unter den gezähmten Haustieren, welcher neben dem Hunde sich zu den Füssen seines Herrn schmiegt, den

„alibjörn, gen. bjarnar"[1]);

während die Gattung heisst:

björn, gen. bjarnar,	
viðbjörn	
skógarbjörn	= der Bär.
ber, gen. bers	
bjarndýr, gen. dýrs	

und

bera, gen. beru = die Bärin.
húnn, gen. húns = das Junge einer Bärin.

Die Nähe der Arktis brachte oft genug den Bären, auf Schollen des Treibeises, in den Bereich der Islands-Bauernhöfe und deren Bewohner.

Es war im Jahre 894. Der Landnahmsmann Ingimundr hatte das ganze Vatnsdalr für sich belegt. Ein früher Winter brach ein. Da gingen Ingimundrs Leute eines Tages über das Eis und fanden eine Bärin mit 2 Jungen (húnn pl. húnar). Von diesem Funde erhielt die seeartige Erweiterung der Vatnsdalsá-Mündung den Namen „Húnavatn".

Diese Bärenfamilie wird in dem Hofe Ingimundrs untergebracht, und es scheint die Zähmung der Jungen geglückt zu sein. Denn, als der Besitzer einige Zeit darauf eine Fahrt nach Norwegen unternimmt (at saekja sér húsavið), um Bauholz sich zu holen, da hat er diese Bären mit sich im Schiffe.

Von dem Könige Haraldr hárfagri wohl aufgenommen, wird er eingeladen, als Gast am königlichen Hofe einige Zeit zu verweilen.

Da, eines Tages, erzählt er dem Könige von seinen gezähmten Bären:

---

[1]) In „víg-slóði", den Bestimmungen in Sachen des Kampfes und des Totschlags, Grágás I, 144—192.

„*Hér máttu sjá, herra, bjarndýri, er ek náða á Íslandi, ok vilda ek at þú þaegir af mér*". D. h. „Hier musst du in Augenschein nehmen, Herr, die Bären, welche ich auf Island einfing, und ich bitte dich, dieselben als ein Geschenk von mir anzunehmen".

Worauf der König gnädig erwidert:

„*Ek vil víst þiggja ok kunna þökk fyrir*"[1]). D. h. „Gewiss nehme ich sie an, und spreche dafür meinen Dank aus".

Dass die Zähmung solcher Bären, und die Aufnahme derselben als Haustiere, in der Folgezeit nun eine allgemeinere Sitte geworden ist, dafür spricht eine Gesetzesstelle in der Grágás, wo Hausbären, neben den Haushunden aufgeführt werden:

„*Ef maðr visar at manne olmom hunde eða alebirne oc varðar fjorbavgs garð, ef ecki verðr mein at, enn scoggang varðar ef asýnt verðr*[2])". D. h. „Wenn jemand auf einen anderen einen bösen Hund, oder einen Hausbären hetzt, so wird er des Landes verwiesen, auch wenn daraus kein Schaden entstand. Aber Friedlosigkeit tritt ein, wenn eine Verwundung vorliegt"!

Und ebenso eine zweite Stelle:

„*Ef maþr a alibiörn hvitan, oc scal hann sva fara meþ hanom, sem meþ hundinom, oc sva gialda skaþa alla, þa er hann görir*"[3]). D. h. „Wenn jemand einen weissen Hausbären besitzt, so verhält es sich mit demselben ebenso wie mit dem Hunde. Und es soll der Eigner bezahlen all den Schaden, welchen jenes Tier anrichtet".

Diese gesetzliche Gleichstellung der Hausbären mit den Haushunden spricht ja für die Allgemeinheit der Sitte, jene Tiere für den Hausgebrauch zu zähmen. Da nun nicht gut zu ersehen ist, welch einen Nutzen man sich von diesen Tieren im häuslichen Dienst versprechen konnte, so bleibt nur die Annahme übrig, dass dieselben zum Vergnügen, und vielleicht auch zur Befriedigung einer gewissen Eitelkeit, auf

---

[1]) Vatnsd. Kap. 15 u. 16.
[2]) Grágás, § 88, oder pag. 156. I. udg. Finsen.
[3]) Pag. 121, pars II, titulus LXXVII Grágás Havn. 1829.

den vornehmen Islandshöfen gehalten wurden; gleichwie das mit gezähmten Löwen an den Fürstenhöfen südlicher Länder oftmals geschah.

Der Wert, welchen man diesen Tieren, als einem vornehmen Geschenke, beimass, würde nicht vollständig an das Licht gestellt sein, wollten wir nicht verweisen auch auf jene heitere Erzählung, welche uns mitgeteilt wird in der „Morkinskinna" [1]).

Der Isländer Auðun kauft auf einer Fahrt nach Grönland dort einen Bären, an dessen Erwerb er sein ganzes Vermögen setzt.

„Avþun kavpir þar biarndyri eitt giavrsimi micla oc gaf þar firir alla eigo sina". D. h. „Auðun kauft dort einen Bären, ein grosses Wertstück, und bezahlt denselben mit Einsetzung seiner ganzen Habe".

Dieses ausgezeichnete Tier hat er die Absicht dem Könige Sveinn[2]) von Dänemark als ein Geschenk zu überbringen. Auf der Reise landet er in Norwegen, wo damals der strenge König Haraldr Sigurðsson[3]) mit dem Beinamen „harðráði" herrschte. Benachrichtigt durch seine Hofleute über die Ankömmlinge, wünscht Haraldr den Bären zu sehen, von dem man so viel Aufhebens macht. Der König sieht, findet Gefallen, und bietet den doppelten Preis des Einkaufs für das Tier.

„Villtv þa segir konungr at ek gefa þer .ii. verð slic oc mvn þat rettara ef þv hefir þar við gefit alla þina eigo". D. h. „Willst du", spricht der König, „dass ich den doppelten Preis dir zahle? Das mag auch das Gerechtere sein, da du ja dein ganzes Vermögen in diesem Tiere angelegt hast!"

Auðun setzt diesem Ansinnen ein entschiedenes „Nein" entgegen. Das war um so gewagter, als Haraldrs rücksichtsloser Charakter bekannt, und zudem König Sveinn nicht sein politischer Freund war. Aber der Fürst ist grossmütig genug, dieses Mal von seiner Überlegenheit keinen Gebrauch zu

---

[1]) Morkinskinna, udgiven af Unger, Christiania 1867, pag. 61 ff.
[2]) Sveinn Úlfsson, 1047—1076.
[3]) Haraldr Sigurðsson, 1047—1066.

machen, sondern lässt Auðun ziehen, und legt ihm nur die Verpflichtung auf, auf dem Rückwege wieder vorzusprechen, um Bericht zu geben, wie Sveinn das Geschenk ihm vergolten habe?
„*Oc kom þa til min er þu ferr aptr oc seg mer hverso Sveinn konungr lavnar þer dyrit*". D. h. „Doch, such' mich wieder auf, wenn du zurück kommst, und berichte, wie König Sveinn für dieses Tier dich belohnt habe?"

Nach mancherlei Fahrnissen gelangt dann auch der Wanderer mit seinem gezähmten Bären in Dänemark an. König Sveinn nimmt das dargebotene Geschenk mit Freuden auf, stellt den Geber, trotz seiner einfachen Herkunft, in sein Gefolge ein, und entlässt ihn, nach mancherlei Erlebnissen, zum Schluss mit den reichsten Gaben. Diese bestanden in einem vollbefrachteten Schiffe, einem Lederstrumpfe, gefüllt mit Silberstücken, und einem goldenen Armringe.

Über alles dieses erstattet Auðun auf der Heimfahrt dem Könige Haraldr, in überaus feiner Weise, den versprochenen Bericht.

So hatte die Idee, einen *„alibjörn"* an König Sveinn zu verschenken, den einfachen, niedriggeborenen Isländer zu einem angesehenen und wohlhabenden Manne gemacht.

Und nicht bloss mit dem weissen Eisbären und dessen Jungen, welche gelegentlich eine Eisscholle herabtrug, scheint man solche Zähmungsversuche angestellt zu haben, sondern auch mit dem dunkel gefärbten Waldbären, dem gefürchteten Bewohner von Norwegens damals noch wenig gelichteten Wäldern.

Denn in dem soeben herangezogenen Kapitel der Grágás wird dem weissen Hausbären (alibjörn hvitr) später gegenüber gestellt der Waldbär (viðbjörn), und dessen Einführung in Island strenge untersagt.

Nach den dort niedergelegten Bestimmungen treffen äusserst harte Strafen nicht blos den Importeur eines solchen Tieres, sondern auch den Kapitain, welcher die Verfrachtung desselben zuliess, und sogar die Bedienungsmannschaft eines solchen Schiffes.

Jene beiden Ersten büssten mit Verbannung, die Letzteren

die Matrosen, in corpore, mit einem Strafgelde von 3 Mark, (= 108 Mark deutsch; heutiger Wert 1080 Mark).

„Þat varþar oc fiörbaugsgarþ, ef menn feria viþbiörn ut hingat, þeim manni er biörn a, oc styrimönnom, en hasetom III marka utlegþ"[1]). D. h. „Mit Verbannung büssen, falls ein Waldbär hierhin eingeführt wird, dessen Eigner, sowie auch der Schiffsführer; dagegen die Matrosen mit 3 Mark"!

Diese scharfe gesetzliche Bestimmung kann nur veranlasst worden sein durch die wiederholten Versuche, solche Tiere in Island einzuführen. Und diese Versuche wiederum konnten ihren Grund finden nur in einer gesteigerten Nachfrage. Solche lebhafte Nachfrage erklärt sich indessen nur, wenn die Haltung und Zähmung auch solcher dunklen Waldbären, neben den weissen Eisbären, auf den Gross-Bauernhöfen Islands als eine sich einschleichende Modesache angenommen wird.

So wird denn auch die Ersatzpflicht für den, durch solch einen dunklen Bären angerichteten, Schaden völlig gleichgestellt den für die weissen Bären geltenden, und bereits oben genannten, Bestimmungen.

„Ef biörn verþr lauss ut her, oc görir hann skaþa mönnom eþr fe manna, oc abyrgiz sa biörn at öllo er ut hafþi, sva sem annan alibiörn"[2]). D. h. „Wenn der Bär (sc. welcher gefesselt herüberkam) hier auf Island losgelassen wird, und dann Schaden an Menschen oder Vieh anrichtet, so wird der, welcher das Tier eingeführt hat, für allen, durch dasselbe veranlassten, Schaden verantwortlich gemacht, geradeso wie bei dem anderen Hausbären".

Mit Recht richtete die Gesetzgebung Islands einen Wall auf gegen den Import dieser Tiere, und gegen eine sich einschleichende, falschgerichtete Liebhaberei.

Denn wir besitzen in Scenen, welche in Norwegen sich abspielen, Beispiele für die verderblichen Eigenschaften dieser dunklen Waldbären.

Bekannt ist aus der Grettis-Saga die Erzählung der Bärenschlacht zu Sálfti in Hálogaland.

---

[1]) Grágás, eod. loc. — [2]) Grágás eod. loc. pag. 122, pars II.

„*Hlðbjörn einn grimmr hljóp ór hiði sínu, ok varð svá ólmr, at hann eirði hvárki mönnum né fé*"[1]). D. h. „Ein grimmer Höhlenbär kam hervor aus seiner Höhle, und war so wütend, dass er verschonte weder Menschen noch Vieh".

Um die Weihnachtszeit, wo bei starkem Froste und eintretendem Futtermangel die Bestie am frechsten wurde, bot der Bauer Þorkell aus den bei ihm wohnenden Wintergästen 7 junge Helden auf, und er, als Achter, an der Spitze zieht mit diesen nun aus zur Bärenschlacht. Doch ohne Resultat. Der Bär bleibt unverletzt. Da geht Grettir allein dem Raubtiere zu Leibe, und erlegt es, nach heissem Ringen, durch die Hilfe seines guten Schwertes „Jökulsnautr".

„*Grettir þrífr þá til saxins, ok lagði björninn til hjartans, ok var þat hans bani*"[2]). D. h. „Grettir greift da zu dem kurzen Hüftschwerte, und zielt auf des Bären Herz. Das brachte ihm die Todeswunde".

Charakteristischer ist noch folgende Stelle:

Egill Skallagrímsson kommt auf seiner Fahrt durch Norwegen nach der Insel Fenhring. Er steigt, gewaffnet, an das Land, um zu rekognoszieren. Da stösst er auf einige junge Hirten, welche unter dem Beistande grosser Hirtenhunde ihre Heerden bewachen.

„*Hann kom þar at, er sveinar nökkurir vóru ok hjá þeim hjarðtíkr stórar, ok er þeir tókust at orðum, spurði hann hvaðan þeir vaeri, eða fyrir hví þeir vaeri þar ok hefði hunda svá stóra.*

Þeir maeltu: þú munt vera allheimskr maðr. Hefir þú eigi heyrt, at hér gengr björn um eyna, hinn mesti spellvirki, drepr hér baeði menn ok fénað, ok er lagt fé til höfuðs honum. Vöku vér hér hverja nótt á Aski yfir fé váru, er byrgt er í grindum"[3]). D. h. „Er stösst auf einige junge Hirten mit grossen Hirtenhunden. Sie kamen in ein Gespräch mit einander und Egill fragte sie, von welchem Hofe sie wären, und warum sie so grosse Hunde bei sich hätten?

Sie antworteten darauf:

---

[1]) Grettis saga, ed. Boer Halle 1900. Kap. XXI. (pag. 83.)
[2]) loc. cit. pag. 86. — [3]) Egla, Kap. 57.

„Du musst ein sehr unwissender Mensch sein! — Hast du denn nicht vernommen, dass hier durch die Insel ein Bär streift, welcher den grössten Schaden anrichtet? Er tötet Beides, Menschen und Vieh. Auch ist ein Preis auf seinen Kopf gesetzt. Wir bewachen hier jede Nacht auf dem Hofe Askr unser Vieh, selbst in den Hürden".

Mit gutem Grunde war also die Einfuhr so schädlicher Tiere, nach Island hinüber, unter schwere Strafe gestellt.

Hiermit schliesst unsere Darstellung über die Gesellschaftstiere des Isländers, von ihm gehalten zur klassischen Sagazeit; und damit schliesst zugleich die Abhandlung über die Haustiere verschiedener Gattung, welche der Bauer teils zu seinem Nutzen, teils zu seiner Annehmlichkeit, sich zugesellt hatte.

Ebenfalls im SEVERUS Verlag erhältlich:

Konrad Maurer
Island von seiner ersten Entdeckung bis zum Untergange des Freistaats
SEVERUS 2011 / 500 S. / 49,50 Euro
ISBN 978-3-86347-117-0

Geschrieben anläßlich der Feierlichkeiten der Isländer zur tausendjährigen Existenz ihrer Bevölkerung, entwirft Konrad Maurer ein opulentes Werk der Frühgeschichte Islands bis hin zum Übergang Islands unter die norwegische Herrschaft im 13. Jahrhundert.

Dem Rechtshistoriker, Philologen und Skandinavisten, der nicht zu Unrecht als einer der wichtigsten Förderer Islands gilt, gelingt es mit dem vorliegenden Werk, geschickt Wissen aus dreißig Jahren intensivem Studium von Rechts- und Geschichtsquellen mit der eigenen Liebe zu Land und Leuten zu verknüpfen.

www.severus-verlag.de

Ebenfalls im SEVERUS Verlag erhältlich:

Joseph Calasanz Poestion
Isländische Dichter der Neuzeit in Charakteristiken und übersetzten Proben ihrer Dichtung
Mit einer Übersicht des Geisteslebens auf Island seit der Reformation
SEVERUS 2010 / 504 S./ 49,50 Euro
ISBN 978-3-86347-116-3

„Isländische Dichter der Neuzeit in Charakteristiken und übersetzten Proben ihrer Dichtung" galt lange als Standardwerk und war die erste umfassende Darstellung neuisländischer Literatur, als es 1897 erstmalig erschien.

Poestion zeichnet die Entwicklung der isländischen Sprache seit ihrem Entstehen und die Entwicklung der isländischen intellektuellen Welt seit der Reformation nach, um sich dann seinem eigentlichen Anliegen, der Darstellung der neuisländischen Literatur und Literaten, zu widmen. Hierzu gibt er nicht nur Kostproben der Dichtungen, sondern ebenfalls kurze biografische Überblicke über das Leben der jeweiligen Autoren und Dichter, darunter z. B. auch Jónas Hallgrímsson.

Mit dem vorliegenden Werk gelang es Joseph Poestion, der neuisländischen Literatur den weg in den deutschsprachigen Raum sowie in die Welt der internationalen Gelehrte zu ebnen. Poestion selbst wurde 1909 als „Ritter Islands" geehrt.

Ebenfalls im SEVERUS Verlag erhältlich:

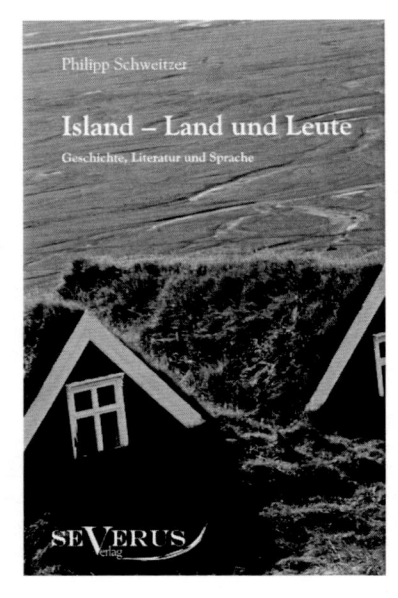

Philipp Schweitzer
Island – Land und Leute
SEVERUS 2011 / 216 S. / 29,50 Euro
ISBN 978-3-86347-113-2

Mit der Beschreibung *Island – Land und Leute* widmete sich der Skandinavist Philipp Schweitzer (1846-1890) einem Herzensthema. Er, der durch seine *Geschichte der skandinavischen Literatur* zu einiger Bekanntheit kam, berichtet hier aus eigener Anschauung über alle Bereiche des isländischen Lebens um 1880. Neben Geographie und Gesellschaft haben besonders Geschichte, Literatur und die isländische Sprache sein Interesse gefunden.
Der Enthusiasmus Schweitzers, etwa bei der Beschreibung von vulkanischer Aktivität oder von Fährnissen bei der Reise in und um Island, ist für jeden Leser ein Genuß. Dazu berichtet Schweitzer viele weitere Details und Wissenswertes, sodass das Buch ganz in seinem Sinne „ein Handbuch [...] ist, welches das Wesentliche über Island und die Isländer mittheilt".

„... *Merkwürdiger aber sind die kochenden Schlammgruben. Aus Ritzen im Boden strömt dort heisser, schwefelsaurer Dampf und verwandelt die Erde ringsum zu einer weichen, schlammigen Masse, welche, erhitzt von den siedenden Dämpfen und von ihnen zuweilen hoch emporgeschleudert, in den entstanden Gruben wallt und bobbelt.*"

„... *Endlich im nächsten Sommer, nachdem sie, statt einen Tag, ein volles Jahr abwesend gewesen war, führte das erste die Insel umsegelnde Postschiff sie zu den Ihrigen zurück.*"

www.severus-verlag.de

Bisher im SEVERUS Verlag erschienen:

Achelis, Th. Die Entwicklung der Ehe * Die Religionen der Naturvölker im Umriß, Reihe ReligioSus Band V * **Andreas-Salomé, Lou** Rainer Maria Rilke * **Arenz, Karl** Die Entdeckungsreisen in Nord- und Mittelafrika von Richardson, Overweg, Barth und Vogel * **Aretz, Gertrude (Hrsg)** Napoleon I - Briefe an Frauen * **Ashburn, P.M** The ranks of death. A Medical History of the Conquest of America * **Avenarius, Richard** Kritik der reinen Erfahrung * Kritik der reinen Erfahrung, Zweiter Teil * **Beneke, Otto** Von unehrlichen Leuten: Kulturhistorische Studien und Geschichten aus vergangenen Tagen deutscher Gewerbe und Dienste * **Berneker, Erich** Graf Leo Tolstoi * **Bernstorff, Graf Johann Heinrich** Erinnerungen und Briefe * **Bie, Oscar** Franz Schubert - Sein Leben und sein Werk * **Binder, Julius** Grundlegung zur Rechtsphilosophie. Mit einem Extratext zur Rechtsphilosophie Hegels * **Bliedner, Arno** Schiller. Eine pädagogische Studie * **Birt, Theodor** Frauen der Antike * **Blümner, Hugo** Fahrendes Volk im Altertum * **Brahm, Otto** Das deutsche Ritterdrama des achtzehnten Jahrhunderts: Studien über Joseph August von Törring, seine Vorgänger und Nachfolger * **Braun, Lily** Lebenssucher * **Braun, Ferdinand** Drahtlose Telegraphie durch Wasser und Luft * **Brunnemann, Karl** Maximilian Robespierre - Ein Lebensbild nach zum Teil noch unbenutzten Quellen * **Büdinger, Max** Don Carlos Haft und Tod insbesondere nach den Auffassungen seiner Familie * **Burkamp, Wilhelm** Wirklichkeit und Sinn. Die objektive Gewordenheit des Sinns in der sinnfreien Wirklichkeit * **Caemmerer, Rudolf Karl Fritz** Die Entwicklung der strategischen Wissenschaft im 19. Jahrhundert * **Casper, Johann Ludwig** Handbuch der gerichtlich-medizinischen Leichen-Diagnostik: Thanatologischer Teil, Bd. 1 * Handbuch der gerichtlich-medizinischen Leichen-Diagnostik: Thanatologischer Teil, Bd. 2 **Cronau, Rudolf** Drei Jahrhunderte deutschen Lebens in Amerika. Eine Geschichte der Deutschen in den Vereinigten Staaten * **Cunow, Heinrich** Geschichte und Kultur des Inkareiches * **Cushing, Harvey** The life of Sir William Osler, Volume 1 * The life of Sir William Osler, Volume 2 * **Dahlke, Paul** Buddhismus als Religion und Moral, Reihe ReligioSus Band IV * **Eckstein, Friedrich** Alte, unnennbare Tage. Erinnerungen aus siebzig Lehr- und Wanderjahren * Erinnerungen an Anton Bruckner * **Eiselsberg, Anton Freiherr von** Lebensweg eines Chirurgen * **Eloesser, Arthur** Thomas Mann - sein Leben und Werk * **Elsenhans, Theodor** Fries und Kant. Ein Beitrag zur Geschichte und zur systematischen Grundlegung der Erkenntnistheorie. * **Engel, Eduard** Shakespeare * Lord Byron. Eine Autobiographie nach Tagebüchern und Briefen. * **Ewald, Oscar** Nietzsches Lehre in ihren Grundbegriffen * Die französische Aufklärungsphilosophie * **Ferenczi, Sandor** Hysterie und Pathoneurosen * **Fichte, Immanuel Hermann** Die Idee der Persönlichkeit und der individuellen Fortdauer * **Fourier, Jean Baptiste Joseph Baron** Die Auflösung der bestimmten Gleichungen * **Frimmel, Theodor von** Beethoven Studien I. Beethovens äußere Erscheinung * Beethoven Studien II. Bausteine zu einer Lebensgeschichte des Meisters * **Fülleborn, Friedrich** Über eine medizinische Studienreise nach Panama, Westindien und den Vereinigten Staaten * **Gmelin, Johann Georg** Quousque? Beiträge zur soziologischen Rechtfindung * **Goette, Alexander** Holbeins Totentanz und seine Vorbilder * **Goldstein, Eugen** Canalstrahlen * **Graebner, Fritz** Das Weltbild der Primitiven: Eine Untersuchung der Urformen weltanschaulichen Denkens bei Naturvölkern * **Griesinger, Wilhelm** Handbuch der speciellen Pathologie und Therapie: Infectionskrankheiten * **Griesser, Luitpold** Nietzsche und Wagner - neue Beiträge zur Geschichte und Psychologie ihrer Freundschaft * **Hanstein, Adalbert von** Die Frauen in der Geschichte des Deutschen Geisteslebens des 18. und 19. Jahrhunderts * **Hartmann, Franz** Die Medizin des Theophrastus Paracelsus von Hohenheim * **Heller, August** Geschichte der Physik von Aristoteles bis auf die neueste Zeit. Bd. 1: Von Aristoteles bis Galilei * **Helmholtz, Hermann von** Reden und Vorträge, Bd. 1 * Reden und Vorträge, Bd. 2 * **Henker, Otto** Einführung in die Brillenlehre * **Kalkoff, Paul** Ulrich von Hutten und die Reformation. Eine kritische Geschichte seiner wichtigsten Lebenszeit und der Entscheidungsjahre der Reformation (1517 - 1523), Reihe ReligioSus Band I * **Kautsky, Karl** Terrorismus und Kommunismus: Ein Beitrag zur Naturgeschichte der Revolution *

www.severus-verlag.de

Kerschensteiner, Georg Theorie der Bildung * **Klein, Wilhelm** Geschichte der Griechischen Kunst - Erster Band: Die Griechische Kunst bis Myron * **Krömeke, Franz** Friedrich Wilhelm Sertürner - Entdecker des Morphiums * **Külz, Ludwig** Tropenarzt im afrikanischen Busch * **Leimbach, Karl Alexander** Untersuchungen über die verschiedenen Moralsysteme * **Liliencron, Rochus von / Müllenhoff, Karl** Zur Runenlehre. Zwei Abhandlungen * **Mach, Ernst** Die Principien der Wärmelehre * **Mausbach, Joseph** Die Ethik des heiligen Augustinus. Erster Band: Die sittliche Ordnung und ihre Grundlagen * **Mauthner, Fritz** Die drei Bilder der Welt - ein sprachkritischer Versuch * **Meissner, Franz Hermann** Arnold Böcklin * **Meyer, Elard Hugo** Indogermanische Mythen, Bd. 1: Gandharven-Kentauren * **Müller, Adam** Versuche einer neuen Theorie des Geldes * **Müller, Conrad** Alexander von Humboldt und das Preußische Königshaus. Briefe aus den Jahren 1835-1857 * **Oettingen, Arthur von** Die Schule der Physik * **Ostwald, Wilhelm** Erfinder und Entdecker * **Peters, Carl** Die deutsche Emin-Pascha-Expedition * **Poetter, Friedrich Christoph** Logik * **Popken, Minna** Im Kampf um die Welt des Lichts. Lebenserinnerungen und Bekenntnisse einer Ärztin * **Prutz, Hans** Neue Studien zur Geschichte der Jungfrau von Orléans * **Rank, Otto** Psychoanalytische Beiträge zur Mythenforschung. Gesammelte Studien aus den Jahren 1912 bis 1914. * **Ree, Paul Johannes** Peter Candid * **Rohr, Moritz von** Joseph Fraunhofers Leben, Leistungen und Wirksamkeit * **Rubinstein, Susanna** Ein individualistischer Pessimist: Beitrag zur Würdigung Philipp Mainländers * Eine Trias von Willensmetaphysikern: Populär-philosophische Essays * **Sachs, Eva** Die fünf platonischen Körper: Zur Geschichte der Mathematik und der Elementenlehre Platons und der Pythagoreer * **Scheidemann, Philipp** Memoiren eines Sozialdemokraten, Erster Band * Memoiren eines Sozialdemokraten, Zweiter Band * **Schleich, Carl Ludwig** Erinnerungen an Strindberg nebst Nachrufen für Ehrlich und von Bergmann * **Schlösser, Rudolf** Rameaus Neffe - Studien und Untersuchungen zur Einführung in Goethes Übersetzung des Diderotschen Dialogs * **Schweitzer, Christoph** Reise nach Java und Ceylon (1675-1682). Reisebeschreibungen von deutschen Beamten und Kriegsleuten im Dienst der niederländischen West- und Ostindischen Kompagnien 1602 - 1797. * **Schweitzer, Philipp** Island - Land und Leute * **Sommerlad, Theo** Die soziale Wirksamkeit der Hohenzollern * **Stein, Heinrich von** Giordano Bruno. Gedanken über seine Lehre und sein Leben * **Strache, Hans** Der Eklektizismus des Antiochus von Askalon * **Sulger-Gebing, Emil** Goethe und Dante * **Thiersch, Hermann** Ludwig I von Bayern und die Georgia Augusta * Pro Samothrake * **Tyndall, John** Die Wärme betrachtet als eine Art der Bewegung, Bd. 1 * Die Wärme betrachtet als eine Art der Bewegung, Bd. 2 * **Virchow, Rudolf** Vier Reden über Leben und Kranksein * **Vollmann, Franz** Über das Verhältnis der späteren Stoa zur Sklaverei im römischen Reiche * **Wachsmuth, Curt** Das alte Griechenland im neuen * **Weber, Paul** Beiträge zu Dürers Weltanschauung * **Wecklein, Nikolaus** Textkritische Studien zu den griechischen Tragikern * **Weinhold, Karl** Die heidnische Totenbestattung in Deutschland * **Wellhausen, Julius** Israelitische und Jüdische Geschichte, Reihe ReligioSus Band VI ***Wellmann, Max** Die pneumatische Schule bis auf Archigenes - in ihrer Entwickelung dargestellt * **Wernher, Adolf** Die Bestattung der Toten in Bezug auf Hygiene, geschichtliche Entwicklung und gesetzliche Bestimmungen * **Weygandt, Wilhelm** Abnorme Charaktere in der dramatischen Literatur. Shakespeare - Goethe - Ibsen - Gerhart Hauptmann * **Wlassak, Moriz** Zum römischen Provinzialprozeß * **Wulffen, Erich** Kriminalpädagogik: Ein Erziehungsbuch * **Wundt, Wilhelm** Reden und Aufsätze * **Zallinger, Otto** Die Ringgaben bei der Heirat und das Zusammengeben im mittelalterlich-deutschem Recht * **Zoozmann, Richard** Hans Sachs und die Reformation - In Gedichten und Prosastücken, Reihe ReligioSus Band III